8° Ye
5764

7396

ŒUVRES

COMPLÈTES

DE BOILEAU.

4.

Imp. d'Ad. Moessard et Jousset,
rue de Furstemberg, n.º 8.

Fac Simile de l'écriture de Boileau tiré des manuscrits qui appartiennent à M. Renouard père.
(Voyez plus bas, page CCXXXVI, N° 239.)

Enigme.

Du repos des Humains implacable Ennemie
J'ay rendu mille Amans envieux de mon sort.
Je me repais de sang, et je trouve ma vie
Dans les bras qui cherchent ma mort.

une puce.

VERS
pour mettre au bas du portrait de M' Racine

~~[four lines struck through, illegible]~~

Du Théâtre françois l'honneur, et la merveille,
Il sçut ressusciter Sophocle ~~pour~~ en ses écrits,
Et dans l'art ~~———~~ d'enchanter les cœurs, et les Esprits,
Surpasser Euripide, et balancer Corneille.

TOME I, après l'Errata, et en regard de l'Essai.

ŒUVRES

COMPLÈTES

DE BOILEAU,

COLLATIONNÉES SUR LES ANCIENNES ÉDITIONS ET SUR LES MANUSCRITS

avec

DES NOTES HISTORIQUES ET LITTÉRAIRES,

ET DES RECHERCHES SUR SA VIE, SA FAMILLE ET SES OUVRAGES

PAR M. BERRIAT-SAINT-PRIX.

NOUVELLE ÉDITION,

Ornée du *fac-simile* de l'écriture de Boileau, et d'un tableau généalogique de sa famille, contenant plus de 500 parens ou alliés de ce poète.

TOME QUATRIÈME.

PARIS,

CHEZ PHILIPPE, LIBRAIRE,

RUE DE FURSTEMBERG, n.° 8.

1837.

AVERTISSEMENT.

I. Quoique Boileau, comme on en peut juger par les corrections nombreuses des autographes qui en existent encore, ait travaillé ses lettres avec un soin extrême, il ne les destinait point à voir le jour. Sur cent dix-sept, en effet, dont se composent les recueils suivans [1], il n'en a publié lui-même que trois [2] auxquelles on en a joint quatre seulement dans son édition posthume de 1713, [3] et une cinquième dans celle que donna, en 1716, son commentateur avoué, Brossette [4]. Enfin lorsque celui-ci demandait la communication de plusieurs autres, Boileau (lettre du 4 mars 1703, n° CXIV, p. 369) s'excusait sur ce qu'il avait besoin de les retoucher, et il avait en effet commencé ce travail sur des copies de quelques-unes de ses lettres [5]. Peut-être avait-il senti son peu de talent pour le genre épistolaire, ou craignait-il une

---

[1] En ne comptant pas celles de Racine et d'Arnauld (*voy.* la table chronologique, p. 509 à 514).

[2] Lettres à Vivonne, à d'Ériceyra et à Perrault, n°s IV, XIII et XX, p. 9, 73 et 86.

[3] Lettres à Arnauld, à Maucroix, à Le Verrier et à Racine, n°s XI, XII, XXVI et LXXXVII, p. 57, 63, 110 et 299.

[4] Seconde lettre à Vivonne, n° V, p. 17.

[5] N°s V, XXIII, XXXIX, XLII, XLVII, XLVIII, LI, LIV, LV et LXXIII, p. 17, 102, 145, 156, 177, 180, 189, 200, 206 et 259. Nous indiquons dans les notes par le signe COR., ses projets de corrections; ils sont rarement heureux.

Brossette annonce dans une lettre du 1er mars 1741 (lett. de J.-B. Rousseau, III, 316) que la nouvelle édition qu'il projette de donner (elle n'a point paru) « de son travail sur Boileau comprendra une *trentaine* de lettres choisies du « poète, que les amis de celui-ci avaient conseillé de publier, et qu'il avait cor- « rigées pour les mettre en état de paraître... » Il y a certainement une erreur dans cette indication, ou il faudrait supposer qu'une grande partie soit des autographes, soit des copies des lettres de Boileau qui étaient entre les mains de Brossette se sont égarés avant qu'on en fît relier le recueil, car on n'y trouve de corrigées par lui, que les *dix* lettres dont nous venons d'indiquer les numéros. Ajoutons que Brossette (même lettre du 4 mars, p. 369) n'avait demandé à Boileau que ses réponses à Racine, réponses (même table chronologique) qui ne sont qu'au nombre de *dix-huit.*

comparaison désespérante avec les chefs-d'œuvre de madame de Sévigné dont plusieurs avaient paru quatorze ans avant la mort de Boileau, dans les recueils de Bussy-Rabutin.

II. Toutefois les lettres de Boileau sont encore assez précieuses par les faits et les opinions littéraires qu'elles renferment [1], ou par les circonstances relatives à sa vie ou à sa famille et à ses amis, qu'elles rappellent. L'accueil fait à l'édition (1809) où M. Daunou les avait, le premier, réunies aux œuvres de l'auteur en est une preuve. Aussi les divers éditeurs des mêmes œuvres, tels que MM. Amar, de Saint-Surin, Viollet-le-Duc, Auger, Martin, Thiessé, etc., se sont-ils empressés d'imiter son exemple, avec cette seule différence que quelques uns (MM. de Saint-Surin, Amar, Auger...) ont publié les lettres dans une seule série chronologique, tandis que d'autres (MM. Violet-le-Duc, Martin, Thiessé..) les ont comme lui distribuées en trois recueils, dont le premier comprend les lettres de Boileau à diverses personnes, le second, les lettres à Racine avec ses réponses, le troisième, les lettres à Brossette.

On peut être divisé sur les avantages de l'une et de l'autre classification, qui, à notre avis, se balancent assez. La dernière ayant été adoptée dans les éditions modernes peut-être le plus répandues, c'est celle que nous suivrons, en substituant néanmoins pour la commodité des citations et des recherches une série unique de numéros, aux trois séries des mêmes recueils, et en ajoutant à la table, par ordre, des recueils, une table chronologique générale (*voy.* p. 509 à 514) [2].

---

[1] M. Andrieux recommande fortement aux jeunes littérateurs la lecture des lettres de Boileau et de Racine : « Avec quel intérêt, avec quel respect, dit-il, « on lit cette trop courte correspondance entre les deux maîtres du Parnasse « français, entre les deux beaux génies qui ont le plus contribué à former notre « langue poétique! Combien il est touchant de voir chez ces deux grands « hommes tant de simplicité, de bonté, une amitié si vraie et si constante! Ils « s'égaient quelquefois aux dépens des Chapelain et des Charpentier, et leurs « traits sont alors assez mordans : on voit bien qu'ils ont le sentiment de leur « supériorité; mais ces railleries sont faites dans le secret d'une correspondance « amicale; entre eux deux, c'est une estime sans réserve, une confiance sans « bornes. » (*Journ. polythechn.*, IV, 112.)

[2] A l'aide de cette table il sera facile de trouver les lettres auxquelles nous

AVERTISSEMENT. vij

III. Les lettres du premier recueil ont été puisées dans divers ouvrages que nous indiquons dans leurs notes : les autographes de presque toutes celles du second, publié en 1747, par Louis Racine (Voy. t. I, Notice bibl., § II, n. 70), avec des changemens [1], sont à la Bibliothèque royale, où nous les avons collationnés sur la meilleure édition publiée jusqu'à ce jour, celle de M. Daunou (1825). Ce travail nous a prouvé qu'il avait indiqué avec exactitude une foule de variantes, ou plutôt de fautes de la plupart des autres éditions [2], mais nous en a fait découvrir aussi un assez grand nombre qui lui ont échappé. [3]

A l'égard des lettres du troisième recueil, Brossette semblait les avoir, en quelque sorte, condamnées à l'oubli, en se bornant à rapporter dans son commentaire divers fragmens de quelques-unes, lorsque dans la suite (1770.. même notice, § II, n. 75), Cizeron-Rival les a publiées [4]. Nous avons pu apprécier leur travail, grâce à l'obligeance du possesseur des autographes de ces lettres, M. Renouard père, qui a bien voulu nous permettre d'en examiner tous les passages où le texte, soit de Brossette, soit de Cizeron-Rival pouvait donner lieu à quelques doutes... [5] Nous avons bientôt reconnu que Brossette n'avait pas été plus scrupuleux que Louis Racine, et qu'on pouvait reprocher à Cizeron-Rival, au moins de la négligence. C'est ce qu'on verra dans les notes où nous indiquons leurs variantes. [6]

---

renvoyons dans plusieurs passages de notre édition, où nous les citons par leurs dates.

[1] *Voy.* ce que nous faisons observer à ce sujet, p. 142, note 2.

[2] Nous indiquons aussi ces variantes, mais en y ajoutant la désignation des principales éditions où elles se trouvent.

[3] Nous les indiquons par le signe *V. E.*, qui comprend ainsi toutes les éditions, tandis que celui-ci V. E., ne concerne que les éditions spécialement indiquées.

[4] À l'exception d'un petit nombre dont nous donnerons la notice lorsque, comme nous le dirons, cela pourra être utile.

[5] Il en est de même quant à trois lettres du second recueil, qui ont été publiées par Cizeron-Rival.

[6] Nous suivons pour leurs signes la méthode énoncée ci-dessus dans la note 3 : *V. E.* indique les fautes de Cizeron-Rival, et par conséquent de tous les éditeurs postérieurs... V. E., celles des éditions que nous désignons spécialement... *F. N. R. Br..*, celles de Brossette et de ses copistes.

AVERTISSEMENT.

IV. Nous joignons au premier recueil la lettre d'Arnauld, que dans plusieurs éditions on a placée à la suite des satires, et une lettre inédite de Boileau à Lamoignon, dont nous devons la communication à M. Villenave... au deuxième recueil, comme tous les éditeurs, les lettres de Racine... au troisième, un extrait des lettres de Brossette, lorsque cela est nécessaire pour entendre celles de Boileau... Aux uns et aux autres, un extrait des lettres inédites de Boileau lui-même qui peuvent jeter quelque jour sur les lettres publiées ; ou bien des fragmens des mêmes lettres, que les éditeurs ont négligés, peut-être parce que faute de documens sur sa famille, ils n'avaient pu les déchiffrer ou les comprendre.

LETTRES DE BOILEAU.

PREMIER RECUEIL:
LETTRES DE BOILEAU
A DIVERSES PERSONNES.

LETTRES DE BOILEAU.

PREMIER RECUEIL :
LETTRES DE BOILEAU
A DIVERSES PERSONNES.

LETTRE PREMIÈRE.[1]

A M. DE BRIENNE.

(1673.)[2]

C'est très philosophiquement, et non point chrétiennement, que les vers me paraissent une folie; je ne l'ai point entendu d'une autre manière. Ainsi, c'est vainement que votre berger en soutane, je veux dire M. de

---

[1] Publiée, en 1806, dans les Quatre saisons du Parnasse (tome IV), et, en 1814 (Magas. encyclop., IV, 333 et suiv.), par M. Fayolle, sur l'autographe, elle a depuis été insérée dans les éditions de Boileau, telles que 1815, Didot, 1821, S.-S., etc.

[2] Selon M. Daunou, cette lettre fut écrite vers 1672, et, selon M. de S.-S., avant 1673. Il est d'abord certain qu'elle ne peut être antérieure à 1671. D'une part, on y parle du Lutrin comme d'un ouvrage à-peu-près terminé et il ne l'était pas alors... De l'autre, Brienne sortit de France au commencement de cette année 1671, après la publication du Recueil indiqué dans le tome I (Note bibl., § 1, n° 25), et n'y rentra que vers la fin de 1672 ou au commencement de 1673 (voy. Goujet, dans *Moreri*, mot *Loménic*). La lettre ne put donc être écrite que vers le commencement de 1673, puisque, peu de temps après sa rentrée en France, Brienne fut arrêté et enfermé (*Goujet*, ib.) presque jusqu'à sa mort (Nous parlerons encore de Brienne dans les notes de la lettre du 9 avril 1702, n° cx).

Maucroix[1], déplore la perte du Lutrin, dans l'églogue dont vous me parlez. Je le récitai encore hier chez M. le premier président[2]; et si quelque raison me le fait jamais déchirer, ce ne sera point la dévotion, qu'il ne choque en aucune manière, mais le peu d'estime que j'en fais, aussi bien que de tous mes autres ouvrages, qui me semblent des bagatelles assez inutiles[3]. Vous me direz peut-être que je suis donc maintenant dans un grand excès d'humilité. Point du tout : jamais je ne fus plus orgueilleux; car si je fais peu de cas de mes ouvrages, j'en fais encore bien moins de tous ceux de nos poètes d'aujourd'hui, dont je ne puis plus lire ni entendre pas un, fût-il à ma louange. Voulez-vous que je vous parle franchement? c'est cette raison qui a en partie suspendu l'ardeur que j'avais de vous voir et de jouir de votre agréable conversation, parce que je sentais bien qu'il la faudrait acheter par une longue audience de vers, très beaux sans doute, mais dont je ne me soucie point. Jugez donc si c'est une raison pour m'engager à vous aller voir, que le récit que vous demandez. J'irai pourtant, si je puis, aujourd'hui, mais à la charge que nous ne réciterons point de vers ni l'un ni l'autre, que vous ne m'ayez dit auparavant toutes les raisons que vous avez pour la poésie, et moi toutes celles que j'ai contre.

Je suis avec toutes sortes de respects et de soumission,
Monsieur,
votre, etc. Despréaux.

---

[1] Nous parlons de Maucroix dans une des notes de la lettre n° xii.

[2] Lamoignon, *voy.* tome ii, préface du Lutrin, p. 283.

[3] Ceci nous paraît, comme à M. Amar, « une défaite pour échapper à l'im-

LETTRE II.

AU COMTE DE BUSSY-RABUTIN.[1]

Paris, 25 mai 1673.

Je vous avoue, monsieur, que j'ai été inquiet[2] du bruit qui a couru que vous aviez écrit une lettre par

« portun qui ne lui demandait une lecture du *Lutrin*, que pour lui faire subir une longue audience de ses vers. »

[1]. Cette lettre, dit Brossette, en la rapportant (note sur l'épît. IV, vers dernier), a été imprimée dans la première partie des nouvelles lettres du comte de Bussy, in-12, 1709, p. 288, avec quelques *changemens que l'on a faits dans le ton et dans les paroles;* mais ces changemens ont-ils été faits par l'éditeur des nouvelles lettres, à l'impression, ou existaient-ils dans l'original? Voilà ce que Brossette ne nous apprend point. Il est bien clair qu'il n'avait pas l'original, comme l'a cru un éditeur moderne, car s'il l'avait eu, il n'aurait pas manqué de nous en informer, et l'on ne voit, non plus, nulle part, qu'il ait eu avec la famille hautaine des Bussy, des relations qui eussent pu engager cette famille à dépouiller, en quelque sorte, ses archives d'une semblable pièce pour lui en faire don; enfin elle n'est point dans son recueil manuscrit des lettres de Boileau ou relatives à Boileau. Brossette n'a évidemment donné sa version que sur une copie, et en supposant que cette copie eût été tirée sur le brouillon qu'avait pu d'abord faire Boileau, cela serait assez insignifiant, puisque Boileau, en le mettant au net, avait aussi pu faire des changemens, comme on voit, par le même recueil, qu'il en faisait sans cesse, même sur les originaux. Nous croyons donc devoir suivre le texte du recueil de Bussy, plutôt que celui de Brossette, adopté par les divers commentateurs, sauf à en indiquer les variantes (par le signe *V. E. Bross.*) Voyez d'ailleurs la note suivante.

[2] *V. E.* Bross... Monsieur, *j'avoue que j'ai été inquiet...*
Cette tournure, abstraction faite de toute autre circonstance, suffirait pour démontrer que notre leçon est celle de l'original. Si dans l'original le mot *Monsieur* eût été hors de la ligne comme dans la leçon de Brossette, les héritiers de Bussy (une de ses filles aimait mieux faire déclarer bâtard son

laquelle moi et¹ l'épître que j'ai écrite au roi sur la campagne de Hollande², étions fort maltraités. Car, outre³ le juste chagrin que j'avais d'être désapprouvé par⁴ l'homme du monde que j'estime et que j'admire le plus, j'avais de la peine à digérer le plaisir que cela allait faire à mes ennemis. Je n'en ai pourtant jamais été bien persuadé. Eh! le moyen de croire que l'homme de la cour qui a le plus d'esprit pût entrer dans les intérêts

enfant que de rester l'épouse légitime d'un homme qui n'avait qu'un siècle de noblesse) auraient-ils souffert qu'on le glissât au milieu de la première ligne, dans une lettre adressée par un vilain (les Boileau ne passaient pas alors pour nobles) à un comte, lieutenant-général et colonel-général, qui faisait *remonter sa noblesse* à six cents ans (*Voy.* Moreri, mot Rabutin; Grouvelle, Lettres de Sévigné, I, cxliij, vIII, 34).

¹ *V. E.* Bross... *par laquelle* vous me déchiriez *moi et...*
² L'épître IV (tome II, p. 39 à 51).
   La lettre dont parle Boileau est sans doute celle que Bussy avait adressée au Père Rapin, ami de Boileau, et dont MM. de Saint-Surin et Daunou rapportent un fragment d'après le Supplément aux Mémoires du comte. Ayant appris que Despréaux voulait, dans une nouvelle pièce, se venger de ce que Bussy parlait avec mépris de l'épître IV, « j'ai de la peine à croire, y dit celui- « ci, qu'*un homme comme lui* soit assez fou *pour perdre le respect qu'il me* « *doit...* » Il ajoute ensuite que comme Despréaux, enflé du succès de ses satires impunies, « pourrait bien ne pas savoir *la différence qu'il y a de* moi « *aux gens dont il a parlé* », il préfère d'essayer à détourner les choses qui pourraient le porter (Bussy) à des extrémités. « J'ai toujours, dit-il enfin, « *fort estimé* l'action de Vardes, qui sachant qu'un homme *comme Despréaux* « avait écrit quelque chose contre lui, *lui fit couper le nez...* »
   Bussy était un homme très vain, a-t-on observé au sujet de ce fragment; mais à quelque point que fût portée sa vanité, on ne pourrait concevoir un tel excès d'insolence, si l'on ne réfléchissait à la distance prodigieuse qui existait entre les personnages titrés et les roturiers; distance telle que, soixante-dix ans plus tard, Saint-Simon, homme sage, réservé et judicieux, ne peut s'empêcher (IX, 83; XI, 151; XVIII, 102) de qualifier de *vilains* les bourgeois et même les nouveaux nobles.
³ *V. E.* Bross... *de Hollande. Car outre...*
⁴ *V. E.* Bross... *que j'avais de me voir maltraiter par...*

de l'abbé Cotin, et se résoudre à avoir même raison[1] avec lui? La lettre que vous avez écrite à M. le comte de Limoges m'a entièrement désabusé[2]; et je vois bien que tout ce bruit n'a été qu'un artifice très ridicule de mes très ridicules ennemis. Mais quelque mauvais dessein qu'ils aient eu contre moi, je leur ai l'obligation de m'avoir donné lieu de vous assurer, monsieur, que personne n'est plus touché que moi de votre mérite, et n'est avec plus de respect, que je suis[3], etc.[4]

LETTRE III.

A COLBERT.[5]

Monseigneur,

Je vois bien que c'est à vos bons offices que je suis redevable du privilège que sa majesté veut bien avoir

---

[1] *V. E.* Bross... *à avoir* raison même *avec lui*...

[2] *V. E.* Bross... *Limoges* a achevé de me désabuser; *et*...

[3] *V. E.* Bross.... *contre moi*, je leur en ai de l'obligation, puisque c'est ce qui m'a attiré les paroles obligeantes que vous avez écrites sur mon sujet. Je vous supplie de croire que je sens cet honneur comme je dois, *et que je suis*, etc.

[4] La réponse de Bussy (plusieurs éditeurs de Boileau, tels que Brossette et MM. de Saint-Surin et Daunou, la rapportent) est sur un ton bien différent de son fragment de lettre... Éloge des ouvrages du poète, demande de son amitié, etc., voilà ce que le courtisan exilé et tourmenté du désir de rentrer en grâce, réfléchit qu'il était convenable d'écrire à un *roturier* bien accueilli de Louis XIV.

[5] C'est une réponse au billet suivant de Colbert. « Le roi m'a ordonné, monsieur, de vous accorder un privilège pour votre Art poétique, aussitôt que je l'aurai lu. Ne manquez donc pas à me l'apporter au plus tôt. Colbert. »
Le billet et la réponse sont dans le Bolæana, pag. 16 et 17, après un récit tellement rempli d'erreurs sur les premières éditions de Boileau, que s'ils

la bonté de m'accorder. J'étais tout consolé du refus[1] qu'on en avait fait à mon libraire; car c'était lui seul qui l'avait sollicité, étant très éveillé pour ses intérêts, et sachant fort bien que je n'étais point homme à tirer tribut de mes ouvrages[2]. C'était donc à lui de s'affliger d'être déchu d'une petite espérance de gain, quoique assez incertaine à mon avis, dès qu'il la fondait sur le grand débit d'ouvrages tels que les miens. Pour moi, je me trouvais fort content qu'on m'eût soulagé du fardeau de l'impression et de l'incertitude des jugemens du public, n'ayant garde de murmurer du refus d'un privilège qui me laissait celui de jouir paisiblement de toute ma paresse. Cependant, Monseigneur, puisque vous daignez vous intéresser si obligeamment pour moi, j'aurai l'honneur de vous porter mon Art poétique aussitôt qu'il sera achevé, non point pour obtenir un privilège dont je ne me soucie point, mais pour soumettre mon ouvrage aux lumières d'un aussi grand personnage que vous êtes. Je suis, etc.

Paris... 1674.[3]

n'étaient pas rapportés avec des guillemets, nous douterions de leur authenticité.

[1] Suivant le Bolæana (pag. 15 et 16) le privilège avait été accordé, mais des intrigues de Pellisson et de Montausier l'avaient fait retenir.

[2] Nous observons ailleurs (tome I, Essai, n° 138) que Boileau ne retira jamais de profit de ses ouvrages.

[3] On peut induire cette date (le Bolæana n'en donne point) de ce qui est énoncé dans la lettre.

LETTRE IV.[1]

A MONSEIGNEUR LE DUC DE VIVONNE,[2]

SUR SON ENTRÉE[3] DANS LE PHARE DE MESSINE.[4]

(Paris, 4 juin 1675)[5]

Monseigneur,

Savez-vous bien qu'un des plus sûrs moyens pour empêcher un homme d'être plaisant, c'est de lui dire : Je veux que vous le soyez? Depuis que vous m'avez défendu le sérieux, je ne me suis jamais senti si grave, et je ne parle plus que par sentences. Et d'ailleurs votre dernière action a quelque chose de si grand qu'en vérité je ferais conscience de vous en écrire autrement qu'en style héroïque. Cependant je ne saurais me résoudre à ne vous pas obéir en tout ce que vous m'ordonnez. Ainsi, dans l'humeur où je me trouve, je tremble également de vous fatiguer par un sérieux fade, ou de vous ennuyer par une méchante plaisanterie. Enfin mon Apollon m'a secouru ce matin, et, dans le

---

[1] Publiée pour la première fois dans l'édition de 1683.

[2] *V. O* et *E*. Texte de 1683 à 1713 suivi par tous les éditeurs du xviii. siècle; plusieurs modernes mettent tout simplement : *Au duc de Vivonne*.

[3] Il y défit la flotte espagnole, le 12 janvier 1675 (*Gaz. de France*). Des éditeurs fixent cette victoire au 9, ou au 11 février suivant.

[4] M. le duc de Vivonne, qui commandait alors l'armée navale, manda à l'auteur qu'il le priait de lui écrire quelque chose qui le consolât des mauvaises harangues qu'il était obligé d'entendre. C'est ce qui donna lieu à l'auteur de composer ces lettres. *Boil.*, 1713 (quelques modernes mettent *qui pût le consoler*).

[5] Cette date (la lettre n'en a point) a été suppléée par Brossette.

temps que j'y pensais le moins, m'a fait trouver sur mon chevet deux lettres qui, au défaut de la mienne, pourront peut-être vous amuser agréablement. Elles sont datées des Champs-Élysées : l'une est de Balzac, et l'autre de Voiture, qui, tous deux, charmés du récit de votre dernier combat, vous écrivent de l'autre monde pour vous en féliciter.

Voici celle de Balzac. Vous la reconnaîtrez aisément à son style, qui ne saurait dire simplement les choses, ni descendre de sa hauteur.

Aux Champs-Élysées, le 2 juin (1675).

« Monseigneur,

« [1] Le bruit de vos actions ressuscite les morts. Il ré-
« veille des gens endormis depuis trente années, et con-
« damnés à un sommeil éternel. Il fait parler le silence
« même. La belle, l'éclatante, la glorieuse conquête
« que vous avez faite sur les ennemis de la France !
« Vous avez redonné le pain à une ville qui a accoutumé
« de le fournir à toutes les autres. Vous avez nourri la
« mère nourrice de l'Italie. Les tonnerres de cette flotte,
« qui vous fermait les avenues de son port, n'ont fait
« que saluer votre entrée. Sa résistance ne vous a pas
« arrêté plus long-temps qu'une réception un peu trop
« civile. Bien loin d'empêcher la rapidité de votre course,
« elle n'a pas seulement interrompu l'ordre de votre
« marche. Vous avez contraint à sa vue le sud et le nord
« de vous obéir. Sans châtier la mer comme Xerxès [2],

---

[1] Ce commencement est imité d'une lettre de Balzac à Corneille. *Brossette.*
[2] Hérodote, liv. vii, et Juvénal, sat. x. *Boil.*, 1713.

« vous l'avez rendue disciplinable. Vous avez plus fait
« encore, vous avez rendu l'Espagnol humble. Après
« cela que ne peut-on point dire de vous? Non, la na-
« ture, je dis la nature encore jeune, et du temps
« qu'elle produisait les Alexandres et les Césars, n'a rien
« produit de si grand que sous le règne de Louis qua-
« torzième. Elle a donné aux Français, sur son déclin,
« ce que Rome n'a pas obtenu d'elle dans sa plus grande
« maturité. Elle a fait voir au monde dans votre siècle,
« en corps et en âme, cette valeur parfaite dont on avait
« à peine entrevu l'idée dans les romans et dans les
« poèmes héroïques. N'en déplaise à un de vos poètes [1],
« il n'a pas raison d'écrire qu'au-delà du Cocyte le mé-
« rite n'est plus connu. Le vôtre, monseigneur, est
« vanté ici d'une commune voix des deux côtés du Styx.
« Il fait sans cesse ressouvenir de vous dans le séjour
« même de l'oubli. Il trouve des partisans zélés dans le
« pays de l'indifférence. Il met l'Achéron dans les in-
« térêts de la Seine. Disons plus, il n'y a point d'om-
« bre parmi nous, si prévenue des principes du Porti-
« que, si endurcie dans l'école de Zénon, si fortifiée
« contre la joie et contre la douleur, qui n'entende vos
« louanges avec plaisir, qui ne batte des mains, qui ne
« crie miracle au moment que l'on vous nomme, et qui
« ne soit prête de dire avec votre Malherbe :

A la fin c'est trop de silence
En un si beau sujet de parler. [2]

---

[1] Voiture, dans l'épître en vers à monseigneur le prince (Condé), a dit :

Au delà des bords du Cocyte
Il n'est plus parlé de mérite (*Boil.*, 1713).

[2] Ode au duc de Bellegarde (OEuvres, 1659, tome II, p. 106). *Brossette.*

« Pour moi, monseigneur, qui vous conçois encore
« beaucoup mieux, je vous médite sans cesse dans mon
« repos; je m'occupe tout entier de votre idée dans les
« longues heures de notre loisir; je crie continuelle-
« ment, le grand personnage! et si je souhaite de revi-
« vre, c'est moins pour revoir la lumière, que pour jouir
« de la souveraine félicité de vous entretenir, et de vous
« dire de bouche avec combien de respect je suis de toute
« l'étendue de mon âme,

  « monseigneur,
    « votre très humble et très obéissant
     « serviteur, BALZAC. »

Je ne sais, monseigneur, si ces violentes exagérations
vous plairont, et si vous ne trouverez point que le style
de Balzac s'est un peu corrompu dans l'autre monde.
Quoi qu'il en soit, jamais, à mon avis, il n'a prodigué
ses hyperboles plus à propos. C'est à vous d'en [1] juger;
mais auparavant lisez, je vous prie, la lettre de Voiture.

    Aux Champs-Élysées, le 2 juin.

 « MONSEIGNEUR,

« Bien que nous autres morts ne prenions pas grand
« intérêt aux affaires des vivans, et ne soyons pas trop
« portés à rire, je ne saurais pourtant m'empêcher de
« me réjouir des grandes choses que vous faites au-des-
« sus de notre tête. Sérieusement, votre dernier com-

---

[1] *V. O.* 1683 à 1700... *c'est* vous à en *juger*...

« bat fait un bruit de diable aux enfers : il s'est fait en-
« tendre dans un lieu où l'on n'entend pas Dieu tonner,
« et a fait connaître votre gloire dans un pays où l'on
« ne connaît point le soleil. Il est venu ici un bon
« nombre d'Espagnols qui y étaient, et qui nous en
« ont appris le détail. Je ne sais pas pourquoi on veut
« faire passer les gens de leur nation pour fanfarons :
« ce sont, je vous assure, de fort bonnes gens; et le roi
« depuis quelque temps, nous les envoie ici fort hum-
« bles et fort 1 honnêtes. Sans mentir, monseigneur,
« vous avez bien fait des vôtres depuis peu. A voir de
« quel air vous courez la mer Méditerranée, il semble
« qu'elle vous appartienne toute 2 entière. Il n'y a pas à
« l'heure qu'il est, dans toute son étendue, un seul
« corsaire en sûreté; et, pour peu que cela dure, je
« ne vois pas de quoi vous voulez que Tunis et Al-
« ger subsistent. Nous avons ici les Césars, les Pompées
« et les Alexandres : ils trouvent tous que vous avez
« assez attrapé leur air dans votre manière de combat-
« tre 3; surtout César vous trouve très César. Il n'y a
« pas jusqu'aux Alarics, aux Genserics, aux Théodorics et
« à tous ces autres conquérans en ics, qui ne parlent
« fort bien de votre action; et dans le Tartare même, je
« ne sais si ce lieu vous est connu, il n'y a point de
« diable, monseigneur, qui ne confesse ingénument

---

[1] *V. O.* 1683 à 1700 (dix-neuf éditions)... *fort* doux et *fort honnêtes...*

[2] *V. E.* Texte de 1683 à 1713, et non pas *tout* entière (même observation qu'à sat. III, vers 117, tome I).

[3] *V. O.* 1683 (idem., 1683 et 1685 A)... dans votre *manière* d'écarter tout ce qui s'oppose à vous; *surtout...* — Le changement fut fait dans l'édition de 1685.

« qu'à la tête d'une armée vous êtes beaucoup plus dia-
« ble que lui. C'est une vérité dont vos ennemis tom-
« bent d'accord. Néanmoins, à voir le bien que vous
« avez fait à Messine, j'estime pour moi, que vous tenez
« plus [1] de l'ange que du diable, hors que les anges ont
« la taille un peu plus légère que vous [2], et n'ont point
« le bras en écharpe [3]. Raillerie à part, l'enfer est ex-
« trêmement déchaîné en votre faveur. On ne trouve
« qu'une chose à redire à votre conduite, c'est le peu
« de soin que vous prenez quelquefois de votre vie. On
« vous aime assez en ce pays-ci [4] pour souhaiter de ne
« vous y point voir. Croyez-moi, monseigneur, je l'ai
« déjà dit en l'autre monde, c'est fort peu de chose qu'un
« *demi-dieu* quand il est mort [5]; il n'est rien tel que d'ê-
« tre vivant. Et pour moi qui sais maintenant par expé-
« rience ce que c'est que de ne plus être, je fais ici la
« meilleure contenance que je puis; mais, à ne vous
« rien celer, je meurs d'envie de retourner au monde,
« ne fût-ce que pour avoir le plaisir de vous y voir.
« Dans le dessein même que j'ai de faire ce voyage, j'ai
« déjà envoyé plusieurs fois chercher les parties de mon

---

[1] *V. O.* 1683 (idem, 1683 et 1685 A) *tenez* beaucoup *plus*...—Autre changement fait en 1685.

[2] Vivonne était extrêmement gros. *Brossette.*

[3] Blessé à l'épaule au passage du Rhin, il porta toujours depuis, le bras gauche en écharpe. *Brossette.*

[4] V. E. Texte de 1683 à 1713. On lit dans l'édition de Brossette, *ce pays-ici;* et cette faute grossière, quoique corrigée par Dumonteil, en 1718, et relevée par Saint Marc, en 1747, a été reproduite dans beaucoup d'éditions, telles que 1717, Vest. et Mort.; 1721, Vest et Bru.; 1735 et 1740, Souch.; 1745, 1750, 1757, 1766, 1768, 1769 et 1793, P.; 1759, Gl.; et enfin, 1822 et 1824, Jeun.

[5] Voiture, épître au prince de Condé. *Brossette.*

« corps pour les rassembler; mais je n'ai jamais pu ra-
« voir mon cœur, que j'avais laissé en partant à ces sept
« maîtresses que je servais, comme vous savez, si fidè-
« lement toutes sept à la fois [1]. Pour mon esprit, à moins
« que vous ne l'ayez, on m'a assuré qu'il n'était plus
« dans le monde. A vous dire le vrai, je vous soupçonne
« un peu d'en avoir au moins l'enjouement; car on m'a
« rapporté ici quatre ou cinq mots de votre façon [2] que
« je voudrais de tout mon cœur avoir dits, et pour les-
« quels je donnerais volontiers le panégyrique de Pli-
« ne [3], et deux de mes meilleures lettres. Supposé donc
« que vous l'ayez, je vous prie de me le renvoyer au
« plus tôt; car, en vérité, vous ne sauriez croire quelle
« incommodité c'est que de n'avoir pas tout son esprit,
« surtout lorsqu'on écrit à un homme comme vous. C'est
« ce qui fait que mon style aujourd'hui est tout changé [4].
« Sans cela vous me verriez encore rire comme autre-
« fois avec mon compère le Brochet [5], et je ne serais

---

[1] Il se vantait d'en avoir conté à toutes sortes de personnes, « depuis le « sceptre jusqu'à la houlette, et depuis la couronne jusques à la Cale. » *Pellisson*, I, 275.

[2] Vivonne était fertile en bons mots, dit Brossette (édit. in-4°, II, 265), qui lui attribue celui-ci, tout en avouant qu'on en trouve un à-peu près du même genre dans Rabelais (liv. I, ch. XXI). Le roi faisant observer à Vivonne qu'il grossissait à vue d'œil, lui reprochait en présence du duc d'Aumont, dont la grosseur était aussi remarquable, de ne point faire d'exercice. — « Ah! « sire, c'est une médisance, il n'y a pas de jour que je ne fasse au moins « trois fois le tour de mon cousin d'Aumont. » Madame de Sévigné (édit. de Grouvelle, VII, 318, 324, lettres du 11 et 15 déc. 1674) en cite d'autres.

[3] Voiture se déclarait hautement contre ce panégyrique. *Boil.*, 1713.

[4] *V. O.* 1683 à 1701... *est si changé...*

[5] Brossette cite la lettre 143 de Voiture. Nous en parlerons dans une des notes de la dissertation sur Joconde, tome III.

« pas réduit à finir ma lettre trivialement, comme je
« fais, en vous disant que je suis,

« monseigneur,
  « votre très humble et très obéissant
  « serviteur, Voiture. »

Voilà les deux lettres telles que je les ai reçues. Je vous les envoie écrites de ma main, parce que vous auriez eu trop de peine à lire les caractères de l'autre monde, si je vous les avais envoyées en original. N'allez donc pas vous figurer, monseigneur, que ce soit ici un pur jeu d'esprit et une imitation du style de ces deux écrivains. Vous savez bien que Balzac et Voiture sont deux hommes inimitables[1]. Quand il serait vrai pourtant que j'aurais eu recours à cette invention pour vous divertir, aurais-je si grand tort? Et ne devrait-on pas au contraire m'estimer d'avoir trouvé cette adresse, pour vous faire lire des louanges que vous n'auriez jamais souffertes autrement? En un mot, pourrais-je mieux faire voir avec quelle sincérité et quel respect je suis, etc.,

monseigneur,
votre, etc.

---

[1] Il les a cependant ici très bien imités. *J.-J. Rousseau*, Dialogue III; *OEuv.*, 1782, XXII, 170. — Cette imitation, dit La Valterie (cité par Desmaiseaux., édit. de Dresde, I, 45) est une fine satire du style de Balzac et de Voiture, et dévoile facilement le ridicule de ces auteurs jadis si célèbres. — Cependant, s'il faut en croire Brossette, Boileau avait composé ces lettres de génie, n'ayant sous les yeux ni celles de Balzac ni celles de Voiture (à Bâville, chez Lamoignon, en 1675.)

LETTRE V.[1]

A MONSEIGNEUR LE MARÉCHAL DUC[2] DE VIVONNE,

A MESSINE.

. . . . . . 1676.[3]

Monseigneur,

Sans une maladie très violente qui m'a tourmenté pendant quatre mois, et qui m'a mis très long-temps dans un état moins glorieux à la vérité, mais presque aussi périlleux que celui où vous êtes tous les jours, vous ne vous plaindriez pas de ma paresse.

Avant ce temps-là je me suis donné l'honneur de vous écrire plusieurs fois; et si vous n'avez pas reçu mes lettres, c'est la faute des courriers[4], et non pas la mienne. Quoi qu'il en soit, me voilà guéri[5]; je suis en état de réparer mes fautes, si j'en ai commis quelques-unes; et j'espère que cette lettre-ci prendra une route plus sûre que les autres. Mais dites-moi, monseigneur, sur quel ton faut-il maintenant vous parler? Je savais assez bien autrefois de quel air il fallait écrire à MONSEIGNEUR DE

---

[1] Publiée par Brossette, sur une copie corrigée par Boileau. Nous en citerons les premières compositions les plus remarquables.

[2] *V. E.* Texte de Brossette. — Même observation qu'à note 2, p. 9.

[3] Date fixée par Brossette... La copie corrigée n'en a point.

[4] *V. E.* Texte de Brossette et du manuscrit; et non pas *de vos courriers* comme on lit dans plusieurs éditions modernes, telles que 1809 et 1825, Daun.; 1815, Did.; 1820, Me.; 1821, S.-S.; 1821 et 1823, Viol.; 1821 et 1824, Am.; 1824, Fro.; 1825, Aug.; 1826, Mart.; 1828, Thi.; 1829, B. ch.

[5] *P. C. O... guéri* de ma fièvre; *je suis...*

Vivonne, général des galères de France; mais oserait-on se familiariser de même avec le libérateur de Messine[1], le vainqueur de Ruyter[2], le destructeur de la flotte espagnole[3]? Seriez-vous le premier héros qu'une extrême prospérité ne pût enorgueillir? Êtes-vous encore ce même grand seigneur qui venait souper chez un misérable poète, et y porteriez-vous sans honte vos nouveaux lauriers au second et au troisième étage [4]? Non, non, monseigneur, je n'oserais plus me flatter de cet honneur. Ce serait assez pour moi que vous fussiez de retour à Paris; et je me tiendrais trop heureux de pouvoir grossir les pelotons de peuple qui s'amasseraient dans les rues pour vous voir passer. Mais je n'oserais pas même espérer cette joie : vous vous êtes si fort habitué à gagner des batailles, que vous ne voulez plus faire d'autre métier; il n'y a pas moyen de vous tirer de la Sicile. Cela accommode fort toute la France; mais cela ne m'accommode point du tout. Quelque belles que soient vos victoires, je n'en saurais être content, puisqu'elles vous rendent d'autant plus nécessaire au pays où vous êtes, et qu'en avançant vos conquêtes, elles reculent votre retour. Tout passionné [5] que je suis pour votre gloire, je chéris encore plus votre personne, et j'aimerais encore mieux vous entendre parler ici de Chapelain et de Quinault, que d'entendre la renommée par-

---

[1] Par la défaite de la flotte espagnole, le 11 février 1675 *Brossette.*

[2] Le 22 avril 1676 près Agosta.. Ruyter y fut blessé à mort. *Bross.*

[3] Le 2 juin 1676, au port de Palerme. *Bross.*

[4] *P. C. O. Lauriers* au quatrième *étage*... (Cette indication annonce assez qu'en 1676 Boileau était encore loin de l'état d'opulence où il parvint dans la suite).

[5] *P. C. O. Votre retour.* Quelque *passionné* que je *sois* pour...

ler si avantageusement de vous. Et puis, monseigneur, combien pensez-vous que votre protection m'est nécessaire en ce pays, dans les démêlés que j'ai incessamment sur le Parnasse? Il faut que je vous en conte un, pour vous faire voir que je ne mens pas. Vous saurez donc, monseigneur, qu'il y a un médecin à Paris, nommé M. P.[1], très grand ennemi de la santé et du bon sens, mais en récompense fort grand ami de M. Quinault. Un mouvement de pitié pour son pays, ou plutôt le peu de gain qu'il faisait dans son métier, lui en a fait à la fin embrasser un autre. Il a lu Vitruve, il a fréquenté M. Le Vau et M. Ratabon[2], et s'est enfin jeté dans l'architecture, où l'on prétend qu'en peu d'années il a autant élevé de mauvais bâtimens, qu'étant médecin il avait ruiné de bonnes santés. Ce nouvel[3] architecte, qui veut se mêler aussi de poésie, m'a pris en haine sur le peu d'estime que je faisais des ouvrages de son cher Quinault. Sur cela il s'est déchaîné contre moi dans le monde : je l'ai souffert quelque temps avec assez de modération; mais enfin la bile satirique n'a pu se contenir, si bien que, dans le quatrième chant de ma poétique, à quelque temps de là, j'ai inséré la métamorphose d'un médecin en architecte. Vous l'y avez peut-être vue; elle finit ainsi :

> Notre assassin renonce à son art inhumain ;[4]
> Et, désormais la règle et l'équerre à la main,
> Laissant de Galien la science suspecte,
> De méchant médecin devient bon architecte.

[1] *V.* Texte de Brossette et du manuscrit (Il s'agit de Claude Perrault).
[2] Deux fameux architectes. *Bross.*
[3] *P. C. O. Qu'il* avait ruiné de bonnes santés, étant médecin. *Ce nouvel...*
[4] Art poétique, chant IV, vers 21, tome II, p. 251.

Il n'avait pas pourtant sujet de s'offenser, puisque ¹ je parle d'un médecin de Florence, et que d'ailleurs il n'est pas le premier médecin qui, dans Paris, ait quitté sa robe pour la truelle ². Ajoutez que si en qualité de médecin il avait raison de se fâcher, vous m'avouerez qu'en qualité d'architecte il me devait des remercîmens. Il ne me remercia pas pourtant; au contraire, comme il a un frère³ chez M. Colbert, et qu'il est lui-même employé dans les bâtimens du roi, il cria fort hautement contre ma hardiesse; jusque-là que mes amis eurent peur que cela ne me fît une affaire auprès de cet illustre ministre. Je me ⁴ rendis donc à leurs remontrances, et, pour raccommoder toutes choses, je fis une réparation sincère au médecin par l'épigramme que vous allez voir :

  Oui, j'ai dit dans mes vers qu'un célèbre assassin... ⁵

Cependant regardez, monseigneur, comme les esprits des hommes sont ⁶ faits : cette réparation, bien loin d'apaiser l'architecte, l'irrita encore davantage. Il gronda, il se plaignit ⁷, il me menaça de me faire ôter ma pension. A tout cela je répondis que je craignais ses remèdes et non pas ses menaces. Le dénoûment de l'affaire est que j'ai touché ma pension, que l'architecte s'est brouillé auprès de M. Colbert, et que si Dieu ne regar-

---

 ¹ *P. C. O. Pas pourtant sujet de s'offenser* de cela, *puisque je parle d'un*...
 ² Par exemple Louis Savot (mort en 1640)... *Bross.*
 ³ Charles Perrault... Il était contrôleur général des bâtimens. *Bross.*
 ⁴ *P. C. O. Auprès de* M. Colbert. *Je me*...
 ⁵ Il donne ici toute l'épigramme ix (*voy.* tome II, page 456 et notes ib.).
 ⁶ *P. C. O.* Comme *les esprits des* gens *sont*...
 ⁷ *P. C. O. Encore davantage... Il* pesta, *il se plaignit.*

de en pitié son peuple, notre homme va se rejeter dans la médecine. Mais, monseigneur, je vous entretiens là d'étranges bagatelles. Il est temps, ce me semble, de vous dire que je suis avec toute sorte de zèle et de respect,

monseigneur,

votre, etc.

LETTRE VI.[1]

AU BARON DE WALEF.

(1678-1686.)

Monsieur,

Si l'histoire ne m'avait point tiré du métier[2] de la poésie, je ne me sens point si épuisé que je ne trouvasse des rimes pour répondre à une aussi obligeante épître que celle que vous m'avez adressée : ce serait par des vers que j'aurais répondu à d'aussi excellens vers que les vôtres; je vous aurais rendu figure pour figure, exagération pour exagération, et en vous mettant peut-

---

[1] Publiée d'abord, dit M. *Fayolle* (Magas. encycloped., 1814, IV, 333) dans les OEuvres choisies de Walef (1779, in-12), ensuite dans les Quatre saisons du Parnasse (1805, tome IV), enfin dans le Boileau de 1815 (Did.)... M. Daunou doute qu'elle soit authentique d'un bout à l'autre... Elle n'a point de date, mais comme Boileau y parle de ses fonctions d'historiographe, elle doit être postérieure au mois d'octobre 1677... Walef naquit (1652) et mourut à Liège (1734).

[2] Cette expression si remarquable n'est point la suite d'une inadvertance, car Boileau l'a aussi employée dans la préface d'une de ses éditions (1683.. *voy.* notre tome I). Combien elle devait indigner le poète (Voltaire) qui s'écriait un jour : « Tu peux entrer, je ne fais que de la vile prose!... »

être au-dessus d'Apollon et des Muses, je vous aurais fait voir que l'on ne me met pas impunément au-dessus des Orphées et des Amphions. Mais puisque la poésie m'est en quelque sorte interdite, trouvez bon, monsieur, que je vous assure, en prose très simple mais très sincère, que vos vers m'ont paru merveilleux, que j'y trouve de la force et de l'élégance [1], et que je ne conçois pas comment un homme nourri dans le pays de Liège a pu deviner tous les mystères de notre langue.

Vous me faites entendre, monsieur, que c'est moi qui vous ai inspiré : si cela est, je suis dans mes inspirations beaucoup plus heureux pour vous que pour moi-même, puisque je vous ai donné ce que je n'ai jamais eu. Je ne sais si Horace et Juvénal ont eu des disciples pareils à vous; mais quelque mérite qu'ils aient d'ailleurs, voilà un endroit où je les surpasse.

J'aurai toute ma vie une obligation très sensible à M. le marquis de Dangeau [2] de m'avoir procuré l'honneur de votre connaissance ; il ne tiendra qu'à vous que cette connaissance se convertisse en une étroite amitié, puisque personne n'est plus parfaitement que moi,

   monsieur,

      votre, etc.

---

[1] M. Daunou se récrie avec raison sur ces éloges outrés.
[2] Il en est question dans la première note de la satire v (tome I).

*LETTRE VII.[1]

A MADAME MANCHON.[2]

Bourbon, 31 juillet 1687.

C'est aujourd'hui le dixième jour que je prends des eaux, et pour vous dire l'effet qu'elles ont produit en moi, elles m'ont causé de fort grandes lassitudes dans les jambes, excité des envies de dormir, et produit beaucoup d'effets qui ont contenté de reste les médecins, mais qui ont jusqu'ici très peu satisfait le malade, puisque je demeure toujours sans voix, avec très peu d'appétit, et une assez grande faiblesse de corps, quoiqu'on m'eût dit d'abord qu'à peine j'aurais goûté des eaux, que je me trouverais tout renouvelé, et avec plus de force et de vigueur qu'à l'âge de vingt-cinq ans. Voilà au vrai, ma chère sœur, l'état où je me trouve, et si je n'avais fait provision, en partant, d'un peu de piété et de vertu, je vous avoue que je serais fort désolé; mais je vois bien que c'est Dieu qui m'éprouve, et je ne sais même si je lui dois demander de me rendre la voix, puisqu'il ne me l'a peut-être ôtée que pour mon bien, et pour m'empêcher d'en abuser. Ainsi, je m'en vais regarder dorénavant les eaux et les médecines que j'avalerai comme des pénitences qui me sont imposées, plutôt que comme des remèdes qui doivent produire ma santé corporelle, et certainement je doute que je puisse mieux faire voir que

---

[1] Publiée par Cizeron-Rival (*Lett. famil.*, III, 65), sur l'autographe.
[2] Sœur de Boileau. *Voy.* tome III, Explicat. généal., n° 284.

je suis résigné à la volonté de Dieu, qu'en me soumettant au joug de la médecine, qui est ici toute la même qu'à Paris, excepté que les médecins y sont un peu plus appliqués à leurs malades, et pensent au moins à leurs maladies dans le temps qu'ils sont avec eux. Je ne nierai pas pourtant que les eaux ne m'aient déjà fait du bien, puisque ayant eu cette nuit la respiration fort embarrassée, ce matin, aussitôt après avoir pris mes eaux, je me suis trouvé fort dégagé. Il faut donc aller jusqu'au bout, et, si je ne puis guérir, ne pas donner du moins occasion aux hommes de dire que je n'ai pas fait ce qu'il fallait pour me guérir. J'ai lié, depuis que je suis ici, une très étroite connaissance avec M. l'abbé de Sales, trésorier de la Sainte-Chapelle de Bourbon. Je ne sais comment je pourrai reconnaître les bontés qu'il a pour moi. Il me tient lieu ici de frères, de parens et d'amis par les soins qu'il prend de tout ce qui me regarde. C'est un ami intime de M. de Lamoignon[1], et qui serait assurément digne trésorier de la Sainte-Chapelle de Paris.

Il est arrivé ici depuis cinq ou six jours un pauvre homme paralytique de la moitié du corps, avec une recommandation de madame de Montespan pour être reçu à la Charité qu'on y a établie. La recommandation était écrite et signée par madame de Jussac[2], et j'ai attesté aux maîtres et aux dames de la Charité qu'il ne venait point à fausses enseignes; mais ni cette recommandation, ni toutes mes prières ne les ont pu obliger

---

[1] L'avocat général, fils du premier président. *Cizeron-Rival.*
[2] Dame attachée à madame de Montespan. *Ciz.-Riv.*

à le recevoir. Ils ont pris pour prétexte que la Charité ne devait s'ouvrir qu'à la fin du mois prochain. Je me suis réduit à leur demander seulement qu'ils le logeassent, et que du reste je ferais toute la dépense qu'il faudrait pour le nourrir et pour le faire panser ; mais ils m'ont encore impitoyablement refusé cela. De sorte qu'à la fin ne pouvant me résoudre à le voir peut-être mourir sur le pavé, je lui ai fait donner une chambre dans la maison que j'occupe, où il est traité et servi comme moi. Il y a peut-être dans ce que je vous dis là une petite vanité pharisienne. Je vous prie de le faire savoir à M. Racine, afin que dans l'occasion il témoigne à M. et à madame de Jussac [1] que leur nom n'a pas peu contribué en cette rencontre à exciter ma piété. [2] Je suis tout à vous.

N. B. On voit ici dans l'autographe un post-scriptum d'une page, qui a été effacé avec soin. Nos recherches sur la famille de Boileau nous ont mis en état d'en déchiffrer la plus grande partie. Voici comment il se termine [3], à l'exception de quelques passages entièrement couverts d'encre et que nous indiquons par des points. [4]

Je suis bien fâché de l'accident qui est arrivé à ma-

---

[1] *V. E.* Texte de l'autographe. Cizeron-Rival et tous les éditeurs ont omis le second *à*.

[2] *V. E.* Texte de Cizeron-Rival et de l'autographe, et non pas ma *pitié*, comme on lit dans quelques éditions, telles que 1821, S.-S.; 1821 et 1824, Am.; 1824, Fro.; 1825, Daun. et Aug.; 1828, Thi...

[3] Au commencement, il est question des objets suivans : 1. Il prie Sirmond (gendre de madame Manchon) de commissions auprès de Dongois et Lamoignon, et il l'informe qu'il a reçu de son frère (de Sirmond) des présens de volaille... 2. Regrets sur la perte de sa voix... 3. Complimens pour sa famille, et en particulier pour madame Dongois la mère (sa sœur), l'abbé Dongois et monsieur et madame Lachapelle (ses neveux et nièce)...

[4] Nous indiquons aussi (en italiques) les expressions que nous suppléons d'après le sens et d'après ce qu'on peut apercevoir des caractères effacés.

demoiselle Marie-Anne Marchand [1], (*je ne puis rien mander*) sur cela à M. Marchand [2] que je ne sache (*au vrai*) ce qui sera arrivé....... Il m'a écrit un nombre infini de plaisanteries auxquelles je ne saurais répondre avant de savoir s'il faut pleurer ou s'il faut rire.... Cependant je vous prie de bien dire (*à mademoiselle Marie-Anne*), que je lui ai bien de l'obligation du petit compliment qu'elle m'a écrit dans la lettre de monsieur son père. Je sais en quelle école elle a appris à avoir pitié des misérables......... Elle est dans une fort grande réputation à Bourbon [3], et tous jusques aux capucins, m'en ont parlé avec une estime particulière. Il faut bien qu'ils ne sachent pas qu'elle est hérétique et janséniste qui pis est [4]. Je l'attends à Bourbon avec monsieur son père dans vingt-cinq (*jours*) [5]. Je m'en vais faire préparer une salle pour le bal que je leur dois donner à leur arrivée; cela s'entend supposé que ma voix soit revenue, car ce serait une (*trop rare*) chose qu'un galant qui ne pourrait dire aux violons : JOUEZ!

[1] La même dont il est question dans une note de la lettre du 2 septembre 1687, n° LV.

[2] *Voy.* la même note.

[3] Marchand avait donc déjà fait au moins un voyage à Bourbon... Il y avait donc aussi pu former des liaisons; ce qui nous explique comment il avait recommandé à Boileau d'y prendre un certain logement, et sa mauvaise humeur de ce que le poète avait négligé de suivre son conseil, comme on le verra dans la lettre de Racine du 4 août 1687, n° XLV.

[4] Allusion aux derniers vers de la chanson faite à Bâville, en 1672 (tome II, p. 433). Il paraît par-là que cette pièce, quoique Boileau ne l'eût pas encore publiée (ce ne fut qu'en 1701), était fort connue de ses parens et de ses amis.

[5] On verra dans la lettre du 2 septembre 1687 que Marchand arriva un mois après à Bourbon.

LETTRE VIII.[1]

A M. DE LAMOIGNON,

AVOCAT GÉNÉRAL.[2]

A Paris, lundi[3] (1688-1690).

M. Racine est présentement tout occupé à finir sa pièce, qui sera vraisemblablement achevée cette semaine. Il vous prie donc, monsieur, de remettre à la semaine qui vient le récit que vous souhaitez qu'il fasse à madame de Lamoignon et au père de La Rue. Pour Auteuil, il ne tiendra qu'à vous de l'honorer, quand il vous plaira, de votre présence. Je serais bien aise néanmoins que vous le vissiez dans tout son éclat, c'est-à-dire avec un soleil digne du mois de juin, et non pas dans une journée de pluies et de frimats[4], comme celle d'aujourd'hui. Je suis votre très humble et très obéissant serviteur.

DESPRÉAUX.[5]

---

[1] Publiée par M. de Saint-Surin d'après l'autographe (il en donne un fac-simile).

[2] Depuis, président... Nous en parlons au tome II, page 69, note 2.

[3] Cette lettre n'a pas d'autre date ; mais comme il y est question, 1° de la maison d'Auteuil, que Boileau n'acheta qu'en 1685 (le 10 août... Pi just., 213); 2° de la composition d'une *pièce* de Racine, lequel, après cette époque, ne donna qu'Esther et Athalie, M. de Saint-Surin présume qu'elle a été écrite en 1688 ou 1690.

[4] Telle est l'orthographe de Boileau, on l'a remarqué au tome II, p. 393 et 417, notes 4 et 2.

[5] *Adresse :* pour M. de Lamoignon, avocat général.

LETTRE IX.[1]

RACINE ET BOILEAU AU MARÉCHAL DUC DE LUXEMBOURG.

FÉLICITATION SUR LA VICTOIRE DE FLEURUS.

A Paris, 8 juillet 1690.

Au milieu des louanges et des complimens que vous recevez de tous côtés pour le grand service que vous venez de rendre à la France, trouvez bon, monseigneur, qu'on vous remercie aussi du grand bien que vous avez fait à l'histoire, et du soin que vous prenez de l'enrichir. Personne jusqu'ici n'y a travaillé avec plus de succès que vous, et la bataille que vous venez de gagner fera sans doute un de ses plus magnifiques ornemens. Jamais il n'y en eut de si propre à être racontée, et tout s'y rencontre à la fois, la grandeur de la querelle, l'animosité des deux partis, l'audace et la multitude des combattans, une résistance de plus de six heures, un carnage horrible, et enfin une déroute entière des ennemis. Jugez donc quel agrément c'est pour des historiens d'avoir de telles choses à écrire, surtout quand ces historiens peuvent espérer d'en apprendre de votre bouche même le détail. C'est de quoi nous osons nous flatter; mais laissant là l'histoire à part, sérieusement, monseigneur, il n'y a point de gens qui soient si véritablement touchés que nous de l'heureuse victoire que vous avez remportée. Car, sans compter l'intérêt général que nous y prenons avec tout le royaume, figurez-vous quelle

---

[1] Publiée dans l'édition de Racine donnée par Geoffroy, en 1808.

est notre joie d'entendre publier partout que nos affaires sont rétablies, toutes les mesures des ennemis rompues, la France, pour ainsi dire, sauvée, et de songer que le héros qui a fait tous ces miracles, est ce même homme d'un commerce si agréable, qui nous honore de son amitié et qui nous donna à dîner le jour que le roi lui donna le commandement de ses armées. Nous sommes avec un profond respect,

monseigneur,

vos très humbles et très obéissans serviteurs,

RACINE, DESPREAUX.

LETTRE X.[1]

DE MONSIEUR ANTOINE ARNAULD,

DOCTEUR DE SORBONNE,

A M. P** (PERRAULT), AU SUJET DE LA DIXIEME SATIRE.[2]

(De Bruxelles, 5) mai 1694.[3]

Vous pouvez être surpris, monsieur, de ce que j'ai tant différé à vous faire réponse, ayant à vous remer-

---

[1] Publiée par Boileau dans ses deux éditions de 1701, et reproduite dans celles de 1713. Il y a quelques différences que nous noterons, mais en préférant pour le texte, les éditions revues par Boileau lui même (celles de 1701) à moins de faute évidente. Le recueil des lettres d'Arnauld n'a pu nous être utile pour celle-ci, comme pour la réponse (voy. lettre n° XI, note 1), parce que l'éditeur n'ayant pas l'original, a suivi l'édition de 1713, déjà citée.

[2] V. O. Texte de 1713, in-12. — Dans les éditions de 1701, il y a *de la Xe Satire de M. Despréaux...* Dans celle de 1713, in-4°, *de ma X^e satire.*

[3] V. O. 1701, point de date. 1713, il y a à la fin, *mai, 1694.* — Le jour est indiqué au recueil de 1727 cité dans la même note 1.

cier de votre présent, et de la manière honnête dont vous me faites souvenir de l'affection que vous m'avez toujours témoignée, vous et messieurs vos frères[1], depuis que j'ai le bien de vous connaître. Je n'ai pu lire votre lettre sans m'y trouver obligé; mais, pour vous parler franchement, la lecture que je fis ensuite de la préface de votre apologie des femmes me jeta dans un grand embarras, et me fit trouver cette réponse plus difficile que je ne pensais. En voici la raison.

Tout le monde sait que M. Despréaux est de mes meilleurs amis, et qu'il m'a rendu des témoignages d'estime et d'amitié en toutes sortes de temps. Un de mes amis m'avait envoyé sa dernière satire. Je témoignai à cet ami la satisfaction que j'en avais eue, et lui marquai en particulier que ce que j'en estimais le plus, par rapport à la morale, c'était la manière si ingénieuse et si vive dont il avait représenté les mauvais effets que pouvaient produire dans les jeunes personnes les opéra et les romans. Mais comme je ne puis m'empêcher de parler à cœur ouvert à mes amis, je ne lui dissimulai pas que j'aurais souhaité qu'il n'y eût point parlé de l'auteur de Saint-Paulin[2]. Cela a été écrit avant que j'eusse rien su de l'apologie des femmes, que je n'ai reçue qu'un mois après. J'ai fort approuvé ce que vous y dites en faveur des pères et mères qui portent leurs enfans à embrasser l'état du mariage par des motifs honnêtes et chrétiens; et j'y ai trouvé beaucoup de douceur et d'agrément dans les vers.

---

[1] Pierre, Nicolas et Claude (*voy.* ci devant, page 19) Perrault.
[2] C'était dans des vers supprimés depuis, et que nous rapportons à la note du vers 460, satire x, tome I.

Mais ayant rencontré dans la préface diverses choses que je ne pouvais approuver sans blesser ma conscience, cela me jeta dans l'inquiétude de ce que j'avais à faire. Enfin je me suis déterminé à vous marquer à vous même quatre ou cinq points qui m'y ont fait le plus de peine, dans l'espérance que vous ne trouverez pas mauvais que j'agisse à votre égard avec cette naïve et cordiale sincérité que les chrétiens doivent pratiquer envers leurs amis.

La première chose que je n'ai pu approuver, c'est que vous ayez attribué à votre adversaire cette proposition générale : « que l'on ne peut manquer en suivant « l'exemple des anciens », et que vous ayez conclu « que « parce que Horace et Juvénal ont déclamé contre les « femmes d'une manière scandaleuse, il avait pensé qu'il « était en droit de faire la même chose. » Vous l'accusez donc d'avoir déclamé contre les femmes d'une manière scandaleuse, et en des termes qui blessent la pudeur, et de s'être cru en droit de le faire à l'exemple d'Horace et de Juvénal; mais bien loin de cela, il déclare positivement le contraire: car après avoir dit dans sa préface « qu'il n'ap-« préhende pas que les femmes s'offensent de sa satire », il ajoute : « qu'une chose au moins dont il est certain « qu'elles le loueront, c'est d'avoir trouvé moyen, dans « une matière aussi délicate que celle qu'il y traitait, de « ne pas laisser échapper un seul mot qui pût blesser le « moins du monde la pudeur. » C'est ce que vous-même, monsieur, avez rapporté de lui dans votre préface, et ce que vous prétendez avoir réfuté par ces paroles : « Quelle erreur! Est-ce que des héros à voix luxurieuse, « des morales lubriques, des rendez-vous chez la Cornu,

« et les plaisirs de l'enfer qu'on goûte en paradis, peu-
« vent se présenter à l'esprit sans y faire des images
« dont la pudeur est offensée? »

Je vous avoue, monsieur, que j'ai été extrêmement surpris de vous voir soutenir une accusation de cette nature contre l'auteur de la satire avec si peu de fondement : car il n'est point vrai que les termes que vous rapportez soient des termes déshonnêtes, et qui blessent la pudeur, et la raison que vous en donnez ne le prouve point. S'il était vrai que la pudeur fût offensée de tous les termes qui peuvent présenter à notre esprit certaines choses dans la matière de la pureté, vous l'auriez bien offensée vous-même, quand vous avez dit : « que les anciens poètes enseignaient divers moyens pour « se passer du mariage, qui sont des crimes parmi les « chrétiens, et des crimes abominables. » Car y a-t-il rien de plus horrible et de plus infâme que ce que ces mots de *crimes abominables* présentent à l'esprit? Ce n'est donc point par-là qu'on doit juger si un mot est déshonnête ou non.

On peut voir sur cela une lettre de Cicéron à Papirius Pætus[1], qui commence par ces mots : *Amo verecundiam, tu potius libertatem loquendi*; car c'est ainsi qu'il faut lire, et non pas *Amo verecundiam, vel potius libertatem loquendi*, qui est une faute visible qui se trouve dans presque toutes les éditions de Cicéron. Il y traite fort au long cette question, sur laquelle les philosophes étaient partagés : s'il y a des paroles qu'on doive regarder comme malhonnêtes, et dont la modestie

---

[1] Ep. fam., lib. ix, épître 22. *Brossette.*

ne permette pas que l'on se serve. Il dit que les stoïciens niaient qu'il y en eût; il rapporte leurs raisons. Ils disaient que l'obscénité, pour parler ainsi, ne pouvait être que dans les mots ou dans les choses; qu'elle n'était point dans les mots, puisque plusieurs mots étant équivoques, et ayant diverses significations, ils ne passaient point pour déshonnêtes selon une de leurs significations, dont il apporte plusieurs exemples; qu'elle n'était point aussi dans les choses, parce que la même chose pouvant être signifiée par plusieurs façons de parler, il y en avait quelques-unes dont les personnes les plus modestes ne faisaient point de difficulté de se servir : comme, dit-il, personne ne se blessait d'entendre dire *virginem me quondam invitam is per vim violat*, au lieu que si on se fût servi d'un autre mot que Cicéron laisse sous-entendre, et qu'il n'a eu garde d'écrire, *nemo*, dit-il, *tulisset*, personne ne l'aurait pu souffrir.

Il est donc constant, selon tous les philosophes et les stoïciens mêmes, que les hommes sont convenus que la même chose étant exprimée par de certains termes [1], elle ne blesserait pas la pudeur, et qu'étant exprimée par d'autres, elle la blesserait. Car les stoïciens mêmes demeuraient d'accord de cette sorte de convention; mais la croyant déraisonnable, ils soutenaient qu'on n'était point obligé de la suivre. Ce qui leur faisait dire : *nihil esse obscænum nec in verbo nec in re*, et que le sage appelait chaque chose par son nom.

---

[1] *V. E.* Texte de 1701 et 1713. On lit *de certains* mots dans quelques éditions modernes, telles que 1821, S.-S.; 1821 et 1824, Am.; 1825, Daun. et Aug.

Mais comme cette opinion des stoïciens est insoutenable, et qu'elle est contraire à saint Paul, qui met entre les vices *turpiloquium*, les mots sales, il faut nécessairement reconnaître que la même chose peut être exprimée par de certains termes qui seraient fort déshonnêtes; mais qu'elle peut aussi être exprimée par de certains termes qui ne le sont point du tout, au jugement de toutes les personnes raisonnables. Que si on veut en savoir la raison, que Cicéron n'a point donnée, on peut voir ce qui en a été écrit dans l'*Art de penser*[1], première partie, chapitre XII. [2]

Mais sans nous arrêter à cette raison, il est certain que dans toutes les langues policées, car je ne sais pas s'il en est de même des langues sauvages, il y a de certains termes que l'usage a voulu qui fussent regardés comme déshonnêtes, et dont on ne pourrait se servir sans blesser la pudeur; et qu'il y en a d'autres qui, signifiant la même chose ou les mêmes actions, mais d'une manière moins grossière, et pour ainsi dire plus voilée, n'étaient point censés déshonnêtes. Et il fallait bien que cela fût ainsi : car si certaines choses qui font rougir, quand on les exprime trop grossièrement, ne pouvaient être signifiées par d'autres termes dont la pudeur n'est point offensée, il y a de certains vices dont on n'aurait point pu parler, quelque nécessité qu'on en eût, pour en donner de l'horreur et pour les faire éviter.

[1] La Logique ou l'Art de penser, in-12, Paris, 1662, (les deux premières parties sont d'Arnauld lui-même.. *Moreri*). Le passage cité est à la page 118.
[2] *V. E.* Et non pas XIII, comme on lit dans toutes les éditions. Cette erreur (probablement du secrétaire d'Arnauld) était pourtant facile à apercevoir, puisque la partie citée n'a que douze chapitres.

Cela étant donc certain, comment n'avez-vous point vu que les termes que vous avez repris ne passeront jamais pour déshonnêtes? Les premiers sont *les voix luxurieuses* et *la morale lubrique* de l'opéra. Ce que l'on peut dire de ces mots *luxurieux* et *lubrique*, est qu'ils sont un peu vieux : ce qui n'empêche pas qu'ils ne puissent trouver place dans une satire; mais il est inouï qu'ils aient jamais été pris pour des mots déshonnêtes et qui blessent la pudeur. Si cela était, aurait-on laissé le mot de *luxurieux* dans les commandemens de Dieu que l'on apprend aux enfans? *Les rendez-vous chez la cornu* sont assurément de vilaines choses pour les personnes qui les donnent. C'est aussi dans cette vue que l'auteur de la satire en a parlé, pour les faire détester. Mais quelle raison aurait-on de vouloir que cette expression soit malhonnête? Est-ce qu'il aurait mieux valu nommer le métier de la Cornu par son propre nom? C'est au contraire ce qu'on n'aurait pu faire sans blesser un peu la pudeur. Il en est de même *des plaisirs de l'enfer goûtés en paradis;* et je ne vois pas que ce que vous en dites soit bien fondé. *C'est*, dites-vous, *une expression fort obscure.* Un peu d'obscurité ne sied pas mal dans ces matières; mais il n'y en a point ici que les gens d'esprit ne développent sans peine. Il ne faut que lire ce qui précède dans la satire, qui est la fin de la fausse dévote : [1]

Voilà le digne fruit des soins de son docteur.. [2]

N'est-il pas louable d'avoir cherché les plus noires cou-

---

[1] Il veut dire « la fin du portrait de la fausse dévote. » *Brossette.*
[2] Il rapporte ici les vers 619 à 624 de la même satire.

leurs qu'il a pu, pour donner de l'horreur d'un si détestable abus, dont on a vu depuis peu de si terribles exemples? On voit assez que ce qu'il a entendu par ce que nous venons de rapporter, est le crime d'un directeur hypocrite qui, aidé du démon, fait goûter des plaisirs criminels, dignes de l'enfer, à une malheureuse qu'il aurait feint de conduire en paradis. *Mais*, dites-vous, *on ne peut creuser cette pensée que l'imagination ne se salisse effroyablement*. Si creuser une pensée de cette nature, c'est s'en former dans l'imagination une image sale, quoiqu'on n'en eût donné aucun sujet, tant pis pour ceux qui, comme vous dites, creuseraient celle-ci. Car ces sortes de pensées revêtues de termes honnêtes, comme elles le sont dans la satire, ne présentent rien proprement à l'imagination, mais seulement à l'esprit, afin d'inspirer de l'aversion pour la chose dont on parle; ce qui, bien loin de porter au vice, est un puissant moyen d'en détourner [1]. Il n'est donc pas vrai qu'on ne puisse lire cet endroit de la satire, sans que l'imagination en soit salie; à moins qu'on ne l'ait fort gâtée par une habitude vicieuse d'imaginer ce que l'on doit seulement connaître pour le fuir, selon cette belle parole de Tertullien, si ma mémoire ne me trompe : *spiritualia nequitiæ non amica conscientia, sed inimica scientia novimus*.

Cela me fait souvenir de la scrupuleuse pudeur du père Bouhours[2], qui s'est avisé de condamner tous les traducteurs du nouveau testament, pour avoir traduit *Abraham*

---

[1] D'Alembert (III, 168, note 35) n'approuve pas ces principes.
[2] *V. O.* Texte du recueil de 1727. On avait mis simplement *du P. B.*, dans les éditions de 1701 et 1713.

genuit Isaac, Abraham engendra Isaac; parce, dit-il, que ce mot *engendra* salit l'imagination. Comme si le mot latin *genuit* donnait une autre idée que le mot *engendrer* en français. Les personnes sages et modestes ne font point de ces sortes de réflexions, qui banniraient de notre langue une infinité de mots, comme celui de *concevoir,* d'*user du mariage,* de *consommer le mariage*, et plusieurs autres. Et ce serait aussi en vain que les Hébreux loueraient la chasteté de la langue sainte dans ces façons de parler : *Adam connut sa femme, et elle enfanta Caïn.* Car ne peut-on pas dire qu'on ne peut creuser ce mot *connaître sa femme,* que l'imagination n'en soit salie? Saint Paul a-t-il eu cette crainte quand il a parlé en ces termes de la fornication [1], dans la première épître aux Corinthiens, ch. VI : « Ne « savez-vous pas, dit-il, que vos corps sont les mem-« bres de Jésus-Christ? Arracherai-je donc à Jésus-« Christ ses propres membres, pour en faire les mem-« bres d'une prostituée? A Dieu ne plaise! Ne savez-« vous pas que celui qui se joint à une prostituée de-« vient un même corps avec elle? Car ceux qui étaient « deux ne seront plus qu'une même chair, dit l'Écri-« ture; mais celui qui demeure attaché au Seigneur est « un même esprit avec lui. Fuyez la fornication. » Qui peut douter que ces paroles ne présentent à l'esprit des choses qui feraient rougir, si elles étaient exprimées en certains termes que l'honnêteté ne souffre point? Mais outre que les termes dont l'apôtre se sert sont d'une

---

[1] *V. E.* Texte de 1701 et 1713. On a omis les mots *de la fornication* dans les éditions citées à note 1, p. 33.

nature à ne point blesser la pudeur, l'idée qu'on en peut prendre est accompagnée d'une idée d'exécration, qui non-seulement empêche que la pudeur n'en soit offensée, mais qui fait de plus que les chrétiens conçoivent une grande horreur du vice dont cet apôtre a voulu détourner les fidèles. Mais veut-on savoir ce qui peut être un sujet de scandale aux faibles? C'est quand un faux délicat leur fait appréhender une saleté d'imagination, où personne avant lui n'en avait trouvé; car il est cause par-là qu'ils pensent à quoi ils n'auraient point pensé, si on les avait laissés dans leur simplicité. Vous voyez donc, monsieur, que vous n'avez pas eu sujet de reprocher à votre adversaire qu'il avait eu tort de se vanter *qu'il ne lui était pas échappé un seul mot qui pût blesser le moins du monde la pudeur.*

La seconde chose qui m'a fait beaucoup de peine, monsieur, c'est que vous blâmiez dans votre préface les endroits de la satire qui m'avaient paru les plus beaux, les plus édifians et les plus capables de contribuer aux bonnes mœurs et à l'honnêteté publique. J'en rapporterai deux ou trois exemples. J'ai été charmé, je vous l'avoue, de ces vers de la page sixième [1] :

> L'épouse que tu prends, sans tache en sa conduite, etc.

Où trouvera quelque chose de semblable dans un livre imprimé il y a dix ans : car on y fait voir, par l'autorité des païens mêmes, combien c'est une chose pernicieuse de faire un dieu de l'amour, et d'inspirer aux jeunes personnes qu'il n'y a rien de plus doux que d'aimer.

---

[1] Il parle de l'édition séparée, in-4°, de la satire x, et il rapporte les vers 125 à 144 de cette satire.

Permettez-moi, monsieur, de rapporter ici ce qui est dit dans ce livre qui est assez rare : « Peut-on avoir un peu
« de zèle pour le salut des âmes, qu'on ne déplore le
« mal que font, dans l'esprit d'une infinité de personnes,
« les romans, les comédies et les opéra? Ce n'est pas
« qu'on n'ait soin présentement de n'y rien mettre qui
« soit grossièrement déshonnête, mais c'est qu'on s'y
« étudie à faire paraître l'amour comme la chose du
« monde la plus charmante et la plus douce. Il n'en faut
« pas davantage pour donner une grande pente à cette
« malheureuse passion. Ce qui fait souvent de si grandes
« plaies, qu'il faut une grâce bien extraordinaire pour
« en guérir. Les païens mêmes ont reconnu combien
« cela pouvait causer de désordres dans les mœurs. Car
« Cicéron ayant rapporté les vers d'une comédie [1], où il
« est dit que l'amour est le plus grand des dieux (ce qui
« ne se dit que trop dans celles de ce temps-ci), il s'é-
« crie avec raison : Oh! la belle réformatrice des mœurs
« que la poésie, qui nous fait une divinité de l'amour,
« qui est une source de tant de folies et de déréglemens
« honteux! Mais il n'est pas étonnant de lire de telles
« choses dans une comédie, puisque nous n'en aurions
« aucune si nous n'approuvions ces désordres : *de co-*
« *mœdia loquor, quæ, si hæc flagitia non approbare-*
« *mus, nulla esset omnino.* »

Mais ce qu'il y a de particulier dans l'auteur de la satire, et en quoi il est le plus louable, c'est d'avoir représenté avec tant d'esprit et de force le ravage que peuvent faire dans les bonnes mœurs les vers de l'opéra,

---

[1] Du poète Cécilius. *Brossette.*   Cécilius était ami de Cicéron.

qui roulent tous sur l'amour, chantés sur des airs qu'il a eu grande raison d'appeler *luxurieux*, puisqu'on ne saurait s'en imaginer de plus propres à enflammer les passions, et à faire entrer dans les cœurs *la morale lubrique* des vers; et ce qu'il y a de pis, c'est que le poison de ces chansons lascives ne se termine pas au lieu où se jouent ces pièces, mais se répand par toute la France, où une infinité de gens s'appliquent à les apprendre par cœur, et se font un plaisir de les chanter partout où ils se trouvent.

Cependant, monsieur, bien loin de reconnaître le service que l'auteur de la satire a rendu par-là au public, vous voudriez faire croire que c'est pour donner un coup de dent à M. Quinault, auteur de ces vers de l'opéra, qu'il en a parlé si mal, et c'est dans cet endroit-là même que vous avez cru avoir trouvé des mots déshonnêtes dont la pudeur est offensée.

Ce qui m'a aussi beaucoup plu dans la satire, c'est ce qu'il dit contre les mauvais effets de la lecture des romans. Trouvez bon, monsieur, que je le rapporte encore ici :

> Supposons toutefois qu'encor fidèle et pure,
> Sa vertu de ce choc revienne sans blessure, etc. [1]

Peut-on mieux représenter le mal que sont capables de faire les romans les plus estimés, et par quels degrés insensibles ils peuvent mener les jeunes gens qui s'en laissent empoisonner, bien loin au-delà des termes du roman, et jusqu'aux derniers désordres? Mais parce qu'on y a nommé la Clélie, il n'y a presque rien dont vous

---

[1] Arnauld rapporte ici les vers 149 à 168 de la même satire.

fassiez un plus grand crime à l'auteur de la satire. « Com-
« bien, dites-vous, a-t-on été indigné de voir continuer
« son acharnement sur la Clélie? L'estime qu'on a
« toujours faite de cet ouvrage, et l'extrême vénération
« qu'on a toujours eue pour l'illustre personne [1] qui l'a
« composé, ont fait soulever tout le monde contre une
« attaque si souvent et si inutilement répétée. Il paraît
« bien que le vrai mérite est bien plutôt une raison pour
« avoir place dans ses satires, qu'une raison d'en être
« exempt. »

Il ne s'agit point, monsieur, du mérite de la personne
qui a composé la Clélie, ni de l'estime qu'on a faite de cet
ouvrage. Il en a pu mériter pour l'esprit, pour la politesse,
pour l'agrément des inventions, pour les caractères bien
suivis, et pour les autres choses qui rendent agréable à tant
de personnes la lecture des romans. Que ce soit, si vous
voulez, le plus beau de tous les romans; mais enfin c'est
un roman : c'est tout dire. Le caractère de ces pièces
est de rouler sur l'amour, et d'en donner des leçons
d'une manière ingénieuse, et qui soit d'autant mieux
reçue, qu'on en écarte le plus [2], en apparence, tout ce
qui pourrait paraître de trop grossièrement contraire à
la pureté. C'est par-là qu'on va insensiblement jusqu'au
bord du précipice, s'imaginant qu'on n'y tombera pas
quoiqu'on y soit déjà à demi tombé par le plaisir qu'on
a pris à se remplir l'esprit et le cœur de la doucereuse
morale qui s'enseigne au pays de Tendre. Vous pouvez

---

[1] Mademoiselle de Scudéri... Nous en parlons au tome III (ainsi que de la Clélie et de Polexandre), dans les notes des *Héros de roman*.

[2] V. O. 1701, in-4° et in-12, qu'*on écarte plus en*, etc. : (*le* y est omis). Saint-Marc désapprouve cette leçon : M. de S.-S. la défend.

dire, tant qu'il vous plaira, que cet ouvrage est en vénération à tout le monde; mais voici deux faits dont je suis très bien informé. Le premier est que feue[1] madame la princesse de Conti et madame de Longueville, ayant su que M. Despréaux avait fait une pièce en prose [2] contre les romans, où la Clélie n'était pas épargnée, comme ces princesses connaissaient mieux que personne combien ces lectures sont dangereuses, elles lui firent dire qu'elles seraient bien aises de la voir. Il la leur récita; et elles en furent tellement satisfaites, qu'elles témoignèrent souhaiter beaucoup qu'elle fût imprimée; mais il s'en excusa pour ne pas s'attirer sur les bras de nouveaux ennemis.

L'autre fait est qu'un abbé de grand mérite, et qui n'avait pas moins de piété que de lumières, se résolut de lire la Clélie, pour en juger avec connaissance de cause; et le jugement qu'il en porta fut le même que celui de ces deux princesses. Plus on estime l'illustre personne à qui on attribue cet ouvrage, plus on est porté à croire qu'elle n'est pas à cette heure d'un autre sentiment que ces princesses, et qu'elle a un vrai repentir de ce qu'elle a fait autrefois, lorsqu'elle était moins éclairée. Tous les amis de M. de Gomberville, qui avait aussi beaucoup de mérite, et qui a été un des premiers académiciens, savent que ça été sa disposition à l'égard de son Polexandre: et qu'il eût voulu [3], si cela

---

[1] V. O. 1701, in 4° et in-12... que *feu*. — Cette leçon-ci est au contraire défendue par Saint Marc et critiquée par M. de Saint-Surin.

[2] Les héros de Roman. *Brossette* (Ils sont au tome III).

[3] Gomberville ne persista pas dans ces regrets. *Voy.* lett. du 6 août 1694 (*Recueil de* 1727, VII, 618), et pour Polexandre, ci-devant p. 41, note. 1.

eût été possible, l'avoir effacé de ses larmes. Supposé que Dieu ait fait la même grâce à la personne que l'on dit auteur de la Clélie, c'est lui faire peu d'honneur que de la représenter comme tellement attachée à ce qu'elle a écrit autrefois, qu'elle ne puisse souffrir qu'on y reprenne ce que les règles de la piété chrétienne y font trouver de répréhensible.

Enfin, monsieur, j'ai fort estimé, je vous l'avoue, ce qui est dit dans la satire contre un misérable directeur, qui ferait passer sa dévote du quiétisme au vrai molinosisme; et nous avons déjà vu que c'est un des endroits où vous avez trouvé le plus à redire. Je vous supplie, monsieur, de faire sur cela de sérieuses réflexions.

Vous dites à l'entrée de votre préface que « dans « cette dispute entre vous et M. Despréaux, il s'agit « non-seulement de la défense de la vérité, mais encore « des bonnes mœurs et de l'honnêteté publique. » Permettez-moi, monsieur, de vous demander si vous n'avez point sujet de craindre que ceux qui compareront ces trois endroits de la satire avec ceux que vous y opposez, ne soient portés à juger que c'est plutôt de son côté que du vôtre qu'est la défense des bonnes mœurs et de l'honnêteté publique. Car ils voient du côté de la satire, 1° une très juste et très chrétienne condamnation des vers de l'opéra, soutenus par les airs efféminés de Lulli; 2° les pernicieux effets des romans, représentés avec une force capable de porter les pères et les mères qui ont quelque crainte de Dieu à ne les pas laisser entre les mains de leurs enfans; 3° le paradis, le démon et l'enfer mis en œuvre pour faire avoir plus d'horreur d'une abominable profanation des choses saintes. Voilà, diront-ils, comme la satire de M. Despréaux est contraire aux bonnes mœurs et à l'honnêteté publique.

Ils verront d'autre part dans votre préface, 1° ces mêmes vers de l'opéra, jugés si bons ou au moins si innocens, qu'il y a selon vous, monsieur, sujet de croire qu'ils n'ont été blâmés par M. Despréaux, que pour donner un coup de dent à M. Quinault, qui en est l'auteur; 2° un si grand zèle pour la défense de la Clélie, qu'il n'y a guère de chose que vous blâmiez plus fortement dans l'auteur de la satire, que de n'avoir pas eu pour cet ouvrage assez de respect et de vénération; 3° un injuste reproche que vous lui faites d'avoir offensé la pudeur, pour avoir eu soin de bien faire sentir l'énormité du crime d'un faux directeur. En vérité, monsieur, je ne sais si vous avez lieu de croire que ce qu'on jugerait sur cela vous pût être favorable.

Ce que vous dites de plus fort contre M. Despréaux paraît appuyé sur un fondement bien faible. Vous prétendez que sa satire est contraire aux bonnes mœurs, et vous n'en donnez pour preuve que deux endroits [1]. Le premier est ce qu'il dit en badinant avec son ami :

> Quelle joie. . . . .
> De voir autour de soi croître dans sa maison
> De petits citoyens dont on croit être père !

l'autre est dans la page suivante, où il ne fait encore que rire :

> On peut trouver encor quelques femmes fidèles,
> Sans doute ; et dans Paris, si je sais bien compter,
> Il en est jusqu'à trois que je pourrais citer.

---

[1] *V. E.* Texte de 1701 et 1713. On a mis *que ces deux*, dans les éditions citées à note 1, p. 33... (ce sont les vers 9 à 14 et 42 à 44).

Vous dites sur le premier, « qu'il fait entendre par-là « qu'un homme n'est guère fin ni guère instruit des « choses du monde, quand il croit que ses enfans sont « ses enfans; » et vous dites sur le second, « qu'il fait « aussi entendre que, selon son calcul et le raisonne- « ment qui en résulte, nous sommes presque tous des « enfans illégitimes. »

Plus une accusation est atroce, plus on doit éviter de s'y engager, à moins qu'on n'ait de bonnes preuves. Or, c'en est une assurément fort atroce d'imputer à l'auteur de la satire d'avoir fait entendre « qu'un homme « n'est guère fin quand il croit que les enfans de sa « femme sont ses enfans, et qu'il n'y a que trois fem- « mes de bien dans une ville où il y en a plus de deux « cent mille. » Cependant, monsieur, vous ne donnez pour preuve de ces étranges accusations que les deux endroits que j'ai rapportés. Mais il vous était aisé de remarquer que l'auteur de la satire a clairement fait entendre qu'il n'a parlé qu'en riant dans ces endroits, et surtout dans le dernier; car il n'entre dans le sérieux qu'à l'endroit où il fait parler Alcippe en faveur du mariage, qui commence par ces vers : [1]

> Jeune autrefois par vous dans le monde conduit, etc.

et finit par ceux-ci qui contiennent une vérité que les païens n'ont point connue, et que saint Paul nous a enseignée, *qui se non continet, nubat; melius est nubere, quam uri :*

---

[1] Vers 59... Les trois passages qu'Arnauld va ensuite rapporter, sont composés des vers 112 à 116, 118 à 120, 121 et 122.

> L'hymenée est un joug, et c'est ce qui m'en plaît.
> L'homme en ses passions toujours errant sans guide,
> A besoin qu'on lui mette et le mors et la bride :
> Son pouvoir malheureux ne sert qu'à le gêner;
> Et pour le rendre libre, il le faut enchaîner.

Que répond le poète à cela? Le contredit-il? Le réfute-t-il? Il l'approuve au contraire en ces termes :

> Ha, bon! voilà parler en docte janséniste,
> Alcippe, et sur ce point si savamment touché,
> Desmâres, dans Saint-Roch, n'aurait pas mieux prêché.

et c'est ensuite qu'il témoigne qu'il va parler sérieusement et sans raillerie :

> Mais c'est trop t'insulter : quittons la raillerie;
> Parlons sans hyperbole et sans plaisanterie.

Peut-on plus expressément marquer que ce qu'il avait dit auparavant, de ces trois femmes fidèles dans Paris, n'était que pour rire? Des hyperboles si outrées ne se disent qu'en badinant. Et vous-même, monsieur, voudriez-vous qu'on vous crût quand vous dites « que pour « deux ou trois femmes dont le crime est avéré, on ne « doit pas les condamner toutes? »

De bonne foi, croyez-vous qu'il n'y en ait guère davantage dans Paris qui soient diffamées par leur mauvaise vie? Mais une preuve évidente que l'auteur de la satire n'a pas cru qu'il y eût si peu de femmes fidèles, c'est que dans une vingtaine de portraits qu'il en fait, il n'y a que les deux premiers qui aient pour leur caractère l'infidélité; si ce n'est que dans celui de la fausse dévote il dit seulement que son directeur pourrait l'y précipiter.

Pour ce qui est de ces termes : *dont on croit être père*, il n'est pas vrai qu'ils fassent entendre « qu'un « mari n'est guère fin ni guère instruit des choses du « monde, quand il croit que ses enfans sont ses en- « fans » : car outre que l'auteur parle là en badinant, ils ne disent au fond que ce qui est marqué par cette règle de droit : *pater est quem nuptiæ demonstrant;* c'est-à-dire que le mari doit être regardé comme le père des enfans nés dans son mariage, quoique cela ne soit pas toujours vrai. Mais cela fait-il qu'un mari doive croire, à moins que de passer pour peu fin, et pour peu instruit des choses du monde, qu'il n'est pas le père des enfans de sa femme? C'est tout le contraire; car à moins qu'il n'en eût des preuves certaines, il ne pourrait croire qu'il ne l'est pas, sans faire un jugement téméraire très criminel contre son épouse.

Cependant, monsieur, comme c'est de ces deux endroits que vous avez pris sujet de faire passer la satire de M. Despréaux pour une déclamation contre le mariage, et qui blessait l'honnêteté et les bonnes mœurs, jugez si vous l'avez pu faire sans blesser vous-même la justice et la charité.

Je trouve dans votre préface deux endroits très propres à justifier la satire, quoique ce soit en la blâmant. L'un est ce que vous dites en la page 5, « que tout « homme qui compose une satire doit avoir pour but « d'inspirer une bonne morale, et qu'on ne peut, sans « faire tort à M. Despréaux, présumer qu'il n'a pas eu « ce dessein. » L'autre est la réponse que vous faites à ce qu'il avait dit à la fin de la préface de sa satire, « que les femmes ne seront pas plus choquées des pré-

« dications qu'il leur fait dans cette satire contre leurs
« défauts, que des satires que les prédicateurs font tous
« les jours en chaire contre ces mêmes défauts. »

Vous avouez qu'on peut comparer les satires avec les prédications, et qu'il est de la nature de toutes les deux de combattre les vices; mais que ce ne doit être qu'en général, sans nommer les personnes. Or, M. Despréaux n'a point nommé les personnes en qui les vices qu'il décrit se rencontraient, et on ne peut nier que les vices qu'il a combattus ne soient de véritables vices. On le peut donc louer avec raison d'avoir travaillé à inspirer une bonne morale, puisque c'en est une partie de donner de l'horreur des vices, et d'en faire voir le ridicule. Ce qui souvent est plus capable que les discours sérieux d'en détourner plusieurs personnes, selon cette parole d'un ancien :

> . . . . Ridiculum acri
> Fortius ac melius magnas plerumque secat res. [1]

et ce serait en vain qu'on objecterait qu'il ne s'est point contenté, dans son quatrième portrait, de combattre l'avarice en général, l'ayant appliquée à deux personnes connues : car ne les ayant point nommées, il n'a rien appris au public qu'il ne sût déjà. Or, comme ce serait porter trop loin cette prétendue règle de ne point nommer les personnes, que de vouloir qu'il fût interdit aux prédicateurs de se servir quelquefois d'histoires connues de tout le monde, pour porter plus efficacement leurs auditeurs à fuir de certains vices, ce serait aussi en abuser que d'étendre cette interdiction jusqu'aux auteurs de satires.

---

[1] Horace, liv. I, sat. x, v. 14. *Brossette.*

Ce n'est point aussi comme vous le prenez. Vous prétendez que M. Despréaux a encore nommé les personnes dans cette dernière satire, et d'une manière qui a déplu aux plus enclins à la médisance ; et toute la preuve que vous en donnez est qu'il a fait revenir sur les rangs Chapelain, Cotin, Pradon, Coras et plusieurs autres : « ce qui est, dites-vous, la chose du monde la « plus ennuyeuse et la plus dégoûtante. » Pardonnez-moi, si je vous dis que vous ne prouvez point du tout par-là ce que vous aviez à prouver. Car il s'agissait de savoir si M. Despréaux n'avait pas contribué à inspirer une bonne morale, en blâmant dans sa satire les mêmes défauts que les prédicateurs blâment dans leurs sermons. Vous aviez répondu que pour inspirer une bonne morale, soit par les satires, soit par les sermons, on doit combattre les vices en général, sans nommer les personnes. Il fallait donc montrer que l'auteur de la satire avait nommé les femmes dont il combattait les défauts. Or, Chapelain, Cotin, Pradon, Coras ne sont pas des noms de femmes, mais de poètes. Ils ne sont donc pas propres à montrer que M. Despréaux, combattant différens vices des [1] femmes, ce que vous avouez lui avoir été permis, se soit rendu coupable de médisance, en nommant des femmes particulières à qui il les aurait attribués.

Voilà donc M. Despréaux justifié selon vous-même sur le sujet des femmes, qui est le capital de sa satire. Je veux bien cependant examiner avec vous s'il est coupable de médisance à l'égard des poètes.

---

[1] *V. E.* Texte de 1701 et 1713, et non pas DE *femmes*, comme on lit dans les éditions citées à note 1, p. 33.

C'est ce que je vous avoue ne pouvoir comprendre. Car tout le monde a cru jusqu'ici qu'un auteur pouvait écrire contre un autre [1] auteur, remarquant les défauts qu'il croyait avoir trouvés dans ses ouvrages, sans passer pour médisant, pourvu qu'il agisse de bonne foi, sans lui imposer et sans le chicaner, lors surtout qu'il ne reprend que de véritables défauts.

Quand, par exemple, le P. Goulu, général des Feuillans, publia, il y a plus de soixante ans, deux volumes contre les lettres de M. de Balzac, qui faisaient grand bruit dans le monde, le public s'en divertit. Les uns prenaient parti pour Balzac, les autres pour le Feuillant; mais personne ne s'avisa de l'accuser de médisance, et on ne fit point non plus ce [2] reproche à Javersac, qui avait écrit contre l'un et contre l'autre. Les guerres entre les auteurs passent pour innocentes, quand elles ne s'attachent qu'à la critique de ce qui regarde la littérature, la grammaire, la poésie, l'éloquence [3]; et que l'on n'y mêle point de calomnies et d'injures personnelles. Or, que fait autre chose M. Despréaux à l'égard de tous les poètes qu'il a nommés dans ses satires, Chapelain, Colin, Pradon, Coras et autres, sinon d'en dire son jugement, et d'avertir le public que ce ne sont pas des modèles à imiter? Ce qui peut être de quelque utilité pour faire éviter leurs défauts, et peut contribuer

---

[1] *V. E.* Texte de 1701. Il nous paraît préférable à celui de 1713, adopté dans les mêmes éditions, et qui porte simplement *contre un auteur*.

[2] *V. E.* Texte de 1701, également préférable selon nous, à celui des mêmes éditions, où on lit *point... de reproche*.

[3] *V. O.* Texte de Brossette et du recueil de 1727, adopté par tous les éditeurs. On lit dans les éditions de 1701 et 1713, la littérature, la grammaire, poésie, éloquence..

même à la gloire de la nation, à qui les ouvrages d'esprit font honneur, quand ils sont bien faits; comme au contraire, ça été un déshonneur à la France d'avoir fait tant d'estime des pitoyables poésies de Ronsard.[1]

Celui dont M. Despréaux a le plus parlé, c'est M. Chapelain; mais qu'en a-t-il dit? Il en rend lui-même compte au public dans sa neuvième satire :

« Il a tort, dira l'un; pourquoi faut-il qu'il nomme? etc. [2]

Cependant, monsieur, vous ne pouvez pas douter que ce ne soit être médisant, que de taxer de médisance celui qui n'en serait pas coupable. Or, si on prétendait que M. Despréaux s'en fût rendu coupable, en disant que M. Chapelain, quoique d'ailleurs honnête, civil et officieux, n'était pas un fort bon poète, il lui serait bien aisé de confondre ceux qui lui feraient ce reproche; il n'aurait qu'à leur faire lire ces vers de ce grand poète sur la belle Agnès : [3]

> On voit hors des deux bouts de ses deux courtes manches,
> Sortir à découvert deux mains longues et blanches,
> Dont les doigts inégaux, mais tout ronds et menus,
> Imitent l'embonpoint des bras ronds et charnus.

Enfin, monsieur, je ne comprends pas comment vous n'avez point appréhendé qu'on ne vous appliquât ce

---

[1] Quel affreux blasphème, s'écrieront peut-être quelques auteurs modernes! Oser traiter de *pitoyables* les œuvres de ce Ronsard que les rhéteurs allemands du dix-neuvième siècle nous ont *prouvé* être un des plus grands poètes français!... — *Voy.* les notes de la septième réflexion critique, t. III.

[2] Arnauld en rapporte ici les vers 203 à 220.

[3] Comme il est à peu-près impossible que, pour prouver à Perrault que Chapelain était un mauvais poète, Arnauld et Boileau aient en même temps choisi les mêmes vers (*Pucelle*, ch. v, v. 385 à 388) dans un ouvrage qui pouvait leur en fournir tant d'autres, il nous paraît évident que le dernier

que vous dites de M. Despréaux dans vos vers : [1] « qu'il
« croit avoir droit de maltraiter dans ses satires ceux [2]
« qu'il lui plaît, et que la raison a beau lui crier sans
« cesse que l'équité naturelle nous défend de faire à
« autrui ce que nous ne voudrions pas qui nous soit
« fait à nous-mêmes : cette voix ne l'émeut point. » Car
si vous le trouvez blâmable d'avoir fait passer la Pucelle
et le Jonas pour de méchans poèmes, pourquoi ne le
seriez-vous pas d'avoir parlé avec tant de mépris de son
ode pindarique, qui paraît avoir été si estimée, que
trois des meilleurs poètes latins de ce temps [3] ont bien
voulu prendre la peine d'en faire chacun une ode latine.
Je ne vous en dis pas davantage. Vous ne voudriez pas
sans doute, contre la défense que Dieu en fait, avoir
deux poids et deux mesures.

Je vous supplie, monsieur, de ne pas trouver mauvais qu'un homme de mon âge vous donne ce dernier avis en vrai ami.

On doit avoir du respect pour le jugement du public; et quand il s'est déclaré hautement pour un auteur ou pour un ouvrage, on ne peut guère le combattre de

---

a profité de la citation du premier, dans la 3ᵉ réflexion critique (elle est au tome III). On imprimait alors son édition de 1694, puisque le tome I contient une correction postérieure au 10 mars (*voy.* tome I, notice Bibl., n° 66, obs. 2); il aura eu connaissance de la lettre d'Arnauld pendant l'impression au moins du deuxième, et il lui aura été facile de faire une intercallation dans la même réflexion, d'autant plus que les Réflexions et le Sublime ont été imprimés séparément (leurs paginations sont distinctes... même n° 66).

[1] Il fallait dire « dans votre Préface. » *Saint-Marc.*

[2] *V. E.* Texte de 1701, in-12 (dernière édition revue par Boileau). Il nous paraît préférable à celui de 1701, in-4°, et de 1713, où on lit CE *qu'il lui plaît*, et qui a été adopté dans toutes les éditions suivantes.

[3] Rollin, Lenglet et de Saint-Remi. *Bross.*

front et le contredire ouvertement, qu'on ne s'expose à
en être maltraité. Les vains efforts du cardinal de
Richelieu contre le Cid en sont un grand exemple; et
on ne peut rien voir de plus heureusement exprimé que
ce qu'en dit votre adversaire :

> En vain contre le Cid un ministre se ligue,
> Tout Paris pour Chimène a les yeux de Rodrigue;
> L'académie en corps a beau le censurer,
> Le public révolté s'obstine à l'admirer. [1]

Jugez par-là, monsieur, de ce que vous devez espérer du mépris que vous tâchez d'inspirer pour les ouvrages de M. Despréaux [2] dans votre préface. Vous n'ignorez pas combien ce qu'il a mis au jour a été bien reçu dans le monde, à la cour, à Paris, dans les provinces, et même dans tous les pays étrangers où l'on entend le français. Il n'est pas moins certain que tous les bons connaisseurs trouvent le même esprit, le même art et les mêmes agrémens dans ses autres pièces que dans ses satires. [3] Je ne sais donc, monsieur, comment vous vous êtes pu promettre qu'on ne serait point choqué de vous en voir parler d'une manière si opposée au

---

[1] Satire IX, vers 231 à 234 (*voy*. ces vers et leurs notes, au tome premier).
[2] Il faudrait ici : *dont vous parlez... Voy.* la note suivante.
[3] *V. O.* 1701... *Dans ses autres ouvrages... Je ne sais donc...* On a trouvé ici une lacune, parce qu'Arnauld ne venait de parler qu'en général des ouvrages de Boileau. On l'a remplie, en 1713, par le changement qu'on voit ci-dessus au texte; mais il nous semble que la lacune était plutôt dans le passage indiqué à la note précédente, et qu'en lisant ainsi : « les ouvrages de « M. Despréaux *dont vous parlez* dans votre préface » il n'y aurait rien eu à changer au second passage de l'édition de 1701, et il vaudrait mieux que celui qu'on lui a substitué en 1713, et qui a été adopté dans toutes les éditions suivantes.

jugement du public. Avez-vous cru que, supposant sans raison que tout ce que l'on dit librement des défauts de quelque poète doit être pris pour médisance, on applaudirait à ce que vous dites : « que ce ne sont que ces « médisances qui ont fait rechercher ses ouvrages avec « tant d'empressement; qu'il va toujours terre à terre, « comme un corbeau qui va de charogne en charogne; « que tant qu'il ne fera que des satires comme celles « qu'il nous a données, Horace et Juvénal viendront « toujours revendiquer plus de la moitié des bonnes « choses qu'il y aura mises; que Chapelain, Quinault, « Cassagne et les autres qu'il y aura nommés, préten- « dront aussi qu'une partie de l'agrément qu'on y « trouve viendra de la célébrité de leurs noms qu'on « se plaît d'y voir tournés en ridicule; que la malignité « du cœur humain, qui aime tant la médisance et la « calomnie, parce qu'elles élèvent secrètement celui qui « lit au-dessus de ceux qu'elles rabaissent, dira toujours « que c'est elle qui fait trouver tant de plaisir dans les « OEuvres de M. Despréaux, etc.? »

Vous reconnaissez donc, monsieur, que tant de gens qui lisent les ouvrages de M. Despréaux, les lisent avec grand plaisir. Comment n'avez-vous donc pas vu que de dire, comme vous faites, que ce qui fait trouver ce plaisir est la malignité du cœur humain, qui aime la médisance et la calomnie, c'est attribuer cette méchante disposition à tout ce qu'il y a de gens d'esprit à la cour et à Paris?

Enfin, vous devez attendre qu'ils ne seront pas moins choqués du peu de cas que vous faites de leur jugement, lorsque vous prétendez que M. Despréaux a si peu réussi, quand il a voulu traiter des sujets d'un autre genre que ceux de la satire, qu'il pourrait y avoir de la malice à lui conseiller de travailler à d'autres ouvrages.

Il y a d'autres choses dans votre préface que je voudrais que vous n'eussiez point écrites; mais celles-là suffisent pour m'acquitter de la promesse que je vous ait faite d'abord de vous parler avec la sincérité d'un ami chrétien, qui est sensiblement touché de voir cette division entre deux personnes qui font tous deux profession de l'aimer. Que ne donnerais-je pas pour être en état de travailler à leur réconciliation plus heureusement que les gens d'honneur que vous m'apprenez n'y avoir pas réussi? Mais mon éloignement ne m'en laisse guère le moyen. Tout ce que je puis faire, monsieur, est de demander à Dieu qu'il vous donne à l'un et à l'autre cet esprit de charité et de paix, qui est la marque la plus assurée des vrais chrétiens. Il est bien difficile que dans ces contestations on ne commette de part et d'autre des fautes, dont on est obligé de demander pardon à Dieu. Mais le moyen le plus efficace que nous avons de l'obtenir, c'est de pratiquer ce que l'apôtre nous recommande : « de nous supporter les uns les au« tres, chacun remettant à son frère le sujet de plainte « qu'il pouvait[1] avoir contre lui, et nous entre-pardon« nant, comme le Seigneur nous a pardonné. » On ne trouve point d'obstacle à entrer dans des sentimens d'union et de paix, lorsqu'on est dans cette disposition : car l'amour-propre ne règne point où règne la charité, et il n'y a que l'amour-propre qui nous rende pénible

---

[1] *V. E.* Texte de 1701 et 1713, et non pas *qu'il pourrait*, comme dans les éditions citées à note 1, p. 33.

la connaissance de nos fautes, quand la raison nous les fait apercevoir. Que chacun de vous s'applique cela à soi-même, et vous serez bientôt bons amis. J'en prie Dieu de tout mon cœur, et suis très sincèrement,

monsieur,

votre très humble et très obéissant serviteur.

A. ARNAULD.[1]

[1] *V. O.* La salutation est omise dans les mêmes éditions.

Lorsqu'on lit cette lettre, véritable chef-d'œuvre de critique, et qu'on se rappelle qu'elle fut, non pas même écrite, mais *dictée* (Boileau le dit à la fin de la lettre n° XII) par un vieillard de quatre-vingt deux ans, exilé et privé de tout commerce; sans conseils et probablement sans bibliothèque; absorbé par une correspondance théologique, et étranger depuis long-temps aux discussions littéraires, il est impossible de ne pas se rappeler aussi cette réflexion de Voltaire (*Siècle de Louis* XIV, chapitre du Jansénisme) : « Personne n'était né avec un esprit plus philosophique; mais sa philosophie fut corrompue en lui par la faction qui l'entraîna, et qui plongea soixante ans dans de misérables disputes de l'école, et dans les malheurs attachés à l'opiniâtreté, un esprit fait pour éclairer les hommes. »

Au reste, cette même lettre donna lieu à une correspondance curieuse entre Arnauld et ses amis, ceux-ci l'invitant à la retirer, entre autres parce qu'ils craignaient, à cause des matières qu'il y traitait, qu'elle ne parût au-dessous de sa réputation, et Arnauld persistant d'abord à la défendre et finissant par la soumettre au jugement de Bossuet. Mais il ne put connaître ce jugement (il mourut le 8 août, et la lettre qui le renferme est du 6). *Voy.* la lettre du 17 avril 1694 et les suivantes (tome VII, p. 398 et suiv. du Recueil dont nous allons parler).

LETTRE XI.[1]

REMERCIMENT A M. ARNAULD,
SUR LA LETTRE PRÉCÉDENTE.[2]

Juin 1694.[3]

JE ne saurais, monsieur, assez vous témoigner ma reconnaissance [4] de la bonté que vous avez eue de vouloir bien permettre qu'on me montrât la lettre que vous avez écrite à M. Perrault sur ma dernière satire. Je n'ai jamais rien lu qui m'ait fait un si grand plaisir ; et quelques injures que ce galant homme m'ait dites [5], je ne saurais plus lui en vouloir de [6] mal, puisqu'elles m'ont attiré une si honorable apologie. Jamais cause ne fut si bien défendue que la mienne. Tout m'a charmé, ravi, édifié dans votre lettre; mais ce qui m'y a touché davantage, c'est cette confiance si bien fondée avec laquelle vous y

---

[1] Publiée d'abord à Amsterdam, en 1707, sur le texte primitif (*voy.* tom. I, Notice bibl., § 1er, n° 95), elle le fut ensuite à Paris dans l'édition posthume de 1713, mais avec des changemens faits, ou par Boileau, ou par ses éditeurs (Renaudot et Valincourt). Saint-Marc, suivi par les éditeurs modernes, a noté quelques uns de ces changemens, mais sans doute d'après quelque édition fautive de la correspondance d'Arnauld, car, on le verra, il en a omis le plus grand nombre. Nous les avons puisés, soit dans l'édition d'Amsterdam de 1707, soit dans le tome VII des lettres d'Arnauld publié à Nancy, en 1727, sur l'autographe (même tome VII, p. 504).

[2] *V. O.* Texte de 1713. La dernière ligne a été omise dans les éditions modernes.

[3] Date indiquée à 1727 N. (il n'y en a point à 1707 A, ni à 1713).

[4] V. O. 1707 A et 1727 N. *Je ne saurais* assez vous remercier, monsieur, *de la bonté.*

[5] *V. O.* 1707 A et 1727 N... *quelques injures* qu'il *m'ait dites*...

[6] *V. O.* 1727 N... *Vouloir* du *mal*...

déclarez que vous me croyez sincèrement votre ami.
N'en doutez point, monsieur, je le suis ; et c'est une
qualité dont je me glorifie tous les jours en présence
de vos plus grands ennemis. Il y a des jésuites qui me
font l'honneur de m'estimer, et que j'estime et honore
aussi [1] beaucoup. Ils me viennent voir dans ma solitude
d'Auteuil, et ils y séjournent même quelquefois. Je les
reçois du mieux que je puis; mais la première convention que je fais avec eux, c'est qu'il me sera permis
dans nos entretiens de vous louer à outrance. J'abuse
souvent de cette permission, et l'écho des murailles de
mon jardin a retenti plus d'une fois de nos contestations sur votre sujet. La vérité est pourtant qu'ils tombent sans peine d'accord de la grandeur de votre génie
et de l'étendue de vos connaissances; mais je leur soutiens, moi, que ce sont là vos moindres qualités, et que
ce qu'il y a de plus estimable en vous, c'est la droiture
de [2] votre esprit, la candeur de votre âme et la pureté
de vos intentions [3]. C'est alors que se font les grands
cris; car je ne démords point sur cet article, non plus
que sur celui des lettres au provincial, que, sans examiner qui des deux partis au fond a droit ou tort [4], je
leur vante toujours comme le plus parfait ouvrage de

---

[1] *V. O.* 1707 A et 1727 N... *et que j'estime aussi...* (ainsi il a ajouté dans la suite, le mot *honore*).

[2] *V. O.* 1727 N... *C'est* cette *droiture de...*

[3] *V. O.* 1707 A et 1727 N... *Droiture de votre* âme, la candeur de votre esprit *et la pureté...*   Ces éloges d'un proscrit, cette amitié pour lui dont on se glorifie, annoncent-ils un *flatteur* de Louis (V. tome I, Essai, n° 140)?

[4] *V. O.* 1707 A et 1727 N... *Provincial que je leur vante* (ainsi les mots *sans examiner qui des deux partis au fond, a droit ou tort*, ne sont pas dans l'original).

prose ¹ qui soit en notre langue. Nous en venons quelquefois à des paroles assez aigres. A la fin néanmoins tout se tourne en plaisanterie : *ridendo dicere verum quid vetat?* Ou, quand je les vois trop fâchés, je me jette sur les louanges du R. P. de La ² Chaise, que je révère de bonne foi, et à qui j'ai ³ en effet tout récemment encore ⁴ une très grande obligation, puisque c'est en partie à ses bons offices que je dois la chanoinie de la Sainte-Chapelle de Paris, que j'ai obtenue de SA MAJESTÉ pour mon frère le doyen de Sens ⁵. Mais, monsieur, pour revenir à votre lettre, je ne sais pas pourquoi les amis de M. Perrault refusent de la lui montrer. Jamais ouvrage ne fut plus propre à lui ouvrir les yeux et à lui inspirer l'esprit de paix et d'humilité, dont il a besoin aussi bien que moi ⁶. Une preuve de ce que je dis, c'est qu'à mon égard ⁷, à peine en ai-je eu fait ⁸ lecture, que, frappé des salutaires leçons que vous nous y faites à l'un et à l'autre, je lui ai envoyé dire qu'il ne tiendrait qu'à lui que nous ne fussions bons amis ; que s'il voulait demeurer en paix sur mon sujet, je m'engageais à ne plus rien écrire dont il pût se choquer, et

---

¹ *V. O.* 1707 A et 1727 N... *Ouvrage qui* (les mots si essentiels *de prose* manquaient également).

² V. O. Saint Marc indique cette variante : *Du père La Chaise.*—On lit à 1707 A., *Du P. de La Chaise...* et à 1727 N., *du P: La Chaise.*

³ *V. O.* 1707 A et 1727 N... *La Chaise à qui j'ai* (ainsi il n'avait pas mis *que je révère de bonne foi, et...*).

⁴ *V. O.* 1707 A et 1727 N... *récemment une* (*encore* est omis).

⁵ On peut consulter dans ce volume, les lettres nᵒˢ LXXI à LXXVIII.

⁶ *V. O.* 1707 A et 1727 N... *il a besoin... une* (autre omission : *aussi bien que moi*).

⁷ *V. O.* 1707 A et 1727 N... *C'est que pour moi, à peine...*

⁸ *V. O.* 1707 A et 1727 N... *à peine j'en ai eu fait...*

lui ai même fait entendre que je le laisserais tout à son aise, faire, s'il voulait, un monde renversé du Parnasse, en y plaçant les Chapelains et les Cotins au-dessus des Homères et des Virgiles[1]. Ce sont les paroles que M. Racine et M. l'abbé[2] Tallemant lui ont portées de ma part. Il n'a point voulu entendre à cet accord, et a exigé de moi, avant toutes choses, pour ses ouvrages, une estime et une admiration que[3] franchement je ne lui saurais promettre, sans trahir la raison et ma conscience. Ainsi nous voilà plus brouillés que jamais, au grand contentement des rieurs, qui étaient déjà fort affligés du bruit qui courait de notre réconciliation. Je ne doute point que cela ne vous fasse beaucoup de peine; mais pour vous montrer que ce n'est pas de moi que la rupture est venue, c'est qu'en quelque lieu que vous soyez, je vous déclare, monsieur, que vous n'avez qu'à me mander ce que vous souhaitez que je fasse pour parvenir à un accord, et je l'exécuterai ponctuellement, sachant bien que vous ne me prescrirez rien que de juste et de raisonnable. Je ne mets qu'une condition au traité que je ferai; mais c'est une condition *sine quâ non*[4]. Cette condition est que votre lettre verra le jour

---

[1] *V. E.* Texte de 1707 A et 1727 N... et non pas *des* HORACES *et des Virgiles* comme on lit dans l'édition posthume de 1713 et dans toutes les autres. Il est clair que Boileau parlant du premier des poètes latins devait lui associer le premier des poètes grecs.

[2] *V. O.* Texte de 1727 N... *L'abbé* est omis à 1707 A.

[3] *V. O.* 1707 A et 1727 N... *de moi, avant* tout une estime et une admiration pour ses ouvrages, *que franchement...*

[4] *V. O.* (En part.) 1707 A et 1727 N... *traité qui se fera*, mais c'est CONDITIO SINE QUA NON. *Cette...* (on voit que Boileau n'avait pas oublié les termes de droit).

et qu'on ne me privera point, en la supprimant, du plus grand honneur que j'aie reçu en ma vie. Obtenez cela de vous et de lui, et je lui donne sur tout le reste la carte blanche [1] : car pour ce qui regarde l'estime qu'il veut que je fasse de ses écrits, je vous prie, monsieur, d'examiner vous-même ce que je puis faire là-dessus [2]. Voici une liste des principaux ouvrages qu'on veut que j'admire. Je suis fort trompé si vous en avez jamais lu aucun.

Le conte de Peau-d'Ane et l'histoire de la femme au nez de boudin, mis en vers par M. Perrault, de l'Académie française.

La Métamorphose d'Orante en miroir.

L'amour Godenot.

Le Labyrinthe de Versailles, ou les Maximes d'amour et de galanterie, tirées des fables d'Ésope.

Élégie à Iris.

La Procession de sainte Geneviève.

Parallèles des anciens et des modernes, où l'on voit la poésie portée en [3] son plus haut point de perfection dans les opéra de M. Quinault.

Saint-Paulin, poème héroïque.

Réflexions sur Pindare, où l'on enseigne l'art de ne point entendre ce grand poète [4].

Je ris, monsieur, en vous écrivant cette liste, et je crois que vous aurez de la peine à vous empêcher aussi de rire en la lisant. Cependant je vous supplie de croire

[1] *V. O.* 1727. N... *Reste carte blanche*, etc. (*la* est omis).

[2] *V. O.* ou *E* (en part.) 1707, A et 1727 N... » *Ses écrits*, mes hôtes « d'Auteuil (*les jésuites*) m'indiqueront peut-être quelque auteur grave qui » me *fournira* (1707 A... *donnera*) des moyens pour dire (1707 A... pour *lui* « dire) de bouche, sans blesser la vérité, que j'estime ce que je n'estime » *point ;* et afin, monsieur, que vous examiniez *vous-même ce que je puis faire* « *là-dessus*, etc. (des éditeurs mettent *pas* au lieu de *point*). »

[3] *V. E.* Texte de 1707 A et 1727 N, et non pas *A son plus*, comme on lit dans toutes les autres éditions.

[4] *Où l'on*, etc. Ceci est en caractères différens à 1727 N.

que l'offre que je vous fais est très sérieuse [1], et que je tiendrai exactement ma parole. Mais, soit que l'accommodement se fasse ou non, je vous réponds, puisque vous prenez si grand intérêt à la mémoire de feu M. Perrault le médecin, qu'à la première édition qui paraîtra de mon livre, il y aura dans la préface un article exprès en faveur de ce médecin, qui sûrement n'a point fait la façade du Louvre, ni l'Observatoire, ni l'arc de triomphe, comme on le prouvera dans peu démonstrativement ; mais qui au fond était un homme de beaucoup de mérite ; grand physicien [2], et, ce que j'estime encore plus que tout cela, qui avait l'honneur d'être votre ami. Je doute même, quelque mine que je fasse du contraire, qu'il m'arrive jamais de prendre de nouveau la plume pour écrire contre M. Perrault l'académicien, puisque cela n'est plus nécessaire [3]. En effet, pour ce qui est de ses écrits contre les anciens, beaucoup de mes amis sont persuadés que je n'ai déjà que trop employé de papier, dans mes réflexions sur Longin, à réfuter des ouvrages si pleins d'ignorance et si indignes d'être réfutés. Et pour ce qui regarde ses critiques sur mes mœurs et sur mes ouvrages, le seul bruit, ajoutent-ils, qui a couru que vous aviez pris mon parti contre lui, est suffisant pour me mettre à couvert de ses invecti-

---

[1] *V. O.* 1707 A et 1727 N... *Est très sérieux...* (*Offre* était autrefois masculin... *Féraud*).

[2] On n'a point remarqué que Boileau tint parole en 1701, quoique Arnauld fût mort depuis long-temps... Nous indiquons dans les notes de la première réflexion critique (tome III) les changemens qu'il fit pour accomplir sa promesse.

[3] *V. O.* 1707 A et 1727 N.. *Puisque* je n'en ai plus aucun besoin. *En effet*....

ves. J'avoue qu'ils ont raison. La vérité est pourtant que, pour rendre ma gloire complète, il faudrait que votre lettre fût publiée. Que ne ferais-je point pour en obtenir de vous le consentement? Faut-il se dédire de tout ce que j'ai écrit contre M. Perrault? faut-il se mettre à genoux devant lui? faut-il lire tout[1] Saint-Paulin? vous n'avez qu'à dire : rien ne me sera difficile. Je suis avec beaucoup de respect, etc.

LETTRE XII.[2]

A M. DE MAUCROIX.[3]

29 avril (1695).[4]

Les choses hors de vraisemblance qu'on[5] m'a dites de M. de La Fontaine sont à-peu-près celles que vous avez devinées; je veux dire que ce sont ces haires, ces cilices et ces disciplines dont on m'a assuré qu'il affligeait fréquemment son corps, et qui[6] m'ont paru d'au-

---

[1] *V. O.* 1707 A... *Tout* le *S. Paulin*...

[2] Publiée d'abord, en 1710, par d'Olivet dans les OEuvres posthumes de Maucroix; et ensuite en 1713, dans celles de Boileau; mais avec beaucoup de changemens que Boileau lui-même fit, selon toute apparence, lorsque Thoulier, comme on le verra dans la lettre n° xxxvi, lui en eût renvoyé l'autographe. Nous devrons donc considérer les passages où l'autographe diffère de l'édition de 1713, comme des premières compositions (aucun éditeur ne les a indiquées).

[3] Chanoine à Reims, né en 1619, mort en 1708; auteur de diverses traductions et de quelques petites pièces de vers. *Bross.*

[4] Brossette a indiqué cette année (elle manque à l'autographe).

[5] *P. C. O.* Autographe... *Hors de créance qu'on*...

[6] *Idem. On m'a assuré qu'il* usait fort fréquemment, *et qui m'ont paru*...

tant plus incroyables de notre défunt ami, que jamais rien, à mon avis, ne fut plus éloigné de son caractère que ces mortifications. Mais quoi! la grâce de Dieu ne se borne pas à des changemens ordinaires, et c'est[1] quelquefois de véritables métamorphoses qu'elle fait. Elle ne paraît pas s'être répandue de la même sorte sur le pauvre M. Cassandre[2], qui est mort tel qu'il a vécu, c'est à savoir très misanthrope, et non-seulement haïssant les hommes, mais ayant même assez de peine à se réconcilier avec Dieu, à qui disait-il, si le[3] rapport qu'on m'a fait est véritable, il n'avait nulle obligation. Qui eût cru que, de ces deux hommes, c'était M. de La Fontaine qui était le vase d'élection? Voilà, monsieur, de quoi augmenter[4] les réflexions sages et chrétiennes que vous me faites dans votre lettre, et qui me paraissent partir d'un cœur sincèrement persuadé de ce qu'il dit.

Pour venir à vos ouvrages, j'ai déjà commencé à conférer le dialogue des orateurs avec le latin. Ce que j'en ai vu me paraît extrêmement bien. La langue y est parfaitement écrite. Il n'y a rien de gêné[5] et tout y paraît libre et original. Il y a pourtant des endroits où je ne conviens pas du sens que vous avez suivi. J'en ai marqué quelques-uns avec du crayon, et vous y trouverez

---

[1] *P. C. O. Ne se borne pas* aux simples *changemens, et c'est...*

[2] *V. O.* 1713... M. C. — Brossette, et depuis, tous les éditeurs ont mis *Cassandre* (on parle de celui ci au tome I, satire 1, note du vers 1, et au tome III, notes de la préface du Sublime).

[3] *P. C. O.* Autographe... *disait il*, en mourant, *si le...*

[4] *P. C. O. Idem... de quoi bien augmenter...*

[5] *Idem... Extrémement bien.* On ne peut pas mieux parler français que vous faites : *il n'y a rien de gêné...*

ces marques quand on vous les renverra[1]. Si j'ai le temps je vous expliquerai [2] mes objections; car je doute sans cela que vous les puissiez bien comprendre. En voici[3] une que par avance je vais vous écrire, parce qu'elle me paraît plus de conséquence que les autres. C'est à la page 6 de votre manuscrit, où vous traduisez : *Minimum inter tot ac tanta locum obtinent imagines ac tituli et statuæ, quæ neque ipsa tamen negliguntur* : « Au prix « de ces talens si estimables, qu'est-ce que la noblesse et « la naissance, qui pourtant ne sont pas méprisées? » Il ne [4] s'agit point, à mon sens, dans cet endroit, de la noblesse ni de la naissance, mais des images, des inscriptions et des statues qu'on faisait faire souvent à l'honneur des orateurs, et qu'on leur envoyait chez eux. Juvénal [5] parle d'un avocat de son temps qui prenait beaucoup plus d'argent que les autres, à cause qu'il en avait une équestre [6]. Sans rapporter ici toutes les preuves que je pourrais alléguer, Maternus lui-même, dans votre dialogue, fait entendre clairement la même chose lorsqu'il dit que « ces statues et ces images se sont em-

---

[1] *V. O.* Texte de l'autographe. Dans l'édition de 1713, on a mis *renvoiera*, et c'est aussi ce qu'on a fait jusqu'en 1766 (Paris, 2 vol. in-12) époque où l'on a rétabli (sans avis) *renverra*. Mais les réviseurs de l'édition de 1713 ont eu tort d'abandonner cette dernière expression puisqu'on verra par une correction faite après 1703 à la lettre LXXIII, que Boileau l'avait définitivement adoptée après avoir employé jusque vers 1693 (par exemple, dans la lettre LXXV), la vieille locution *j'envoierai*; d'où l'on peut induire que dès la fin du XVIIe siècle, *j'enverrai* commençait à prévaloir.

[2] *P. C. O.* Autographe... *je vous y expliquerai...*

[3] *Idem.... Les puissiez bien* deviner. *En voici...*

[4] *Idem... et la naissance, que l'on ne méprise pourtant pas. Il ne s'agit..*

[5] Satire VII, vers 124. *Bross.*

[6] *P. C. O.* Autographe... *équestre et sans rapporter...*

« parées malgré lui de sa maison. » *Æra et imagines quæ, etiam me nolente, in domum meam irrupērunt.* Excusez, monsieur [1], la liberté que je prends de vous dire si sincèrement mon avis. Mais ce serait dommage qu'un aussi bel ouvrage que le vôtre eût de ces taches où les savans s'arrêtent, et qui pourraient donner occasion de le ravaler. Et puis vous m'avez donné tout pouvoir de vous dire mon sentiment.

Je suis bien aise que mon goût se rencontre si conforme au vôtre dans tout ce que je vous ai dit de nos auteurs, et je suis persuadé aussi bien que vous que M. Godeau [2] est un poète fort estimable. Il me semble pourtant qu'on peut dire de lui ce que Longin dit d'Hypéride [3], qu'il est toujours à jeun, et qu'il n'a rien qui remue ni qui échauffe; en un mot, qu'il n'a point cette force de style et cette vivacité d'expression qu'on cherche dans les ouvrages, et qui les font durer. Je ne sais point s'il passera à la postérité; mais il faudra pour cela qu'il ressuscite, puisqu'on peut dire qu'il est déjà mort, n'étant presque plus maintenant lu de personne. Il n'en est pas ainsi de Malherbe, qui croît de réputation à mesure qu'il s'éloigne de son siècle. La vérité est pourtant, et c'était le sentiment de notre cher ami Patru [4], que la

---

[1] P. C. O. *Maternus lui-même*, deux pages après, dit en propres termes, et comme vous l'avez fort bien traduit : « Du reste, j'ai résolu de renoncer au « barreau, et me soucie aussi peu de cette foule de suivans que de ces statues « qui, malgré moi, se sont emparées de ma maison... » *Excusez, monsieur, la liberté que..* — Il faut observer que, dans sa réponse (nous la citons, p. 72, note 2), Maucroix reconnut la justesse de la critique de Boileau.

[2] Évêque de Vence, né en 1605, mort en 1672.

[3] Traité du sublime, ch. xxviii, au tome III.

[4] *Voy.* quant à *Patru*, lettre du 2 août 1703, n°cxviii; épître v, note du

nature ne l'avait pas fait grand poète; mais il corrige ce défaut par son esprit et par son travail : car personne n'a plus travaillé ses ouvrages que lui, comme il paraît assez par le petit nombre de pièces qu'il a faites. Notre langue veut être extrêmement travaillée. Racan avait plus de génie que lui [1]; mais il est plus négligé, et songe trop à le copier. Il excelle surtout, à mon avis, à dire les petites choses; et c'est en quoi il ressemble mieux aux anciens, que j'admire surtout par cet endroit. Plus les choses sont sèches et malaisées à dire en vers, plus elles frappent quand elles sont dites noblement, et avec cette élégance qui fait proprement la poésie. Je me souviens que M. de La Fontaine m'a dit plus d'une fois que les deux vers de mes ouvrages qu'il estimait davantage, c'était ceux où je loue le roi d'avoir établi la manufacture des points de France, à la place des points de Venise. Les voici ; c'est dans la première épître à SA MAJESTÉ [2].

> Et nos voisins frustrés de ces tributs serviles
> Que payait à leur art le luxe de nos villes.

Virgile et Horace sont divins en cela, aussi bien qu'Homère. C'est tout le contraire de nos poètes, qui ne disent que des choses vagues, que d'autres ont déjà dites avant eux, et dont les expressions sont trouvées. Quand ils sortent de là, ils ne sauraient plus s'exprimer,

---

v. 97, tome II, p. 64; et quant à *Malherbe*, Art poétique, ch. 1, v. 142, *ib.*, p. 184.

[1] Jugement bien étrange, observent MM. Amar et Daunou. — Il est question de Racan au même chant, vers 18, *ib.*, p. 172.

[2] Vers 141 et 142, tome II, p. 19. Maucroix observe dans sa réponse (v. p. 72), que La Fontaine lui avait dit la même chose de ces deux vers.

et ils tombent dans une sécheresse qui est encore pire que leurs larcins. Pour moi, je ne sais pas si j'y ai réussi ; mais, quand je fais des vers, je songe toujours à dire ce qui ne s'est point encore dit en notre langue.

C'est ce que j'ai principalement affecté dans une nouvelle épître [1], que j'ai faite à propos de toutes les critiques qu'on a imprimées contre ma dernière satire. J'y compte tout ce que j'ai fait depuis que je suis au monde ; j'y rapporte mes défauts, mon âge, mes inclinations, mes mœurs ; j'y dis de quel père et de quelle mère je suis né ; j'y marque les degrés de ma fortune, comment j'ai été à la cour, comment j'en suis sorti, les incommodités qui me sont survenues, les ouvrages que j'ai faits. Ce sont bien de petites [2] choses dites en assez peu de mots, puisque la pièce n'a pas plus de cent trente vers. Elle n'a pas encore vu le jour, et je ne l'ai pas même encore écrite ; mais il me paraît que tous ceux à qui je l'ai récitée en sont aussi frappés que d'aucun autre de mes ouvrages. Croiriez-vous, monsieur, qu'un des endroits où ils se récrient le plus, c'est un endroit qui ne dit autre chose, sinon qu'aujourd'hui que j'ai cinquante-sept ans [3], je ne dois plus prétendre à l'approbation publique ? Cela est dit en quatre vers, que je veux bien vous écrire ici, afin que vous me mandiez si vous les approuvez :

> Mais aujourd'hui qu'enfin la vieillesse venue,
> Sous mes faux cheveux blonds déjà toute chenue,

---

[1] Épître x, tome II, p. 125 à 135 (Les vers qu'il va citer sont à p. 127).
[2] P. C. O. Autographe... *Bien des petites choses...*
[3] Il devait dire *cinquante-huit et demi*, puisqu'il était né (tome I, Essai n. 1 et 7) le 1ᵉʳ novembre 1636.

A DIVERSES PERSONNES. 69

A jeté sur ma tête avec ses doigts pesans,
Onze lustres complets surchargés de deux[1] ans.

Il me semble que la perruque est assez heureusement frondée dans ces quatre vers. Mais, monsieur, à propos des petites choses qu'on doit dire en vers, il me paraît qu'en voilà beaucoup que je vous dis en prose, et que le plaisir que j'ai à vous parler de moi me fait assez mal-à-propos oublier à vous parler de vous. J'espère que vous excuserez un poète nouvellement délivré d'un ouvrage. Il n'est pas possible qu'il s'empêche d'en parler, soit à droit, soit à tort.

Je reviens aux pièces que vous m'avez mises entre les mains. Il n'y en a pas une qui ne soit très digne d'être imprimée. Je n'ai point vu les traductions des traités de la Vieillesse et de l'Amitié, qu'a faites aussi bien que vous le dévot dont vous vous plaignez [2] : tout ce que je sais, c'est qu'il a eu [3] la hardiesse, pour ne pas dire l'impudence, de retraduire les Confessions de saint Augustin après messieurs de Port-Royal; et qu'étant autrefois leur humble et rampant écolier, il s'était tout-à-coup voulu ériger en maître. Il a fait une préface au-devant de sa traduction des Sermons de saint Augustin, qui, quoique assez bien écrite, est un chef d'œuvre d'impertinence et de mauvais sens. M. Arnauld, un peu avant que de mourir, a fait contre cette préface une

[1] Il mit *trois ans* quand il fit imprimer (même tome I, Notice Bibliogr., § 1, n° 79) l'épître x. *Bross.*

[2] Goibaud Dubois de l'Académie française... Il avait obtenu des censeurs qu'ils garderaient les traductions de Maucroix assez long-temps pour que les siennes pussent être publiées les premières. *Bross.*

[3] P. C. O. Autographe... *Tout ce que je sais, c'est que les plus honnêtes gens de France se plaignaient fort de son procédé à leur égard, qu'il a eu...*

dissertation[1] qui est imprimée. Je ne sais si on vous l'a envoyée ; mais je suis sûr que si vous l'avez lue, vous convenez avec moi qu'il ne s'est rien fait en notre langue de plus beau ni de plus fort sur les matières de rhétorique. C'est ainsi que toute la cour et toute la ville en ont jugé, et jamais ouvrage n'a été mieux réfuté que la préface [2] du dévot. Tout le monde voudrait qu'il fût en vie, pour voir ce qu'il dirait en se voyant si bien foudroyé. Cette dissertation est le pénultième ouvrage de M. Arnauld; et j'ai l'honneur que c'est par mes louanges que ce grand personnage a fini, puisque la lettre qu'il a écrite sur mon sujet à M. Perrault est son dernier écrit [3]. Vous savez sans doute ce que c'est que cette lettre qui me fait un si grand honneur; et M. Le Verrier en a une copie qu'il pourra vous faire tenir quand vous voudrez [4], supposé qu'il ne vous l'ait pas déjà envoyée. Il est surprenant qu'un homme dans l'extrême vieillesse ait conservé toute cette vigueur d'esprit et de mémoire qui paraît dans ces deux écrits, qu'il n'a fait pourtant que dicter, la faiblesse de sa vue ne lui permettant plus d'écrire lui-même.

---

[1] Il s'agit ici de ses Réflexions sur l'éloquence des prédicateurs... *Barbier, Revue encyclop.*, XXV, 97.

[2] *P. C. O.* Autographe... *Mieux* terrassé *que la préface...*

[3] Ceci, dit un éditeur, n'est pas exact, puisque Arnauld écrivit le 22 mai et le 25 juillet 1694 (il mourut le 8 août), à Mallebranche, ses 3e et 4e lettres sur des matières de métaphysique... Mais Boileau pouvait le dire de bonne foi, parce qu'il ne paraît pas qu'elles eussent été alors publiées, du moins l'éditeur (1727 N., VII, 555 et 583) de la correspondance d'Arnauld ne l'indique point, tandis qu'il annonce (p. 530 et 544) que les deux premières l'avaient été dans le Journal des savans du 28 juin et 5 juillet de la même année (1694).

[4] *P. C. O.* Autographe... *Pourra vous* envoyer *quand vous...*

Il me semble, monsieur, que voilà une longue lettre. Mais quoi! le loisir que je me suis trouvé aujourd'hui à Auteuil m'a comme transporté à Reims, où je me suis imaginé que je vous entretenais dans votre jardin [1], et que je vous revoyais encore, comme autrefois, avec tous ces chers amis que nous avons perdus, et qui ont disparu *velut*[2] *somnium surgentis* [3]. Je n'espère plus de m'y revoir. Mais vous, monsieur, est-ce que nous ne vous reverrons plus à Paris? et n'avez-vous point quelque curiosité de voir ma solitude d'Auteuil? Que j'aurais de plaisir à vous y embrasser, et à déposer entre vos mains le chagrin que me donne tous les jours le mauvais goût de la plupart de nos académiciens [4]; gens assez comparables aux Hurons et aux Topinamboux, comme vous savez bien que je l'ai déjà avancé dans mon épigramme : *Clio vint, l'autre jour,* etc [5]. J'ai supprimé cette épi-

---

[1] Quand Boileau accompagna Louis XIV en Alsace, il passa par Reims. *Bross.* — C'était en 1681. Louis partit de Fontainebleau le 30 septembre, passa par Vitry, Rambervillers, Saint-Dié, Schlestat et Huningue, et arriva à Strasbourg le 23 octobre. Il en repartit le 27, passa par Sarrebourg, Vic, Nancy, Pont-à-Mousson, Metz, Thionville et Stenay, et arriva à Reims le 10 novembre, en repartit le 12 et termina ce voyage à Saint Germain, le 16 (*Voy.* Gaz: de France).

[2] *P. C. O.* Autographe... *Ces chers amis qui s'en sont allés velut...* — Cette leçon est d'autant plus remarquable que Boileau qui employait précédemment (en 1693... lettre LXXIII) la locution vicieuse *se sont en allés*, y est revenu dans la suite (en 1706... lettre CXXXII).

[3] Psaume 72, verset 20 (*Somnium surgentium...*) *Bross.*

[4] *V. O.* (En part.) En 1710, dans les OEuvres de Maucroix (citées à note 2, p. 63) au lieu de cette expression et de tout le reste de la lettre, D'Olivet mit, *de la plupart de nos écrivains modernes ? Adieu, monsieur, je suis extrêmement à vous... Brossette.* — Ce changement fut adopté par Boileau (lettre du 13 déc. 1709, à Thoulier, n° XXXVI), dans son édition de 1713.

[5] Épigramme XXI, tome II, p. 462.

gramme, et ne l'ai point mise dans mes ouvrages, parce qu'au bout du compte je suis de l'Académie, et qu'il n'est pas honnête de diffamer un corps dont on est. Je n'ai même jamais montré à personne une badinerie que je fis ensuite, pour m'excuser de cette épigramme. Je vais la mettre ici pour vous divertir; mais c'est à la charge que vous me garderez le secret, et que ni vous ne la retiendrez par cœur, ni ne la montrerez à personne :

J'ai traité de Topinamboux...[1]

C'est une folie, comme vous voyez, mais je vous la donne pour telle. Adieu, monsieur, je vous embrasse de tout mon cœur et suis entièrement à vous. [2]

DESPRÉAUX.

Encore une fois pardon pour mes ratures et mes incorrections, autrement point de commerce, car ce serait une étrange chose s'il me fallait récrire mes lettres. Je doute que j'en pusse trouver le temps. Nous y songerons quand vous voudrez obtenir le privilège de vos traductions.

[1] Ici Boileau rapporte l'épigramme XXII, qui est au tome II, p. 463.
[2] On peut voir dans les éditions de Brossette, Dumonteil et Saint-Marc, la réponse de Maucroix (nous en avons cité, p. 66, note 1, et p. 67, note 2, deux passages d'après l'autographe qui est dans les manuscrits de Brossette).
[3] *P. C. O.* Nous donnons, d'après l'autographe, ce post-scriptum qui a été omis par Brossette.

LETTRE XIII.

Réponse *à la lettre que son excellence M. le comte d'Ériceyra m'a écrite de Lisbonne, en m'envoyant la traduction de mon* Art *poétique, faite par lui en vers portugais.*[1]

1697.[2]

Monsieur,

Bien que mes ouvrages aient fait de l'éclat dans le monde, je n'en ai point conçu une trop haute opinion de moi-même; et si les louanges qu'on m'a données m'ont flatté assez agréablement, elles ne m'ont pourtant point aveuglé. Mais j'avoue que la traduction que votre excellence a bien daigné faire de mon Art poétique, et les éloges dont elle l'a accompagnée en me l'envoyant, m'ont donné un véritable orgueil. Il ne m'a plus été possible de me croire un homme ordinaire, en me voyant si extraordinairement honoré; et il m'a paru que d'avoir un traducteur de votre capacité et [3] de votre élévation était pour moi un titre de mérite, qui me distinguait de tous les écrivains de notre siècle. Je n'ai qu'une connaissance très imparfaite de votre langue, et

---

[1] Publiée par Boileau lui-même, dans les deux éditions de 1701.

[2] On a induit cette date (il n'y en a point à 1701) de ce qui est dit dans la lettre du 10 juillet 1701 (à Brossette), n° cv.

[3] *V. E.* Texte de 1701 à 1713. Cet *et* a été omis dans les éditions de 1735 et 1740, Souch., et 1745 P., et quoique Saint-Marc eût relevé cette faute, on l'a commise depuis dans celles de 1750, 1757, 1766, 1768, 1769 et 1793, P., 1759, Gl.; 1822 et 1824, Jeun.

je n'en ai fait aucune étude particulière. J'ai pourtant assez bien entendu votre traduction pour m'y admirer moi-même, et pour me trouver beaucoup plus habile écrivain en portugais qu'en français. En effet, vous enrichissez toutes mes pensées en les exprimant. Tout ce que vous maniez se change en or, et [1] les cailloux mêmes, s'il faut ainsi parler, deviennent des pierres précieuses entre vos mains. Jugez après cela si vous devez exiger de moi que je vous marque les endroits où vous pouvez vous être un peu écarté de mon sens. Quand, à la place de mes pensées, vous m'auriez, sans y prendre garde, prêté quelques-unes des vôtres, bien loin de m'employer à les faire ôter, je songerais à profiter de votre méprise, et je les adopterais sur-le-champ pour me faire honneur; mais vous ne me mettez nulle part à cette épreuve. Tout est également juste, exact, fidèle, dans votre traduction; et bien que vous m'y ayez fort embelli, je ne laisse pas de m'y reconnaître partout. Ne dites donc plus, monsieur, que vous craignez de ne m'avoir pas assez bien entendu. Dites-moi plutôt comment vous avez fait pour m'entendre si bien, et pour apercevoir dans mon ouvrage jusqu'à des finesses que je croyais ne pouvoir être senties que par des gens nés en France, et nourris à la cour de Louis-le-Grand.[2] Je vois bien que vous n'êtes étranger en aucun pays, et que, par l'étendue de vos connaissances, vous êtes de toutes les cours et de toutes les nations. La lettre et les vers français que vous m'avez

---

[1] *V. E.* Mêmes remarques pour cet *et*, soit quant à son omission, soit quant à la critique de Saint-Marc.

[2] Tous ces éloges sont donnés sur le rapport d'autrui... *Voy.* même lettre du 10 juillet 1701.

fait l'honneur de m'écrire en sont un bon témoignage. On n'y voit rien d'étranger que votre nom, et il n'y a point en France d'homme de bon goût qui ne voulût les avoir faits. Je les ai montrés à plusieurs de nos meilleurs écrivains. Il n'y en a pas un qui n'en ait été extrêmement frappé, et qui ne m'ait fait comprendre que s'il avait reçu de vous de pareilles louanges, il vous aurait déjà récrit des volumes de prose et de vers. Que penserez-vous donc de moi, de me contenter d'y répondre par une simple lettre de compliment? Ne m'accuserez-vous point d'être méconnaissant ou grossier? Non, monsieur, je ne suis ni l'un ni l'autre; mais franchement[2] je ne fais pas des vers ni même de la prose, quand je veux. Apollon est pour moi un dieu bizarre, qui ne me donne pas comme à vous audience à toutes les heures. Il faut que j'attende les momens favorables. J'aurai soin d'en profiter dès que je les trouverai; et il y a bien[3] du malheur si je ne meurs enfin quitte d'une partie de vos éloges. Ce que je vous puis dire par avance, c'est qu'à la première édition de mes ouvrages, je ne manquerai pas d'y insérer votre traduction[4], et que je ne perdrai aucune occasion de faire savoir à toute la terre que c'est des extrémités de notre continent, et d'aussi loin que les colonnes d'Hercule, que me sont venues les louanges

---

[1] Ce mot, qui a vieilli, mériterait d'être conservé. *M. Lavaux.*

[2] *V. E.* Mêmes remarques pour ce mot *franchement* qu'à la note 3, p. 73, et à la note 1, p. 74.

[3] *V. E.* Encore mêmes remarques pour le mot *bien*, si ce n'est qu'à partir de 1766 on l'a rétabli dans les éditions citées, excepté toutefois dans celles de 1822 et 1824, Jeun.

[4] Projet qui n'a point eu d'exécution... *Voy.* tome I, préf. de 1701, et même lett. du 10 juillet.

dont je m'applaudis davantage, et l'ouvrage dont je me sens le plus honoré.

Je suis avec un très grand respect,
de votre excellence,
1 très humble et très obéissant serviteur.   D*** 2

LETTRE XIV.[3]

A LA MARQUISE DE VILLETTE.

1698.

JE ne sais pas comment vous l'entendez, madame; mais pensez-vous qu'un homme qui, comme je vous l'ai déjà dit, a eu autrefois pour vous, sans que vous en sussiez rien, et du temps que vous n'étiez encore que

---

[1] *Le*, qu'il faudrait ici, manque à toutes les éditions, même à celles de 1701.

[2] *V. O.* Texte de 1701 à 1713. Depuis Brossette on a mis Despréaux.

[3] Cizeron-Rival (Lett. fam., III, 89 à 92) l'a publiée d'après une copie jointe aux manuscrits de Brossette, et il a mis vis-à-vis de la signature, ces mots: *A Paris*, 1696. Cette manière, tout-à-fait inusitée de dater, nous a fait présumer qu'il y avait ici quelque erreur de l'éditeur; et en effet la copie dont nous parlons n'a aucune date. Le nombre 1696 tracé, non à la fin, mais au haut de la première page de la lettre, ne l'a pas même été par le copiste primitif, mais par un étranger dont on reconnaît aussi la main dans d'autres lettres non datées. C'est probablement celui qui a mis en ordre et fait relier la correspondance et les autres papiers de Boileau et de Brossette, fort longtemps après l'époque où cette lettre fut écrite... On ne peut donc tirer aucune induction de la même date pour soutenir avec M. Daunou (IV, 42) que les épîtres X à XII dont l'envoi y est annoncé, avaient paru en 1695, ou en 1696, et non pas à la fin de 1697, comme l'avait dit M. de S.-S., et comme nous l'avons établi au tome I, Notice bibliographique, § 1, n° 79 (nous achèverons de le prouver dans une des notes de la lettre du 8 octobre 1697, n° LXXXVII).

mademoiselle de Marsilli [1], des sentimens qui allaient bien au-delà de l'estime et de la simple admiration, puisse recevoir de vous une lettre pleine de douceurs, sans que ces sentimens se renouvellent? Cependant, non-seulement vous m'écrivez des paroles obligeantes, vous y joignez les effets. Vous me faites des présens magnifiques; et, comme si ce n'était pas assez de m'avoir ravi tous les autres sens, vous m'attaquez encore par le goût, et m'envoyez une caisse pleine des plus exquises liqueurs. [2] En vérité, madame, j'aurais bon besoin de toute [3] cette insensibilité chrétienne dont vous nous croyez remplis, M. Racine et moi, [4] pour résister à ces douceurs; car, pour me soutenir contre vous, il ne faut pas moins que Dieu même. Ma raison toute seule a pourtant gagné le dessus. Elle m'a fait concevoir ce que vous êtes et ce que je suis, et m'a si bien fait rentrer dans mon néant, qu'enfin toute ma passion s'est tournée en purs sentimens d'estime et de reconnaissance; de sorte qu'au lieu d'amant impertinent que je commençais à devenir, je me suis trouvé tout-à-coup simplement [5] ami très sincère

On ne peut pas mieux argumenter pour le même système, de la date du billet de madame de Villette, par la raison qu'il n'en a point dans la première édition qu'en a donnée Louis Racine (II, 257), et que sans doute les éditeurs suivans voyant dans Cizeron-Rival que la réponse à ce billet était de 1696, auront imaginé de lui donner une date de la même année.

[1] N. Deschamps de Marsilly, née en 1679, mariée d'abord au marquis de Villette, cousin de madame de Maintenon, et ensuite au lord Bolingbroke. *Cizeron-Rival* (morte en 1750).

[2] De la Fenouillette.

[3] *V. E.* Texte du manuscrit. Cizeron-Rival a omis *toute*.

[4] « Vous êtes tous si dévots, écrivait madame de V., que je ne suis point
« étonnée de vous perdre de vue. »

[5] *V. E.* Cizeron Rival a omis *simplement*.

et très respectueux. Permettez donc, madame, qu'en cette qualité je vous dise qu'on ne peut pas être plus touché que je le suis de toutes vos bontés et de votre somptueux présent; qu'à mon avis néanmoins, il fallait garder sur cela les mesures que j'avais prises avec M. le marquis d'Aubeterre [1], et que de payer le port de la caisse est une galanterie plus que romanesque, et dont vous ne sauriez trouver d'autorité dans Cassandre, dans Cléopâtre, ni dans la Clélie. Tout ce que je puis donc faire, madame, pour répondre à votre magnifique galanterie, c'est de vous la [2] payer en monnaie poétique, en vous envoyant *mes trois dernières épîtres* [3] et tous mes autres ouvrages bien reliés. Vous les recevrez peu de temps après l'arrivée de cette lettre. Je suis avec toute la reconnaissance et tout le respect que je dois, etc.

LETTRE XV.[4]

A M. DE LA CHAPELLE,

CONSEILLER AU PARLEMENT DE METZ [5], PREMIER COMMIS
DE M. DE MAUREPAS, A VERSAILLES.

Paris, 8 janvier 1699.

JE vous ai bien de l'obligation, mon cher neveu, de votre souvenir; mais depuis quand avez-vous oublié

---

[1] Il avait fait à madame de Villette les complimens de Boileau.
[2] *V. E.* Texte du manuscrit. Cizeron-Rival a omis *la*.
[3] Madame de V. les lui demandait.
[4] Publiée ainsi que les quatre suivantes, par Cizeron-Rival (*Lett. famil.*, III, 93 *à* 107), d'après les autographes, excepté toutefois la lettre à Pontchartrain, n° XVII, dont on n'a qu'une copie.
[5] Texte de Cizeron Rival. M. Daunou met « conseiller aux requêtes à

notre ancienne familiarité, et de quel front venez-vous le prendre avec moi sur un ton si respectueux[1]? Pensez-vous que j'aie oublié : *Sed si te colo, Sexte, non amabo*[2], et n'appréhendez-vous point que j'en conclue que vous êtes dans la même disposition d'esprit envers moi, que Martial était envers Sextus? Au nom de Dieu, quand vous me ferez la faveur de m'écrire, soyez moins mon neveu et soyez davantage mon ami. Gardons, vous et moi, nos respects pour l'illustre M. de Maurepas.[3] C'est en écrivant à des personnes de son élévation qu'il faut se servir des termes que vous me prodiguez. Je vous prie donc de lui bien témoigner que j'ai pour lui toute l'estime et tout le respect que je dois, et que c'est sur l'honneur de sa protection que je fonde une des plus sûres espérances de ma tranquillité en ce monde. J'ose me flatter de le voir encore une fois en ma vie à Auteuil; et c'est ce qui me fait attendre avec plus d'impatience le retour de mon ami le soleil. Adieu, mon cher neveu; aimez-moi toujours, et croyez que je suis encore plus cette année que l'autre,

votre affectionné oncle
et serviteur,
Despréaux.[4]

« Metz. » Dans tous ses actes, La Chapelle prend le titre de conseiller au parlement (Pièc. justific., n°s 64, 65, 67, etc.), et nous doutons qu'il y eût à Metz une chambre des requêtes (nous parlons de La Chapelle au tome III, Explicat. généalog., n° 488).

[1] La Chapelle était son petit-neveu, par Anne Boileau I, (même n° 488).
[2] Martial, liv. ıx, épigr. 55.
[3] Jérome Phelypeaux, comte de Pontchartrain et de Maurepas (*voy.* p. 83, note 2) secrétaire d'état pour la marine et la maison du roi... Saint-Simon, son ennemi, il est vrai, en fait (XII, 432) un fâcheux portrait.
[4] *V. O.* ou *E.* Texte de l'autographe. Cizeron-Rival met *votre très hum-*

LETTRE XVI.

AU COMTE DE MAUREPAS[1].

SECRÉTAIRE D'ÉTAT.

22 avril 1699.[2]

Quelque affligé que je sois, monseigneur, la douleur ne m'a pas encore rendu si stupide que je ne sente, comme je dois, l'extrême honneur que vous m'avez fait en m'écrivant d'une manière si obligeante, sur la mort de mon illustre ami[3]. Vous avez parfaitement tracé son éloge en très peu de mots, et je doute que l'écrivain qui sera reçu, en sa place, à l'Académie, le fasse mieux en beaucoup de périodes. N'attendez pas cependant, monseigneur, de moi sur cela une réponse digne de votre obligeante lettre. Il me reste assez de raison pour comprendre ce que je vous dois, mais non pas assez de liberté d'esprit pour vous exprimer ma reconnaissance; et tout ce que je puis faire, c'est de vous assurer que je suis avec un très grand zèle et un très grand respect, monseigneur, etc.

Permettez pourtant que j'ajoute encore ce peu de mots, pour vous dire que c'est sur M. de Valincour qu'il

---

ble, etc. Despréaux. Ce qui peut faire croire qu'ici, comme ailleurs, il n'y a que la formule qu'on emploie envers des étrangers, formule que nous supprimons d'ordinaire comme les autres éditeurs.

[1] *Voy.* note 3, p. 78; note 3, p. 79; note 4, p. 81 et note 2, p. 83.

[2] *V. E.* Date de l'autographe. Cizeron-Rival l'a omise. Les autres éditeurs mettent simplement 1699.

[3] Racine (21 avril 1699... Pièce justific., n° 195).

me semble ¹ que tous les académiciens tournent les yeux pour remplir la place de M. Racine; et j'espère que vous voudrez bien l'appuyer de votre crédit ², puisque c'est l'homme du monde le plus digne de lui succéder, et le plus propre à ne lui point faire un fade panégyrique. ³

LETTRE XVII.
À M. DE PONTCHARTRAIN, ⁴
SECRÉTAIRE D'ÉTAT.

À Paris, le 10 septembre⁵ 1699.

Puisque vous daignez bien prendre quelquefois part à mes afflictions, trouvez bon, monseigneur, que je prenne part à votre joie, et que je ne sois pas des derniers à vous féliciter sur la justice que le roi a rendue

---

¹ *V. E.* Manuscrit... Et non pas *qu'il* m'a semblé *que*...

² Valincourt fut en effet le successeur de Racine, à l'Académie (nous rapportons ce qu'en dit Voltaire à la note 1 de la satire XI).

*³ Ici devrait être placé un billet du 23 avril 1699, non publié par Cizeron-Rival. Boileau y mande à La Chapelle qu'il ira coucher chez lui, à Versailles, où il doit être mené par le comte d'Ayen (depuis le maréchal duc de Noailles). Cette dernière circonstance nous a paru mériter d'être rappelée, parce qu'elle constate l'ancienne liaison du poète avec les Noailles, liaison qui nous a servi pour découvrir le personnage auquel est adressé la lettre du 13 octobre 1704 (n° XXIX).

⁴ Texte du manuscrit; mais c'est le même personnage que Maurepas (lettre XVI). *Voy.* note 3, p. 78, note 3, p. 79, et note 2, p. 83.

⁵ *V. E.* Texte de Cizeron-Rival. M. de Saint-Surin critique cette date comme erronée, parce que, dit-il, le chancelier Boucherat, prédécesseur de Pontchartrain père ne mourut que le 25 septembre. En conséquence, il laisse en blanc et le jour et le mois. C'est aussi ce qu'ont fait, quant au jour et au mois, M. Amar (1821 et 1824, où il répète cette remarque) et Auger (in-32), et, quant au jour, MM. Daunou (1825) et Thiessé... Mais M.

au mérite de monseigneur votre père [1], en le choisissant pour remplir la première dignité de son royaume[2]. Jamais choix n'a été plus applaudi, ni n'a excité une réjouissance plus universelle, surtout parmi les honnêtes gens. Il n'y en a pas un qui ne se trouve gratifié en la personne de monseigneur votre père [3], et qui, par son élévation, ne se croie en quelque sorte lui-même accru de considération et d'estime. Pour moi qui, outre les raisons du bien public, ai encore par rapport à vous des raisons particulières et si sensibles d'être charmé de ce choix, jugez quelle doit être ma satisfaction. Mais, monseigneur [4], ce nouveau titre de grandeur qui entre dans votre maison, vous laissera-t-il le même que vous avez toujours été? Puis-je espérer de trouver dans le fils d'un chancelier ce même ami tendre et officieux, que je trouvais dans le fils d'un contrôleur général des finances? Et Auteuil oserait-il se flatter de vous voir encore chez moi faire de ces repas, *sine aulæis et ostro*[5], que Mécénas faisait avec le bon[6] Horace? Pourquoi non? Vous n'êtes pas moins galant homme que Mécénas, et je ne vous suis pas moins dévoué qu'Horace l'était à ce

---

de S.-S. a lui-même été induit en erreur, sans doute, par quelque biographie fautive. Boucherat mourut le 2 septembre (Moreri, et Gazette de France du 5); la date fixée au 10 est donc exacte.

[1] Louis Phelippeaux de Pontchartrain... Il avait été contrôleur général des finances et ministre de la marine.

[2] Celle de chancelier. *Voy.* note 5, p. 81.

[3] *V. E.* Au lieu de ces deux mots : Cizeron Rival, suivi par tous les éditeurs, a mis *monseigneur de Pontchartrain*, afin, sans doute, de sauver une répétition; mais cette répétition est dans le manuscrit.

[4] *P. C. O. Monseigneur*, parlons français : *ce nouveau...*

[5] (Sans tapis et sans pourpre) Horace, livre III, ode XXIX, vers 15.

[6] *P. C. O. Avec le bon* homme *Horace...*

premier ministre d'Auguste. Je m'en vais donc tout préparer pour cela à votre retour de Fontainebleau. Ne craignez point pourtant, monseigneur, que je m'oublie, à quelque familiarité que vous descendiez avec moi.[1] Je me souviendrai toujours avec quel respect je suis et je dois être...... [2]

LETTRE XVIII.
A M. DE LA CHAPELLE.

Paris, 9 novembre 1699.

JE crois, monsieur mon cher neveu, que je ne ferai plus que solliciter monseigneur de Pontchartrain et vous. Voici encore un placet que je vous envoie, et que je vous prie de lui présenter de ma part; et bien qu'il vienne le dernier, j'ose vous prier de l'appuyer encore plus fortement que l'autre, parce que j'y prends encore plus d'intérêt, et qu'il s'agit d'obliger un de mes meilleurs amis. Que si monseigneur de Pontchartrain vient à rire, comme il en aura raison, sans doute, de ce que je prends ainsi les gens de marine sous ma protection, je vous supplie de lui dire que m'étant fait un si grand nombre d'ennemis sur la terre, il ne doit pas trouver

---

[1] Voilà des expressions bien humbles, dit avec raison M. Daunou.

[2] Cizeron-Rival (III, 101) donne la réponse de Pontchartrain (nous en rapportons un fragment au tome I, Essai, n° 168). Dans cette lettre et la XXIIe, Jérome Phélypeaux, qui était tout à-la-fois (voy. p. 79, note 3) comte de Pontchartrain et de Maurepas, est appelé du premier nom, tandis que dans les XVe et XVIe, c'est du second. Il paraît que vers 1699 il abandonna cette dernière dénomination.

étrange que je songe à me faire des amis sur la mer, surtout puisqu'elle est de son département. Recevez bien celui qui vous présentera ce billet, qui a peut-être une meilleure recommandation que la mienne auprès de vous, puisqu'il vous porte une lettre de M. de Bâville [1]. Je suis, monsieur mon neveu.... [2]

LETTRE XIX.

A M. DE LA CHAPELLE.

Paris, 3 janvier 1700.

JE vous ai bien de l'obligation, mon très cher neveu, de votre souvenir et de l'agréable flatterie que vous m'avez écrite au commencement de l'année. On ne peut pas plus agréablement louer un oncle que de lui dire qu'on le [3] regarde comme une espèce de père; car il n'y a ordinairement rien de moins père qu'un oncle. Vous n'ignorez pas ce que veut dire en latin : *Ne sis patruus mihi et patruus patruissimus* [4]. Vous avez grande raison de ne me point mettre au rang de ces oncles trop oncles,

---

[1] Lamoignon, marquis de Bâville, alors intendant du Languedoc, fils du premier président. *Ciz.-Riv.*

*[2] Les raisons données dans la note 3, p. 81, nous déterminent à dire un mot d'une lettre du 7 décembre 1699 non publiée par Cizeron-Rival. C'est que Boileau s'y excuse auprès de La Chapelle de ne l'avoir pas vu dans un voyage qu'il vient de faire à Versailles où il a même couché, sur ce que le jour de son arrivée il fut retenu par le duc de Noailles et son fils (le comte d'Ayen), et que le lendemain il s'occupa d'une affaire de Manchon (son neveu) avec Valincourt.

[3] *V. E.* Texte du manuscrit, et non pas *que l'on* le regarde.

[4] *Voy.* la lettre à Brossette, du 2 août 1703, n° CXVIII.

et je n'ai pour vous que des sentimens, qui tirent droit au paternel. Je suis bien aise de la bonne opinion que M. le Baron [1] a de moi, et j'ai trouvé son compliment à M. le comte d'Ayen [2] très joli et très spirituel. Il est dans le goût des complimens de Molière, c'est-à-dire, que la satire y est adroitement mêlée à la flatterie, afin que l'une fasse passer l'autre. J'y ai trouvé seulement un peu à dire qu'il y mette les sots poètes si proche d'Apollon. La racaille poétique, dont il parle, est logée au pied et dans les marais du mont *Parnassien*, où elle rampe avec les grenouilles et avec l'abbé de P** [3], et Apollon est logé tout au haut avec les muses et avec Corneille, Racine, Molière, etc. Jamais méchant auteur n'y arriva; et quand quelqu'un en veut approcher, *musæ furcillis præcipitem ejiciunt*. Adieu mon très cher neveu, témoignez bien à M. le Baron que je fais de lui le cas que je dois, et croyez que je suis cette année, encore plus que les précédentes, entièrement à vous.

---

[1] Le comédien Baron dont le nom était Boiron, mais qu'on appelait, M. le Baron. *Cizeron-Rival* (M. de Saint-Surin doute de cet usage et croit que Boileau n'emploie l'expression *M. le Baron* qu'à cause de l'importance que ce comédien se donnait).

[2] Depuis le maréchal duc de Noailles. *Cizeron-Rival* (*Voy*. même note 3, p. 81).

[3] Manuscrit. Cizeron-Rival a suppléé le nom (De Pure). — Boileau fait ici allusion à ce qu'il dit dans la satire IX, vers 28 (tome I).

LETTRE XX.[1]

A MONSIEUR PERRAULT,[2]

DE L'ACADÉMIE FRANÇAISE.

(1700.[3])

Monsieur,

Puisque le public a été instruit de notre démêlé, il est bon de lui apprendre aussi notre réconciliation, et de ne lui pas laisser ignorer qu'il en a été de notre querelle sur le Parnasse, comme de ces duels d'autrefois, que la prudence du roi a si sagement réprimés, où, après s'être battu à outrance, et s'être quelquefois cruellement blessé[4] l'un l'autre, on s'embrassait, et on devenait sincèrement amis. Notre duel grammatical s'est même terminé encore plus noblement; et je puis dire, si j'ose vous citer Homère, que nous avons fait comme Ajax et Hector dans l'Iliade, qui, aussitôt après leur long combat en présence des Grecs et des Troyens, se com-

---

[1] Publiée en 1701 à la suite des neuf premières réflexions critiques dont elle est en effet le complément, puisque, selon la remarque de Brossette, c'est proprement une dissertation où Boileau fixe le véritable point de la controverse sur les anciens et les modernes... Nous l'aurions en conséquence placée avant la dixième réflexion, si dans l'édition de 1713, on ne l'avait pas mise dans la correspondance.

[2] *V. E.* Texte de 1701 à 1713. Quelques modernes ont mis *à Charles Perrault* (c'est en effet à lui qu'elle est adressée).

[3] Date indiquée par Brossette (il n'y en a point à 1701 ni à 1713).

[4] *V. E.* Texte de 1701 à 1713, suivi par tous les éditeurs du XVIII⁰ siècle. Ceux du XIX⁰ (à l'exception de M. Amar et d'Auger) écrivent *battus* et *blessés* au pluriel. Il est possible qu'ils aient raison, mais ils auraient dû avertir que tel n'était point l'usage de Boileau.

blent d'honnêtetés et se font des présens. En effet, monsieur, notre dispute n'était pas encore bien finie, que vous m'avez fait l'honneur de m'envoyer vos ouvrages, et que j'ai eu soin qu'on vous portât les miens. Nous avons d'autant mieux imité ces deux héros du poème qui vous plaît si peu, qu'en nous faisant ces civilités, nous sommes demeurés comme eux, chacun dans notre même parti et dans nos mêmes sentimens : c'est-à-dire, vous toujours bien résolu de ne point trop estimer Homère ni Virgile, et moi toujours leur passionné admirateur. Voilà de quoi il est bon que le public soit informé ; et c'était pour commencer à le lui faire entendre, que peu de temps après notre réconciliation [1] je composai une épigramme qui a couru, et que vraisemblablement vous avez vue. La voici :

Tout le trouble poétique, etc... [2]

Vous pouvez reconnaître, monsieur, par ces vers où j'ai exprimé sincèrement ma pensée, la différence que j'ai toujours faite de vous et de ce poète de théâtre, dont j'ai mis le nom en œuvre pour égayer la fin de mon épigramme. Aussi était-ce l'homme du monde qui vous ressemblait le moins.

Mais maintenant que nous voilà bien remis, et qu'il ne reste plus entre nous aucun levain d'animosité ni d'aigreur, oserais-je, comme votre ami, vous demander ce qui a pu depuis si long-temps vous irriter et vous porter à écrire contre tous les plus célèbres écrivains de

---

[1] Ainsi l'épigramme suivante (n° XXIX, tome II, p. 467) est, comme on l'a dit (tab. chronolog., tome I), au plus tard de 1696.

[2] Il rapporte ici toute cette épigramme.

l'antiquité? Est-ce le peu de cas qu'il vous a paru que l'on faisait parmi nous des bons auteurs modernes? Mais où avez-vous vu qu'on les méprisât? Dans quel siècle a-t-on plus volontiers applaudi aux bons livres naissans, que dans le nôtre? Quels éloges n'y a-t-on point donnés aux ouvrages de M.[1] Descartes, de M. Arnauld, de M. Nicole et de tant d'autres admirables philosophes et théologiens, que la France a produits depuis soixante ans, et qui sont en si grand nombre qu'on pourrait faire un petit volume de la seule liste de leurs écrits! Mais pour ne nous arrêter ici qu'aux seuls auteurs qui nous touchent vous et moi de plus près, je veux dire aux poètes, quelle gloire ne s'y sont point acquis[2] les Malherbe, les Racan, les Maynard[3]! Avec quels battemens de mains n'y a-t-on point reçu les ouvrages de Voiture, de Sarasin et de La Fontaine! Quels honneurs n'a-t-on point, pour ainsi dire, rendus à M. de[4] Corneille et à M. Racine! Et qui est-ce qui n'a point admiré les comédies de Molière? Vous-même, monsieur, pouvez-vous vous plaindre qu'on n'y ait pas rendu justice à votre Dialogue de l'amour et de l'amitié[5], à votre poème sur

---

[1] V. 1701 à 1713. Il y a ici et avant les autres noms cités dans la lettre, *monsieur* tout au long.

[2] *V. E.* Texte de 1701 à 1713. Les éditeurs du xixe siècle (excepté Bodoni et M. de S.-S.) y ont, sans avis, substitué *acquise*, qu'il faudrait en effet aujourd'hui.

[3] *V. O.* Nous suivons dans cette lettre l'usage moderne... Jadis (ce dont on n'a point averti) on écrivait au pluriel, les Malherbes, les Racans, etc.

[4] *V. E.* Texte de 1701 à 1713, et non pas M. Corneille (sans *de*) comme dans plusieurs éditions, telles que 1735 et 1740, Souch.; 1745, 1750, 1757, 1766, 1768, 1769, 1793, P.; 1759, Gl.; 1822 et 1824, Jeun.

[5] *V. E.* Texte de 1701 à 1713. Les mots *à votre poème sur la peinture*, ont été omis dans les mêmes éditions.

la peinture, à votre épître sur M. de La Quintinie, et à tant d'autres excellentes pièces de votre façon? On n'y a pas véritablement fort estimé nos poèmes héroïques, mais a-t-on eu tort? et ne confessez-vous pas vous-même, en quelque endroit de vos Parallèles, que le meilleur de ces poèmes [1] est si dur et si forcé qu'il n'est pas possible de le lire?

Quel est donc le motif qui vous a tant fait crier contre les anciens? Est-ce la peur qu'on ne se gâtât en les imitant? Mais pouvez-vous nier que ce ne soit au contraire à cette imitation-là même que nos plus grands poètes sont redevables du succès de leurs écrits? Pouvez-vous nier que ce ne soit dans Tite-Live, dans Dion Cassius, dans Plutarque, dans Lucain et dans Sénèque, que M. de [2] Corneille a pris ses plus beaux traits, a puisé ces grandes idées qui lui ont fait inventer un nouveau genre de tragédie inconnu à Aristote? Car c'est sur ce pied, à mon avis, qu'on doit regarder quantité de ses plus belles pièces de théâtre, où, se mettant au-dessus des règles de ce philosophe, il n'a point songé, comme les poètes de l'ancienne tragédie, à émouvoir la pitié et la terreur, mais à exciter dans l'âme des spectateurs, par la sublimité des pensées et par la beauté des sentimens, une certaine admiration, dont plusieurs personnes, et les jeunes gens surtout, s'accommodent souvent beaucoup mieux que des véritables passions tragiques. Enfin, monsieur, pour finir

---

[1] Parallèles, tome III... La Pucelle de Chapelain. *Brossette.*

[2] V. E. Saint-Marc a relevé l'omission du *de* faite encore ici dans l'édition de 1740. Cela n'a pas empêché de la renouveler dans celles de 1750, 1757, 1766, 1768, 1769 et 1793, P.; 1759, Gl.; 1822 et 1824, Jeun.

cette période un peu longue, et pour ne me point écarter de mon sujet, pouvez-vous ne pas convenir que ce sont Sophocle et Euripide qui ont formé M. Racine? Pouvez-vous ne pas avouer que c'est dans Plaute et dans Térence que Molière a pris les plus grandes finesses de son art?

D'où a pu donc venir votre chaleur contre les anciens? Je commence, si je ne m'abuse, à l'apercevoir. Vous avez vraisemblablement rencontré il y a longtemps dans le monde quelques-uns de ces faux savans, tels que le président de vos dialogues, qui ne s'étudient qu'à enrichir leur mémoire, et qui n'ayant d'ailleurs ni esprit, ni jugement, ni goût, n'estiment les anciens que parce qu'ils sont anciens; ne pensent pas que la raison puisse parler une autre langue que la grecque ou la latine, et condamnent d'abord tout ouvrage en langue vulgaire, sur ce fondement seul qu'il est en langue vulgaire. Ces ridicules admirateurs de l'antiquité vous ont révolté contre tout ce que l'antiquité a de plus merveilleux. Vous n'avez pu vous résoudre d'être du sentiment de gens si déraisonnables, dans la chose même où ils avaient raison. Voilà, selon toutes les apparences, ce qui vous a fait faire vos Parallèles. Vous vous êtes persuadé qu'avec l'esprit que vous avez et que ces gens-là n'ont point, et[1] avec quelques argumens spécieux, vous déconcerteriez aisément la vaine habileté de ces faibles antagonistes; et vous y avez si bien réussi, que, si je ne me fusse mis de la partie, le champ de bataille, s'il faut ainsi parler, vous demeurait; ces faux savans n'ayant

---

[1] *V. E.* Texte de 1701 in-4° et in-12. Il nous paraît préférable à celui de 1713, suivi par tous les éditeurs et où l'on supprime cet *et.*

pu, et les vrais savans, par une hauteur peut-être[1] un peu trop affectée, n'ayant pas daigné vous répondre. Permettez-moi cependant de vous faire ressouvenir que ce n'est point à l'approbation des faux ni des vrais savans, que les grands écrivains de l'antiquité doivent leur gloire, mais à la constante et unanime admiration de ce qu'il y a eu dans tous les siècles d'hommes sensés et délicats, entre lesquels on compte plus d'un Alexandre et plus d'un César. Permettez-moi de vous représenter qu'aujourd'hui même encore ce ne sont point, comme vous vous le figurez, les Schrevelius, les Peraredus, les Menagius[2], ni, pour me servir des termes de Molière, les savans en *us*, qui goûtent davantage Homère, Horace, Cicéron, Virgile. Ceux que j'ai toujours vus le plus frappés de la lecture des écrits de ces grands personnages, ce sont des esprits du premier ordre, ce sont des hommes de la plus haute élévation. Que s'il fallait nécessairement vous en citer ici quelques-uns, je vous étonnerais peut-être par les noms illustres que je mettrais sur le papier; et vous y trouveriez non-seulement des Lamoignon, des Daguesseau, des Troisville[3], mais des Condé, des Conti et des Turenne.[4]

---

[1] *V. E.* Brossette a, sans avis, supprimé *peut-être*, ce qui a été imité par tous les éditeurs, et plusieurs d'entre eux, tels que Saint-Marc et la plupart des commentateurs modernes après lui, observent que ce mot était dans l'édition de 1701, donnant par-là à entendre qu'il a été supprimé en 1713. C'est une erreur. *Peut-être* est dans les deux éditions de 1713, comme dans celles de 1701 (*idem*, dans celles de 1702, 1707, 1713 et 1715 A).

[2] Ménage. *Voy.* tome I, Essai, n° 51; sat. II, v. 18, et IV, v. 92.

[3] Le comte de Troisville (on prononce Tréville) passait pour un grand érudit... Il parlait surtout fort bien. *Brossette.* — Saint-Simon (IV, 184) en fait aussi l'éloge.

[4] Louis de la Tour, neveu du héros.

Ne pourrait-on point donc [1], monsieur, aussi galant homme que vous l'êtes, vous réunir de sentimens [2] avec tant de si galans hommes? Oui, sans doute, on le peut; et nous ne sommes pas même, vous et moi, si éloignés d'opinion que vous pensez. En effet, qu'est-ce que vous avez voulu établir par tant de poèmes, de dialogues et de dissertations sur les anciens et sur les modernes? Je ne sais si j'ai bien pris votre pensée; mais la voici, ce me semble. Votre dessein est de montrer que pour la connaissance surtout des beaux-arts, et pour le mérite des belles-lettres, notre siècle, ou, pour mieux parler, le siècle de Louis-le-Grand est non-seulement comparable, mais supérieur à tous les plus fameux siècles de l'antiquité, et même au siècle d'Auguste. Vous allez donc être bien étonné, quand je vous dirai que je suis sur cela entièrement de votre avis, et que même, si mes infirmités et mes emplois m'en laissaient le loisir, je m'offrirais volontiers de prouver, comme vous, cette proposition la plume à la main. A la vérité j'emploierais beaucoup d'autres raisons que les vôtres, car chacun a sa manière de raisonner; et je prendrais des précautions et des mesures que vous n'avez point prises.

Je n'opposerais donc pas, comme vous avez fait, notre nation et notre siècle seuls à toutes les autres nations et à tous les autres siècles joints ensemble. L'entreprise, à mon sens, n'est pas soutenable. J'examinerais chaque nation et chaque siècle l'un après l'autre; et après avoir mûrement pesé en quoi ils sont au-dessus

---

[1] Ces mots mis de suite sont d'une furieuse dureté. *Saint-Marc.*
[2] *V. O.* 1701 in-12... *de* sentiment *avec...* (c'est peut-être la bonne leçon).

de nous, et en quoi nous les surpassons, je suis fort trompé, si je ne prouvais invinciblement que l'avantage est de notre côté.

Ainsi [1], quand je viendrais au siècle d'Auguste, je commencerais par avouer sincèrement que nous n'avons point de poètes héroïques ni d'orateurs que nous puissions comparer aux Virgile et aux Cicéron, je conviendrais que nos plus habiles historiens sont petits devant les Tite-Live et les Salluste; je passerais condamnation sur la satire et sur l'élégie; quoiqu'il y ait des satires de Regnier admirables, et des élégies de Voiture, de Sarasin, de la comtesse de la Suze [2], d'un agrément infini. Mais en même temps je ferais voir que pour la tragédie, nous sommes beaucoup supérieurs aux Latins, qui ne sauraient opposer à tant d'excellentes pièces tragiques que nous avons en notre langue, que quelques déclamations plus pompeuses que raisonnables d'un prétendu Sénèque, et un peu de bruit qu'ont fait en leur temps le Thyeste de Varius et la Médée d'Ovide. Je ferais voir que, bien loin qu'ils aient eu dans ce siècle-là des poètes comiques meilleurs que les nôtres, ils n'en ont pas eu un seul dont le nom ait mérité qu'on s'en souvînt, les Plaute, les Cécilius et les Térence étant morts dans le siècle précédent. Je montrerais que si pour l'ode nous n'avons point d'auteurs si parfaits qu'Horace, qui est leur seul poète lyrique, nous en avons néanmoins un assez grand nombre qui ne lui sont guère inférieurs en

---

[1] V. 1701 à 1713, point d'alinéa. Nous en mettons un, comme les éditeurs modernes, pour reposer le lecteur.

[2] *V. O.* 1701 in 4° et in-12... *Sarrasin*, et *de la comtesse...* (Henriette de Coligny, née en 1618, morte en 1673).

délicatesse de langue et en justesse d'expression, et dont tous les ouvrages mis ensemble ne feraient peut-être pas dans la balance un poids de mérite moins considérable que les cinq livres d'odes qui nous restent de ce grand poète. Je montrerais qu'il y a des genres de poésie où non-seulement les Latins ne nous ont point surpassés, mais qu'ils n'ont pas même connus; comme, par exemple, ces poèmes en prose que nous appelons *Romans*, et dont nous avons chez nous des modèles qu'on ne saurait trop estimer, à la morale près qui y est fort vicieuse, et qui en rend la lecture dangereuse aux jeunes personnes.

Je[1] soutiendrais hardiment qu'à prendre le siècle d'Auguste dans sa plus grande étendue, c'est-à-dire, depuis Cicéron jusqu'à Corneille-Tacite, on ne saurait pas trouver parmi les Latins un seul philosophe qu'on puisse mettre, pour la physique, en parallèle avec Descartes, ni même avec Gassendi. Je prouverais que pour le grand savoir et la multiplicité de connaissances, leurs Varron et leurs Pline, qui sont leurs plus doctes écrivains, paraîtraient de médiocres savans devant nos Bignon, nos Scaliger, nos Saumaise, nos pères Sirmond et nos pères Pétau. Je triompherais avec vous du peu d'étendue de leurs lumières sur l'astronomie, sur la géographie et sur la navigation. Je les défierais de me citer, à l'exception du seul Vitruve, qui est même plutôt un bon docteur d'architecture qu'un excellent architecte; je les défierais, dis-je, de me nommer un seul habile architecte, un seul habile sculpteur, un seul ha-

---

[1] Quant à l'alinéa, même observation qu'à note 1, p. 93.

bile peintre latin, ceux qui ont fait du bruit à Rome dans tous ces arts étant des Grecs d'Europe et d'Asie, qui venaient pratiquer chez les Latins des arts que les Latins, pour ainsi dire, ne connaissaient point ; au lieu que toute la terre aujourd'hui est pleine de la réputation et des ouvrages de nos Poussin, de nos Lebrun, de nos Girardon et de nos Mansart. Je pourrais ajouter encore à cela beaucoup d'autres choses ; mais ce que j'ai dit est suffisant, je crois, pour vous faire entendre comment je me tirerais d'affaire à l'égard du siècle d'Auguste. Que si de la comparaison des gens de lettres et des illustres artisans [1], il fallait passer à celle des héros et des grands princes, peut-être en sortirais-je avec encore plus de succès. Je suis bien sûr au moins que je ne serais pas fort embarrassé à montrer que l'Auguste des Latins ne l'emporte pas sur l'Auguste des Français. [2]

Par [3] tout ce que je viens de dire, vous voyez, monsieur, qu'à proprement parler, nous ne sommes point d'avis différent sur l'estime qu'on doit faire de notre nation et de notre siècle ; mais que nous sommes différemment de même avis. Aussi n'est-ce point votre sentiment que j'ai attaqué dans vos Parallèles, mais la manière hautaine et méprisante dont votre abbé et votre chevalier [4] y traitent des écrivains pour qui, même en les

---

[1] Que diraient aujourd'hui nos *artistes* de tout genre, de cette humble expression ?

[2] D'Alembert (II, 216) est étonné que Boileau ne cite ici aucun Grec... Et il en cherche des raisons peu vraisemblables... Il y en avait une toute simple. Boileau s'occupe du siècle d'Auguste, pendant lequel nous ne croyons pas qu'il y ait eu aucun Grec d'un mérite distingué.

[3] Même observation qu'à note 1, p. 93.

[4] Interlocuteurs des Parallèles. *Voy*. vi^e Réflexion critique, tome III.

blâmant, on ne saurait, à mon avis, marquer trop d'estime, de respect et d'admiration. Il ne reste donc plus maintenant, pour assurer notre accord et pour étouffer en nous toute semence de dispute, que de nous guérir l'un et l'autre : vous, d'un penchant un peu trop fort à rabaisser les bons écrivains de l'antiquité; et moi, d'une inclination un peu trop violente à blâmer les méchans et même les médiocres auteurs de notre siècle. C'est à quoi nous devons sérieusement nous appliquer; mais quand nous n'en pourrions venir à bout, je vous réponds que de mon côté cela ne troublera point notre réconciliation, et que, pourvu que vous ne me forciez point à lire le Clovis ni la Pucelle, je vous laisserai tout à votre aise critiquer l'Iliade et l'Énéide, me contentant de les admirer, sans vous demander pour elles cette espèce de culte tendant à l'adoration, que vous vous plaignez en quelqu'un de vos poèmes qu'on veut exiger de vous, et que Stace semble en effet avoir eu pour l'Énéide, quand il se dit à lui-même :

Nec tu divinam Æneida tenta; [1]
Sed longe sequere, et vestigia semper adora.

Voilà, monsieur, ce que je suis bien aise que le public sache; et c'est pour l'en instruire à fond que je me donne l'honneur de vous écrire aujourd'hui cette lettre, que j'aurai soin de faire imprimer dans la nouvelle édition qu'on fait en grand et en petit de mes ouvrages. J'aurais bien voulu pouvoir adoucir en cette nouvelle édition quelques railleries un peu fortes, qui me sont

---

[1] Stace, Théb., liv. XII, v. 216. — Brossette (in-4°) met *tena* pour *tenta*, et cette faute a été copiée à 1717 et 1721, Vest.

échappées dans mes Réflexions sur Longin ; mais il m'a paru que cela serait inutile à cause des deux éditions qui l'ont précédée ¹, auxquelles on ne manquerait pas de recourir, aussi bien qu'aux fausses éditions qu'on en pourra faire dans les pays étrangers, où il y a de l'apparence qu'on prendra soin de mettre les choses en l'état qu'elles étaient d'abord. J'ai cru donc que le meilleur moyen d'en corriger la petite malignité, c'était de vous marquer ici, comme je viens de le faire, mes vrais sentimens pour vous. J'espère que vous serez content de mon procédé, et que vous ne vous choquerez pas même de la liberté que je me suis donnée de faire imprimer, dans cette dernière édition, la lettre que l'illustre M. Arnauld vous a écrite au sujet de ma dixième satire. ²

Car, outre que cette lettre a déjà été rendue publique dans deux recueils des ouvrages de ce grand homme, je vous prie, monsieur, de faire réflexion que dans la préface de votre *Apologie des femmes* ³, contre laquelle cet ouvrage me défend, vous ne me reprochez pas seulement des fautes de raisonnement et de gram-

---

¹ Ainsi il y a eu deux éditions des *Réflexions* avant celle de 1701, c'est-à-dire évidemment l'édition de 1694, où elles parurent pour la première fois, et celle de 1694-1698. Saint-Marc, qui ne connaissait point celle-ci (*voy.* tome I, notice bibliogr., n° 84), a supposé qu'en 1694 on avait fait deux éditions, l'une in-12, et l'autre in 4°. Jamais nous n'en avons rencontré ni vu citer de ce dernier format. Si Boileau en eût fait une, il l'eût sans doute envoyée à Arnauld pour qui elle eût été et plus convenable et plus commode à raison de la faiblesse de sa vue (*voy.* lettre n° XII, p. 70); et précisément les citations de pages faites par Arnauld ne se rapportent qu'à l'édition in-12 (*voy.* même n° 84).

² Lettre n° X, p. 29 et suiv.

³ *Voy.* tome I, notice bibliographique, § 2, n°ˢ 35 et 36.

maire; mais que vous m'accusez d'avoir mis des mots sales, d'avoir glissé [1] beaucoup d'impuretés, et d'avoir fait des médisances. Je vous supplie, dis-je, de considérer que ces reproches regardant l'honneur, ce serait en quelque sorte reconnaître qu'ils sont vrais que de les passer sous silence; qu'ainsi je ne pouvais pas honnêtement me dispenser de m'en disculper moi-même dans ma nouvelle édition, ou d'y insérer une lettre qui m'en disculpe si honorablement. Ajoutez que cette lettre est écrite avec tant d'honnêteté et d'égards pour celui même contre qui elle est écrite, qu'un honnête homme, à mon avis, ne saurait s'en offenser. J'ose donc me flatter, je le répète, que vous la verrez sans chagrin, et que, comme j'avoue franchement que le dépit de me voir critiqué dans vos Dialogues [2] m'a fait dire des choses qu'il serait mieux de n'avoir point dites, vous confesserez aussi que le déplaisir d'être attaqué dans ma dixième satire [3], vous y a fait voir des médisances et des saletés qui n'y sont point. Du reste, je vous prie de croire que je vous estime comme je dois, et que je ne vous regarde pas simplement comme un très bel esprit, mais comme un des hommes de France qui a le plus de probité et d'honneur. Je suis, etc.

---

[1] Peut-on employer *glisser* dans le sens actif? *Bross.* Oui sans doute. *Saint-Marc* et *Féraud.*

[2] Parallèles, tome III, p. 228 et suiv... *Brossette.*

[3] Vers 464 et suiv... (*Voy.* en la note au tome I).

LETTRE XXI.[1]

A M. L'ABBÉ BIGNON,
CONSEILLER D'ÉTAT.[2]

(1701).[3]

Il n'y a rien, monsieur, de plus poli ni de plus obligeant que la lettre que je viens de recevoir de votre part; et bien que je ne convienne en aucune sorte des éloges que vous m'y donnez, je n'ai pas laissé de les lire avec un plaisir très sensible, n'y ayant rien de plus agréable que d'être loué, même sans fondement, par l'homme du monde le plus louable, et qui a le plus de mérite. Vous pouvez, monsieur, nommer pour mon élève [4], non-seulement un homme d'aussi grande capacité que M. Bourdelin [5], mais qui il vous plaira, et je me déterminerai toujours plutôt par votre choix que par le mien. Je suis bien aise, monsieur, que vous excusiez si facilement l'impuissance où me mettent mes infirmités d'assister à vos savantes assemblées. Tout ce que je vous demande, pour mettre le comble à vos bontés, c'est de vouloir bien témoigner à tout le monde que si je suis si inutilement de l'Académie des médailles, il est bien vrai aussi que je n'en reçois ni n'en veux

---

[1] Publiée ainsi que la suivante, par Cizeron-Rival (Lett. famil., III, 108 à 114), sur l'autographe.

[2] *Voy.* satire xi, vers 104, tome I.

[3] Date fixée par M. de Saint-Surin (le manuscrit n'en a point).

[4] A l'Académie des inscriptions qu'on nommait alors petite Académie des médailles. *Ciz.-Riv.* — Il y avait des honoraires, des pensionnaires, des associés et des élèves.

[5] *Voy.*, au sujet de Bourdelin, note 2, p. 101.

recevoir ¹ aucun profit pécuniaire. Du reste, monsieur, je vous prie d'être bien persuadé que c'est sincèrement et avec un très grand respect que je suis....

LETTRE XXII.

A Mgr DE PONTCHARTRAIN.²

Paris, mardi, cinq heures du soir..... (1701)³

Monseigneur,

Mon neveu m'ayant écrit que vous seriez bien aise que je vous rendisse compte moi-même de ce qui se serait passé à l'Académie des médailles le jour de ma réception ⁴, j'ai saisi avec joie cette occasion de vous marquer mon obéissance. Je vous dirai donc, monseigneur, que j'y ai été reçu aujourd'hui avec un applaudissement général, et que l'on m'y a accablé d'honneurs, de caresses et de bonnes paroles. J'y ai renouvelé connaissance avec monseigneur le duc d'Aumont, que j'avais eu l'honneur de fréquenter autrefois à la cour.

---

¹ *V. E.* Texte de Cizeron-Rival (p. 110) et de l'autographe. Les mots si importans *je n'en reçois* ont été omis dans plusieurs éditions (1809 et 1825, Daun.; 1815, Did.; 1820, Men.; 1821, S.-S.; 1821 et 1823, Viol.; 1821 et 1824, Am.; 1824, Fro; 1825, Aug.; 1826, Mar.; 1828, Thi.; 1829, B. ch.) : on y lit seulement *Je n'en veux recevoir* (*voy.* au reste la lettre CVI).

² Le même que Maurepas. *Voy.* p. 79, note 3; p. 81, note 4; p. 83, note 2.

³ Date également fixée par M. de S.-S.

⁴ Probablement, dit M. Daunou, comme directeur (il en était membre depuis plusieurs années; mais il venait, d'après un nouveau réglement, d'être nommé pensionnaire, et de plus directeur jusqu'à la fin de 1702).

On a commencé par y lire un ouvrage fort savant, mais assez fastidieux, et on s'est fort doctement ennuyé; mais ensuite on en a examiné un autre beaucoup plus agréable, et dont la lecture a assez attiré d'attention. C'était une dissertation sur l'origine du mot de *médaille*. Comme on a fait approcher de moi celui qui la lisait [1], j'ai été en état de l'entendre et d'en parler : c'est ce que j'ai fait jusqu'à l'affectation, sachant bien que cela vous plairait. D'autres en ont dit aussi leur sentiment avec beaucoup de politesse et d'érudition, et je n'ai plus vu aucune bouche s'ouvrir pour bâiller. On a reçu ensuite trois élèves, et j'ai nommé M. Bourdelin. Voilà [2], monseigneur, ce qui s'est passé de plus mémorable dans cette célèbre cérémonie, *cujus pars magna fui*. Tout ce que je puis vous dire, c'est que je ne doute point que votre établissement [3] ne réussisse dans la suite, et il ne faut point s'étonner s'il y a maintenant quelques gens qui le désapprouvent; car tout ce qui est nouveau, quoique excellent, ne manque jamais d'être contredit; et quelles sottises ne dit-on point de l'Académie française, lorsque le cardinal de Richelieu la fit fonder! Tout ce que je souhaiterais, monseigneur, c'est que tout le monde fût content dans la métallique. Cela tient à bien peu de chose, et si vous vouliez bien me permettre de négocier pour cela, je suis persuadé que tous vos pensionnaires seraient bientôt aussi satisfaits

---

[1] Il avait de la peine à entendre, surtout de l'oreille gauche. *Ciz.-Riv.*

[2] *V. E.* Texte du manuscrit. Cizeron-Rival, suivi par les autres éditeurs, met *Bourdelin* pour le mien. *Voilà...* (il s'agit de François Bourdelin, que Cizeron-Rival confond avec son frère Claude, de l'Académie des sciences).

[3] Pont-Chartrain avait fait faire le nouveau réglement. *Ciz.*

que moi. Je vous écris ceci, comme vous l'avez souhaité, très à la hâte, à la sortie de notre assemblée, et suis avec un très grand respect, etc...

LETTRE XXIII.[1]

A M. LE COMTE DE REVEL,[2]

SUR LE COMBAT DE CRÉMONE.

Paris, 17 avril 1702.

Vous ne sauriez vous imaginer, monsieur, combien je vous suis obligé de la bonté[3] que vous avez eue de m'envoyer votre relation du combat de Crémone. Elle a éclairci toutes mes difficultés, et elle m'a confirmé dans la pensée où j'ai toujours été, que les belles actions ne sont jamais mieux racontées que par ceux mêmes qui les ont faites. C'est proprement à César qu'il appartient d'écrire les exploits de César. Mais à propos de votre action, que vous dirai-je sinon que je n'en ai jamais vu de pareilles que dans les romans? Encore faut-il que ce soient des romans de chevalerie[4] où l'auteur a beaucoup plus songé au merveilleux qu'au vraisemblable. Je

---

[1] Publiée par Cizeron-Rival (III, 115) sur une copie corrigée par Boileau.

[2] Charles-Amédée de Broglio... Il contribua singulièrement à chasser les Allemands de Crémone, où ils s'étaient introduits par surprise le 1er février 1702. Le roi lui donna à cette occasion l'ordre du Saint-Esprit et le gouvernement de Condé (Gaz. de Fr. du 18): mais malgré les desirs des *bourgeois*, il mourut simple lieutenant-général (en 1707... Gaz. du 29 octobre...). Cizeron-Rival et d'autres l'ont confondu avec son frère Victor Maurice.

[3] P. C. O. Je ne saurais assez vous remercier, monsieur, *de la bonté*...

[4] Les mots *de chevalerie* sont effacés dans le manuscrit.

ne suis point surpris du remercîment honorable que vous en a fait sa majesté catholique. Eh! quels remercîmens ne vous doit point un prince à qui, en sauvant une seule ville, vous sauvez les deux plus riches diamans de sa couronne, je veux dire le Milanais et le royaume de Naples! Mais si les rois et les [1] princes publient si hautement vos louanges, le peuple ici n'est pas moins déclaré en votre faveur. Le roi vous a donné le cordon bleu; mais il n'y a point de petit bourgeois à Paris qui ne vous donne en son cœur le bâton de maréchal de France, et qui ne soit persuadé comme moi que vous ne tarderez guère à en être honoré. Avant donc que vous l'ayez, et que nous soyons réduits par une indispensable bienséance à vous appeler MONSEIGNEUR, trouvez bon, monsieur, que je vous parle encore aujourd'hui sur ce ton familier auquel vous m'aviez autrefois accoutumé chez la fameuse C.... [2] Vous étiez alors assez épris d'elle, et je doute que vous en fussiez rigoureusement traité. Permettez-moi cependant de vous dire que de toutes les maîtresses que vous avez aimées, celle, à mon avis, dont vous avez le plus sujet de vous louer, c'est la gloire, puisqu'elle vous a toujours comblé de ses faveurs, et qu'elle ne vous a jamais trahi; car je ne voudrais pas jurer que les autres vous aient gardé la même fidélité. Continuez donc à la suivre, et soyez bien persuadé que je suis avec toute l'estime et tout le respect que je dois, etc.

---

[1] *V. E.* Manuscrit... Cizeron-Rival a omis *les.*
[2] *V. E.* Correction de la main de Boileau. Cizeron-Rival a suivi la copie, où il y a en effet *la célèbre Champmeslé.*

LETTRE XXIV.[1]

A M. DE LA CHAPELLE,

A VERSAILLES.

Paris, 13 mars 1703.

Je vous renvoie, mon très cher neveu, votre papier avec les changemens bons ou mauvais que j'y ai faits. Vous n'avez qu'à vous en servir comme vous jugerez à propos. Il me semble surtout qu'il faut prendre garde à l'article de Vigo[2], qui est délicat à traiter. J'y ai mis ce qui m'est venu sur-le-champ. Le neveu de M. de Château-Renaud, qui m'a apporté votre lettre, me paraît un très galant homme, et je vous prie de lui témoigner combien je suis plein de lui. C'est lui qui a mis à la marge les petits anachronismes de l'histoire de M. son oncle. Je ne sais si ce que j'ai changé les rectifie assez bien, parce que je ne suis pas fort dressé au style des lettres et des[3] ordonnances royales, ou plutôt royaux; car tel est le plaisir de ces lettres et de ces ordonnances de vouloir être *masculins*, dérogeant en cela à toutes les règles de la grammaire[4]. Que si, en travaillant sur un sujet

---

[1] Publiée par Cizeron Rival (III, 119) sur l'autographe.
[2] Lieu où le vice amiral Chateau-Renaud fut défait par la flotte des alliés. Après une belle résistance, dit la Gazette de France (22 novembre 1702), il fut obligé de brûler tous ses vaisseaux pour ne pas les laisser prendre.
[3] *V. E.* Manuscrit... et non pas *des lettres* ou *des...*
[4] On connaît ces vers plaisans de Racine (Plaideurs, acte 1er, sc. 6e).

Griefs et faits nouveaux, baux et procès-verbaux,
J'obtiens *lettres royaux* et je m'inscris en faux.

si peu de mon génie, je vous ai fait quelque petit plaisir [1], je vous supplie, en récompense de m'en faire un fort grand; c'est de vouloir bien témoigner de ma part à monseigneur de Pontchartrain la part que je prends aux intérêts du fils de M. de Cartigny [2], nouvel acquéreur d'une charge de commissaire de la marine. Je le prie de se ressouvenir que c'est le père de ce commissaire qui m'a donné le premier la connaissance de monseigneur de Pontchartrain, et que c'est lui qui a accompagné à Auteuil cet illustre ministre d'état, la première fois qu'il me fit l'honneur de m'y venir voir, et que je lui donnai ce fameux repas qui me coûta huit livres dix sous. Je vous conjure, mon très cher neveu, de lui vouloir bien représenter tout cela, et que la sollicitation que je lui fais n'est point de ces sollicitations mendiées auxquelles il suffit de répondre : *je verrai* [3]. Du reste, soyez bien persuadé que c'est du fond du cœur que je suis, etc.

Ayez la bonté de me faire un petit mot de réponse sur l'article de M. de Cartigny. Vous jugez bien pourquoi. [4]

---

[1] *V. E.* Manuscrit. Au lieu de *sur un sujet si peu de mon* genre, *je vous ai fait* un *petit plaisir...*

La première de ces fautes (elle a été reproduite dans toutes les éditions modernes de Boileau), c'est-à-dire la substitution du mot *genre* au mot *génie*, est vraiment remarquable.

[2] Cizeron-Rival omet le *de...* — Cartigny était, à ce qu'il paraît, ami de Boileau; et il devint ensuite (1705) son débiteur (tome I, Essai, n° 18 *b*).

[3] Réponse ordinaire de Louis XIV.

[4] *V. E.* Post-scriptum omis par Cizeron-Rival.

† LETTRE XXV.[1]

A M. DE LAMOIGNON.[2]

A Auteuil, 7 juillet 1703.

Il n'y a rien, monsieur, de plus obligeant que votre lettre et vous vous y plaignez d'une manière si agréable des fautes que vous prétendez que j'ai commises à votre égard, que bien loin de me corriger vous me donnez presque envie d'en commettre de nouvelles, afin de m'attirer encore de pareils reproches. Permettez-moi pourtant de vous dire que ces reproches ne sont pas si bien fondés que vous vous imaginez. En effet, monsieur, puisque j'ai envoyé mon édition nouvelle à madame de Lamoignon, n'est-ce pas en quelque sorte vous l'avoir envoyée à vous-même, et ai-je dû présumer que le livre étant chez vous, la curiosité durant plus d'une année ne vous ferait pas du moins jeter les yeux sur les nouvelles pièces que j'y ai ajoutées, dont la plupart regardent la querelle que j'avais alors avec M. Perrault, et dans laquelle votre amour pour les anciens vous rendait si considérablement intéressé. Vous dites que cette négligence vient de ce que je ne vous ai pas averti qu'il était parlé de vous dans ces pièces; mais n'y aurait-il pas eu une espèce d'affectation à moi de vous avertir de si peu de chose, puisque je ne fais proprement que

---

[1] Nous publions cette lettre dont on n'avait donné jusqu'ici que de courts fragmens, sur l'autographe qui appartient à M. Villenave.

[2] Avocat général, ensuite président (*voy.* tome II, p. 69, note 2).

vous y nommer et vous déclarer défenseur du bon goût.[1] La vérité est pourtant, je l'avoue, que dans les règles je devrais vous avoir porté moi-même en personne mon livre accompagné de tous les complimens que l'on a accoutumé de faire en ces rencontres, mais pouvez-vous ignorer depuis combien d'années je me suis, de ma pleine puissance et autorité poétique, libéré de toutes ces règles et de tous ces devoirs? Avez-vous oublié ces deux vers de l'épître que je me suis autrefois donné l'honneur de vous adresser,

> Mais pour moi de Paris citoyen inhabile,
> Qui ne lui puis fournir qu'un rêveur inutile... [2]

et ne pouvais-je pas sur cela dire comme Horace :

> Quid tum profeci, mecum facientia jura [3]
> Si tamen attentas. . . . .

Mais laissons là ce qui me regarde et parlons de ce qui vous est arrivé au sujet de l'Académie. Tout m'en paraît extraordinaire et principalement le zèle immodéré de M. de Toureil[4]. Il semble que ce traducteur de Démosthènes n'ait fait voir en cela toute sa prudence ordinaire[5]. Je vous avoue néanmoins que je ne saurais condamner la violente intention qu'il a eue de donner à l'Académie[6] un associé de votre mérite et de votre

---

[1] Il veut parler de la lettre à Perrault (*voy.* lettre xx, p. 59, vers la fin).

[2] Épître vi, vers 137 et 138, tome II, p. 82.

[3] Horace, liv. ii, épît. ii, v. 23.

[4] Membre de l'Académie française et de celle des inscriptions, né en 1666, mort en 1715.

[5] *P. C. O.* Il y avait d'abord : *de Démosthènes ait eu quelque imprudence. Je vous avoue...*

[6] *P. C. O. A l'Académie*, même malgré vous, *un associé...*

dignité. Quelque peu disposé que vous parussiez à accepter la¹ place d'académicien, il a cru² vraisemblablement entrevoir dans vos yeux une envie d'y être forcé, et s'est persuadé qu'au moment que vous seriez élu vous ne vous feriez plus prier pour occuper une place qu'on ne pourrait plus vous soupçonner d'avoir recherchée : il s'est trompé et vous l'avez refusée. Je veux³ croire que c'est pour de bonnes raisons. Vous m'en avez allégué même une considérable, c'est à savoir l'embarras d'avoir à louer dans votre harangue l'ennemi des Homères et des Virgiles. On pourrait néanmoins vous répondre que c'était au contraire une belle occasion à un⁴ Isocrate comme vous de montrer ce que peut l'éloquence sur les sujets les plus ingrats. Quoi qu'il en soit, votre gloire est entièrement à couvert, et, quelque mauvaise humeur que les académiciens conçoivent contre vous, ils ne sauraient nier qu'ils ne vous aient⁵ tous donné leur suffrage. Il n'en est pas ainsi de⁶ l'Académie, et un refus comme le vôtre ne saurait jamais lui faire honneur. Elle a pourtant tâché depuis peu de rhabiller sa gloire⁷ en élisant à votre place monsieur le coadjuteur de Strasbourg⁸ et elle a pris à mon sens un très

---

¹ *P. C. O. ...Que vous parussiez* à vouloir *la place d'académicien...*

² *P. C. O. Il a cru* très *vraisemblablement...*

³ *P. C. O. Il s'est trompé* fortement, *et vous l'avez refusé* nettement. *Je veux...* — Au reste, selon D'Olivet (Hist., II, 39), en désignant Lamoicomme candidat, on avait surtout voulu écarter Chaulieu qui était fortement appuyé.

⁴ *P. C. O.* Que c'était *une belle occasion au contraire* à un Isocrate...

⁵ *P. C. O. Nier qu'ils* vous ont *tous donné...*

⁶ *P. C. O. Ainsi* de la gloire de *l'Académie...*

⁷ *P. C. O* De *rhabiller* cette *gloire...*

⁸ Armand Gaston de Rohan Soubise, fils d'un cousin par alliance de Boi-

sage parti. Quelque mérite néanmoins qu'ait ce prince et quelque beau que soit le nom de Soubise, je doute que, dans une compagnie de gens de lettres comme l'Académie, il sonne plus agréablement à l'oreille que le nom de Lamoignon[1]. Cependant, monsieur, quelque beau que soit votre triomphe, je suis persuadé que, de l'humeur noble et modeste dont je vous connais, vous êtes très fâché d'avoir causé ce déplaisir à une compagnie après tout très illustre, qu'aucun motif de vanité ne s'est mêlé dans les considérations qui vous ont empêché d'y vouloir être admis, et que vous affecterez de le témoigner ainsi à toute la terre. C'est le parti à mon avis que vous devez prendre. Du reste, faites-moi aussi de votre côté la grâce de croire que j'ai pour vous, et pour toute votre illustre maison, le même zèle que j'ai eu autrefois. C'est de quoi j'espère les vacations prochaines vous entretenir plus particulièrement[2] à Basville, *au pied de ces coteaux, où Polycrène épand ses libérales eaux*[3]. Je suis avec beaucoup de sincérité et de respect,

    monsieur,

        votre très humble et très obéissant serviteur,

            DESPRÉAUX.

---

leau (tome III, Explic. généal., n° 120).... Selon Saint-Simon, II, 429, il était fils de Louis XIV.

[1] Est-ce là le langage *d'un flatteur de Louis* (*voy.* la note précédente, et la note 3, p. 58)?

[2] *P. C. O. Plus particulièrement* est ajouté entre lignes.

[3] Épître VI, vers 151 et 152, tome II, p. 83.

LETTRE XXVI.[1]

A M. LE VERRIER.

..... 1703.[2]

N'ÊTES-vous plus fâché, monsieur[3], du peu de complaisance que j'eus hier pour vous? Non, sans doute, vous ne l'êtes plus; et je suis persuadé qu'à l'heure qu'il est vous goûtez toutes mes raisons. Supposez pourtant que votre colère dure encore, je m'offre d'aller[4] aujourd'hui chez vous à midi et demi vous prouver, le verre à la main[5], par plus d'un argument en forme, qu'un homme comme moi n'est point[6] obligé de préférer son[7] plaisir à sa santé, ni de demeurer à souper, même avec la meilleure compagnie du monde, quand il sent que cela le pourrait incommoder, et quand il a[8]

---

[1] Publiée dans l'édition de 1713 par Boileau, mais après l'avoir presque entièrement refondue. Brossette (II, 309), quoiqu'il eût l'original de la lettre, n'a indiqué aucune des premières manières ou compositions. Il en est cependant d'assez curieuses.

[2] Année indiquée par Brossette. Quant au mois, il s'agit évidemment de celui de novembre, époque où Boileau accomplit sa soixante-septième année (*voy.* p. 111, note 1, et p. 114, note 1).

[3] P. C. O. Autographe. *N'êtes-vous plus* en colère, *monsieur*...

[4] P. C. O. Idem... *Pour vous?* si cela est *je m'offre d'aller*... (Ainsi il a ajouté une phrase entière à l'impression).

[5] P. C. O. Idem... d'aller vous prouver en forme. — 2ᵉ P. C. O. Comme au texte, excepté que les mots *le verre à la main* n'y sont pas.

[6] P. C. O. Idem... Un homme raisonnable n'est... — 2ᵉ P. C. O... Un homme de mon âge *n'est*... (La leçon du texte nous semble la moins bonne).

[7] P. C. O. Idem... *Préférer* par complaisance *son*...

[8] P. C. O. Idem... *à sa santé*, ni d'aller, en jeune étourdi, se gorger de bons morceaux à des heures indues *quand il a pour s'en excuser* (il y avait d'abord, *pour* ne le point faire).

pour s'en excuser soixante et six raisons [1], aussi bonnes et aussi valables que[2] celles que *la vieillesse avec ses doigts pesans m'a jetées sur la tête*[3]. Et, pour commencer ma preuve, je vous dirai ces vers d'Horace à Mécénas : [4]

> Quam mihi das ægro, dabis ægrotare timenti,
> Mæcenas, veniam, etc.

En cas donc que vous vouliez que j'achève ma démonstration, mandez-moi

> Si validus [5], si lætus eris, si denique posces. [6]

Autrement ordonnez qu'on[7] ne m'ouvre point chez vous. J'aime encore mieux[8] n'y point entrer que d'y être mal reçu[9]. Au reste, j'ai soigneusement relu votre plainte contre les Tuileries : et [10] j'y ai trouvé des vers

---

[1] Il en avait bien soixante-sept. *Bross.* On a vu (tome I, Essai, n° 146) que Boileau diminuait toujours son âge d'une année.

[2] *P. C. O. Idem... Et aussi* sérieuses *que* (il avait d'abord mis *fâcheuses....* La dernière leçon nous paraît la moins bonne des trois).

[3] Allusion aux vers 25 à 28, épît. x, tome II, p. 127 (il avait d'abord mis *que* l'âge m'a jeté sur la tête avec ses doigts pesans).

[4] Horace, liv. I, épît. VII, v. 4 et 5. *Bross.*

[5] *P. C. O.* Autographe... *Veniam,* etc. Mandez-moi donc, supposez que vous vouliez que j'achève ma démonstration, *si validus...* (il y avait d'abord *j'achève ma preuve*).

[6] Horace, liv. I, épît. XIII, vers 3. *Bross.*

[7] *P. C. O. Idem... Autrement* commandez *qu'on...*

[8] *P. C. O. Idem... J'aime bien mieux...*

[9] *P. C. O. Idem... Entrer* qu'y *être mal reçu*. Il avait d'abord mis : *commandez qu'on me ferme votre porte, j'aime encore mieux* être chassé *que mal reçu. Cependant faites-moi la faveur de croire que coupable ou non coupable, on ne peut pas être plus que je ne le suis, votre très humble, etc. Despréaux. Lundi matin...* (le reste du texte est en forme de post-scriptum, sur un autre feuillet).

[10] *V. E.* Texte de 1713. On a omis *et*, dans quelques éditions modernes.

si bien tournés, que franchement en les lisant je n'ai pu me défendre d'un moment de jalousie poétique contre vous; de sorte qu'en la remaniant j'ai plutôt songé à vous surpasser qu'à vous réformer. C'est cette jalousie qui m'a fait mettre la pièce dans l'état où vous l'allez voir [1]. Prenez la peine de la lire.

PLAINTE CONTRE LES TUILERIES.

Agréables jardins où les Zéphyrs et Flore, etc. [2]

Je ne sais, monsieur, si dans tout cela vous reconnaîtrez votre ouvrage, et si vous vous accommoderez des nouvelles pensées que je vous prête. Quoi qu'il en soit, faites-en tel usage que vous jugerez à propos; car pour moi, je vous déclare que je n'y travaillerai pas davantage. Je ne vous cacherai pas même que j'ai une espèce de confusion d'avoir, par une molle complaisance pour vous, employé quelques heures à un ouvrage de cette nature, et d'être moi-même tombé dans le ridicule dont j'accuse les autres, et dont je me suis si bien moqué par ces vers de la satire à mon esprit :

Faudra-t-il de sens [3] froid et sans être amoureux... [4]

---

[1] *V. E. Idem...* On lit dans les mêmes éditions : *l'état* où elle est. *Prenez...*

[2] Poésies diverses, n° XXXI, tome II, p. 449.

[3] *V. E.* Texte de l'autographe et de 1713, et non pas *de* sang *froid*, comme on a mis dans les éditions citées à satire IX, vers 261.

[4] Il rapporte les vers 261 à 264 de cette satire.

P. C. O. La dernière moitié de cette lettre, à partir des mots *Au reste* (p. 111), a été entièrement refondue. Voici comment elle était d'abord rédigée (les expressions que nous mettons en italiques ont seules été conservées à l'impression).

Ce¹ qu'il y a de sûr, c'est que je ne tomberai plus dans une pareille faiblesse, et que c'est à ces vers d'amourettes, bien plus justement qu'à ceux de ma pénultième épître², qu'aujourd'hui je dis très sérieusement :

<blockquote>Adieu, mes vers, adieu pour la dernière fois.</blockquote>

Du reste, je suis parfaitement votre, etc.

« *Au reste j'ai* non-seulement *relu votre Plainte contre les Tuileries*, mais je l'ai si bien raccommodée que franchement j'en ai fait un ouvrage tout à moi et où il ne vous appartient plus rien que votre prétendue passion pour Philis et le dépit de son infidélité, que je n'ai ni ne veux point avoir. Voici la *pièce* en l'état où je l'ai mise. *Plaintes sur les Tuileries... Agréables jardins*, etc. »

« Faites, monsieur, de cet ouvrage et du vôtre, ce *que vous jugerez à propos*. Peut-être de tous les deux restera-t-il quelque chose de bon; car pour moi je vous déclare que je n'y veux plus prendre aucune part. J'ai même *une espèce de confusion d'avoir employé quelques heures à un ouvrage de cette nature, et* d'avoir fait ce *dont je me suis si* heureusement *moqué dans la satire à mon esprit* par ces quatre vers : *Faudra-t-il* (ici les vers). »

« Je suis votre, etc. »

Ce passage est précieux en ce qu'il lève les doutes qui s'étaient élevés sur l'auteur des *Plaintes* contre *les Tuileries...* D'après la tournure de la lettre imprimée, quelques éditeurs croyant que cette pièce était de Le Verrier, et que Boileau s'était borné à la retoucher, l'avaient laissée dans la correspondance. On voit que Saint-Marc a eu raison, nous l'avons dit ailleurs (tome II, p. 449), de la placer parmi les poésies diverses de Boileau.

¹ Tout ce qui suit n'est que dans l'imprimé.
² C'est de l'antépénultième (vers 132, tome II, p. 105). *Brossette.*

LETTRE XXVII.[1]

À M. LE VERRIER.

(Novembre 1703).

Comme je n'avais point eu de vos nouvelles, monsieur, je me suis engagé à une autre partie que celle que vous m'avez proposée. Pour les épigrammes, il n'y a plus de mesures à garder, puisque, grace à l'indiscrétion, ou plutôt à l'envie de me faire valoir, de notre illustre ami, elles sont maintenant dans les mains de tout le monde. D'ailleurs, on n'y fait plus actuellement que des critiques que je ne sens point, et qui sont par con-

---

[1] Cette lettre a été publiée sur une copie intercalée dans un volume des manuscrits de Brossette, par Cizeron-Rival (III, 83). Celui-ci la voyant placée avec cet intitulé : *Au même* (de la main de Boileau), après une lettre adressée à Racine, et y lisant à la marge (de la main du *collecteur* dont nous avons parlé, note 3, p. 76), la date de 1695, époque où Racine vivait encore, n'a pas douté qu'elle ne fût aussi adressée à ce grand poète, quoiqu'il eût bien vite changé d'avis s'il avait pris garde qu'on y parle de l'épigramme sur les flagellans (tome II, p. 474) composée vers la fin d'octobre 1703, quatre ans après la mort de Racine. Frappé de cet anachronisme, M. Daunou a d'abord douté (1809, III, 194) de l'authenticité de la lettre. Il est ensuite revenu sur ce point (1825, IV, 76), se bornant à observer, avec M. de S. S., qu'on ignore à qui elle est adressée. Cela n'était pas en effet aisé à découvrir, parce que le même *collecteur* a bouleversé une grande partie de la correspondance étrangère à Brossette. Mais, en l'examinant avec soin, on reconnaît bientôt que Boileau se proposant vers la fin de sa vie, de publier un certain nombre de ses lettres après les avoir corrigées, les a numérotées (aussi de sa main) dans l'ordre où il voulait les placer. Or cette lettre a le n° vi; elle doit donc 1° être adressée au même individu que le n° v, quoiqu'elle soit placée dans le volume (à la page 127) avant ce numéro (celui-ci est à la page 187) et qu'elle en soit séparée par beaucoup d'autres lettres, et ce n° v est précisément celui de la lettre à Le Verrier que nous avons donnée p. 110,

séquent fort¹ mauvaises; car à quoi je reconnais une bonne critique, c'est quand je la sens, et qu'elle m'attaque par l'endroit dont je me défiais. C'est alors que je songe tout de bon à corriger, regardant celui qui me la fait comme un excellent connaisseur, et tel que le censeur que je propose dans mon Art poétique en ces termes :

> Faites choix d'un censeur solide et salutaire... ²

Du reste, je m'inquiète peu de toutes ces frivoles objections qui se font d'ordinaire³ contre les bons ouvrages naissans. Cela ne dure guère, et l'on est tout étonné souvent que l'endroit que l'on condamnait devient le plus estimé. Cela est arrivé sur ces deux vers de ma satire des femmes :

> Et tous ces lieux communs de morale lubrique
> Que Lulli réchauffa des sons de sa musique... ⁴

contre lesquels on se déchaîna d'abord, et qui passent aujourd'hui pour les meilleurs de la pièce. Il en arrivera de même, croyez-moi, du mot de *lubricité* dans mon épigramme sur le livre des Flagellans; car je ne crois

---

sous le n° xxvi...; 2° être postérieure à ce même n° xxvi, quoique d'ailleurs elle soit du même mois (novembre 1703), comme on le verra à la note 1, page. 116.

¹ *V. E.* Texte de Cizeron-Rival et du manuscrit. *Fort* est omis dans les éditions citées à note 1, p. 100 (il faut en excepter celle de 1815, Did... La lettre n'y est point publiée).

² Il cite ici les vers 71 à 74 du chant iv (tome II, p. 258).

³ *V. E.* Texte de Cizeron-Rival et du manuscrit. Le mot *d'ordinaire* (il est pourtant assez essentiel) manque dans les mêmes éditions.

⁴ Satire x, vers 141 et 142, tome I (voir ce qu'Arnauld dit de l'expression *lubrique*, dans la lettre x, p. 35).

pas avoir jamais fait quatre vers plus sonores que ceux-ci :

> *Et ne saurait souffrir* [1] la fausse piété,
> Qui, sous couleur d'éteindre en nous la volupté,
> Par l'austérité même et par la pénitence,
> Sait allumer le feu de la lubricité.

Cependant M. de Termes ne s'accommode pas, dites-vous, du mot de lubricité. Eh bien! qu'il en cherche un autre. Mais moi, pourquoi ôterais-je un mot qui est dans tous les dictionnaires au rang des mots les plus usités? Où en serait-on, si l'on voulait contenter tout le monde? *Quid dem? Quid non dem? Renuis tu quod jubet alter*[2]. Tout le monde juge, et personne ne sait juger. Il en est de même que de la manière de lire. Il n'y a personne qui ne croie lire admirablement, et il n'y a presque point de bons lecteurs. Je suis votre très humble, etc.

LETTRE XXVIII.[3]

A M. DE LA CHAPELLE.

Paris, 10 juillet 1704.

J'AI reçu, mon très cher et très exact neveu, mon ordonnance. Elle est en très bonne forme, mais plût à

---

[1] Ces mots ont été changés (tome II, p. 474), ce qui prouve que l'épigramme était récente, et comme cette épigramme est de la fin d'octobre 1703, la lettre actuelle, on l'a déjà remarqué (p. 114 et 115, note 1), doit être du mois suivant.

[2] Horace, liv. II, épître II, vers 63.

Publiée par Cizeron-Rival (Lettr. famil., III, 122) sur l'autographe.

A DIVERSES PERSONNES.

Dieu que vous la pussiez aussi bien faire payer que vous la savez faire expédier. Il y a tantôt dix mois que je suis à solliciter le paiement de la précédente, et qu'on me[1] répond au trésor royal : *Il n'y a point d'argent*, sans même me faire espérer qu'il y en aura. Si cela dure, je vois bien qu'au lieu de louis d'or je vais amasser dans mon coffre quantité de beaux modèles de lettres financières, et qui pourront être de quelque utilité à ceux à qui je voudrai les prêter pour les copier. Voilà les fruits de la guerre : *Impius hæc tam culta novalia miles habebit*[2]! Je vous donne le bonjour, et suis passionnément, etc.

LETTRE XXIX.[3]

AU DUC DE NOAILLES.

A Paris, ce 13 octobre 1704.

JE ne sais pas, monseigneur, comme vous l'entendez; mais il me semble que c'est le poète qui doit écrire de belles lettres au duc et pair, et non point le duc et

---

[1] *V. E.* Texte du manuscrit... Cizeron-Rival (même p. 122) a omis *me*.
[2] Virgile, égl. 1, vers 71.
[3] *V. E.* Cette lettre a été puisée dans les œuvres mêlées d'Hamilton, dont la première édition fut donnée sur les manuscrits, à Paris, en 1731 (privilège du 19 avril 1730) en trois in-12, et réimprimée la même année en un volume (tome IV des œuvres), à Utrecht. *

Elle y est placée (Paris, II, 67 ; Utrecht, p. 89) avec ce seul titre, *Réponse de M. Despréaux*, à la suite d'une pièce de vers intitulée (p. 63 et 85) :

---

* Les éditeurs modernes d'Hamilton ne paraissent pas avoir connu ces premières éditions.

pair au poète. D'où vient donc que vous avez songé à m'en écrire une? Est-ce que vous vouliez m'apprendre mon métier, et que vous pensez savoir mieux que moi où il faut placer les belles figures et les comparaisons du soleil [1]? La vérité est cependant que votre plume a mieux fait que vous, et non-seulement ne s'est point guindée pour me dire de belles choses, mais en me disant des choses très badines, m'a autorisé à vous en dire de pareilles; c'est de quoi je m'accommode fort, et dont

---

Épître écrite de Maintenon à M. Despréaux, qui sans doute avait été envoyée à celui-ci par un duc et pair de sa connaissance, mais dont la lettre d'envoi n'est pas imprimée.

On l'a ensuite insérée, probablement d'après quelque réimpression de l'édition de 1731, dans la plupart des éditions modernes de Boileau (telles que 1815, Did.; 1821, S.-S.; 1821 et 1823, Viol.; 1821 et 1824, Am.; 1825, Daun. et Aug.; 1828, Thi; 1829, B. ch.) comme adressée au fameux comte (Philibert) de Grammont, beau-frère d'Hamilton, quoique cette indication ne fût point dans les œuvres d'Hamilton, et qu'un simple coup-d'œil sur le début de la lettre, dût montrer qu'elle ne pouvait regarder ce comte... Philibert de Grammont, en effet, fut bien fils, frère et oncle de ducs et pairs, mais n'eut jamais lui-même cette dignité... La lettre est selon toute apparence adressée au même personnage que le n° XXXI, c'est-à-dire, à Adrien Maurice de Noailles, fait duc quelques mois avant sa date (janvier 1704... *Moreri*), sur la démission de son père... Les femmes qu'on y cite par les signes de N. et de Q., et dont les commentateurs disent n'avoir pu deviner les noms, sont, également selon toute apparence, la duchesse de Noailles et la comtesse de Caylus (ce nom s'écrivait alors *Quailus ou Quélus*... Saint Simon, XIII, 425; XIV, 29 et 324; XVII, 242; XVIII, 46). La présence de ces trois personnes au lieu (Maintenon) d'où l'épître d'Hamilton fut envoyée à Boileau est assez naturelle, puisque les deux dames étaient les plus proches parentes et en même temps les favorites de madame de Maintenon. Enfin on voit dans d'autres lettres (entre autres n°s XVI, XVIII et LXX, et leurs notes) que Boileau était depuis long-temps en liaison avec le duc de Noailles et madame de Caylus.

[1] C'est probablement une allusion à ce vers de l'épître d'Hamilton :

Où Phébus, à longs traits, répand son influence.

je saurai très bien user. Oserais-je[1] néanmoins vous dire
que votre lettre, en me réjouissant fort, m'a pourtant
chagriné, puisque je vous croyais entièrement guéri, et
que c'est par elle que j'ai appris que vous étiez encore
sous la conduite d'Esculape? Oh! le fâcheux dieu! Il ne
parle jamais que de sobriété et d'abstinences; et nous autres beaux esprits, quoique ses frères en Apollon, nous
ne le pouvons plus souffrir, surtout depuis qu'il n'a plus
voulu entreprendre de guérir messieurs de...[2] de la folie
de juger des ouvrages. Je le tiens de la Faculté; je lui
pardonne pourtant volontiers la défense qu'il vous a
faite de m'écrire de belles lettres; mais non pas de m'é-
crire, comme vous faites, tout ce qui vous[3] vient au
bout de la plume, et surtout de m'assurer que madame
de N.... et madame de Q....[4] me font l'honneur de se
souvenir de moi. Cela ne s'appelle point *magno conatu
magnas nugas*, puisque c'est au contraire une chose
très aisée à dire, et qui me fait un plaisir très sérieux.
Mais, monseigneur, à propos de belles choses, quel est
donc le nouvel habitant de Maintenon qui m'a écrit la
lettre en vers que vous m'avez fait l'honneur de m'envoyer[5]? *Quis novus hic vestris successit sedibus hospes*[6].
Je n'ai pas l'honneur de le connaître; mais, supposé

---

[1] *V. E.* Texte de 1731 (p. 67 et 90). Dans les éditions citées à la note 3, p. 117 et 118, on a mis *oserai-je*...

[2] Ceci désigne évidemment les journalistes de Trévoux, avec qui Boileau était alors en différend (lett. cxx à cxxii).

[3] *V. E.* Texte de 1731 (p. 68 et 91). Ce *Vous* est omis dans les mêmes éditions.

[4] *Voy.* la même note 3, p. 117 et 118

[5] *Voy.* la même note.

[6] Virgile, Énéide, liv. iv, v. 10. — Boileau substitue ici *vestris* à *nostris*.

qu'il y ait chez vous beaucoup de pareils habitans, je ne doute point que les Muses n'abandonnent dans peu les rives du Permesse, pour s'aller habituer aux bords de la rivière d'Eure. Il a raison de soutenir le parti de Voiture, puisqu'il lui ressemble beaucoup, et qu'en le défendant il défend sa propre cause, aux pointes près, dont je ne le vois pas fort amoureux. J'ose vous prier, monseigneur, de lui bien témoigner l'estime que je fais de lui, et la reconnaissance que j'ai de l'estime qu'il fait de moi. Mais de quoi je vous conjure encore davantage, c'est de bien marquer à madame de N.... et à madame de Q... la sincère vénération que j'ai pour elles, et de croire qu'il n'y a personne qui soit avec plus de sincérité et de respect que moi,

monseigneur,

votre, etc. Despréaux.

LETTRE XXX.[1]

AU COMTE HAMILTON.

Paris, le 8 février 1705.

Je ne devais dans les règles, monsieur, répondre à votre obligeante lettre, qu'en vous renvoyant[2] l'agréable

---

[1] Publiée dans les mêmes œuvres d'Hamilton (1731, p. 28 et 37).

[2] C'est une épître au comte de Grammont (*ib.*, p. 4 et 5) où Hamilton dit de Boileau :

> Mais sa muse a toujours quelque malignité,
> Et vous caressant d'un côté
> Vous dévisagerait de l'autre.

manuscrit que vous m'avez fait remettre entre les mains; mais ne me sentant pas disposé à m'en dessaisir, j'ai cru que je ne pouvais pas différer davantage à vous en faire mes remercîmens, et à vous dire que je l'ai lu avec un plaisir extrême; tout m'y ayant paru également fin, spirituel, agréable et ingénieux. Enfin, je n'y ai rien trouvé à redire que de n'être pas assez long; cela ne me paraît pas un défaut dans un ouvrage de cette nature, où il faut montrer un air libre, et affecter même quelquefois, à mon avis, un peu de négligence. Cependant, monsieur, comme dans l'endroit de ce manuscrit où vous parlez de moi magnifiquement, vous prétendez que si j'entreprenais de louer M. le comte de Gramont, je courrais risque en le flattant de le dévisager, trouvez bon que je transcrive ici huit vers qui me sont échappés ce matin, en faisant réflexion sur la vigueur d'esprit que cet illustre comte conserve toujours, et que j'admire d'autant plus qu'étant encore fort loin de son âge, je sens le peu de génie que j'ai pu avoir autrefois entièrement diminué et tirant à sa fin. C'est sur cela que je me suis récrié :

<small>Fait d'un plus pur limon, Gramont à son printemps...[1]</small>

Je vous supplie, monsieur, de me mander s'il est égratigné dans ces vers, et de croire que je suis avec toute la sincérité et le respect que je dois, monsieur, votre, etc.

<small>*V. E.* Texte de 1731... Dans une réimpression d'Hamilton (1749, p. 7), on lit *égratignerait*, ce qui a été imité dans les éditions citées p. 118, note. On va voir par ce que dit Boileau, qu'il faut en effet *dévisagerait*.</small>

<small>[1] *Voy.* Poésies diverses, n° XXXII, tome II, p. 450.</small>

LETTRE XXXI.[1]

AU DUC DE NOAILLES.[2]

A Paris, 30 juillet 1706.

Je ne sais pas, monseigneur, sur quoi fondé vous voulez qu'il y ait de l'*équivoque* dans le zèle et dans la sincère estime que j'ai toujours fait profession d'avoir pour vous. Avez-vous donc oublié que votre cher poète n'a jamais été accusé de dissimulation, *et qu'enfin sa candeur* (c'est lui-même qui le dit dans une de ses épîtres [3]) *seule a fait tous ses vices?* Vous me faites concevoir que ce qui vous a donné cette mauvaise opinion de moi, c'est le peu de soin que j'ai eu depuis votre départ de vous mander des nouvelles de mon dernier ouvrage. Mais, tout de bon, monseigneur, croyez-vous qu'au milieu des grandes choses dont vous étiez occupé devant Barcelonne, parmi le bruit des canons, des bombes et des carcasses, mes Muses dussent vous aller demander audience, pour vous entretenir de mon démêlé avec l'Équivoque, et pour savoir de vous si je devais l'appeler maudit ou maudite[4]? Je veux bien pourtant avoir failli; et puisque, même encore aujourd'hui, vous voulez résolûment que je vous rende compte de cette dernière pièce de ma façon, je vous dirai que je l'ai

---

[1] Publiée d'abord en partie, et avec inexactitude, par Louis Racine (II, 267), et ensuite, en entier, sur l'autographe, par M. de Saint Surin.

[2] *Voy.* note 1, p. 117 et 118.

[3] Épître x, vers 86, tome II, p. 133.

[4] Allusion aux quatre premiers vers de la satire x (*Voy.* le tome I).

achevée immédiatement après votre départ, que je l'ai ensuite récitée à plusieurs personnes de mérite, qui lui ont donné des éloges auxquels je ne m'attendais pas; que monseigneur le cardinal de Noailles [1] surtout en a paru satisfait, et m'a même en quelque sorte offert son approbation pour la faire imprimer; mais que comme j'ai attaqué à force ouverte la morale des méchans casuistes, et que j'ai bien prévu l'éclat que cela allait faire, je n'ai pas jugé à propos *meam senectutem horum sollicitare amentia*, et de m'attirer peut-être avec eux sur les bras toutes les furies de l'enfer, ou, ce qui est encore pis, toutes les calomnies de .....[2] : vous m'entendez bien, monseigneur. Ainsi j'ai pris le parti d'enfermer mon ouvrage, qui vraisemblablement ne verra le jour qu'après ma mort. Peut-être que ce sera bientôt. Dieu veuille que ce soit fort tard! Cependant je ne manquerai pas, dès que vous serez à Paris, de vous le porter pour vous en faire la lecture. Voilà l'histoire au vrai de ce que vous desiriez savoir; mais c'est assez parler de moi.

Parlons maintenant de vous. C'est avec un extrême plaisir que j'entends tout le monde ici vous rendre justice sur l'affaire de Barcelonne, où l'on prétend que tout aurait bien été, si on avait aussi bien fini que vous avez bien commencé [3]. Il n'y a personne qui ne loue le roi de vous avoir fait lieutenant-général; et des gens sensés

---

[1] Oncle du duc de Noailles (il en est question au tome II, p. 123, note 2).

[2] Probablement du P. Le Tellier. — Intrigues et persécutions relatives à cette satire, *voy.* tome I, not. bibl., § 1, n° 108, et § 2, n° 53.

[3] Le siège avait été levé (nuit du 11 au 12 mai 1706) sans livrer d'assaut (Larrey, Hist. de Louis XIV, VIII, 535; Reboulet, *id.*, VIII, 104).

même croient que, pour le bien des affaires, il n'eût pas été mauvais de vous élever encore à un plus haut rang. Au reste, c'est à qui vantera le plus l'audace avec laquelle vous avez monté la tranchée, à peine encore guéri de la petite-vérole, et approché d'assez près les ennemis pour leur communiquer votre mal, qui, comme vous savez, s'excite souvent par la peur. Tout cela, monseigneur, me donnerait presque l'envie de faire ici votre éloge dans les formes; mais comme il me reste très peu de papier et que le panégyrique n'est pas trop mon talent, trouvez bon que je me hâte plutôt de vous dire que je suis avec un très grand respect, monseigneur, etc.

LETTRE XXXII.[1]

AU MARQUIS DE MIMEURE.[2]

A Paris, 4 août 1706.

CE n'est point, monsieur, un faux bruit, c'est une vérité très constante, que dans la dernière assemblée qui se tint au Louvre pour l'élection d'un académicien, je vous donnai ma voix, et je vous la donnai avec d'autant plus de raison que vous ne l'aviez point briguée, et

---

[1] Publiée 1° en 1777, dans les *Diversités galantes et littéraires* (part. II, p. 85), probablement sur l'original, puisqu'on y cite des mots effacés par Boileau; 2° en 1814, dans le Magasin encyclopédique (article de M. Fayolle, IV, 333 et suiv.), et depuis, par les divers éditeurs de Boileau, tels que MM. de S.-S. et Daunou.

[2] Né en 1659, élu académicien en 1707, mort en 1719. Il avait traduit en vers une ode d'Horace.

que c'était votre seul mérite qui m'avait engagé dans vos intérêts. Je n'étais pas pourtant le premier à qui la pensée de vous élire était venue; il y avait un bon nombre d'académiciens qui me paraissaient dans la même disposition que moi. Mais je fus fort surpris, en arrivant dans l'assemblée, de les trouver tous changés en faveur d'un M. de Saint-Aulaire[1], homme, disait-on, de fort grande réputation, mais dont le nom pourtant, avant cette affaire, n'était pas venu jusqu'à moi. Je leur témoignai mon étonnement avec assez d'amertume; mais ils me firent entendre, d'un air assez pitoyable, qu'ils étaient liés. Comme la brigue de M. de Saint-Aulaire n'était pas médiocre, plusieurs gens de conséquence m'avaient écrit en faveur de cet aspirant à la dignité académique; mais, par malheur pour lui, dans l'intention de me faire mieux concevoir son mérite, on m'avait envoyé un poème de sa façon[2], très mal versifié, où, en termes assez confus, il conjure la volupté de venir prendre soin de lui pendant sa vieillesse, et de réchauffer les restes glacés de sa concupiscence : voilà en effet le but où il tend dans ce beau poème. Quelque bien qu'on m'eût dit de lui, j'avoue que je ne pus m'empêcher d'entrer dans une vraie colère contre son ouvrage[3]. Je le portai à l'Académie où je le laissai lire à qui voulut; et quelqu'un s'étant mis en devoir de le défendre, je jouai le vrai personnage du misanthrope dans Molière, ou

---

[1] Mort, en 1742, à cent ans. Son meilleur ouvrage est un *quatrain* connu de tout le monde, mais qu'il ne fit que trente ans après son élection à l'Académie.

[2] Une élégie qu'il avait composée à l'âge de soixante ans.

[3] V. *Contre* l'auteur d'un tel *ouvrage*.

plutôt j'y jouai mon propre personnage, le chagrin de ce misanthrope contre les méchans vers ayant été, comme Molière me l'a confessé plusieurs fois lui-même, copié sur mon modèle. Ensuite on procéda à l'élection par billets; et bien que je fusse le seul qui écrivis votre nom dans mon billet, je puis dire que je fus le seul qui ne parus point honteux et déconcerté.

Voilà, monsieur, au vrai toute l'histoire de ce qui s'est passé à votre occasion à l'Académie. Je ne vous en fais pas un plus grand détail, parce que M. Le Verrier m'a dit qu'il vous en avait déjà écrit fort au long [1]. Tout ce que je puis vous dire, c'est que dans tout ce que j'ai fait, je n'ai songé qu'à procurer l'avantage de la compagnie, et rendre justice au mérite. Cependant je vois que par-là je me suis fait une fort grande affaire, non-seulement avec M. de Saint-Aulaire, mais avec vous, et que je suis plutôt l'objet de vos reproches que de vos remercîmens. Vous vous plaignez surtout du hasard où je vous exposais, en vous nommant académicien, à faire une mauvaise harangue. Je suis bien persuadé que vous ne la pouviez faire que fort bonne; mais quand même

[1] M. de Saint Surin (IV, 563) a publié (sur l'autographe) une lettre du même au duc de Noailles, qui prouve l'authenticité de celle de Boileau. Le Verrier y donne le détail des intrigues de plusieurs gens de cour des deux sexes, pour Saint-Aulaire, pour Mimeure et pour l'abbé Dubos. «M. Despréaux, « dit-il, a représenté à l'Académie avec beaucoup de chaleur que tout était « perdu, puisqu'il n'y avait plus que la brigue des femmes qui mît des acadé- « miciens à la place de ceux qui mouraient. Enfin il a lu tout haut des vers « de M. de Saint-Aulaire... Ainsi M. Despréaux, à la vue de tout le monde, « donna une boule noire à M. de Saint Aulaire, et nomma lui seul M. de Mi- « meure. Voilà, monseigneur, des témoignages qu'il y a encore des Romains « sur la terre, et, à l'avenir, vous prendrez la peine de ne plus appeler « M. Despréaux votre cher poète (voy. p. 122), mais votre cher Caton. »

elle aurait été mauvaise, n'aviez-vous pas un nombre infini d'illustres exemples pour vous consoler? Et est-ce la première méchante affaire dont vous seriez sorti glorieusement? Vous dites qu'en vous j'ai prétendu donner un bretteur à l'Académie. Oui, sans doute; mais un bretteur à la manière de César et d'Alexandre. Hé quoi! avez-vous oublié que le bonhomme Horace avait été colonel d'une légion, et n'était pas revenu comme vous d'une grande défaite? *Cum fracta virtus, et minaces, turpe solum tetigere mento* [1]. Cependant dans quelle Académie n'aurait-il point été reçu, supposé qu'il n'eût point eu pour concurrent M. de Saint-Aulaire? Enfin, monsieur, vous me faites concevoir que je vous ai en quelque sorte compromis par trop de zèle, puisque vous n'avez eu pour vous que ma seule voix. Mais si j'ose ici faire le fanfaron, prétendez-vous que ma seule voix non briguée ne vaille pas vingt voix mendiées bassement? et de quel droit prétendez-vous qu'il ne soit pas permis à un censeur soit à droit, soit à tort, installé depuis long-temps sur le Parnasse, comme moi, de rendre sans votre congé justice à vos bonnes qualités, et de vous donner son suffrage sur une place qu'il croit que vous méritez [2]? Ainsi, monsieur, demeurons bons amis, et surtout pardonnez-moi les ratures qui sont dans ma let-

[1] Horace, liv. II, ode VII, vers 11 et 12.

[2] M. Daunou se récrie avec raison et contre ce jugement et contre le zèle excessif de Boileau en faveur de Mimeure, parce que celui-ci n'était guère plus que Saint-Aulaire, un *sujet académique*. Nous devons toutefois rappeler une circonstance qui tend à affaiblir les torts du poète. L'Académie, on le voit dans l'ouvrage de d'Alembert, était dans l'usage à certaines époques de choisir plutôt un grand qu'un littérateur. Si le tour des premiers était arrivé, Boileau devait tâcher de faire préférer celui auquel il trouvait quelque mé-

tre, puisqu'elle me coûterait trop à récrire, et que je ne sais si je pourrais venir à bout de la mettre au net. Du reste croyez qu'il n'y a personne qui vous estime plus que moi, et que je suis très affectueusement,

votre très humble, etc.

Nous avons déjà bu plusieurs fois à votre santé dans l'illustre auberge où l'on boit si souvent *gratis*, comme vous savez.[1]

LETTRE XXXIII.[2]

A M. DE LOSME DE MONCHESNAI.[3]

SUR LA COMÉDIE.

(Septembre) 1707.[4]

Puisque vous vous détachez de l'intérêt du ramoneur [5], je ne vois pas, monsieur, que vous ayez aucun

---

rite, c'est-à-dire, Mimeure, à celui qui, à ses yeux, n'en avait aucun, et tel était alors Saint-Aulaire (*voy.* aussi tome I, Essai, n° 123).

[1] Sans doute chez Le Verrier (Boileau y dînait souvent. *Voy.* lett. xxxvii, cxxviii, cxxxix, cxliv, etc.).

[2] Publiée en 1729 par le père Desmolets (Mémoires, tome VII, part. 2, p. 271) elle fut jointe aux œuvres de Boileau, par Saint-Marc (III, 521), en 1747. Publiée de nouveau, la même année, par Louis Racine (II, 258), on présuma que c'était sur l'original, quoique Cizeron-Rival eût depuis (*Récréat. littér.*, 1765, p. 78) reproduit un texte semblable à celui de Desmolets; et en conséquence, on l'a réimprimée dans les éditions modernes de Boileau, mais en indiquant les différences du texte de Desmolets. C'est aussi ce que nous allons faire.

[3] Auteur du Bolæana (tome I, notice bibliogr., § 2, n° 67).

[4] On induit cette date de celle (2 octobre) de la réponse de Montchesnay, qui est aussi dans Desmolets (p. 275).

[5] La thèse soutenue dans cette lettre l'avait été précédemment en présence

sujet de vous plaindre de moi, pour avoir écrit que je ne pouvais juger à la hâte d'ouvrages comme les vôtres, et surtout à l'égard de la question que vous entamez sur la tragédie et sur la comédie, que je vous ai avoué néanmoins que vous traitiez avec beaucoup d'esprit; car, puisqu'il faut vous dire le vrai, autant que je puis [1] me ressouvenir de votre dernière pièce, vous prenez le change, et vous y confondez la comédienne avec la comédie, que, dans mes raisonnemens avec le P. Massillon, j'ai, comme vous savez, exactement séparées.

Du reste, vous y avancez une maxime qui n'est pas, ce me semble, soutenable; c'est à savoir, qu'une chose qui peut produire quelquefois de mauvais effets dans des esprits vicieux, quoique non vicieuse d'elle-même, doit être absolument défendue, quoiqu'elle puisse d'ailleurs servir au délassement et à l'instruction des hommes. Si cela est, il ne sera plus permis de peindre dans les églises des vierges Maries, ni des Suzannes, ni des Madeleines agréables de visages, puisqu'il peut fort bien arriver que leur aspect excite la concupiscence d'un esprit corrompu. La vertu convertit tout en bien, et le vice tout en mal. Si votre maxime est reçue, il ne faudra plus non-seulement voir représenter ni comédie ni tragédie, mais il n'en faudra plus lire aucune; il ne faudra plus lire [2] ni Virgile, ni Théocrite, ni Térence, ni So-

---

de Massillon, par Boileau contre Montchesnay. Celui-ci y répondit par une dissertation dont un ramoneur fut le porteur. De là quelques railleries de Boileau qui fournirent à Montchesnay l'occasion d'une lettre à laquelle celle-ci sert de réponse. *Voy. Louis Racine.*

[1] V. *Desmol...* Je *peux* me...

[2] V. *Desmolets*.. Ni Térence, ni Sophocle, ni Homère, ni Virgile, ni Théocrite.

phocle, ni Homère; et voilà ce que demandait Julien l'Apostat, et qui lui attira cette épouvantable diffamation de la part des Pères de l'Église. Croyez-moi, monsieur, attaquez nos tragédies et nos comédies, puisqu'elles sont ordinairement fort vicieuses, mais n'attaquez point la tragédie et la comédie en général, puisqu'elles sont d'elles-mêmes indifférentes, comme le sonnet et les odes, et qu'elles ont quelquefois rectifié l'homme plus que les meilleures prédications : et, pour vous en donner un exemple admirable, je vous dirai qu'un grand prince [1], qui avait dansé à plusieurs ballets, ayant vu jouer le *Britannicus* de M. Racine, où la fureur de Néron à monter sur le théâtre est si bien attaquée [2], il ne dansa plus à aucun ballet, non pas même au temps du carnaval. Il n'est pas concevable de combien de mauvaises choses la comédie a guéri les hommes capables d'être guéris; car j'avoue qu'il y en a que tout rend malades. Enfin, monsieur, je vous soutiens, quoi qu'en dise le P. Massillon, que le poème dramatique est une poésie indifférente de soi-même, et qui n'est mauvaise que par le mauvais usage qu'on en fait. Je soutiens que l'amour, exprimé chastement dans cette poésie, non-seulement n'inspire point l'amour, mais peut beaucoup contribuer à guérir de l'amour les esprits bien faits, pourvu qu'on n'y répande point d'images ni de sentimens voluptueux. Que s'il y a quelqu'un qui ne laisse pas, malgré cette précaution, de s'y corrompre, la faute vient de lui, et non pas de la comédie. Du reste,

---

[1] V. *Desmol...* Un *très* grand prince (chacun sait qu'il s'agit de Louis XIV).
[2] Acte IV, sc. IV, vers 81 à 84 (*Pour toute ambition...*).

je vous abandonne le comédien et la plupart de nos poètes, et même M. Racine en plusieurs de ses pièces. Enfin, monsieur, souvenez-vous que l'amour d'Hérode pour Mariamne dans Josèphe, est peint avec tous les traits les plus sensibles de la vérité. Cependant quel est [1] le fou qui a jamais, pour cela, défendu la lecture de Josèphe? Je vous barbouille tout ce canevas de dissertation, afin de vous montrer que ce n'est pas sans raison que j'ai trouvé à redire à votre raisonnement. J'avoue cependant que votre satire est pleine de vers bien trouvés [2]. Si vous voulez répondre à mes objections, prenez la peine de le faire de bouche, parce qu'autrement cela traînerait à l'infini : mais surtout trêve aux louanges. J'aime qu'on me lise, et non qu'on me loue. Je suis, etc.

LETTRE XXXIV.[3]

A M. DESTOUCHES,[4]

SECRÉTAIRE DE MONSEIGNEUR L'AMBASSADEUR DE FRANCE EN SUISSE,

A SOLEURE.

Paris, 26 décembre 1707.

Si j'étais en parfaite santé, vous n'auriez pas de moi, monsieur, une courte réplique. Je tâcherais, en répon-

---

[1] V. *Desmolets...* Cependant *qui est* le fou qui a jamais pour cela...

[2] V. *Desmol...* Bien *tournés.* Si vous...

[3] Publiée par Cizeron-Rival (III, 124) d'après une copie de la main de Boileau, ce qui écarte tous les doutes que Destouches fils (*voy.* d'Alembert, V, 487) avait élevés sur son authenticité.

[4] L'auteur du Glorieux, du Philosophe marié, etc.

dant fort au long à vos magnifiques complimens, de vous faire voir que je sais rendre hyperboles pour hyperboles, et qu'on ne m'écrit pas impunément des lettres aussi spirituelles et aussi polies que la vôtre; mais l'âge et mes infirmités ne permettant plus ces excès à ma plume, trouvez bon [1], monsieur, que, sans faire assaut d'esprit avec vous, je me contente de vous assurer que j'ai senti, comme je dois, vos honnêtetés, et que j'ai lu avec un fort grand plaisir l'ouvrage que vous m'avez fait l'honneur de m'envoyer. J'y ai trouvé en effet beaucoup de génie et de feu, et surtout [2] des sentimens de religion, que je crois d'autant plus estimables qu'ils sont sincères, et qu'il me paraît que vous écrivez ce que vous pensez [3]. Cependant, monsieur, puisque vous souhaitez que je vous écrive avec cette liberté satirique que je me suis acquise, soit à droit, soit à tort, sur le Parnasse, depuis très long-temps, je ne vous cacherai point que j'ai remarqué dans votre ouvrage de petites négligences, dont il y a apparence que vous vous êtes aperçu aussi bien que moi; mais que vous n'avez pas jugé à propos de réformer, et que pourtant je ne saurais vous passer. Car comment vous passer deux *hiatus* aussi insupportables que ceux qui paraissent dans les mots d'*essuient* et d'*envoie*, de la manière dont vous les employez? comment souffrir qu'un aussi galant homme que vous fasse rimer *terre* à *colère?* Comment?..

[1] *V. E.* Manuscrit. Cizeron-Rival lit : *ne* permettent *plus*, etc., trouvez bon, etc.

[2] Ce *surtout* affaiblit bien les autres éloges. *D'Alemb.*, V, 454.

[3] « C'est un éloge que le zèle des dévots ne mérite pas toujours » dit d'Alembert dans une parenthèse (I, 348) qu'on a prise pour une variante de la lettre.

Mais je m'aperçois qu'au lieu des remercîmens que je vous dois, je vais ici vous inonder de critiques très mauvaises peut-être. Le mieux donc est de m'arrêter, et de finir en vous exhortant de continuer dans le bon dessein que vous avez de vous élever sur la montagne au double sommet, et d'y cueillir les infaillibles lauriers qui vous y attendent. Je suis avec beaucoup de reconnaissance,...

   monsieur,
     votre très humble, etc.
      Boileau Despréaux.[1]

LETTRE XXXV.[2]
AU RÉVÉREND PÈRE THOULIER, JÉSUITE
(depuis, l'abbé d'olivet).

Paris, 13 août 1709.

Je vous avoue, mon très révérend père, que je suis fort scandalisé qu'il me faille une attestation par écrit pour désabuser le public, et surtout d'aussi bons con-

---

[1] Quoique la signature ordinaire de notre poète, soit, dans ses actes, *N. Boileau*, et dans ses lettres, *Despréaux*, celle-ci ne doit point fortifier les doutes sur l'authenticité de la lettre, dont nous avons fait mention dans la note 3, p. 131, parce que nous avons un autre exemple d'une signature semblable. *Voy.* pièce justif., n. 120.

[2] Publiée sur une copie par Cizeron-Rival (III, 127 et suiv.) avec deux lettres du 12 et 13 août 1709, l'une du fameux père Le Tellier à Thoulier, et l'autre de Thoulier à Boileau, où l'on demandait que celui-ci désavouât par écrit une satire virulente contre les jésuites, à lui attribuée. Cizeron-Rival y joint un fragment d'une épître à Boileau contre ces religieux (elle est en entier à la Biblioth. royale), que Cizeron-Rival, et d'après lui d'Alembert (VI, 236, éd. de d'Olivet), croient être cette satire. Mais il s'agit plutôt d'une réponse, mise sous le nom de Boileau, dans le *Boileau aux prises*, etc., (tome I, notice bibl., § 11, n° 53) à une épigramme attribuée aux jésuites,

naisseurs que les révérends pères jésuites, que j'aie fait un ouvrage aussi impertinent que la fade épître en vers dont vous me parlez. Je m'en vais pourtant vous donner cette attestation, puisque vous le voulez, dans ce billet, où je vous déclare qu'il ne s'est jamais rien fait de plus mauvais, ni de plus sottement injurieux que

comme l'a montré M. de Saint-Surin. *Voy.* aussi lettre à Brossette du 12 mars 1707, n° cxxxv).

Le même éditeur a reproduit toutes ces pièces : nous nous bornerons à rapporter la fin de l'épître dont nous venons de parler, telle qu'on la lit, non dans Cizeron-Rival, ou dans M. de Saint-Surin, mais dans un manuscrit inédit de la bibliothèque déjà citée (imprimés, Y, 5093).

>Peins ces flatteurs de cour et ces saints politiques
>Que Rome a pensé voir mille fois schismatiques ;
>Et qui contre elle armés pour Harlay, Richelieu,
>Voulaient créer en France un substitut à Dieu.
>Raille ces grands docteurs dont la morale utile
>Sait aplanir du ciel la route difficile ;
>Qui cherchant des couleurs aux plus honteux péchés,
>Trouvent l'art de blanchir les plus noirs débauchés :
>Mets ce beau dogme en vers : *On peut pour une pomme,*
>Lessius le soutient, *assassiner un homme ;*
>Et dussent de Sanchez les cyniques écrits
>Faire même rougir les Phrynés, les Laïs,
>Dis-nous comment ce prêtre en ses pages impures
>Exprima d'Arétin les infâmes postures.
>Dis-nous, si, sans salir son esprit et son cœur,
>La Dancour oserait lire un si sale auteur ;
>Et, si des flagellans, les histoires critiques
>Approchent des horreurs de ces gloses lubriques.
>C'était peu d'étaler tant d'impudicités,
>Il fallait mettre au jour un tas d'impiétés,
>Qu'en un livre maudit avec plaisir retrace
>La sacrilège main du profane Garasse.
>Décris le culte affreux qu'ils souffrent aux Chinois ;
>Osent-ils leur prêcher un Dieu mort sur la croix ?
>Combats Mariana ; peut-on trop le combattre ?...
>La France saigne encor du meurtre d'Henri quatre.
>Suspends pour un moment ton glorieux emploi ;
>Venge Dieu, venge Arnauld, nos rois, l'église et toi.

cette grossière boutade de quelque cuistre de l'université; et que, si je l'avais faite, je me mettrais moi-même au-dessous des Coras, des Pelletiers et des Cotins [1]. J'ajouterai à cette déclaration, que je n'aurai jamais aucune estime pour ceux qui, ayant lu mes ouvrages, ont pu me soupçonner d'avoir fait cette puérile pièce, fussent-ils jésuites [2]. Je vous en dirais bien davantage si je n'étais pas malade, et si j'en avais la permission de mon médecin. Je vous donne le bonjour, et suis parfaitement, mon révérend père, etc. [3]

[1] Il est question de Coras au tome I, Not. bibl., § 2, n° 9; de Cotin, *ib.*, n° 6, 7, 8, etc., et dans plusieurs vers des satires (III, 60; IX, 45, 82, etc.), ... de Pelletier, dans le discours au roi, vers 54, et la satire II, v. 76... (quant à l'ortographe de ces noms au pluriel, *voy.* p. 88, note 3).

[2] Cette phrase, dont Le Tellier pouvait se faire l'application, lave Boileau, dit avec raison M. de S.-S., du reproche de pusillanimité que d'Alembert (*ib.*) lui a fait en cette occasion. Comment en effet, suivant l'observation de M. Raynouard (*Journ. des sav.*, p. 143), Le Tellier aurait-il osé montrer un semblable désaveu?

[*3] Ici se placerait un billet inédit écrit trois jours après (16 août) à Thoulier, qui se trouve dans les manuscrits de Brossette et par lequel Boileau demande à ce jésuite une conférence *sur l'affaire qu'il sait* (sans doute la même dont il est question dans la lettre ci-dessus). Observant ensuite que ses infirmités ne lui permettent pas de l'aller voir (Thoulier), il offre de lui envoyer le lendemain, dès cinq heures du matin, son carrosse...

Il nous a paru utile de retracer ces circonstances : elles prouvent en effet que Boileau sentait combien il était important d'apaiser un ennemi tel que Le Tellier.

LETTRE XXXVI.[1]

AU MÊME.

Paris, 13 décembre 1709.

Vous m'avez fait un très grand plaisir de m'envoyer la lettre que j'ai écrite à M. de[2] Maucroix; car, comme elle a été écrite fort à la hâte, et, comme on dit, *currente calamo*, il y a des négligences d'expression qu'il sera bon de corriger. Vous faites fort bien, au reste, de ne point insérer dans votre copie la fin de cette lettre, parce que cela me pourrait faire des affaires avec l'Académie, et qu'il est bon de ne point réveiller les anciennes querelles[3]. J'oubliais à[4] vous dire qu'il est vrai que mes libraires me pressent fort de donner une nouvelle édition de mes ouvrages; mais que je[5] n'y suis nullement disposé, évitant de faire parler de moi, et fuyant le bruit avec autant de soin que je l'ai cher-

---

[1] Publiée (ce n'est qu'un fragment) par Brossette, in-4°, tome II, p. 322, note de la lettre à Maucroix (l'original n'est point dans ses papiers; mais peut-être Thoulier lui en avait-il donné une copie).

[2] *V. E.* Texte de Brossette. On a omis ce *de* dans plusieurs éditions, telles que 1809 et 1825, Daun.; 1815, Didot; 1820, Men.; 1821, S. S.; 1821 et 1823, Viol.; 1821 et 1824, Am.; 1824, Fro.; 1825, Aug.; 1826, Mar.; 1828, Thi.; 1829, B. ch.

[3] On a vu que dans cette lettre à Maucroix (n° XII, p. 71), Boileau donne deux épigrammes contre l'Académie.

[4] *V. E.* Texte de Brossette. Des éditeurs modernes ont, sans avis, substitué *de*, quoique *à* fût jadis également usité. *V. lett.* LXXV, *aux notes*.

[5] *V. E.* Texte du même... Ce *que* est omis dans plusieurs des éditions indiquées ci dessus note 2.

A DIVERSES PERSONNES.   137

ché autrefois. Je vous en dirai davantage la première
fois que j'aurai le bonheur de vous voir. Ce ne saurait
être trop tôt. Faites-moi donc la grâce de me mander
quand vous voulez que je vous envoie mon carrosse; il
sera sans faute à la porte de votre collège, à l'heure que
vous me marquerez. Le droit du jeu pourtant serait que
j'allasse moi-même vous dire tout cela chez vous; mais
comme je ne saurais presque plus marcher qu'on ne me
soutienne et qu'il faut monter les degrés de votre escalier pour avoir le plaisir de vous entretenir, je crois
que le meilleur est de nous [1] voir chez moi. Adieu, mon
très révérend père; croyez que je sens, comme je dois,
les bontés que vous avez pour moi; et que je ne vous
donne pas une petite place entre tant d'excellens hommes de votre société que j'ai eus pour amis, et qui m'ont
fait l'honneur, comme vous, de m'aimer un peu, sans
s'effrayer de l'estime très bien fondée que j'avais pour
M. Arnauld et pour quelques personnes de Port-Royal,
ne m'étant jamais mêlé des querelles de la grâce. [2]

[1] *V. E.* Texte du même, au lieu de *vous*, qu'on a mis dans toutes les éditions.

[2] Voir ses lettres à Brossette, du 4 novembre et 7 décembre 1703, et
15 juin 1704, n⁰ˢ cxx, cxxi et cxxiv.

* Ici se placerait encore un billet inédit du 24 mars 1710, où Boileau
mande à Thoulier qu'il a revu ses papiers et les lui renvoie (probablement les
poésies dont il est question dans la lettre suivante)... Il craint qu'à cause de ses
ratures et de ses corrections, Thoulier ne lise pas bien ses remarques... Il
fait enfin l'éloge de la préface de Thoulier.

LETTRE XXXVII.[1]

AU MÊME.

Paris, 4 avril 1710.

Il n'y a point, mon révérend père, à se plaindre du hasard. Peut-être a-t-il bien fait; car j'avais répandu fort à la hâte sur le papier les corrections que je vous ai envoyées, et je suis persuadé que j'en aurais rétracté plusieurs dans les entretiens que je prétendais sur cela avoir avec vous. Ainsi, laissant là [2] toutes ces corrections, bonnes ou mauvaises, trouvez bon que je me contente de vous remercier de votre agréable présent. Je ne manquerai pas de porter à M. Le Verrier, chez qui je vais aujourd'hui dîner, le volume [3] dont vous m'avez chargé pour lui. Il meurt d'envie de vous donner à dîner, et il faut que nous prenions jour pour cela. Adieu, mon illustre père : aimez-moi toujours, et croyez que je ne perdrai jamais la mémoire du service considérable que vous m'avez rendu, en contribuant si bien à détromper les hommes de l'horrible affront qu'on me voulait faire, en m'attribuant le plus plat et le plus monstrueux libelle qui ait jamais été fait. Je vous embrasse de tout mon cœur, et suis très parfaitement.....

---

[1] Publiée sur un autographe, par Cizeron-Rival (Lettr. famil., III, 139).
[2] *V. E.* Manuscrit... Cizeron-Rival a omis *là*.
[3] Les poésies de Huet dont Thoulier était éditeur. *Cizeron-Rival.*

FIN DU PREMIER RECUEIL.

SECOND RECUEIL.

LETTRES

DE BOILEAU A RACINE

ET

DE RACINE A BOILEAU.

AVIS
DU NOUVEL ÉDITEUR.

Des cinquante et une lettres dont se compose le recueil suivant, quarante sept ont été publiées, en 1747, par Louis Racine sur les originaux, et trois, en 1770, par Cizeron-Rival (ce sont les nos XXXIX,[1] XLI et LXXIII) sur des copies trouvées dans les manuscrits de Brossette; enfin, on en a imprimé une dans une traduction de Platon (c'est le n° XXXVIII). On a élevé quelques doutes sur l'authenticité de celle-ci (voy. en les notes); toutes les autres ont été comprises dans les grandes éditions de Boileau, depuis la première de M. Daunou (1809).

Nous croyons inutile de nous excuser comme lui, d'avoir joint les lettres de Racine à celles de Boileau, tandis que nous nous sommes bornés pour celles de Brossette et d'autres, à des extraits abrégés, et seulement lorsqu'ils étaient nécessaires pour comprendre les réponses de Boileau.

AVERTISSEMENT
DE LOUIS RACINE.[2]

« On verra dans les lettres suivantes, tout commun entre les
« deux hommes qui s'écrivent, amis, intérêts, sentimens et ou-
« vrages. On verra aussi mon père plus occupé, à la cour, de

---

[1] La première, ou le n° XXXIX, a depuis été publiée sur l'autographe. *Voy*. en la première note, p. 145.

[2] Il l'a placé en tête (II, 87) de cette correspondance, qu'il a publiée le premier.

« Boileau que de lui-même. Cette union qui a duré près de qua-
« rante ans ne s'est jamais refroidie. »

« Les premières lettres furent écrites dans le temps que Boi-
« leau était allé à Bourbon où les médecins l'avaient envoyé pren-
« dre les eaux : remède assez bizarre pour une extinction de voix.
« Il l'avait perdue entièrement, et tout-à-coup, à la fin d'un vio-
« lent rhume; et, se regardant comme un homme inutile au monde,
« il s'abandonnait à son affliction. Mon père le consolait, en l'assu-
« rant qu'il retrouverait la voix comme il l'avait perdue, et qu'au
« moment qu'il s'y [1] attendrait le moins elle reviendrait. La pré-
« diction fut véritable [2] : les remèdes ne firent rien; et la voix,
« six mois après, revint tout-à-coup. »

« Les autres lettres sont presque toutes écrites dans le temps
« que mon père suivait le roi dans ses campagnes. Boileau ne
« pouvant, à cause de la faiblesse de sa santé, avoir le même
« honneur, son collègue dans l'emploi d'écrire cette histoire
« avait attention de l'instruire de tout ce qui se passait. Il lui
« écrivait à la hâte et Boileau lui répondait de même. Ces lettres
« dans lesquelles ils ne cherchent point l'esprit, font connaître
« leur cœur. » [3]

---

[1] Texte de Louis Racine (*ib.*, p. 88), et non pas *au moment où il*, comme on lit dans une édition moderne.

[2] Louis Racine se trompe : c'est à Louis XIV que son père (lettre XLIX, p. 185) attribue cette prédiction.

[3] Si, comme le remarque Germain Garnier (VII, 62), « le mérite d'une
« correspondance familière est à-peu-près celui d'un portrait, et si par consé-
« quent ce qu'on y prise le plus est la fidélité », Louis Racine n'a pas atteint
le but qu'il semble indiquer par l'avis ci-dessus, puisqu'il s'est permis d'altérer
les lettres de son père et de Boileau, par une multitude de changemens, d'additions, de retranchemens, de transpositions, etc., etc... G. Garnier et successivement M. Daunou (édit. de 1825) ont tâché de redonner en quelque sorte
la véritable physionomie à ce portrait, en collationnant les mêmes lettres sur
les originaux, et nous croyons avoir perfectionné leur travail par une nouvelle collation, comme nous l'avons dit dans l'avertissement du présent volume.

SECOND RECUEIL.

LETTRES

DE BOILEAU A RACINE

ET

DE RACINE A BOILEAU.

LETTRE XXXVIII.[1]

RACINE A BOILEAU.

Paris (1678 à 1686).

Puisque vous allez demain à la cour, je vous prie d'y porter les papiers ci-joints : vous savez ce que c'est. J'avais eu dessein de faire, comme on me le demandait,

---

[1] Publiée en tête du *Banquet de* Platon *traduit par Racine et par madame*, etc., in-12, 1732; et successivement dans les éditions modernes de *Racine*, telles que celle de La Harpe (V, 371). On a douté qu'elle fût authentique, parce que Louis Racine ne l'a point comprise dans son recueil, et que selon lui, son père fit la traduction du Banquet à une époque fort antérieure à celle où cette lettre fut écrite... Mais outre que Louis Racine n'a pas toujours, comme on le voit dans notre Essai (entre autres au n° 8, tome I), une mémoire bien sûre, et que dans son rigorisme janséniste, il a pu être blessé de voir son père se déclarer le serviteur de la sœur de madame de Montespan, il ne s'exprime pas en termes qui annoncent qu'il fût bien certain de ce qu'il énonce. « S'il ne l'a pas faite (la traduction), dit-il (I, 22) à Port-« Royal, il l'a faite à Usès... La lettre m'est inconnue et ne se trouve point « parmi les autres lettres écrites à Boileau qui sont entre mes mains... » Nous n'avons donc pas cru devoir hésiter à nous ranger à l'avis des éditeurs de Racine, déjà adopté par MM. de Saint-Surin et Amar (c'est le premier qui en a fixé approximativement la date indiquée ci-devant).

des remarques sur les endroits qui me paraîtraient en avoir besoin; mais comme il fallait les raisonner, ce qui aurait rendu l'ouvrage un peu long, je n'ai pas eu la résolution d'achever ce que j'avais commencé, et j'ai cru que j'aurais plus tôt fait d'entreprendre une traduction nouvelle. J'ai traduit jusqu'au discours du médecin exclusivement. Il dit à la vérité de très belles choses, mais il ne les explique point assez; et notre siècle qui n'est pas si philosophe que celui de Platon, demanderait que l'on mît ces mêmes choses dans un plus grand jour. Quoi qu'il en soit, mon essai suffira pour montrer à madame de Fontevrault [1] que j'avais à cœur de lui obéir. Il est vrai que le mois où nous sommes m'a fait souvenir de l'ancienne fête des Saturnales, pendant laquelle les serviteurs prenaient avec leurs maîtres des libertés qu'ils n'auraient pas prises dans un autre temps. Ma conduite ne ressemble pas trop mal à celle-là. Je me mets sans façon à côté de madame de Fontevrault, je prends des airs de maître, je m'accommode sans scrupule de ses termes et de ses phrases; je les rejette quand bon me semble. Mais, monsieur, la fête ne durera pas toujours, les Saturnales passeront, et l'illustre dame reprendra sur son serviteur l'autorité qui lui est acquise. J'y aurai peu de mérite en tout sens : car il faut convenir que son style est admirable; il a une douceur que nous autres hommes n'attrapons point; et si j'avais continué à refondre son ouvrage, vraisemblablement je l'aurais gâté. Elle a traduit le discours d'Alcibiade, par

---

[1] Marie-Magdeleine-Gabrielle de Rochechouart, nommée abbesse de Fontevrault en 1670. Elle parut à la cour après le triomphe de sa sœur (Moréri, et Saint-Simon, XIII, 92).

où finit le banquet de Platon; elle l'a rectifié, je l'avoue, par un choix d'expressions fines et délicates qui sauvent, en partie, la grossièreté des idées. Mais avec tout cela je crois que le mieux est de le supprimer. Outre qu'il est scandaleux, il est inutile; car ce sont les louanges non de l'amour, dont il s'agit dans ce Dialogue, mais de Socrate, qui n'y est introduit que comme un des interlocuteurs. Voilà, monsieur, le canevas de ce que je vous supplie de vouloir dire pour moi à madame de Fontevrault. Assurez-la qu'enrhumé au point où je le suis depuis trois semaines, je suis au désespoir de ne point aller moi-même lui rendre ces papiers; et si par hasard elle demande que j'achève de traduire l'ouvrage, n'oubliez rien pour me délivrer de cette corvée. Adieu, bon voyage, et donnez-moi de vos nouvelles dès que vous serez de retour.

LETTRE XXXIX.[1]

BOILEAU A RACINE.

Auteuil, 19 mai (1687).[2]

Je voudrais bien vous pouvoir mander que ma voix est revenue, mais la vérité est qu'elle est au même état

[1] Publiée par Cizeron-Rival (III, 55 à 59), sur une copie corrigée par Boileau, elle vient de l'être de nouveau sur l'autographe appartenant à madame la comtesse de Boni-Castellanne, dans l'Iconographie française de madame Delpech. Nous indiquons les fautes de Cizeron-Rival par ce signe *V E.*, et les leçons particulières de l'autographe, par celui-ci, *P. C. O.*

[2] Cette année (le manuscrit n'en a point) a été suppléée par Cizeron-Rival.

que vous l'avez laissée, et qu'elle n'est haussée ni baissée d'un ton. Rien ne la peut faire revenir; mon [1] ânesse y a perdu son latin, aussi bien que tous les médecins. La différence qu'il y a entre eux et elle, c'est que son lait m'a engraissé et que leurs remèdes me dessèchent. Ainsi [2], mon cher monsieur, me voilà aussi muet et aussi chagrin que jamais. J'aurais bon besoin de votre vertu, et surtout de votre vertu chrétienne pour me consoler; mais je n'ai pas été élevé, comme vous, dans le sanctuaire de la piété [3], et, à mon avis, une vertu ordinaire ne saurait [4] que blanchir contre un aussi juste sujet de s'affliger qu'est le mien. Il me faut de la grâce, et de la grâce *augustinienne* [5] la plus *efficace* pour m'empêcher de me désespérer; car je doute que la grâce *molinienne*, la plus *suffisante*, suffise pour me soutenir dans l'abattement où je suis. Vous ne sauriez vous imaginer à quel excès va cet abattement, et quel mépris il m'inspire pour toutes les choses de la terre, sans néanmoins (ce qui est de plus fâcheux) m'inspirer un assez grand goût des choses du ciel. Quelque insensible pourtant qu'il m'ait rendu pour tout ce qui se passe ici-bas, je ne suis pas [6] encore indifférent sur ce qui regarde la

---

[1] *P. C. O. Revenir* et *mon....* (il y avait huit *et* dans les quinze premières lignes).

[2] *P. C. O... Les médecins*, à la réserve *que son lait* m'engraisse *et que leurs remèdes* me desséchaient. *Ainsi...*

[3] Port-Royal (*voy.* n° XXXVIII, note 1, p. 143).

[4] *P. C. O. Une vertu* moliniste *ne saurait...* (*Voy.* ce qu'on observe à ce sujet, à la fin de la note 6, ci-dessous).

[5] *P. C. O.* Ce mot n'est pas dans l'autographe.

[6] *P. C. O. M'empêcher* de mourir de déplaisir, *car entre nous quelque chose qu'on puisse me dire, j'ai peur* de *ne me retrouver jamais en l'état où j'ai été. Cela me dégoûte fort de toutes les choses* du monde *sans* me donner

gloire ¹ du roi. Vous me ferez donc plaisir de me mander quelques particularités de son voyage ², puisque tous ses pas sont historiques, et qu'il ne fait rien qui ne soit digne, pour ainsi dire, d'être raconté à tous les siècles. Je vous aurai aussi beaucoup d'obligation, si vous voulez en même temps m'écrire des nouvelles de votre santé. Je meurs de peur que votre mal de gorge ne soit aussi persévérant que mon mal de poitrine. Si cela est, je n'ai plus d'espérance d'être heureux, ni par autrui ni par moi-même. On me vient de dire que Furetière a été à l'extrémité, et que, par l'avis de son confesseur, il a envoyé quérir tous les académiciens offensés dans son factum, et qu'il leur a fait une amende honorable dans les formes, mais qu'il se porte mieux maintenant. J'aurai soin de m'éclaircir de la chose, et je vous en manderai le détail. Le père Souvenin ³ a dîné aujourd'hui chez moi, et m'a fort prié de vous faire ses recommandations. Je vous les fais donc, et, en récom-

néanmoins (*ce qui est de plus fâcheux*) un assez grand *goût* de Dieu. *Quelque détaché pourtant que je sois des choses de cette vie, je ne suis pas...*

V. E. Cizeron-Rival omet le mot *plus*, de la parenthèse.

Si l'on compare ce que nous venons de rapporter dans ces trois notes avec ce qui est dit dans la lettre suivante, p. 149 (*voy.* en la note 3), on aperçoit bientôt combien il est utile de connaître les autographes des lettres. Avant en effet d'avoir vu celui-ci, 1. nous n'avions pu comprendre l'observation de Dodard sur la VERTU *moliniste*, parce qu'il n'est point question de vertu *moliniste* dans la copie corrigée par Boileau, qui a jusqu'à présent servi de texte aux éditeurs... 2. nous pensions que ce qu'il dit de son besoin d'une grâce tres efficace pour ne pas se *désespérer* était une plaisanterie.

¹ *V. E.* Ces mots sont de la main de Boileau Cizeron-Rival y a substitué la première composition (*indifférent* pour *la gloire*), quoique effacée.

² Il allait examiner les fortifications de Luxembourg, place prise par Créqui en 1684... Il était parti le 10 mai (*Gazette de France*).

³ Génovéfain, parent de Racine. *Cizeron-Rival.*

pense, je vous conjure de bien faire les miennes au cher M. Félix ¹. Pourquoi faut-il que je ne sois pas avec lui et avec vous, ou que je n'aie pas du moins une voix pour crier encore contre la fortune, qui m'a envié ce bonheur? Dites bien aussi à M. le marquis de Termes ², que je songe à lui dans mon infortune, et qu'encore que je sache assez combien les gens de cour sont peu touchés des malheurs d'autrui, je le tiens assez galant homme pour me plaindre. Maximilien ³ m'est venu voir à Auteuil, et m'a lu quelque chose de son Théophraste. C'est un fort honnête homme ⁴, et à qui il ne manquerait rien si la nature l'avait fait aussi agréable qu'il a envie de l'être. Du reste, il a de l'esprit ⁵, du savoir et du mérite. Je vous donne le bonsoir ⁶ et suis tout à vous.

LETTRE XL.

RACINE A BOILEAU.

Luxembourg, 24 mai ⁷ (1687).

Votre lettre m'aurait fait beaucoup plus de plaisir, si les nouvelles de votre santé eussent été un peu meil-

---

¹ Premier chirurgien de Louis XIV, dès 1676.., mort en 1703. *Goigoux*.
² *Voy.* Épît. xi, vers 54, tome II, p. 140.
³ Ce nom désigne le célèbre La Bruyère. *Cizeron-Rival*.
⁴ P. C. O... *C'est un fort bon homme...*
⁵ P. C. O. L'expression *de l'esprit* (chose assez singulière), n'est pas dans l'autographe.
⁶ P. C. O... *Le bon jour et...*
⁷ Date fautive : elle doit être du 22 mai. *Voy.* p. 150, note 3.

leures. Je vis M. Dodart ¹ comme je venais de la recevoir, et la lui montrai. Il m'assura que vous n'aviez aucun lieu de vous mettre dans l'esprit que votre voix ne reviendra point, et me cita même quantité de gens qui sont sortis fort heureusement d'un semblable accident. Mais, sur toutes choses, il vous recommande de ne point faire d'effort pour parler, et, s'il se peut, de n'avoir commerce qu'avec des gens d'une oreille fort subtile, ou qui vous entendent à demi-mot. Il croit que le sirop d'abricot vous est fort bon, et qu'il en faut prendre quelquefois de pur, et très souvent de mêlé avec de l'eau, en l'avalant lentement et goutte à goutte; ne point boire trop frais, ni de vin que fort trempé; du reste vous tenir l'esprit toujours gai. Voilà à-peu-près le conseil que M. Menjot me donnait autrefois ². M. Dodart approuve beaucoup votre lait d'ânesse, mais beaucoup plus encore ce que vous dites de la vertu moliniste ³. Il ne la croit nullement propre à votre mal, et assure même qu'elle y serait très nuisible. Il m'ordonne presque toutes ⁴ les mêmes choses pour mon mal de gorge, qui va toujours son même train; et il me con-

---

[1] Médecin janséniste, de l'Académie des sciences, ami du médecin Perrault et du grand Arnauld, et l'un des correspondans secrets de celui-ci pendant son exil. Nous en parlons encore dans les notes de la première réflexion critique, tome III.

[2] Après lui avoir défendu de boire du vin, de manger de la viande, de lire, et de s'appliquer à la moindre chose, ce médecin ajouta : Du reste, réjouissez-vous (*Louis Racine*, II, 145).

[3] V. *Louis Racine*. La vertu M... Il ne...
On conçoit que le janséniste Dodart devait se récrier au seul nom de cette vertu. *Voy.* les notes précédentes.

[4] V. E. Texte de l'autographe, et non pas *toujours,* comme on lit dans toutes les éditions.

seille un régime qui peut-être me pourra guérir dans deux ans, mais qui infailliblement me rendra dans deux mois de la taille dont vous voyez qu'est M. Dodart lui-même [1]. M. Félix était présent à toutes ces ordonnances, qu'il a fort approuvées; et il a aussi demandé des remèdes pour sa santé, se croyant le plus malade de nous trois. Je vous ai mandé qu'il avait visité la boucherie de Châlons. Il est, à l'heure que je vous parle, au marché, où il m'a dit qu'il avait rencontré ce matin des écrevisses de fort bonne mine.

Le voyage est prolongé de trois jours, et on demeurera ici jusqu'à lundi prochain. Le prétexte est la rougeole de M. le comte de Toulouse [2], mais le vrai est apparemment que le roi a pris goût à sa conquête [3], et qu'il n'est pas fâché de l'examiner tout à loisir. Il a déjà considéré toutes les fortifications l'une après l'autre, est entré jusque dans les contre-mines du chemin couvert, qui sont fort belles, et surtout a été fort aise de voir ces fameuses redoutes entre les deux chemins couverts, lesquelles ont tant donné de peine à M. de Vauban. Aujourd'hui le roi va examiner la circonvallation, c'est-à-dire, faire un tour de sept ou huit lieues. Je ne vous fais point ici [4] le détail de tout ce qui m'a paru ici [4] de mer-

---

[1] Il était extrêmement maigre. *Louis Racine*, 146 (*voy.* note 1 et 3, p. 149).

[2] Fils naturel du roi et de madame de Montespan.

[3] Ces deux phrases montrent que la lettre a été écrite au moins trois jours avant celui qu'on avait fixé pour le départ du roi, départ qui eut lieu (*Gaz. de France*), en effet, le lundi 26 mai 1687... Il est donc clair qu'elle est, non du 24, mais du 22 mai (Racine avait pu recevoir, le 21, la lettre précédente de Boileau, ce qui sert à expliquer les expressions dont se sert Boileau au commencement de sa réponse (*voy.* p. 153, note 1).

[4] *V. E.* Autographe.. Le premier *ici* est omis dans toutes les éditions.

veilleux; qu'il vous suffise que je vous en rendrai bon compte quand nous nous verrons, et que je vous ferai peut-être concevoir les choses comme si vous y aviez été. M. de Vauban a été ravi de me voir, et, ne pouvant pas venir avec moi, m'a donné un ingénieur qui m'a mené partout. Il m'a aussi abouché avec M. d'Espagne, gouverneur de Thionville, qui se signala tant à Saint-Godard [1], et qui m'a fait souvenir qu'il avait souvent bu avec moi à l'auberge de M. Poignant [2], et que nous étions, Poignant et moi, fort agréables avec feu M. de Bernage, évêque de Grasse. Sérieusement, ce M. d'Espagne est un fort galant homme, et il m'a paru un grand air de vérité dans tout ce qu'il m'a dit de ce combat de Saint-Godard. Mais, mon cher monsieur, cela ne s'accorde ni avec M. de Montecuculli, ni avec M. de Bissy, ni avec M. de La Feuillade, et je vois bien que la vérité qu'on nous demande tant, est bien plus difficile à trouver qu'à écrire. J'ai vu aussi M. de Charuel [3], qui était intendant à Gigeri [4]. Celui-ci sait apparemment la vérité, mais il se serre les lèvres tant qu'il peut de peur de la dire; et j'ai eu à-peu-près la même peine à lui tirer quelques mots de la bouche, que Trivelin en avait à en tirer de Scaramouche, *musicien bègue*. M. de Gourville [5] arriva hier, et tout en arrivant me demanda de vos

---

[1] Ou plutôt à Saint Gothard (Hongrie).. en 1664. *Reboulet*, III, 324.

[2] Ancien capitaine de dragons, de La Ferté-Milon, avec qui La Fontaine voulut un jour se battre en duel. *G. Garnier.*

[3] V. *G. Garnier*, .S·S., *Am*... de Charvil.

[4] Ville près d'Alger, prise, en 1664, par les Français; mais au bout de trois mois ils furent forcés de se rembarquer. *Reboulet, ib.*, 330.

[5] Mort en 1705... On en a des mémoires. *G. Garnier* (*voy*. tome II, p. 469, épigramme xxxii).

nouvelles. Je ne finirais point si je vous nommais tous les gens qui m'en demandent tous les jours avec amitié. M. de Chevreuse, entre autres, M. de Noailles [1], monseigneur le Prince, que je devais [2] nommer le premier, surtout M. Moreau notre ami [3], et M. Roze [4] : ce dernier avec des expressions fortes, vigoureuses, et qu'on voit bien en vérité qui partent du cœur. Je fis hier grand plaisir à M. de Termes de lui dire le souvenir que vous aviez de lui. M. l'archevêque d'Embrun [5] est ici, toujours mettant le roi en bonne humeur; M. de Reims [6], M. le président de Mesmes [7], M. le cardinal de Furstemberg [8], enfin plus de gens trois fois qu'à Versailles, la presse dans les rues comme à Bouquenon [9], une infinité d'Allemands et d'Allemandes qui veulent [10]... (*voir le roi*).

[1] Père de celui à qui est adressée la lettre n° XXIX. *Voy.* p. 117, note 1.

[2] V. *L. Racine, G. Garnier, S.-Sur., Am., Viol., Aug.*, etc.... Devrais (il s'agit ici du fils du Grand-Condé. *Voy.* p. 210, note 5).

[3] Chirurgien ordinaire du roi. *G. Garnier.*

[4] Président à la chambre des comptes (G. Garnier dit par erreur, *au parlement*), membre de l'Académie française.

[5] Brulart de Genlis. *G. Garnier* (Racine écrit *Ambrun*).

[6] Le Tellier... Il en est question au tome II, p. 36, épître III, vers 80.

[7] De l'Académie française... *G. Garnier.*

[8] Guillaume Égon, prince de Furstemberg, évêque de Strasbourg. *G. G.*

[9] Ou Saar-Bockenheim (Bas-Rhin). *G. Garnier.* — On voit par la Gazette de France que ce nom s'écrivait en effet *Bouquenon*, et que Louis XIV, lors d'un voyage qu'il fit en 1683, en Alsace, s'arrêta quelques jours (30 juin à 5 juillet) dans ce lieu. On peut induire de la lettre de Racine que Boileau était de ce voyage.

[10] V. C'est le dernier mot du feuillet (le suivant manque). Louis Racine; p. 149, fait terminer ainsi la lettre. «.. *que vous aviez de lui.* M. de Reims, « M. le président de Mesmes, et M. le cardinal de Furstemberg sont tou- « jours ici et mettent le roi en bonne humeur. »

LETTRE XLI.[1]

BOILEAU A RACINE.

A Auteuil, le (26) mai (1687).

Je ne me suis point hâté de vous répondre, parce que je n'avais rien à vous mander que ce que je vous avais déjà écrit dans ma dernière lettre. Les choses sont changées depuis. J'ai quitté au bout de cinq semaines le lait d'ânesse, parce que non-seulement il ne me rendait point la voix, mais qu'il commençait à m'ôter la santé, en me donnant des dégoûts et des espèces d'émotions tirant à fièvre. Tout ce que vous a dit M. Dodart est fort raisonnable, et je veux croire sur sa parole que tout ira bien; mais, entre nous, je doute que ni lui, ni personne connaisse bien ma maladie, ni mon tempérament. Quand je fus attaqué de la difficulté de respirer, il y a vingt-cinq ans[2], tous les médecins m'assuraient que cela

---

[1] Publiée sur l'autographe par Cizeron-Rival (III, 60 à 64) sous la date du 26 mai 1789. Tous les éditeurs y ont substitué avec raison celle du 26 mai 1687, qui est en effet dans l'autographe. Mais ici se présente une difficulté. Boileau dit *qu'il ne s'est point hâté de répondre*, et la lettre dont il parle ne lui a été écrite que deux jours auparavant et dans une ville distante de quatre-vingts lieues, de sorte que si la date de cette lettre était exacte, il faudrait au contraire qu'il se fût singulièrement hâté d'y répondre. Mais 1° on l'a vu (p.150, note 3), la lettre de Racine doit être du 22 et non pas du 24 mai; 2° il est possible que Boileau lui-même se soit trompé et qu'il ait écrit 26, croyant écrire 29... ou peut être Racine dans la fin de sa lettre que nous n'avons pas, lui demandait-il de répondre par le retour du courrier.

[2] *Voy.* à ce sujet, tome I, Essai, n° 19.

s'en irait, et se moquaient de moi quand [1] je témoignais douter du contraire. Cependant cela ne s'est point en allé [2], et j'en fus encore hier incommodé considérablement. Je sens que cette difficulté de respirer est au même endroit que ma difficulté de parler, et que c'est un poids fort extérieur, que j'ai sur la poitrine, qui les cause l'une et l'autre. Dieu veuille qu'elles n'aient pas fait une société inséparable [3]! Je ne vois que des gens qui prétendent avoir eu le même mal que moi, et qui en ont été guéris; mais, outre que je ne sais au fond s'ils disent vrai, ce sont pour la plupart des femmes ou de [4] jeunes gens qui n'ont point de rapport avec un homme de cinquante ans; et d'ailleurs, si je suis original en quelque chose, c'est en infirmités, puisque mes maladies ne ressemblent jamais à celles des autres. Avec tout ce que je vous dis, je ne me couche point que je n'espère le lendemain m'éveiller avec une voix sonore; et quelquefois même, après mon réveil, je demeure long-temps sans parler pour m'entretenir dans mon espérance. Ce qui est de vrai, c'est qu'il n'y a point de nuit que je ne recouvre la voix en songe; mais je reconnais bien ensuite que tous les songes, quoi qu'en dise Homère, ne viennent pas de Jupiter, ou il faut que Jupiter soit un grand menteur. Cependant je mène une vie fort chagrine et fort peu propre aux conseils de M. Dodart, d'autant plus que je n'oserais m'appliquer

---

[1] *P. C. O.* Autographe... *s'en irait, et* me riaient au nez *quand je...*

[2] Nous avons parlé de cette locution vicieuse, p. 71, note 2.

[3] *P. C. O.* Autographe... *Société* indissoluble. *Je...*

[4] V. Texte de Cizeron-Rival et de l'autographe... Plusieurs éditeurs modernes ont mis *des*, et c'est peut-être aussi ce que Boileau avait voulu écrire.

fortement à aucune chose, et qu'il ne me sort rien du cerveau qui ne me tombe sur la poitrine, et qui ne me ruine encore plus la voix. Je suis bien aise que votre mal de gorge vous laisse au moins plus de liberté, et ne vous empêche pas de contempler les merveilles qui se font à Luxembourg[1]. Vous avez raison d'estimer comme vous faites M. de Vauban. C'est un des hommes de notre siècle, à mon avis, qui a le plus prodigieux mérite ; et, pour vous dire en un mot ce que je pense de lui, je crois qu'il y a plus d'un maréchal de France qui, quand il le rencontre, rougit de se voir maréchal de France[2]. Vous avez fait une grande acquisition en l'amitié de M. d'Espagne[3], et c'est ce qui me fait encore plus déplorer la perte de ma voix, puisque c'est vraisemblablement ce qui m'a fait aussi[4] manquer cette acquisition. J'écris à M. de Flamarens[5]. Je veux croire que notre cher Félix est le plus malade de nous trois ; mais, si ce que vous me mandez est véritable, l'affliction qu'il en a est une affliction *à La Puimorine*[6], je veux dire fort dévorante, et qui ne lui a pas fait perdre la mémoire des soles et des longes de veau. Faites-lui bien mes baise-mains, aussi bien qu'à M. de Termes, à

---

[1] *P. C. O.* Autographe... *De contempler* avec M. de Vauban les merveilles de *Luxembourg...*

[2] Cette fin de phrase depuis *et, pour...* a été croisée dans l'autographe.

[3] Major d'infanterie, selon M. Daunou ; célèbre officier du génie, selon Cizeron-Rival ; ce qui paraît plus vraisemblable, car la Gazette de France (14 juin 1684) cite un ingénieur de ce nom, blessé au siège de Luxembourg.

[4] *V. E.* Texte de Cizeron Rival et de l'autographe... Des éditeurs ont omis *aussi.*

[5] Premier maître d'hôtel du frère du roi (*Moréri*).

[6] Allusion à son frère (tome III, *Expl. gén.*, n° 279) et à ce qui est dit, p. 150, des *visites* de Félix à la boucherie et au marché.

M. de Nyert ¹ et à M. Moreau. Adieu, mon cher monsieur, aimez-moi toujours, et croyez que je vous rendrai bien la pareille.

LETTRE XLII.²

BOILEAU A RACINE.

A Bourbon, 21ᵉ juillet³ (1687).

Depuis ma dernière lettre ⁴ j'ai été saigné, purgé, etc., et il ⁵ ne me manque plus aucune des formalités prétendues nécessaires pour prendre des ⁶ eaux. La médecine que j'ai prise aujourd'hui m'a fait, à ce qu'on dit, tous les biens du monde; car elle m'a fait tomber quatre ou cinq fois en faiblesse, et m'a mis en tel ⁷ état qu'à peine je me puis soutenir ⁸. C'est demain que se doit commencer le grand chef-d'œuvre; je veux dire

---

¹ V. Niert. — Ce valet de chambre du roi était lié avec plusieurs gens de lettres; La Fontaine lui avait adressé une épître sur l'opéra.

² Lettre corrigée par Boileau sur une copie.

³ Date de l'autographe, au lieu du 20 juillet, qu'on a mis dans la même copie : c'est sans doute une faute du copiste.

On lit dans Brossette (in-4°, I, 447), que le voyage à Bourbon eut lieu en 1685 : c'est sans doute aussi une faute de copie, ou peut-être d'impression.

⁴ V. Louis Racine a omis ces quatre premiers mots.

⁵ *V. E.* Texte de l'autographe... ET est supprimé dans presque toutes les éditions.

⁶ *V. E.* Même texte et non pas *les*, comme on lit dans toutes les éditions.

⁷ V. Les éditeurs ont suppléé *tel*, que Boileau a omis évidemment par inadvertance, en écrivant sa lettre.

⁸ V. *Éditeurs cités à note 2, p. 152*, etc... Je puis me soutenir.

Cor. Boileau a effacé tout ce qui précède.

que je dois ¹ demain commencer à prendre des eaux. M. Bourdier ², mon médecin, me remplit toujours de grandes espérances; il n'est pas de l'avis de M. Fagon pour le bain, et cite même des exemples de gens, non-seulement qui n'ont pas ³ recouvré la ⁴ voix, mais qui l'ont même perdue pour s'être baignés ⁵. Du reste, on ne peut pas faire plus d'estime de M. Fagon qu'il en fait, et il le regarde comme l'Esculape de ce temps⁶. J'ai fait connaissance avec deux ou trois malades, qui valent bien des gens en santé. J'en ai trouvé un même avec qui j'ai étudié autrefois, et qui est fort galant homme. Ce ne sera pas une petite affaire pour moi que la prise des eaux, qui sont, dit-on, fort endormantes, et avec lesquelles néanmoins il faut absolument s'empêcher de dormir : ce sera un noviciat terrible; mais que ne fait-on point pour avoir de quoi ⁷ contredire M. Charpentier? ⁸

Je n'ai pas ⁹ encore eu de temps pour me remettre à

---

¹ *V. E.* Texte de l'autographe et non pas *demain je dois* commencer...

Cor. *C'est demain, monsieur, que je dois faire la première épreuve de la vertu enchantée des sources de Bourbon, je veux dire que je dois...*

² Cor. Ce nom est supprimé.

³ Cor. De gens qui non-seulement n'ont pas...

⁴ V. On lit *recouvert*, dans le manuscrit.

⁵ V. Louis Racine... « De gens qui loin de recouvrer la voix par ce remède, l'ont perdue pour s'être baignés. »

⁶ On en parle dans la note du vers 417, satire x.

Cor. *Comme* l'Hippocrate de nos jours.

⁷ V. Louis Racine, S.-S., Am., Viol., Aug., etc., que ne fait-on point pour contredire... (*avoir de quoi* y est omis).

⁸ Cor... *Noviciat terrible* pour un aussi déterminé dormeur que moi, *mais que ne fait-on point pour* être en état de *contredire M. C*** ?* — Boileau, dit Louis Racine, disputait souvent à l'Académie contre Charpentier.

⁹ *V. E.* Texte du manuscrit... Les divers éditeurs mettent *point*.

l'étude, parce que j'ai été assez occupé des remèdes, pendant lesquels on m'a défendu surtout l'application [1]. Les eaux, dit-on, me donneront plus de loisir; et, pourvu que je ne m'endorme point, on me laisse toute liberté de lire et même de composer. Il y a ici un trésorier de la Sainte-Chapelle, grand ami de M. de Lamoignon [2], qui me vient voir fort souvent; il est homme de beaucoup d'esprit; et s'il n'a pas la main si prompte à répandre les bénédictions que le fameux M. de Coutances [3], il a en récompense beaucoup plus de lettres et beaucoup plus de solidité [4]. Je suis toujours fort affligé

---

[1] La copie sur laquelle Boileau faisait ses corrections se termine ici.

[2] Celui à qui est dédiée l'épitre VI, tome II, p. 69.

[3] Claude Auvry (le héros du Lutrin)... *Voy.* tome III, art. des erreurs de Brossette, n° 33.

[4] V. *Éditions citées à note* 7, p. 157, de lettres et de solidité...

* Ici Boileau a mis sur sa copie corrigée, qui est dans les manuscrits de Brossette, un signe de renvoi à une addition qu'il voulait faire à sa lettre dans le cas où il la publierait. Mais le *collecteur* dont nous avons parlé (p. 76, note 3), ayant placé le feuillet où elle est, après une lettre à laquelle elle n'a aucun rapport, ce qui la rendait à-peu-près inintelligible, Cizeron-Rival a pris le parti de la supprimer. Il faut d'ailleurs avouer qu'elle ne s'accorde pas avec le titre de l'épigramme sur la fontaine de Bourbon, dont il y est question, tel qu'on le donne dans l'édition posthume de 1713 (*voy.* notre tome II, p. 460); mais comme il n'est pas bien sûr que ce titre soit de Boileau lui-même (*voy.* tome I, Notice bibliogr., § 1, n° 108, ce qu'on observe sur le travail des éditeurs de 1713), nous croyons devoir rapporter l'addition, d'autant plus qu'elle est en entier de sa main.

« Nous parlons quelquefois de vers et il ne m'en parle point sottement. Il
« m'en a lu l'autre jour un assez grand nombre de très méchans qui ont été
« faits l'année passée dans Bourbon même, à l'occasion des eaux de Bourbon.
« Il me parut qu'il était aussi dégoûté de ces vers que moi, et pour vous mon-
« trer que je ne suis encore guéri de rien, c'est que je ne pus m'empêcher de
« faire sur-le-champ, à propos de ces misérables vers, cette épigramme que
« j'adresse à la fontaine de Bourbon : *oui, vous pouvez,* etc... » (Ici est toute l'épigramme... *Voy.* même page 460).

de ne vous point voir; mais franchement, le séjour de Bourbon jusqu'ici ne m'a pas paru si horrible [1] que je me l'étais imaginé : j'ai un jardin pour me promener, et [2] je m'étais préparé à une si grande inquiétude, que je n'en ai pas la moitié de ce que j'en croyais avoir. Celui qui doit porter cette lettre à Moulins me presse fort : c'est ce qui fait que je me hâte de vous dire que je n'ai pas mieux conçu combien je vous aime, que depuis notre triste séparation. Mes recommandations au cher M. Félix, et je vous supplie, quand même je l'aurais oublié dans quelqu'une de mes lettres, de supposer toujours que je vous ai parlé de lui, parce que mon cœur l'a fait, si ma main ne l'a pas écrit. Je vous embrasse de tout mon cœur.

Despréaux [3].

LETTRE XLIII.

RACINE A BOILEAU.

A Paris, ce 25 juillet (1687).

Je commençais à m'ennuyer beaucoup de ne point recevoir de vos nouvelles, et je ne savais même que répondre à quantité de gens qui m'en demandaient. Le roi, il y a trois jours, me demanda à son dîner com-

---

[1] *V. E.* Texte de l'autographe. On lit dans toutes les éditions... *De Bourbon ne m'a pas paru jusqu'à présent si horrible.*.

[2] V. *Louis Racine, Daun.* (1809), *Viol....* Ils omettent cet *et*...

[3] V. *Je vous embrasse,* etc., a été omis par Louis Racine, et la signature par tous les éditeurs.

ment allait votre extinction de voix : je lui dis que vous étiez à Bourbon. Monsieur prit aussitôt la parole, et me fit là-dessus force questions, aussi bien que Madame [1], et vous fîtes l'entretien de plus de la moitié du dîner. Je me trouvai le lendemain sur le chemin de M. de Louvois, qui me parla aussi de vous, mais avec beaucoup de bonté, et me disant en propres mots qu'il était très fâché que cela durât si long-temps. Je ne vous dis rien de mille autres qui me parlent tous les jours de vous, et quoique j'espère que vous retrouverez bientôt votre voix toute [2] entière, je doute que vous en ayez jamais [3] assez pour suffire à tous les remerciemens [4] que vous aurez à faire.

Je me suis laissé débaucher par M. Félix pour aller demain avec le roi à Maintenon : c'est un voyage de quatre jours. M. de Termes nous mène dans son carrosse; et j'ai aussi débauché M. Hessein [5] pour faire le quatrième. Il se plaint toujours beaucoup de ses vapeurs, et je vois bien qu'il espère se soulager par quelque dispute de longue haleine; mais je ne suis guère en état de lui donner contentement, me trouvant toujours [6] assez incommodé de ma gorge dès que j'ai parlé un peu de suite. Cela va pourtant mieux que quand vous

---

[1] Élisabeth Charlotte de Bavière, mère du duc d'Orléans, depuis régent.
[2] V. *Éditions modernes*... TOUT... (*Voy.* tome I, satire III, vers 117).
[3] *V. E.* Texte de l'autographe, au lieu de « entière... vous n'en n'aurez jamais »... etc., qu'on lit dans toutes les éditions.
[4] V. *Louis Racine*, *G. Garnier*, *Viol.*, etc... remercîmens.
[5] Ami de Boileau et de Racine, et frère de madame de la Sablière. Il avait beaucoup d'esprit et de lettres, mais il aimait à disputer et à contredire. *L. Racine*, p. 92.
[6] V. *Éditions citées à note* 7, p. 157. On y omet *toujours*.

DE BOILEAU AVEC RACINE. 161

êtes parti, mais je ne suis pas encore hors d'affaire : ce qui m'embarrasse, c'est que M. Fagon et plusieurs autres médecins très habiles m'avaient ordonné, comme vous savez, de boire beaucoup d'eau de Sainte-Reine et des tisanes de chicorée ; et j'ai trouvé chez M. Nicole un médecin qui me paraît fort sensé, qui m'a dit qu'il connaissait mon mal à fond ; qu'il en a guéri plusieurs gens en sa vie, et que je ne guérirais jamais tant que je boirais ni eau ni tisane [1] ; que le seul moyen de sortir d'affaire était de ne boire que pour la seule nécessité, et tout au plus pour détremper les alimens dans l'estomac. Il m'a [2] appuyé cela de quelques raisonnemens qui m'ont paru assez solides. Ce qui est arrivé de là, c'est que présentement je n'exécute ni son ordonnance ni celle de M. Fagon : je ne me noie plus d'eau comme je faisais, je bois à ma soif ; et vous jugez bien que par le temps qu'il fait on a toujours assez soif [3], c'est-à-dire, à vous parler franchement, que je me suis remis dans mon train de vie ordinaire, et je m'en trouve assez bien. Ce même médecin m'a assuré que, si les eaux de Bourbon ne vous guérissaient pas, il vous guérirait infailliblement. Il m'a cité l'exemple d'un chantre de Notre-Dame (je crois que c'était une basse), à qui un rhume avait fait perdre entièrement la voix. Cela lui avait duré [4] six mois, et il était sur le point de se retirer ; le méde-

---

[1] *V. E.* Texte de l'autographe... On lit dans les diverses éditions, *je boirais* de l'eau ou de *la tisane.*

[2] V. *Éditions citées à note* 2, p. 152... Il a appuyé.

[3] V. *Éditions citées à note* 7, p. 157... Toujours soif (*assez* y est omis).

[4] *V. E.* Texte de l'autographe. Les divers éditeurs lisent... *La voix depuis six mois...*

cin que je vous dis l'entreprit, et avec une tisane
d'une herbe qu'on appelle, je crois, *erysimum*, le ¹tira
d'affaire en trois semaines, en telle sorte que non-seulement il parle, mais il chante très bien, et a la voix
aussi forte qu'il l'ait jamais eue. Ce chantre a, dit-il,
quelque quarante² ans. J'ai conté la chose aux médecins de la cour; ils avouent que cette plante d'*erysimum*
est très bonne pour la poitrine; mais ils disent qu'ils ne
lui croyaient pas la vertu³ que dit mon médecin. C'est
le même qui a deviné le mal de M. Nicole : il s'appelle
M. Morin ⁴, et il est à mademoiselle de Guise ⁵. M. Fagon en fait un fort grand cas. J'espère que vous n'aurez pas besoin de lui; mais toujours cela est bon ⁶ à
savoir : et si le malheur voulait que vos eaux ne fissent
pas tout l'effet que vous souhaitez, voilà encore une
assez bonne consolation que je vous donne. Je ne vous
manderai point ⁷ cette fois-ci d'autres nouvelles que
celles qui regardent votre santé et la mienne. ⁸ Je vous
dirai seulement que j'ai encore mes deux chevaux sur
la litière. J'ai..... ⁹

¹ *V. E.* Même texte... Tous les éditeurs mettent *erysimum* il *le tira...*
² *V. E. Id...* Et non pas *plus de quarante...*
³ V. *Louis Racine, Viol.*, etc... Qu'ils ne croyaient pas qu'elle eût la... — G. *Garnier, S.-S., Am...* Qu'ils ne lui croient pas la...
⁴ De l'Académie des sciences; Fontenelle a fait son éloge. *Louis Racine.*
⁵ Marie de Lorraine ; elle mourut en 1688. *G. Garnier.*
⁶ *V. E.* Autographe, au lieu de *mais cela est toujours bon...*
⁷ V. *Louis Racine, Viol.*, etc. Point *pour cette fois* d'autres...
⁸ V. Louis Racine omet ce qui suit.
⁹ C'est le dernier mot du feuillet... Ainsi la fin de la lettre manque.

LETTRE XLIV.

BOILEAU A RACINE.

À Bourbon, 29ᵉ juillet (1687).

Votre lettre m'a tiré d'un fort grand embarras; car je doutais que vous eussiez reçu celle que je vous avais écrite, et dont la réponse est arrivée fort tard à Bourbon[1]. Si la perte de ma voix ne m'avait fort guéri de la vanité, j'aurais été très sensible à tout ce que vous m'avez mandé de l'honneur que m'a fait le plus grand prince de la terre en vous demandant[2] des nouvelles de ma santé; mais l'impuissance où ma maladie me met de répondre par mon travail à toutes les bontés qu'il me témoigne, me fait un sujet de chagrin de ce qui devrait faire toute ma joie. Les eaux jusqu'ici m'ont fait un fort grand bien, selon[3] toutes les règles, puisque je les rends de reste, et qu'elles m'ont, pour ainsi dire, tout fait sortir du corps, excepté la maladie pour laquelle je les prends. M. Bourdier, mon médecin, soutient pourtant que j'ai la voix plus forte que quand je suis arrivé; et M. Baudière, mon apothicaire, qui est encore meilleur juge que lui, puisqu'il est sourd, prétend aussi la même chose; mais pour moi je suis persuadé qu'ils me flattent, ou plutôt qu'ils se flattent eux-

---

[1] V. Louis Racine omet ce qui précède (il fait commencer la lettre à *Si la perte...*).

[2] Correction du manuscrit (il y avait *de vous demander*).

[3] *V. E.* Autographe, et non pas *suivant*, comme on lit dans toutes les éditions

mêmes, et, à ce que je puis reconnaître en moi, je tiens que les eaux me soulageront plutôt la difficulté de respirer, que la difficulté[1] de parler. Quoi qu'il en soit, j'irai jusqu'au bout, et je ne donnerai point occasion à M. Fagon et à M. Félix de dire que je me suis impatienté. Au pis aller, nous essaierons cet hiver l'*erysimum* : mon médecin et mon apothicaire, à qui j'ai montré l'endroit de votre lettre, où vous parlez de cette plante, ont témoigné tous deux en faire un fort grand cas[2]; mais M. Bourdier prétend qu'elle ne peut rendre la voix qu'à des gens qui ont le gosier attaqué, et non pas à un homme comme moi, qui a tous les muscles de la poitrine[3] embarrassés. Peut-être que[4] si j'avais le gosier malade, prétendrait-il que l'*erysimum* ne saurait guérir que ceux qui ont la poitrine attaquée. Le bon de l'affaire est qu'il persiste toujours dans la pensée que les eaux de Bourbon me rendront bientôt la voix, plutôt même qu'on ne saurait s'imaginer. Si cela arrive ainsi, il se trouvera, mon cher monsieur, que ce sera à moi à vous consoler[5], puisque de la manière dont vous me parlez de votre mal de gorge, je doute qu'il puisse être guéri sitôt, surtout si vous vous engagez en de longs voyages avec M. Hessein. Mais laissez-moi

---

[1] Correction de l'autographe (il y avait *plutôt* DE *la... que* DE *la*).

[2] *V. E. Id.* Tous les éditeurs, à l'exception de Germain Garnier, ont omis *un fort...*

[3] V. *Louis Racine*, *S.-S.*, *Am...* Ils omettent *de la poitrine...*

[4] V. Ce *que* paraît avoir été effacé.

[5] *V. E.* La fin de la phrase précédente a été omise, et la première partie de celle-ci, changée dans toutes les éditions. Voici ce qu'on y lit :... *me rendront bientôt la voix; si cela arrive ainsi, ce sera à moi, mon cher monsieur, à vous consoler...*

faire : si la voix me revient, j'espère de vous soulager dans les disputes que vous aurez avec lui, sauf à la perdre encore une seconde fois pour vous rendre cet office. Je vous prie pourtant de lui faire bien des amitiés de ma part, et de lui faire entendre que ses contradictions me seront toujours beaucoup plus agréables que les complaisances et les applaudissemens fades de la plupart des amateurs [1] de beaux esprits. Il s'est trouvé ici parmi les capucins un de ces amateurs qui a fait des vers à ma louange. J'admire ce que c'est que des hommes : *Vanitas et omnia vanitas.* Cette sentence ne m'a jamais paru si vraie qu'en fréquentant ces bons et crasseux [2] pères. Je suis bien fâché que vous ne vous [3] soyez point encore habitué à Auteuil, où *ipsi te fontes, ipsa hæc arbusta vocabant* [4], c'est-à-dire, où mes deux puits [5] et mes abricotiers vous appelaient. [6]

Vous faites très bien d'aller à Maintenon avec une compagnie aussi agréable que celle dont vous me parlez,

---

[1] *V. E.* On a omis *de la plupart,* dans toutes les éditions. Ces mots étaient pourtant assez essentiels.

[2] L'auteur de la *Monacologie*, le fameux baron de Born a encore enchéri sur cette expression qu'on regrette de voir employée par Boileau, même dans une correspondance familière. En effet, d'une part, il y définit en général (édit. de 1784, p. 1) le moine, *animal fœtidum, immundum...* et de l'autre, il dit (p. 13), en particulier, au sujet du capucin : *Habitus miser; incessus ignavus; facies torva, Simiæ satyro maximè affinis. Odorem tetrum spargit... Tunica replicata absque impedimento cacat et mingit, anum fune abstergit... Venatur pediculos quibus vexatur, et quos non occidit...*

[3] *V. E.* Quant à ce second *vous*, mêmes observations qu'à note 1.

[4] Virgile, Églogue I, vers 46.

[5] Il n'avait pas d'autres eaux dans cette petite maison dont il faisait ses délices. *Louis Racine*, p. 97.

[6] V. Édit. citées à note 3, p. 164... Vous appellent (il paraît par là qu'il avait invité Racine à user de cette maison... *Voy.* aussi p. 171).

puisque vous y trouverez votre utilité et votre plaisir. *Omne tulit punctum*, etc.

Je n'ai jamais [1] pu deviner la critique que peut faire [2] M. l'abbé Tallemant sur l'endroit de l'épitaphe que vous m'avez marqué [3]. N'est-ce point qu'il prétend que ces termes, *il fut nommé*, semblent dire que le roi Louis XIII a tenu M. Le Tellier sur les fonts de baptême; ou bien que c'est mal dit, que le roi *le choisit pour remplir la charge*, etc., parce que c'est la charge qui a rempli M. Le Tellier, et non pas M. Le Tellier qui a rempli la charge; par la même raison que c'est la ville qui entoure les fossés et non pas les fossés qui entourent la ville? C'est à vous à m'expliquer cette énigme. Faites bien, je vous prie, mes [4] baise-mains au père Bouhours et à tous nos autres [5] amis, quand vous les rencontrerez; mais surtout témoignez bien à M. Nicole la profonde vénération que j'ai pour son mérite et pour la simplicité de ses mœurs, encore plus admirable que son mérite. Vous ne me parlez point de l'épitaphe de mademoiselle de Lamoignon [6]. Voilà, ce me semble, une assez longue lettre pour un homme à qui on défend surtout [7] les longues applications, et qu'on presse d'ailleurs de don-

---

[1] V. *Les mêmes et Viol..*, Je n'ai pu... (ils omettent le mot *jamais*).

[2] *V. E.* Tous les éditeurs lisent *que vous peut faire....* Ce mot *vous*, d'ailleurs assez inutile, est effacé dans l'autographe.

[3] Paul Tallemant... (*voy.* tome II, p. 93, ép. VII, vers 89)... Il s'agit de l'épitaphe du chancelier Le Tellier, mort depuis dix-huit mois. *G. Garnier.*

[4] V. *S.-S.* et *Am...* Nos baise-mains.

[5] V. *Louis Racine, G. Garn., Viol...*à tous nos amis. — *S.-S.* et *Am...* à tous mes amis.

[6] V. Louis Racine omet cette phrase (*voy.* l'épitaphe à tome II, p. 441).

[7] V. *Louis Rac., G. Garn., Viol...* On défend les longues...

ner cette lettre pour la porter à Moulins. J'ai appris par la gazette que monsieur l'abbé de Choisy était agréé à l'Académie. Voici encore une voix que je vous envoie pour lui[1], si trente-neuf ne suffisaient[2] pas. Adieu, aimez-moi toujours, et croyez que je n'aime rien plus que vous. Je passe ici le temps, *sic ut quimus, quando ut volumus non possum*[3]. Adieu, encore une fois; dites à ma sœur et à M. Manchon[4] que je ne manquerai pas de leur écrire par la première commodité. J'ai écrit à M. Marchand.[5]

LETTRE XLV.

RACINE A BOILEAU.

A Paris, ce 4 août (1687).

JE suis ravi des bonnes espérances que l'on continue de vous donner, et du soulagement que vous ressentez déjà à votre poitrine. Je ne doute pas que la difficulté de parler ne soit encore plus aisée à guérir que la dif-

---

[1] V. *Louis Rac., G. Garn., S.-S., Am., Viol...* Si *les* trente-neuf ne...

[2] V. *L. Rac...* ne suffisent pas. — Au lieu de trente-neuf Boileau devait dire trente-huit. *M. Daunou.* — Tel était probablement son dessein, mais on voit qu'il écrivait avec précipitation.

[3] V. Ce qui suit a été omis par Louis Racine.

[4] *Beau frère de Boileau*, disent MM. Germain Garnier et Amar... *et commissaire des guerres*, ajoutent MM. de Saint-Surin, Daunou, Auger et Thiessé... Il fallait dire : « neveu de Boileau, et ecclésiastique » (il n'entra dans le commissariat des guerres que long-temps après... *voy.* les notes de la lettre LXXXVI, et tome III, Expl. généal., n° 453).

[5] Nous parlons de Marchand, dans les notes de la lettre LV, p. 207 et 208.

ficulté de respirer[1]. Je n'ai point encore vu M. Fagon depuis que j'ai reçu de vos nouvelles; oui bien M. Daquin[2], qui trouve fort étrange que vous ne vous soyez pas mis entre les mains de M. des Trapières : il est même bien en peine qui peut vous avoir adressé à M. Bourdier. Je jugeai à propos, tant il était en colère, de ne pas lui dire un mot de M. Fagon. J'ai fait le voyage de Maintenon, et suis[3] fort content des ouvrages que j'y ai vus; ils sont prodigieux et dignes, en vérité, de la magnificence du roi. Il y en a encore, dit-on, pour deux ans. Les arcades qui doivent joindre les deux montagnes vis-à-vis de Maintenon[4] sont presque faites; il y en a quarante huit; elles sont fort hautes et bâties[5] pour l'éternité. Je voudrais qu'on eût autant d'eau à faire passer dessus qu'elles sont capables d'en porter. Il y a là près de[6] trente mille hommes qui travaillent[7], tous gens bien faits, et qui, si la guerre recommence, remueront plus volontiers la terre devant quelque place sur la frontière, que dans les plaines de Beauce[8]. J'eus l'honneur de voir madame de Maintenon, avec qui je fus une bonne partie d'une après-dînée; et elle me témoigna même que

---

[1] V. Louis Racine a omis les deux phrases qui précèdent.

[2] Premier médecin du roi : Fagon lui succéda (en 1693)... *G. Garnier.*

[3] *V. E.* Autographe, au lieu de *et je suis fort...*

[4] *V. E. Id.*, et non pas *vis-à-vis Maintenon.*

[5] *V. E. Id.....* Au lieu de : elles sont bâties (les divers éditeurs omettent *fort hautes et...*).

[6] *V. E. Id....* Et non pas *plus de trente.*

[7] Ces ouvrages prodigieux, dignes de la magnificence de Louis XIV... et faits pour l'éternité étaient destinés à conduire à Versailles une partie des eaux de l'Eure. Mais « ils furent abandonnés en 1688 et sont restés inutiles » « (Robert, Encyclop. méth., Géographie moderne...).

[8] *Manuscrit* et *L. Racine.* Beausse.

ce temps-là ne lui avait point duré. Elle est toujours la même que vous l'avez vue, pleine d'esprit, de raison, de piété et de beaucoup de bonté pour nous. Elle me demanda des nouvelles de notre travail; je lui dis que votre indisposition et la mienne, mon voyage à Luxembourg et votre voyage de[1] Bourbon nous avaient un peu reculés, mais que nous ne perdions pas[2] cependant notre temps.

A propos de Luxembourg j'en viens[3] de recevoir un plan et de la place et des attaques, et tout cela[4] dans la dernière exactitude. Je viens aussi tout-à-l'heure de recevoir[5] une lettre de Versailles, d'où[6] l'on me mande une nouvelle fort surprenante et fort affligeante pour vous et pour moi; c'est la mort de notre ami M. de Saint-Laurent[7], qui a été emporté d'un seul accès de colique néphrétique, à quoi il n'avait jamais été sujet en sa vie. Je ne crois pas qu'excepté MADAME, on en soit fort affligé au Palais-Royal : les voilà débarrassés d'un homme de bien.

Je laissai[8] volontiers à la gazette à vous parler de l'abbé de Choisy. Il fut reçu sans opposition; il avait

---

[1] *V. E.* Manuscrit... Au lieu de *votre voyage à...* (c'est peut être aussi ce que Racine avait voulu mettre).

[2] *V. E. Id.*, au lieu de *cependant pas...*

[3] *V. E. Id.*, et non pas *je viens..* (l'omission de *en* rend le sens incomplet).

[4] *V. E. Id...* Les éditeurs omettent *tout.*

[5] V. *Louis Rac...* Je viens de recevoir en même temps une... — *Viol...* Je viens aussi de recevoir tout-à-l'heure une...

[6] V. *Louis Racine, Viol...* Une lettre où... — *G. Garn., S.-S., Am...* Une lettre de Versailles, où...

[7] Homme très pieux, précepteur du duc de Chartres, depuis duc d'Orléans et régent. *L. Racine* (*voy.* lett. XLVI et XLVIII).

[8] V. *Édit. citées à* p. 152, note 2... Je laisse...

pris tous les devans qu'il fallait auprès des gens qui auraient pu lui faire de la peine. Il fera, le jour de Saint-Louis, sa harangue qu'il m'a montrée; il y a quelques endroits d'esprit. Je lui ai fait ôter quelques fautes de jugement. M. Bergeret[1] fera la réponse; je crois qu'il y aura plus de jugement.

Je suis bien aise que vous n'ayez pas conçu la critique de l'abbé Tallemant : c'est signe qu'elle ne vaut rien. La critique tombait sur ces mots : *Il en commença les fonctions.* Il prétendait qu'il fallait dire nécessairement : *Il commença à en faire les fonctions.* Le P. Bouhours ne le devina point, non plus que vous, et quand je lui dis la difficulté, il s'en moqua. Je donnai l'épitaphe de mademoiselle de Lamoignon à M. de La Chapelle[2] en l'état que nous en étions[3] convenus à Montgeron; je n'en ai pas ouï parler depuis.

M. Hessein n'a point changé; nous fûmes cinq jours ensemble. Il fut fort doux les[4] quatre premiers jours, et eut beaucoup de complaisance pour M. de Termes, qui ne l'avait jamais vu, et qui était charmé de sa douceur. Le dernier jour, M. Hessein ne lui laissa pas passer un mot sans le contredire; et même quand il nous voyait fatigués de parler ou[5] endormis, il avançait malicieusement quelque paradoxe qu'il savait bien qu'on

---

[1] Académicien dont le seul titre était la place de premier commis du ministre Colbert de Croissy. L'intrigue et la protection de la famille Colbert le firent préférer, en 1685, à Ménage et à Thomas Corneille. *Voy.* d'Olivet, II, 312.

[2] Neveu par alliance de Boileau (tome III, Explicat. généal., n° 436).

[3] *V. E* Autographe. Les éditeurs omettent ce deuxième *en.*

[4] *V. E. Id...* Ils lisent *doux* dans *les quatre...*

[5] V. *Louis Rac., S.-S., Am., Viol...* Fatigués *et* endormis.

ne lui laisserait point passer. En un mot, il eut contentement : non-seulement on disputa ; mais on se querella, et on se sépara sans avoir trop d'envie de se revoir de plus de huit jours. Il me sembla que M. de Termes avait toujours raison ; il lui sembla aussi la même chose de moi. M. Félix témoigna un peu plus de bonté pour M. Hessein, et nous gronda tous, plutôt que de se résoudre à le condamner. Voilà comme s'est passé[1] le voyage. Mon mal de gorge est beaucoup diminué, Dieu merci, mais il n'est pas encore fini ; il me reste de temps en temps quelques âcretés vers la luette, mais cela ne dure point. Quoi qu'il en soit, je n'y fais plus rien. Mes chevaux marcheront demain pour la première fois depuis votre départ. Celui qui avait le farcin est, dit-on, entièrement guéri ; je n'ose encore trop vous l'assurer. M. Marchand[2] me vint voir il y a trois jours, un peu fâché de ce que vous n'avez pas pris à Bourbon le logis qu'il vous avait dit. Il doit mener à Auteuil sa fille qui est sortie de religion, pour lui faire prendre l'air. Cela ne m'empêchera pas d'y aller passer des après-dînées, et même d'y aller dîner avec lui[3]. Adieu, mon cher monsieur ; mandez-moi au plus tôt que vous parlez ; c'est la meilleure nouvelle que je puisse recevoir en ma vie.

[1] *V. E.* Autographe. Les éditeurs mettent : *et aima mieux nous gronder tous que de se résoudre à le condamner. Voilà comment s'est passé...*

[2] Il en est question aux notes des lettres du 31 juillet et 2 septembre 1687, n°s VII (p. 26) et LV, p. 207, note 3.

[3] V. Louis Racine, suivi par G. Garnier, a réduit les sept phrases précédentes à celle-ci : « Mon mal de gorge n'est pas encore fini, mais je n'y fais « plus rien. »

LETTRE XLVI.[1]

RACINE A BOILEAU.

A Paris, ce 8ᵉ août (1687).

Madame Manchon[2] vint avant hier me chercher, fort alarmée d'une lettre que vous lui avez écrite[3], et qui est en effet bien différente de celle que j'ai reçue de vous[4]. J'aurais déjà été à Versailles pour entretenir M. Fagon; mais le roi est à Marly depuis quatre jours, et n'en reviendra que demain au soir : ainsi je n'irai qu'après demain matin, et je vous manderai exactement tout ce qu'il m'aura dit. Cependant je me flatte que ce dégoût et cette lassitude dont vous vous plaignez n'auront point de suite, et que c'est seulement un effet que les eaux doivent produire, quand l'estomac n'y est pas encore accoutumé; que si elles continuent à vous faire mal, vous savez ce que tout le monde vous dit en partant, qu'il fallait les quitter en ce cas, ou tout du moins les interrompre. Si par malheur elles ne vous guérissent pas, il n'y a point lieu encore de vous décourager, et vous ne seriez pas le premier qui, n'ayant pas été guéri sur les lieux, s'est trouvé guéri étant de retour chez lui. En tout cas, le sirop d'*erysimum* n'est point assurément une vision. M. Dodart, à qui j'en

---

[1] Racine fait ici réponse à la lettre du 29 juillet, n° XLIV, p. 163.

[2] V. *Louis Racine...* Madame votre sœur...

[3] La lettre du 31 juillet 1687, que nous avons insérée dans le premier recueil, n° VII, p. 23 à 26.

[4] Même lettre du 29 juillet, n° XLIV.

parlai il y a trois jours, me dit et m'assura en conscience que ce M. Morin, qui m'a parlé de ce remède, est sans doute le plus habile médecin qui soit dans Paris, et le moins charlatan. Il est constant que, pour moi, je me trouve infiniment mieux depuis que, par son conseil, j'ai renoncé à tout ce lavage d'eaux qu'on m'avait ordonnées, et qui m'avaient presque gâté entièrement l'estomac, sans me guérir mon mal de gorge. Je prierai aussi M. de Jussac d'écrire à madame sa femme, à Fontevrauld, et de lui mander l'embarras de ce pauvre paralytique, qui était sans vous sur le pavé.[1]

M. de Saint-Laurent est mort d'une colique de *miserere*, et non point d'un accès de néphrétique, comme je vous avais mandé. Sa mort a été fort chrétienne, et même aussi singulière que le reste de sa vie. Il ne confia qu'à M. de Chartres qu'il se trouvait mal, et qu'il allait s'enfermer dans une chambre pour se reposer, conjurant instamment ce jeune prince de ne point dire où il était, parce qu'il ne voulait voir personne. En le quittant il alla faire ses dévotions : c'était un dimanche, et on dit qu'il les faisait tous les dimanches; puis il s'enferma dans une chambre jusqu'à trois heures après midi, que M. de Chartres, étant en inquiétude de sa santé, déclara où il était. Tancret y fut, qui le trouva tout habillé sur un lit, souffrant apparemment beaucoup, et néanmoins fort tranquille. Tancret ne lui trouva point de pouls; mais M. de Saint-Laurent lui dit que cela ne l'étonnât point, qu'il était vieux, et qu'il n'avait

---

[1] *Voy.* même n° VII, p. 24. — V. Louis Racine, suivi par G. Garnier, a omis cette dernière phrase.

pas naturellement le pouls fort élevé. Il voulut être saigné, et il ne vint point de sang. Peu de temps après il se mit sur son séant, puis dit à son valet de le pencher un peu sur son chevet; et aussitôt ses pieds se mirent à trépigner contre le plancher, et il expira dans le moment même. On trouva dans sa bourse un billet par lequel il déclarait où l'on trouverait son testament. Je crois qu'il donne tout son bien aux pauvres. Voilà comme il est mort, et voici ce qui fait, ce me semble, assez bien son éloge : vous savez qu'il n'avait presque d'autres [1] soins auprès de M. de Chartres que de l'empêcher de manger des friandises; qu'il l'empêchait le plus qu'il pouvait d'aller aux comédies et aux opéra; et il vous a conté lui-même toutes les rebuffades qu'il lui a fallu essuyer pour cela, et comme[2] toute la maison de Monsieur était déchaînée contre lui, gouverneur, sous-précepteur[3], valets de chambre. Cependant on a été plus de deux jours sans oser apprendre sa mort à ce même M. de Chartres; et quand Monsieur enfin la lui a annoncée, il a jeté des cris effroyables, se jetant, non point sur son lit, mais sur le lit de M. de Saint-Laurent, qui était encore dans sa chambre, et l'appelant à haute voix comme s'il eût encore été en vie : tant la vertu, quand elle est vraie, a de force pour se faire aimer! Je suis assuré que cela vous fera plaisir, non-seulement pour la mémoire de M. de Saint-Laurent, mais même pour M. de Chartres. Dieu veuille qu'il persiste

---

[1] *V. E.* Manuscrit... Au lieu de *n'avait presque* point *d'autres soins...*

[2] *V. E. Id.* Au lieu de *comment.*

[3] Le sous-précepteur était alors l'abbé Dubois, depuis cardinal et premier ministre. *Louis Racine.*

long-temps dans de pareils sentimens ! Il me semble que je n'ai point d'autres nouvelles à vous mander.

M. le duc de Roannès[1] est venu ce matin pour me parler de sa rivière, et pour me prier d'en parler. Je lui ai demandé s'il ne savait rien de nouveau, il m'a dit que non ; et il faut bien, puisqu'il ne sait point de nouvelles, qu'il n'y en ait point, car il en sait toujours plus qu'il n'y en a. On dit seulement que M. de Lorraine a passé la Drave, et les Turcs la Save : ainsi il n'y a point de rivière qui les sépare ; tant pis apparemment pour les Turcs ; je les trouve merveilleusement accoutumés à être battus[2]. La nouvelle qui fait ici le plus de bruit, c'est l'embarras des comédiens, qui sont obligés de déloger de la rue Guénégaud[3], à cause que messieurs de Sorbonne, en acceptant le collège des Quatre-Nations, ont demandé, pour première condition, qu'on les éloignât de ce collège. Ils ont déjà marchandé des places dans cinq ou six endroits ; mais partout où ils vont, c'est merveille d'entendre comme les curés crient. Le curé de Saint-Germain de[4] l'Auxerrois a déjà obtenu qu'il ne seraient point à l'hôtel de Sourdis, parce que de leur théâtre on aurait entendu tout à plein les orgues, et de l'église on aurait[5] entendu parfaitement bien

---

[1] François d'Aubusson-Lafeuillade, et non pas *Louis*, que note M. de S.-S., et qui n'avait que quatorze ans (*voy*. Moréri).

[2] Ils le furent en effet, le 12 août, à Mohatz (en Hongrie). *G. Garnier* (*voy.* les notes de la lettre LIII, surtout p. 198).

[3] Le 20 juin on leur avait donné trois mois pour évacuer. Après beaucoup de démarches, ils s'établirent, en 1688, rue des Fossés-Saint-Germain-des-Prés. *G. Garnier.*

[4] V. *C. Garn.*, *S.-S.*, *Am.*, *Viol...* de Saint-Germain-l'Auxerrois.

[5] *V. E.* Manuscrit... Au lieu de *parfaitement bien entendu.*

les violons; enfin ils en sont à la rue de Savoie, dans la paroisse de Saint-André. Le curé a été aussi au roi lui représenter qu'il n'y a tantôt plus dans sa paroisse que des auberges et des coqueliers; si les comédiens y viennent, que son église sera déserte. Les Grands-Augustins ont aussi été au roi, et le père Lembrochons, provincial, a porté la parole; mais on dit que[1] les comédiens ont dit à sa majesté que ces mêmes Augustins, qui ne veulent point les avoir pour voisins, sont fort assidus spectateurs de la comédie, et qu'ils ont même voulu vendre à la troupe, des maisons qui leur appartiennent dans la rue d'Anjou pour y bâtir un théâtre, et que le marché serait déjà conclu, si le lieu eût été plus commode. M. de Louvois a ordonné à M. de La Chapelle de lui envoyer le plan du lieu où ils veulent bâtir dans la rue de Savoie. Ainsi on attend ce que M. de Louvois décidera. Cependant l'alarme est grande dans le quartier; tous les bourgeois, qui sont gens de palais, trouvant fort étrange qu'on vienne leur embarrasser leurs rues. M. Billard[2] surtout, qui se trouvera vis-à-vis de la porte du parterre, crie fort haut; et quand on lui a voulu dire qu'il en aurait plus de commodité pour s'aller divertir quelquefois, il a répondu fort tragiquement : *Je ne veux point me divertir*. Adieu, monsieur; je fais moi-même ce que je puis pour vous divertir, quoique j'aie le cœur fort triste depuis la lettre que vous avez écrite à madame votre sœur. Si vous croyez

---

[1] *V. E. Id...* Au lieu de *on prétend que...* (les éditeurs ont sans doute voulu faire disparaître la répétition de *dit*).

[2] Avocat célèbre... Il fut beau père du prévôt des marchands Bignon, et du père du garde-des-sceaux Chauvelin. *G. Garn.*

que je puisse vous être bon à quelque chose à Bourbon, n'en faites point de façon, mandez-le-moi; je volerai pour vous aller voir.

LETTRE XLVII.[1]

BOILEAU A RACINE.

A Bourbon, 9° août (1687).

JE vous demande pardon du gros paquet que je vous envoie; mais M. Bourdier, mon médecin, a cru qu'il était de son devoir d'écrire à M. Fagon sur ma maladie. Je lui ai dit qu'il fallait que M. Dodart vît aussi la chose : ainsi nous sommes convenus de vous adresser sa relation, avec un[2] cachet volant, afin que vous la fissiez voir à l'un et à l'autre[3]. Je vous envoie un compliment pour M. de La Bruyère[4]. J'ai été sensiblement affligé de la mort de M. de Saint Laurent. Franchement, notre siècle se dégarnit fort de gens de mérite et de vertu; et sans ceux qu'on a étouffés sous prétexte de J.[5], en voilà un grand nombre que la mort a enlevés depuis peu. Je plains fort le pauvre M. de Sainctot[6]. Je ne vous dirai point en quel état est ma poitrine, puisque

---

[1] Lettre corrigée par Boileau sur une copie (réponse au n° XLV, p. 167).

[2] V. *Louis Rac.*, *G. Garn.*, *S.-S.*, *Am.*, *Viol.*.. Relation. Je vous envoie (ainsi il y a une ligne omise).

[3] COR... Tout ce commencement est supprimé.

[4] Son livre des Caractères venait de paraître (1687, in-12). *G. Garnier.*

[5] *V. E.* Manuscrit... Au lieu de *jansénisme*.

[6] Nicolas de Sainctot, maître des cérémonies. *Gaz. de France*... Table (il était peut-être parent de Saint-Laurent).

mon médecin vous en écrit tout le détail; ce que je puis vous dire, c'est que ma maladie est de ces sortes de choses *quæ non recipiunt magis*[1] *et minus*, puisque je suis environ au même état que j'étais lorsque je suis arrivé. On me dit cependant toujours, comme à Paris, que cela reviendra, et c'est ce qui me désespère, cela ne revenant[2] point. Si je savais que je dusse être sans voix toute ma vie, je m'affligerais sans doute; mais je prendrais ma résolution, et je me trouverais peut-être[3] moins malheureux que dans un état d'incertitude qui ne me permet pas de me fixer, et qui me laisse toujours comme un coupable qui attend le jugement de son procès. Je m'efforce pourtant de[4] traîner ici ma misérable vie du mieux que je puis, avec un abbé, très honnête homme, qui est trésorier[5] d'une sainte chapelle, mon médecin et mon apothicaire. Je passe[6] le temps avec eux à-peu-près comme D. Quixotte[7] le passait, *en un lugar de la Mancha*, avec son curé, son barbier et le bachelier Sanson Carasco. J'ai aussi une servante : il me manque une nièce. Mais de tous ces gens-là, celui qui joue le mieux son personnage, c'est moi qui suis presque aussi fou que lui, et qui ne dirais guère moins de sottises, si je pouvais me faire entendre. Je n'ai point

[1] Cor... *Non admittunt magis*... (Ce vieil adage de médecine, cité par Boileau, désigne un état physique très peu sujet à des variations).

[2] Cor... *Désespère, ma voix ne revenant*...

[3] *V. E.* Manuscrit... Au lieu de *je serais peut-être*...

[4] *V. E. Id.* Au lieu de *je m'efforce cependant*...

[5] Cor... *Homme qui, y est, comme je vous l'ai déjà dit, trésorier*... (Il en a en effet parlé dans la lettre du 21 juillet, p. 158).

[6] Cor... *Chapelle, et avec mes médecins. Je passe*...

[7] Boileau, on l'a dit (tome II, p. 446, n° xxv), écrit *Guichot*.

été surpris de ce que vous m'avez mandé de M. Hessein :
Naturam expellas furca, tamen usque recurret.[1] Il a
d'ailleurs de très bonnes qualités, mais, à mon avis,
puisque je suis sur la citation de D. Quixotte, il n'est
pas mauvais de garder avec lui les mêmes mesures qu'avec Cardenio[2]. Comme il veut toujours contredire, il ne
serait pas mauvais de le mettre avec cet homme que
vous savez de notre assemblée, qui ne dit jamais rien
qu'on ne doive contredire[3]; ils seraient merveilleux ensemble. Adieu, mon cher monsieur; conservez-moi toujours une amitié qui fait ma plus grande consolation.[4]

J'ai déjà formé mon plan pour l'année 1667[5], où je
vois de quoi ouvrir un beau champ à l'esprit; mais, à
ne vous rien déguiser, il ne faut pas que vous fassiez
un grand fond sur moi, tant que j'aurai tous les matins à prendre douze verrées[6] d'eau, qu'il coûte encore
plus à rendre qu'à avaler, et qui vous laissent tout
étourdi le reste du jour, sans qu'il soit[7] permis de sommeiller un moment. Je ferai pourtant du mieux que je
pourrai, et j'espère que Dieu m'aidera.

Vous faites bien de cultiver madame de Maintenon ;
jamais personne ne fut si digne qu'elle du poste qu'elle
occupe, et c'est la seule vertu où je n'aie point encore

---

[1] Horace, livre I, épître x, vers 24. *Voy.* tome I, sat. xi, vers 45.

[2] *Voy.* D. Quixotte, part. i, ch. xxiii et suiv.

[3] Charpentier. On en a parlé à lettre xlii, p. 157, note 8.

[4] *V. E.* Manuscrit... Cette phrase, depuis *adieu*, est omise dans toutes les éditions. Elle était pourtant assez intéressante à conserver.

[5] Il parle de l'histoire du roi, dont ils étaient tous deux continuellement occupés. *L. Racine*, p. 105.

[6] V. *Éditions citées à* note 2, p. 177... Douze verres (pour *verrées*)...

[7] *V. E.* Manuscrit... Au lieu de *qu'il* vous *soit*...

remarqué de défaut. L'estime qu'elle a pour vous est une marque de son bon goût. Pour moi, je ne me compte pas au rang des choses vivantes :

> Vox quoque Mœrim
> Jam fugit ipsa : lupi Mœrim videre priores. [1]

LETTRE XLVIII.[2]

BOILEAU A RACINE.

A Moulins, 13ᵉ août (1687).

Mon médecin a jugé à propos de me laisser reposer deux jours, et j'ai pris ce temps pour venir voir Moulins, où j'arrivai hier au matin, et d'où je m'en dois retourner aujourd'hui au soir. C'est une ville très marchande et très peuplée, et qui n'est pas indigne d'avoir un trésorier de France comme vous[3]. Un M. de Chamblain, ami de M. l'abbé de Sales[4], qui y est venu avec moi, m'y donna hier à souper fort magnifiquement. Il se dit grand ami de M. de Poignant, et connaît fort votre nom, aussi bien que tout le monde de cette ville, qui s'honore fort d'avoir un magistrat de votre force[5],

---

[1] Virgile, églogue IX, vers 53 (Adresse : à monsieur, monsieur Racine).
[2] Autre lettre corrigée sur une copie.
[3] Colbert lui avait procuré gratuitement cette charge. *Voy.* Louis Racine, I, 133 ; ci-apr. Pj. justif., n° 119.
  Cor. M. Racine était trésorier de France, charge que le roi lui avait donnée (*note de Boileau*).
[4] *Voy.* lett. VII, p. 24 ; lett. XLII, p. 158 ; etc.
[5] Cor. De votre *mérite...* (on voit que Boileau cherchait à adoucir cette plaisanterie si piquante).

et qui lui est si peu à charge [1]. Je vous ai envoyé par le dernier ordinaire une très longue déduction de ma maladie, que M. Bourdier, mon médecin, écrit à M.[2] Fagon : ainsi vous en devez être instruit à l'heure qu'il est parfaitement. Je vous dirai pourtant que dans cette relation il ne parle point de la lassitude de jambes et du peu d'appétit; si bien que tout le profit que j'ai fait jusqu'ici à boire des eaux, selon lui, consiste à un éclaircissement de teint que le hâle du voyage m'avait jauni plutôt que la maladie; car [3] vous savez bien qu'en partant de Paris je n'avais pas le visage trop [4] mauvais, et je ne vois pas qu'à Moulins, où je suis, on me félicite fort présentement de mon embonpoint. Si j'ai écrit une lettre si triste à ma sœur, cela ne vient point de ce que je me sente beaucoup plus mal qu'à Paris, puisqu'à vous dire le vrai, tout le bien et tout le mal mis ensemble, je suis environ au même état que quand je partis; mais dans le chagrin de ne point guérir, on a quelquefois des momens où la mélancolie [5] redouble, et je lui ai écrit dans un de ces momens. Peut-être dans une autre lettre verra-t-elle que je ris. Le chagrin est comme une fièvre qui a ses redoublemens et ses suspensions. [6]

[1] Parce qu'il n'y allait jamais. *Louis Racine*, II, 112 (cette seconde plaisanterie n'est guère moins piquante que la première).

[2] Cor... *Ordinaire*, un très long récit *de ma maladie que* M. B**, *mon médecin, envoie à* M...

[3] Cor... *De teint*, qu'il me semble pourtant, ne lui en déplaise, *que le hâle du voyage* plutôt que la maladie m'avait rembruni. *Car*...

[4] V. S.-S., *Am*.... Visage *très* mauvais.

[5] Cor... *Chagrin* que j'ai *de ne point guérir*, il y a *quelquefois des momens où ma mélancolie*...

[6] Cor... Et ses *diminutions* (il eût mieux vallu dire ses *rémittences*).

La mort de M. de Saint-Laurent est tout-à-fait édifiante ; il me paraît qu'il a fini avec toute l'audace d'un philosophe et toute l'humilité d'un chrétien. Je suis persuadé qu'il y a des saints canonisés qui n'étaient pas plus saints que lui : on le verra un jour, selon toutes les apparences, dans les litanies. Mon embarras est seulement comment on l'appellera, et si on lui dira simplement saint Laurent ou saint Saint-Laurent. Je n'admire pas seulement M. de Chartres[1], mais je l'aime[2], j'en suis fou. Je ne sais pas ce qu'il sera[3] dans la suite ; mais je sais bien que l'enfance d'Alexandre, ni de Constantin[4] n'a jamais promis de si grandes choses que la sienne, et on pourrait beaucoup plus justement[5] faire de lui les prophéties que Virgile, à mon avis, a faites assez à la légère du fils de Pollion[6]. Dans le temps que je vous écris ceci, M. Amiot[7] vient d'entrer dans ma chambre ; il a précipité, dit-il, son retour à Bourbon pour me venir rendre service. Il m'a dit qu'il avait vu, avant que de partir, M. Fagon, et qu'ils persistaient l'un et l'autre dans le pensée du demi-bain, quoi qu'en puissent dire MM. Bourdier et Baudière : c'est une affaire qui se décidera demain à Bourbon. A vous dire le vrai, mon

---

[1] *Voy.* lettre XLV, p. 169, et surtout lettre XLVI, p. 173 à 175.

[2] Cor... *Saint-Laurent. Je* n'estime pas *seulement M. de Chartres*, du chagrin qu'il a eu de la mort de son précepteur, *mais je l'aime*...

[3] Cor... *Ce que* ce prince *sera*...

V. *Daun.*, 1809 ; *Viol....* Ce qu'il *fera* dans...

[4] Cor... *d'Alexandre ni* celle *de Constantin*...

[5] Cor... *On pourrait* très *justement*... (Il suffit pour apprécier ces prophéties, de rappeler que ce prince fut depuis le duc d'Orléans, *Régent*).

[6] Virgile, églogue III, vers 7 et suiv.

[7] Médecin de Bourbon. G. Garnier.

cher monsieur, c'est quelque chose d'assez fâcheux que de se voir ainsi le jouet d'une science très conjecturale, et où l'un dit blanc et l'autre noir : car les deux derniers ne soutiennent pas seulement que le bain n'est point[1] bon à mon mal; mais ils prétendent qu'il y va de la vie, et citent sur cela des exemples funestes. Mais enfin me voilà livré à la médecine, et il n'est plus temps de reculer. Ainsi, ce que je demande à Dieu, ce n'est pas qu'il me rende la voix, mais qu'il me donne la vertu et la piété de M. de Saint-Laurent, ou de M. Nicole, ou même la vôtre, puisque avec cela on se moque des périls. S'il y a quelque malheur dont on se puisse réjouir, c'est, à mon avis, de celui des comédiens : si on continue à les traiter comme on fait, il faudra[2] qu'ils s'aillent établir entre la Villette et la porte Saint-Martin; encore ne sais-je s'ils n'auront point sur les bras le curé de Saint-Laurent[3]. Je vous ai une obligation infinie du soin que vous prenez d'entretenir un misérable comme[4] moi. L'offre que vous me faites[5] de venir à Bourbon est tout-à-fait héroïque et obligeante[6]; mais il n'est pas nécessaire que vous veniez vous enterrer inutilement dans le plus vilain lieu du monde, et le chagrin que vous auriez infailliblement de vous y voir ne ferait qu'augmenter celui que j'ai d'y être. Vous m'êtes

---

[1] *V. E.* Manuscrit... Au lieu de *n'est pas bon...*

[2] Cor... *Traiter comme vous me mandez qu'on les traite, il faudra...*

[3] *Voy.* la lettre du 24 août 1687, n° LIII, p. 199. — La paroisse de Saint-Laurent s'étendait jusque-là.

[4] Cor... *Prenez d'écrire si souvent à un infortuné comme...*

[5] Lettre XLII, p. 177. — En effet, dans la position de Racine, cette offre ne pouvait être inspirée que par la plus généreuse amitié.

[6] Cor... Il supprime *et obligeante.*

plus nécessaire à Paris qu'ici, et j'aime encore mieux ne vous point voir que de vous voir triste et affligé. Adieu, mon cher monsieur ; mes recommandations à M. Félix, à M. de Termes [1] et à tous nos autres amis.

LETTRE XLIX.

RACINE A BOILEAU.

A Paris, ce 13ᵉ août (1687).

JE ne vous écrirai aujourd'hui que deux mots, car, outre qu'il est extrêmement tard, je reviens chez moi pénétré de frayeur et de déplaisir. Je sors de chez le pauvre M. Hessein [2], que j'ai laissé à l'extrémité; je doute qu'à moins d'un miracle je le retrouve demain en vie. Je vous conterai sa maladie une autre fois, et je ne vous parlerai maintenant que de ce qui vous regarde. Vous êtes un peu cruel à mon égard, de me laisser si longtemps dans l'horrible inquiétude où vous avez bien dû juger que votre lettre à madame Manchon [3] me pouvait jeter [4]. J'ai vu M. Fagon, qui, sur le récit que je lui ai fait de ce qui est dans cette lettre, a jugé qu'il fallait quitter sur-le-champ [5] vos eaux. Il dit que leur effet naturel est d'ouvrir l'appétit, bien loin de l'ôter; il croit même qu'à l'heure qu'il est vous les aurez interrompues,

---

[1] Cor... Il supprime aussi (ce qui est assez singulier) à *M. de Termes*...

[2] Il en est question note 5, p. 160, et p. 164, 170, 179.

[3] V. *Louis Rac.*, *S. S.*, *Am.*, *Viol*... Madame *votre sœur* me...

[4] Racine n'avait donc pas encore reçu la lettre du 9 août, n° XLVII. p. 177.

[5] V. *S.-S.*, *Am*... Fallait sur-le-champ quitter.

parce qu'on n'en prend jamais plus de vingt jours de suite. Si vous vous en êtes trouvé considérablement bien, il est d'avis qu'après les avoir laissées pour quelque temps, vous les recommenciez; si elles ne vous ont fait aucun bien, il croit qu'il les faut quitter entièrement. Le roi me demanda avant[1] hier au soir si vous étiez revenu; je lui répondis que non, et que les eaux jusqu'ici ne vous avaient pas fort soulagé. Il me dit ces propres mots : « Il fera mieux de se remettre à son train « de vie ordinaire; la voix lui reviendra lorsqu'il y pen- « sera le moins. » Tout le monde a été charmé[2] de la bonté que sa majesté a témoignée pour vous en parlant ainsi, et tout le monde est d'avis que, pour votre santé, vous ferez bien de revenir. M. Félix est de cet avis; le premier médecin et M. Moreau en sont entièrement. M. du Tartre[3] croit qu'absolument les eaux de Bourbon ne sont point bonnes[4] pour votre poitrine, et que vos lassitudes en sont une marque. Tout cela, mon cher monsieur, m'a donné une furieuse envie de vous voir de retour. On dit que vous trouverez de petits remèdes innocens qui vous rendront infailliblement la voix, et qu'elle reviendra d'elle-même quand vous ne feriez[5] rien. M. le maréchal de Bellefonds m'enseigna hier un remède dont il dit qu'il a vu plusieurs gens guéris d'une extinction de voix; c'est de laisser fondre

[1] *V. E.* Manuscrit..: Au lieu de *me demanda hier...* (On a omis *avant*).

[2] *V. E. Id...* Au lieu de *tout le monde* est *charmé*.

[3] Chirurgien juré du parlement de Paris; et depuis chirurgien ordinaire du roi. G. Garnier.

[4] *V. E.* Manuscrit... Au lieu de *ne sont pas bonnes*.

[5] V. *Éditions citées à note* 3, p. 182... ne *ferez* rien... (locution incorrecte).

dans sa bouche un peu de myrrhe, la plus transparente qu'on puisse trouver; d'autres se sont guéris avec la simple eau de poulet, sans compter l'*erysimum*; enfin, tout d'une voix, tout le monde vous conseille de revenir. Je n'ai jamais vu une santé plus généralement souhaitée que la vôtre. Venez donc, je vous en conjure; et, à moins que vous n'ayez déjà un commencement de voix qui vous donne des assurances que vous achèverez de guérir à Bourbon, ne perdez pas un moment de temps pour vous redonner à vos amis, et à moi, surtout, qui suis inconsolable de vous voir si loin de moi, et d'être des semaines entières sans savoir si vous êtes en santé ou non. Plus je vois décroître le nombre de mes amis, plus je deviens sensible au peu qui m'en reste; et il me semble, à vous parler franchement, qu'il ne me reste presque plus que vous. Adieu : je crains de m'attendrir follement, en m'arrêtant trop sur cette réflexion[1]. Madame Manchon pense toutes les mêmes choses que moi, et est véritablement inquiète sur votre santé.

LETTRE L.[2]

RACINE A BOILEAU.

A Paris, ce 17 août (1687).

J'ALLAI hier au soir à Versailles, et j'y allai tout exprès pour voir M. Fagon et lui donner la consultation

---

[1] Ce qui suit a été omis par Louis Racine, ainsi que cette *adresse* de la lettre : A monsieur Despréaux, chez M. Prévost, chirurgien à Bourbon.
[2] Réponse à la lettre du 9 août 1687, n° XLVII, p. 177.

de M. Bourdier. Je la lus auparavant avec M. Félix, et je la trouvai très savante, dépeignant votre tempérament et votre mal en termes très énergiques; j'y croyais trouver en quelque page : *Numero Deus impare gaudet*[1]. M. Fagon me dit que du moment qu'il s'agissait de la vie, et qu'elle pouvait être en compromis, il s'étonnait qu'on mît en question si vous prendriez le demi-bain. Il en écrira à M. Bourdier, et cependant il m'a chargé de vous écrire au plus vite de ne point vous baigner, et même si les eaux vous ont incommodé, de les quitter entièrement, et de vous en revenir.

Je vous avais déjà mandé son avis là-dessus, et il y persiste[2] toujours. Tout le monde crie que vous devriez revenir, médecins, chirurgiens, hommes, femmes.

Je vous avais mandé qu'il fallait un miracle pour sauver M. Hessein : il est sauvé, et c'est votre bon ami le quinquina qui a fait ce miracle. L'émétique l'avait mis à la mort : M. Fagon arriva fort à propos, qui, le croyant à demi mort, ordonna au plus vite le quinquina. Il est présentement sans fièvre; je l'ai même tantôt fait rire jusqu'à la convulsion, en lui montrant l'endroit de votre lettre où vous parlez du bachelier, du curé et du barbier. Vous dites qu'il vous manque une nièce : voudriez-vous qu'on vous envoyât mademoiselle Despréaux[3]?

---

[1] Virgile, égl. VIII, v. 75 (v. p. 194, note 3). Racine a écrit *impari*.

[2] *V. E.* Manuscrit... Au lieu de *il persiste*.

[3] Petit trait de raillerie. Boileau n'aimait pas beaucoup cette nièce. *Louis Racine*, p. 120.

Il y a apparence que l'oncle changea ensuite de sentimens puisqu'il fit un legs considérable à cette même nièce (*Pi. just.*, n° 209 *d*). Toutefois Germain Garnier (VII, 223), Auger (IV, 74), et MM. Amar (IV, 69) et de Saint-Surin (IV, 85) disent (sans citer d'autorités) que la nièce avait l'hu-

Je m'en vais ce soir à Marly. M. Félix a demandé permission au roi pour moi, et j'y demeurerai jusqu'à mercredi prochain.

M. le duc de Charost [1] m'a tantôt demandé de vos nouvelles, d'un ton de voix que je vous souhaiterais de tout mon cœur. Quantité de gens de nos amis sont malades, entre autres M. le duc de Chevreuse et M. de Chamlai [2] : tous deux ont la fièvre double-tierce. M. de Chamlai a déjà pris le quinquina ; M. de Chevreuse le prendra au premier jour. On ne voit à la cour que des gens qui ont le ventre plein de quinquina. Si cela ne vous excite pas à y revenir, je ne sais plus ce qui vous peut en donner envie. M. Hessein ne l'a point voulu prendre des apothicaires, mais de la propre main de Smith [3]. J'ai vu ce Smith chez lui ; il a le visage vermeil et boutonné, et a bien plus l'air d'un maître cabaretier que d'un médecin. M. Hessein dit qu'il n'a jamais rien bu de plus agréable, et qu'à chaque fois qu'il en prend, il sent la vie descendre dans son estomac. Adieu, mon cher monsieur, je commencerai et finirai toutes mes lettres en vous disant de vous hâter de revenir.[4]

meur bizarre et acariâtre de sa mère, et le premier ajoute que la nièce et la mère tourmentèrent beaucoup Boileau lorsqu'il demeurait chez son frère Jérôme. Il est difficile de concilier ces assertions, avec une libéralité encore plus considérable que Puymorin, lié d'une amitié étroite avec le poète, fit, en 1683, à la même nièce, par son testament (*ib.*, n° 34 *f*) ; et en cela il n'agissait pas par pure déférence pour les liens du sang, puisqu'il ne nomma pas même son autre nièce, Louise Geneviève (morte seulement en 1701..... *Tabl. et Explicat. généal.*, n°. 426 et 427).

[1] Armand de Béthune, gendre du surintendant Fouquet. *G. Garnier.*
[2] Nous parlerons de Chamlai dans une des notes de la lettre n° LXXVI.
[3] V. *Manuscrit* et *Louis Racine*... Chmith.
[4] *Adresse...* Elle est conçue comme celle qu'on a lue à note 1, p. 186.

LETTRE LI.[1]

BOILEAU A RACINE.

A Bourbon, 19ᵉ août (1687).

Vous pouvez juger, monsieur, combien j'ai été frappé de la funeste nouvelle[2] que vous m'avez mandée de notre pauvre ami[3]. En quelque état pitoyable néanmoins que vous l'ayez laissé, je ne saurais m'empêcher d'avoir toujours quelque rayon d'espérance, tant que vous ne m'aurez point écrit : *il est mort*[4]; et je me flatte même qu'au premier ordinaire j'apprendrai qu'il est hors de danger. A dire le vrai, j'ai bon besoin de me flatter ainsi, surtout aujourd'hui que j'ai pris une médecine qui m'a fait tomber quatre fois en faiblesse, et qui m'a jeté dans un abattement[5] dont même les plus agréables nouvelles ne seraient pas capables de me relever. Je vous avoue pourtant que si quelque chose pouvait me rendre la santé et la joie, ce serait la bonté qu'a sa majesté de s'enquérir de moi, toutes les fois que vous vous présentez devant lui. Il ne[6] saurait guère rien arriver de plus glorieux, je ne dis pas à un misérable comme[7] moi, mais à tout ce qu'il y a de gens plus

---

[1] Cette lettre a été corrigée par Boileau sur une copie (*voy.* notes suiv.).

[2] Cor... *de la* triste *nouvelle*...

[3] Heissein. *Voy.* lettre XLIX, vers le commencement, p. 184.

[4] Cor... *écrit*, il n'est plus, *et je*...

[5] Cor... *aujourd'hui que je suis* tombé *quatre fois en faiblesse, et que je suis dans un abattement*...

[6] Cor... *devant* elle. Il *ne*...

[7] Cor... *à un* homme *comme moi*... (il a bien fait de changer *misérable*).

considérables¹ à la cour; et je gage qu'il y en a plus de vingt d'entre eux qui, à l'heure qu'il est, envient ma bonne fortune : et qui voudraient avoir perdu la voix et même la parole à ce prix. Je ne manquerai pas, avant qu'il soit peu, de profiter du bon avis qu'un si grand prince me donne, sauf à désobliger M. Bourdier, mon médecin, et M. Baudière mon apothicaire, qui prétendent maintenir contre lui que les eaux² de Bourbon sont admirables pour rendre la voix; mais je m'imagine qu'ils réussiront dans cette entreprise, à-peu-près comme toutes les puissances de l'Europe ont réussi à lui empêcher de³ prendre Luxembourg et tant d'autres villes. Pour moi, je suis persuadé qu'il fait bon suivre ses ordonnances, en fait⁴ même de médecine. J'accepte l'augure qu'il m'a donné en vous disant que la voix me reviendrait lorsque j'y penserais le moins. Un prince qui a exécuté tant de choses miraculeuses, est vraisemblablement inspiré du ciel, et toutes les choses qu'il dit sont des oracles. D'ailleurs j'ai encore un remède à essayer, où j'ai grande⁵ espérance, qui est de me présenter à son passage dès que je serai de retour; car je crois que l'envie que j'aurai de lui témoigner ma joie et ma reconnaissance, me fera trouver de la voix, et peut-être même des paroles éloquentes. Cependant je vous dirai que je suis aussi muet que jamais, quoique

---

¹ Cor... *de gens les plus considérables*...

² Cor... *me donne et même malgré mes médecins qui sont prêts, disent-ils, à maintenir contre S. M. et contre tous les rois de la terre que les eaux*...

³ Cela se disait alors... Il faut à présent *l'empêcher*... Féraud.
Cor... *ont réussi à empêcher S. M. de prendre*...

⁴ Cor... *de suivre ses ordres, en fait*...

⁵ Cor... *à essayer, auquel j'ai*... (la phrase était en effet incorrecte).

inondé d'eaux et de remèdes[1]. Nous attendons la réponse de M. Fagon sur la relation que M. Bourdier lui a envoyée. Jusque-là je ne puis rien vous dire sur mon départ. On me fait toujours espérer ici une guérison prochaine, et nous devons tenter le demi-bain, supposé que M. Fagon persiste toujours dans l'opinion qu'il me peut être utile. Après cela je prendrai mon parti. Vous ne sauriez croire combien je vous suis obligé de la tendresse que vous m'avez témoignée dans votre dernière lettre; les larmes m'en sont presque venues aux yeux; et quelque résolution que j'eusse faite de quitter le monde, supposé que la voix ne me revînt point, cela m'a entièrement fait changer d'avis; c'est-à-dire, en un mot, que je me sens capable de quitter toutes choses, hormis vous. Adieu, mon cher monsieur, excusez si je ne vous écris pas une plus longue lettre; franchement, je suis fort abattu. Je n'ai point d'appétit; je traîne les jambes plutôt que je ne marche; je n'oserais dormir, et je suis toujours accablé de sommeil. Je me flatte pourtant encore de l'espérance que les eaux de Bourbon me guériront. M. Amiot est homme d'esprit, et me rassure fort. Il se fait une affaire très sérieuse de me guérir, aussi bien que les autres médecins. Je n'ai jamais vu de gens si affectionnés à leur malade, et je crois qu'il n'y en a pas un d'entre eux qui ne donnât quelque chose de sa santé pour me rendre la mienne. Outre leur affection, il y va de leur intérêt, parce que ma maladie fait grand bruit dans Bourbon. Cependant ils ne sont point d'accord, et M. Bourdier lève toujours

---

[1] Cor... Boileau supprime tout ce qui suit dans cette lettre.

des yeux très tristes[1] au ciel, quand on parle de bain. Quoi qu'il en soit, je leur suis obligé de leurs soins et de leur bonne volonté; et quand vous m'écrirez, je vous prie de me dire quelque chose qui marque que je parle bien d'eux. M. de la Chapelle m'a écrit une lettre fort obligeante, et m'envoie plusieurs inscriptions sur lesquelles il me prie de dire mon avis[2]. Elles me paraissent toutes fort spirituelles; mais je ne saurais pas lui mander, pour cette fois, ce que j'y trouve à redire : ce sera pour le premier ordinaire. M. Boursault, que je croyais mort, me vint voir il y a cinq ou six[3] jours, et m'apparut le soir assez subitement. Il me dit qu'il s'était détourné de trois grandes lieues du chemin de Mont-Luçon[4], où il allait, et où il est habitué, pour avoir le bonheur de me saluer. Il me fit offre de toutes choses, d'argent, de commodités, de chevaux[5]. Je lui répondis avec les mêmes honnêtetés, et voulus le retenir pour le lendemain à dîner; mais il me dit qu'il était obligé de s'en aller dès le grand matin : ainsi nous nous séparâmes amis à outrance. A propos d'amis, mes baisemains, je vous prie, à tous nos amis communs. Dites bien à M. Quinault que je lui suis infiniment obligé de son souvenir, et des choses obligeantes qu'il a écrites de moi à M. l'abbé de Sales[6]. Vous pouvez l'assurer

---

[1] *V. E.* Manuscrit... Au lieu de *yeux tristes* (tous les éditeurs omettent *très*).

[2] Même observation que dans la note du n° 436, Expl. gén., tome III.

[3] *V. E.* Manuscrit, et non pas *cinq à six* jours.

[4] Il y était receveur des fermes. *Louis Racine.*

[5] Sensible à ce trait de générosité, Boileau ôta de ses satires, le nom de Boursault. *Louis Racine* (*voy.* tome I, sat. IX, vers 98).

[6] Trésorier de la Sainte-Chapelle de Bourbon, cité à lettre VII, p. 24.

que je le compte présentement au rang de mes meilleurs amis, et de ceux dont j'estime le plus le cœur et l'esprit[1]. Ne vous étonnez pas si vous recevez quelquefois mes lettres un peu tard, parce que la poste n'est point à Bourbon, et que souvent, faute de gens pour envoyer à Moulins, on perd un ordinaire. Au nom de Dieu, mandez-moi avant toutes choses des nouvelles de M. Hessein.

LETTRE LII.

BOILEAU A RACINE.

A Bourbon, 23ᶜ août (1687).

On me vient d'avertir [2] que la poste est de ce soir à Bourbon ; c'est ce qui fait que je prends la plume à l'heure qu'il est, c'est-à-dire, à dix heures du soir, qui est une heure fort extraordinaire aux malades de Bourbon, pour vous dire que, malgré les tragiques remontrances de M. Bourdier, je me suis mis aujourd'hui dans le demi-bain, par le conseil de M. Amiot, et même de M. des Trapières, que j'ai appelé au conseil. Je n'y ai été qu'une heure; cependant j'en suis sorti beaucoup en meilleur état que je n'y étais entré, c'est-à-dire, la poitrine beaucoup plus dégagée, les jambes plus légères, l'esprit plus gai : et même mon laquais m'ayant demandé quelque chose, je lui ai répondu un *non* à pleine voix,

---

[1] Même tome I, Essai, n° 131 (il y est question de la réconciliation de Boileau avec plusieurs de ses ennemis).

[2] V. *Éditions citées* à note 2, p. 152... On me vient avertir.

qui l'a surpris lui-même, aussi bien qu'une servante qui était dans la chambre; et pour moi, j'ai cru l'avoir prononcé par enchantement. Il est vrai que je n'ai pu depuis rattraper ce ton-là; mais, comme vous voyez, monsieur, c'en est assez pour me remettre le cœur au ventre [1], puisque c'est une preuve que ma voix n'est pas entièrement perdue, et que le bain m'est très bon. Je m'en vais piquer de ce côté-là [2], et je vous manderai le succès. Je ne sais pas pourquoi M. Fagon a molli si aisément sur les objections très superstitieuses de M. Bourdier [3]. Il y a tantôt six mois que je n'ai eu de véritable joie que ce soir. Adieu, mon cher monsieur; je dors en vous écrivant. Conservez-moi votre amitié, et croyez que si je recouvre la voix, je l'emploierai à publier à toute la terre la reconnaissance que j'ai des bontés que vous avez pour moi, et qui ont encore accru de beaucoup la véritable estime et la sincère amitié que j'avais pour vous. J'ai été ravi, charmé, enchanté du succès du quinquina; et ce qu'il a fait sur notre ami Hessein m'engage encore plus dans ses intérêts que la guérison de ma fièvre double-tierce.

[1] Expression bien triviale, même dans une correspondance familière. Aussi lorsque Boileau retoucha quelques-unes de ses lettres, la supprima-t-il dans un autre passage où il l'avait également employée (*voy.* lettre LXXIII, p. 260, note 1).

[2] Autre expression trop triviale.

[3] Si l'on rapproche ce passage de ce que dit ailleurs Racine (lettre L, p. 187) qu'il croyait trouver dans la consultation de Bourdier l'adage *numero deus impare gaudet*, on peut présumer que Bourdier insistait sur les *jours intercallaires* (les 3ᵉ, 5ᵉ, 9ᵉ, 13ᵉ, 19ᵉ...) jadis si accrédités en médecine (*voy.* Encycl., *Médecine*, mot *crise*).

LETTRE LIII.

RACINE A BOILEAU.

A Paris, ce 24 août (1687).

Je vous dirai, avant toutes choses, que M. Hessein [1], excepté quelque petit reste de faiblesse, est entièrement hors d'affaire, et ne prendra plus que huit jours du quinquina, à moins qu'il n'en prenne pour son plaisir : car la chose devient à la mode; et on commencera bientôt, à la fin des repas, à le servir comme le café et le chocolat. L'autre jour, à Marly, MONSEIGNEUR, après un fort grand déjeuner avec madame la princesse de Conti [2] et d'autres dames, en envoya quérir deux bouteilles chez les apothicaires du roi, et en but le premier un grand verre; ce qui fut suivi par toute la compagnie, qui, trois heures après, n'en dîna que mieux : il me sembla [3] même que cela leur avait donné un plus grand air de gaîté ce jour-là; et, à ce même dîner, je contai au roi votre embarras entre vos deux médecins, et la consultation très savante de M. Bourdier. Le roi eut la bonté de me demander ce qu'on vous répondait là-dessus, et s'il y avait à délibérer. « Oh! pour moi, s'écria naturel-
« lement madame la princesse de Conti, qui était à table
« à côté de sa majesté, j'aimerais mieux ne parler de
« trente ans, que d'exposer ainsi ma vie pour recou-

---

[1] *Voy.* lettre LI, à la fin, p. 193, et pour la vogue du quinquina, p. 205.
[2] Fille de Louis XIV et de madame de La Vallière. *G. Garnier.*
[3] *V. E.* Manuscrit... Au lieu de *il me semble.*

« vrer la parole. » Le roi, qui venait de faire la guerre
à Monseigneur sur sa débauche de quinquina, lui demanda s'il ne voudrait point aussi tâter des eaux de
Bourbon. Vous ne sauriez croire combien cette maison
de Marly est agréable; la cour y est, ce me semble,
toute [1] autre qu'à Versailles. Il y a peu de gens, et le
roi nomme tous ceux qui l'y doivent suivre. Ainsi tous
ceux qui y sont, se trouvant fort honorés d'y être, y
sont aussi de fort bonne humeur. Le roi même y est fort
libre et fort caressant. On dirait qu'à Versailles il est
tout entier aux affaires, et qu'à Marly il est tout à lui
et à son plaisir. Il m'a fait l'honneur plusieurs fois de
me parler, et j'en suis sorti à mon ordinaire, c'est-à-dire,
fort charmé de lui et au désespoir contre moi : car je ne
me trouve jamais si peu d'esprit que dans ces momens
où j'aurais le plus d'envie d'en avoir.

Du reste, je suis revenu riche de bons mémoires. J'y
ai entretenu tout à mon aise les gens qui pouvaient me
dire le plus de choses de la campagne de Lille [2]. J'eus
même l'honneur de demander cinq ou six éclaircissemens à monsieur de Louvois, qui me parla avec beaucoup de bonté. Vous savez sa manière, et comme toutes
ses paroles sont pleines de droit sens et vont au fait. En
un mot, j'en sortis très savant et très content. Il me dit
que, tout autant de difficultés que nous aurions, il nous
écouterait avec plaisir. Les questions que je lui fis regardaient Charleroi et Douai. J'étais en peine pourquoi
on alla d'abord à Charleroi, et si on avait déjà nouvelle

[1] V. *Daun.* (1809), *S.-S.*, *Am.*, *Viol.*, *Thi...* semble *tout* autre (*voy.* sat. III, vers 117, à la note).
[2] Celle de 1667. Le récit en est dans la *Campagne royale*, in-12, 1668.

que les Espagnols l'eussent rasé : car, en voulant écrire, je me suis trouvé arrêté tout-à-coup, et par cette difficulté et par beaucoup d'autres que je vous dirai. Vous ne me trouverez peut-être, à cause de cela, guère plus avancé que vous; c'est-à-dire, beaucoup d'idées et peu d'écriture. Franchement, je vous trouve fort à dire, et dans mon travail, et dans mes plaisirs. Une heure de conversation m'était d'un grand secours pour l'un, et d'un grand accroissement pour les autres.

Je viens de recevoir une lettre de vous [1]. Je ne doute pas que vous n'ayez présentement reçu celle où je vous mandais l'avis de M. Fagon [2]; et que M. Bourdier n'ait aussi reçu [3] des nouvelles de M. Fagon même, qui ne serviront pas peu à le confirmer dans son avis. Tout ce que vous m'écrivez de votre peu d'appétit et de votre grand abattement [4] est très considérable, et marque toujours, de plus en plus, que les eaux ne vous conviennent point. M. Fagon ne manquera pas de me répéter encore qu'il les faut quitter, et les quitter au plus vite; car, je vous l'ai mandé, il prétend que leur effet naturel est d'ouvrir l'appétit et de rendre les forces. Quand elles font le contraire, il y faut renoncer. Je ne doute donc [5] pas que vous ne vous remettiez bientôt en chemin pour revenir. Je suis persuadé comme vous que la joie de revoir un prince qui témoigne tant de bonté pour vous, vous fera plus de bien que tous les remèdes. M. Roze m'avait

---

[1] La lettre écrite de Moulins, le 13 août 1687, n° XLVIII, p. 180.
[2] La lettre écrite de Paris, le même jour, n° XLIX, p 184.
[3] *V. E.* Manuscrit... Au lieu de *n'ait reçu* (les éditeurs omettent *aussi*).
[4] *V. E. Id...* Au lieu de *votre abattement*.
[5] V. *Daun.* (1809), *S.-S., Am., Viol...* Je ne doute pas...

déjà dit de vous mander de sa part qu'après Dieu le roi était le plus grand médecin du monde, et je fus même fort édifié que M. Roze voulût bien mettre Dieu devant le roi [1]. Je commence à soupçonner qu'il pourrait bien être en effet dans la dévotion. M. Nicole a donné depuis deux jours au public deux tomes de *Réflexions sur les épîtres et sur les évangiles*, qui me semblent encore plus forts et plus édifians que tout ce qu'il a fait. Je ne vous les envoie pas, parce que j'espère que vous serez bientôt de retour, et vous les trouverez infailliblement chez vous. Il n'a encore travaillé que sur la moitié des épîtres et des évangiles de l'année; j'espère qu'il achèvera le reste, pourvu qu'il plaise à Dieu et au révérend père de La Ch. [2] de lui laisser encore un an de vie.

Il n'y a point de nouvelles de Hongrie que celles qui sont dans la Gazette. M. de Lorraine, en passant la Drave, a fait, ce me semble, une entreprise de fort grand éclat et fort inutile [3]. Cette expédition a bien de l'air [4] de celle qu'on fit pour secourir Philisbourg [5]. Il a

---

[1] *F. E.* Manuscrit... Au lieu de AVANT *le roi*... Nous parlons ailleurs de cette ancienne locution (tome I, sat. IV, vers 33) et des éloges hyperboliques donnés à Louis XIV (*ib.*, Essai, n° 142 et suiv.).

[2] V. Texte de l'autographe. Les éditeurs modernes ont suppléé le nom (*de La Chaise*). Louis Racine au contraire a omis *et au R. P. de La Ch...*

[3] Boileau en jugea mieux (lettre suivante, p. 204).

[4] *V. E.* Manuscrit... Au lieu de *a bien l'air*.

[5] Ville, alors très forte, que le duc de Lorraine prit aux Français (ils en étaient maîtres depuis 1644), le 17 septembre 1676, après quatre mois de siège.

Luxembourg, chargé avant le siège, de veiller aux mouvemens de l'armée ennemie alors établie dans la Haute-Alsace, se porta pour aller recueillir un renfort, vers la Basse-Alsace; mais pendant cette espèce de retraite, le duc de Lorraine repassa le Rhin et investit Philisbourg (Reboulet, Hist. de Louis XIV, V, 3 et 4). C'est probablement à la manœuvre de Luxembourg

trouvé au-delà de la rivière un bois, et au-delà de ce bois les ennemis retranchés jusqu'aux dents. M. de Termes est du nombre de ceux que je vous ai mandé qui avaient l'estomac farci de quinquina. Croyez-vous que le quinquina, qui vous a sauvé la vie, ne vous rendrait point la voix ? il devrait du moins vous être plus favorable qu'à un autre, vous qui vous êtes enroué tant de fois à le louer. Les comédiens, qui vous font si peu de pitié, sont pourtant toujours sur le pavé, et je crains, comme vous[1], qu'ils ne soient obligés de s'aller établir auprès des vignes de feu M. votre père[2]; ce serait un digne théâtre pour les œuvres de M. Pradon : j'allais ajouter de M. Boursault; mais je suis trop touché des honnêtetés que vous avez tout nouvellement reçues de lui. Je ferai tantôt à M. Quinault celles que vous me mandez de lui faire. Il me semble que vous avancez furieusement dans le chemin de la perfection. Voilà bien des gens[3] à qui vous avez pardonné.

On m'a dit, chez madame Manchon[4], que M. Marchand partait lundi prochain pour Bourbon : *Hui*[5] *! vereor ne quid Andria apportet mali!* Franchement j'appréhende un peu qu'il ne vous retienne. Il aime fort son

---

que Racine fait ici allusion, et l'on voit par la lettre déjà citée, de Boileau, que le mouvement du duc de Lorraine, en Hongrie, était en effet une retraite, ce dont on aurait pu douter en s'en tenant aux expressions de Racine.

[1] *Voy.* lettre du 13 août, n° XLVII, p. 183.

[2] Du côté de Pantin, près des voiries. *G. Garnier.*

[3] V. 1re manière, *gens.* — 2e *offensés* (ces mots, quoique effacés, se lisent très bien dans l'autographe... *Voy.* p. 204, note 6). — 3e *gens.*

[4] V. *Édit. citées* à note 7, p. 157... Madame *votre sœur que*...

[5] V. *Daun.* (1809), *S.-S., Am.* (1821), *Aug...* HEI (c'est en effet le mot qui est dans Térence, *Andr.*, acte I, sc. 1, v. 46). — Boileau répond dans la lettre suivante (p. 204) à l'allusion que fait ici Racine.

plaisir¹. Cependant je suis assuré que M. Bourdier même vous dira de vous en aller. Le bien que les eaux vous pouvaient faire² est peut-être fait : elles auront mis votre poitrine en bon train. Les remèdes ne font pas toujours sur-le-champ leur plein effet; et mille gens qui étaient allés à Bourbon pour des faiblesses de jambes, n'ont recommencé³ à bien marcher que lorsqu'ils ont été de retour chez eux. Adieu, mon cher monsieur; vous me demandez pardon de m'avoir écrit une lettre trop courte, et vous avez raison de le demander; et moi je vous le demande d'en avoir écrit une trop longue, et j'ai peut-être raison aussi.⁴

LETTRE LIV.⁵

BOILEAU A RACINE.

A Bourbon, 28ᵉ août (1687).

JE ne m'étonne point, monsieur, que madame la princesse de Conti soit dans le sentiment où elle est. Quand elle aurait perdu la voix, il lui resterait encore un million de charmes pour se consoler de cette perte; elle serait encore la plus parfaite chose que la nature ait produite depuis long-temps. Il n'en est pas ainsi d'un misérable qui a besoin de sa voix pour être souffert des

---

[1] Quant à Marchand, *voy.* lettre du 2 septembre, n° LV, p. 207, note 4.
[2] *V. E.* Manuscrit... Au lieu de *pourraient*.
[3] *V. E. Id...* Au lieu de *n'ont commencé*.
[4] *V. E. Id...* Au lieu de *peut-être* aussi raison... (interversion de mots).
[5] Lettre corrigée par Boileau sur une copie.

hommes, et qui a quelquefois à disputer contre M. Charpentier. Quand ce ne serait que cette dernière raison, il doit risquer quelque chose, et la vie n'est pas d'un si grand prix qu'il ne la puisse hasarder, pour se mettre en état d'interrompre un tel parleur[1]. J'ai donc tenté l'aventure du demi-bain avec toute l'audace imaginable ; mes valets faisant lire leur frayeur sur leurs visages, et M. Bourdier s'étant[2] retiré pour n'être point témoin d'une entreprise si téméraire. A vous dire vrai, cette aventure a été un peu semblable à celle des *maillotins*[3] dans don Quichotte, je veux dire, qu'après bien des alarmes, il s'est trouvé qu'il n'y avait qu'à rire, puisque non-seulement le bain ne m'a point augmenté la fluxion sur la poitrine, mais qu'il me l'a même fort soulagée, et que, s'il ne m'a rendu[4] la voix, il m'a du moins en partie rendu la santé. Je ne l'ai encore essayé que quatre fois, et M. Amiot prétend le pousser jusqu'à dix ; après quoi, si la voix ne me revient, il m'assure qu'il me donnera mon congé. Je conçois un fort grand plaisir à vous revoir et à vous embrasser, mais vous ne sauriez croire pourtant tout ce qui se présente d'affreux à mon esprit, quand je songe qu'il me faudra peut-être

---

[1] Cor... *en état d'interrompre* quelquefois *un* si violent *parleur. J'ai...*

[2] Cor... *et* M. B** *s'étant...*

[3] V. On a déjà dit (p. 178, note 7) que Boileau écrit *Guichot*. Il regardait sans doute cette manière d'écrire comme la seule bonne en français, car il a substitué Guichot à *Quixote* qu'on avait mis dans la copie sur laquelle il faisait ses corrections. — Par l'aventure des *Maillotins*, il désigne probablement celle des *moulins à Foulon* (Don Quixote, part. 1, chap. xxix), moulins qui, dans les traductions anciennes, telles que celles de 1620 et 1668, sont désignés par les mots *maillets à foules* ou *à foulon*, correspondans aux mots du texte original, *maços de batan*.

[4] Cor. *S'il ne m'a* pas *rendu...*

repasser muet par ces mêmes hôtelleries[1], et revenir sans voix dans ces mêmes lieux où l'on [2] m'avait tant de fois assuré que les eaux de Bourbon me guériraient infailliblement. Il n'y a que Dieu et vos consolations qui me puissent soutenir dans une si juste occasion de désespoir. J'ai été fort frappé de l'agréable débauche de Monseigneur chez madame la princesse de Conti; mais ne songe-t-il point à l'insulte qu'il a faite par là à tous messieurs de la Faculté? Passe pour avaler le quinquina sans avoir la fièvre; mais de le prendre sans s'être préalablement fait saigner et purger, c'est une chose qui crie vengeance, et il y a une espèce d'effronterie à ne se point trouver mal après un tel attentat contre toutes les règles de la médecine. Si Monseigneur et toute sa compagnie avaient, avant tout, pris une dose de séné dans quelque sirop convenable, cela lui aurait à la vérité coûté quelques tranchées, et l'aurait mis, lui et tous les autres, hors d'état de dîner, mais il y aurait eu au moins quelques formes gardées[3], et M. Bachot[4] aurait trouvé le trait galant. Au lieu que de la manière dont la chose s'est faite, cela ne saurait jamais être approuvé que des gens de cour et du monde, et non point des véritables disciples d'Hippocrate, gens à barbe vénérable, et qui ne verront point assurément ce qu'il peut y avoir eu de plaisant à tout cela. Que si personne n'en a été malade, ils vous répondront qu'il y a eu du sortilège; et en effet, monsieur, de la manière dont vous me peignez Marly,

---

[1] *Éditions citées* note 7, p. 157... Ces hôtelleries.. (*mêmes* est omis).
[2] Cor. *Hôtelleries* et par *les mêmes lieux où*...
[3] Cor. *Quelques* formalités *gardées*.
[4] Apothicaire, dit M. de S.-S. (c'était plutôt un médecin. *V. Encycl., h. v.*).

c'est un véritable lieu d'enchantement. Je ne doute point que les fées n'y habitent. En un mot, tout ce qui s'y dit et ce qui s'y fait me paraît enchanté; mais surtout les discours du maître du château ont quelque chose de fort ensorcelant, et ont un charme qui se fait sentir jusqu'à Bourbon. De quelque pitoyable manière que vous m'ayez conté la disgrâce des comédiens, je n'ai pu m'empêcher d'en rire. Mais dites-moi, monsieur, supposé qu'ils aillent habiter où je vous ai dit, croyez-vous qu'ils boivent du vin du cru[1]? Ce ne serait pas une mauvaise pénitence à proposer à M. de Champmeslé[2], pour tant de bouteilles de vin de Champagne qu'il a bues[3] : vous savez aux dépens de qui[4]. Vous avez raison de dire qu'ils auront là un merveilleux théâtre pour jouer les pièces de M. Pradon; et d'ailleurs ils y auront une commodité : c'est que quand le souffleur aura oublié d'apporter la copie de ses ouvrages, il en retrouvera infailliblement une bonne partie dans les précieux dépôts qu'on apporte tous les matins en cet endroit. M. Fagon n'a point écrit à M. Bourdier. Faites[5] bien des complimens pour moi à M. Roze. Les gens de son tempéramment sont de fort dangereux ennemis; mais il n'y a point aussi de plus chauds amis, et je sais qu'il a de l'amitié

---

[1] Le vin de Pantin, où le père de Boileau avait des vignes. *Voy.* lettre XLVIII et LIII, p. 183 et 199.

[2] Le mari de la comédienne, grand ivrogne. *Louis Racine.*

[3] Cor. *Qu'il a bues* chez lui, *vous savez aux dépens de qui.* — Ce passage, surtout avec l'expression (*chez lui*) ajoutée par Boileau, nous semble suffisant pour dissiper tous les doutes que Louis Racine (I, 108 à 113) veut élever sur la nature de la liaison de son père avec la Champmeslé.

[4] Boileau supprime ce qui suit jusqu'aux mots *cet endroit*, inclusivement.

[5] Cor... *A M. B**. Faites...*

pour moi. Je vous félicite des conversations fructueuses que vous avez eues avec Mgr de¹ Louvois, d'autant plus que j'aurai part à votre récolte. Ne craignez point que M. Marchand m'arrête² à Bourbon. Quelque amitié que j'aie pour lui, il n'entre point en balance avec vous, et l'Andrienne n'apportera aucun mal³. Je meurs d'envie de voir les Réflexions de M. Nicole; et je m'imagine que c'est Dieu qui me prépare ce livre à Paris, pour me consoler de mon infortune. J'ai⁴ fort ri de la raillerie que vous me faites sur les gens à qui j'ai pardonné. Cependant savez-vous bien qu'il y a à cela plus de mérite que vous ne croyez, si le proverbe italien est véritable, que⁵ *Chi offende non perdona*⁶? L'action de M. de Lorraine ne me paraît point si inutile qu'on se veut imaginer, puisque rien ne peut mieux confirmer l'assurance de ses troupes, que de voir que les Turcs n'ont osé sortir de leurs retranchemens, ni même donner sur son arrière-garde dans sa retraite; et il faut en effet que ce soient de grands coquins pour l'avoir ainsi laissé repasser la Drave. Croyez-moi, ils seront battus; et la retraite de M. de Lorraine a plus de rapport à la

---

¹ *V. E.* Manuscrit; au lieu de *M. de...* (Boileau connaissait l'orgueil de Louvois et craignait peut-être que sa lettre ne fut ouverte à Paris, tandis que Racine écrivant à Bourbon ne devait pas avoir la même crainte).

² Cor. *Que M. M.*** *m'arrête...*

³ *Voy.* le vers cité p. 199, et la lettre LV, p. 207, note 4.

⁴ Cor. *me consoler. J'ai...* (il supprime *de mon infortune*).

⁵ *V. E.* Manuscrit... Au lieu de *est* vrai *que.*

⁶ Ceci était inintelligible avant que M. Daunou eût indiqué les variantes du manuscrit citées à note 3, p. 199, et où l'on voit que Racine parlait à Boileau de gens qu'il avait *offensés ;* et il en était de même d'une note où Louis Racine induit de la citation du proverbe italien, que Boileau avouait qu'en effet il les avait *offensés.*

retraite de César, quand il décampa devant Pompée, qu'à l'affaire de Philisbourg¹. Quand vous verrez M. Hessein, faites-le² ressouvenir que nous sommes frères en quinquina, puisqu'il nous a sauvé la vie à l'un et à l'autre³. Vous pensez vous moquer, mais je ne sais pas si je n'en essaierai point pour le recouvrement de ma voix. Adieu, mon cher monsieur, aimez-moi toujours, et croyez qu'il n'y a rien au monde que j'aime plus que vous. Je ne sais où vous vous êtes mis en tête que vous m'aviez écrit une longue lettre, car je n'en ai jamais trouvé une si courte.

[1] *Voy.* lettre LIII, p. 198, notes 3 et 5, et lettre XLVI, p. 175, note 2.

[2] COR... *Verrez M. H**, faites le...*

[3] Le crédit du quinquina, dont la vertu curative fut dévoilée aux Espagnols du Pérou vers 1638, éprouva d'abord diverses vicissitudes en Europe. Il ne s'établit avec quelque solidité en France, qu'en 1682, lorsque Louis XIV eut acheté la recette dont se servait un Anglais nommé Talbot, soit pour la dose du remède, soit pour la manière de l'administrer; recette dont Talbot avait fait un secret depuis 1679 qu'il était venu l'employer avec succès à Paris. La vertu du quinquina fut, il est vrai, encore attaquée par les *obscurans* de la médecine, mais elle triompha en peu de temps de leurs critiques (*occœcatorum clamoribus*), sans doute grâce à quelques cures éclatantes, telles que celles du grand Condé, de son fils et de Colbert. *Geoffroy, de Materiâ medicâ*, 1756, I, 277; Spielmann, *Institutiones materiæ medicæ*, 1784, p. 254; La Fontaine, *Poëme du quinquina*, chant II, vers 73 et 227 (*OEuvr. div.*, 1817, I, 136 et 140). — On peut induire de ce qui est dit dans la lettre ci-dessus et dans les précédentes, p. 187, 194, 195, 196 et 199, que vers 1684 à 1686, Boileau fut atteint d'une fièvre dangereuse et fut l'un de ceux dont la guérison et le suffrage concoururent beaucoup au triomphe du quinquina. Quant à Hessein, il eut une rechute, si l'on s'en rapporte à une lettre de La Fontaine, du 31 août (*ib.*, II, 112) : mais cette date est probablement fautive, et peut-être le *bon homme* a-t-il, par distraction, écrit le 31 au lieu du 13, jour où Racine (ci-dev. p. 184) annonçait le danger où était Hessein.

LETTRE LV.[1]

BOILEAU A RACINE.

A Bourbon, 2ᵉ septembre (1687).

Ne vous étonnez pas, monsieur, si vous ne recevez pas des réponses à vos lettres, aussi promptes[2] que peut-être vous souhaitez, parce que la poste est fort irrégulière à Bourbon, et qu'on ne sait pas trop bien quand il faut écrire. Je commence à songer à ma retraite. Voilà tantôt la dixième fois que je me baigne; et, à ne vous rien celer, ma voix est tout au même état que quand je suis[3] arrivé. Le monosyllabe que j'ai prononcé n'a été qu'un effet de ces petits tons que vous savez qui m'échappent quelquefois quand j'ai beaucoup parlé, et mes valets[4] ont été un peu trop prompts à crier miracle. La vérité est pourtant que le bain m'a renforcé les jambes, et fortifié la poitrine; mais pour ma voix, ni le bain, ni la boisson des eaux ne m'y ont de rien[5] servi. Il faut donc s'en aller de Bourbon aussi muet que j'y suis arrivé. Je ne saurais vous dire quand je partirai; je prendrai brusquement mon parti, et Dieu veuille que le déplaisir ne me tue pas en chemin! Tout ce que je vous puis dire, c'est que jamais exilé n'a quitté son pays avec tant d'af-

---

[1] Autre lettre corrigée par Boileau sur une copie. *Voy. les notes suiv.*
[2] V. On a mis, dans une foule d'éditions, *aussi* promptement *que...*
[3] Cor... *État que lorsque je suis...*
[4] Cor... *Quelquefois et qui meurent aussitôt, et mes valets...* (*Voy.* quant au mot *valet*, tome II, p. 136, note 2).
[5] V. G. *Garnier*, *S.-S.*, *Am.*, *Aug...* ne m'ont de rien.

fliction que je retournerai au mien. Je vous dirai encore plus, c'est que sans votre considération, je ne crois pas que j'eusse jamais revu Paris¹, où je ne conçois aucun autre plaisir que celui de vous revoir. Je suis bien fâché de la juste inquiétude que vous donne la fièvre de M. votre jeune fils². J'espère que cela ne sera rien; mais si quelque chose me fait craindre pour lui, c'est le nombre de bonnes qualités qu'il a, puisque je n'ai jamais vu d'enfant de son âge si accompli en toutes choses. M. Marchand est arrivé³ ici samedi. J'ai été fort aise de le voir; mais je ne tarderai guère à le quitter. Nous faisons notre ménage ensemble. Il est toujours aussi bon et aussi méchant homme que jamais. J'ai su par lui tout ce qu'il y a de mal à Bourbon⁴, dont je ne savais pas un mot à

---

¹ Cor... *Je ne crois pas que je fusse jamais retourné à* Paris *où je ne*...

² Ou plutôt son fils aîné, Jean-Baptiste, car Racine n'avait point alors d'autre fils (Louis n'étant né qu'en 1692... Pi. justif., n° 194). Jean-Baptiste avait alors près de neuf ans.

³ Cor... *Choses. M. M** est arrivé...*

⁴ Nous avons fait un très grand nombre de recherches pour connaître cet intime ami de nos deux grands poètes, cet homme qui exerçait une espèce d'autorité sur Boileau, avec qui celui-ci faisait ménage, et auquel, surmontant sa paresse ordinaire, il s'empressait d'écrire (*voy.* lettres VII, XLIV, XLV, LIII, LIV et LVI, pages 126, 130, 156, 157, 158 et 168)... Voici tout ce que nous avons pu découvrir. Il se nommait Antoine Petit-Jean-Marchand, mais dans l'usage on l'appelait de ce dernier nom seulement, comme on le voit, soit par les lettres citées, soit par son acte de décès, soit par la signature d'une de ses filles qui supprime le nom de Petit Jean dans un acte où elle n'était pas au nombre des témoins essentiels. Son père avait été *pourvoyeur*, c'est-à-dire, intendant ou maître-d'hôtel du duc de Vendôme, fils naturel de Henri IV; et lui-même, au temps de ces lettres, l'était de Monsieur, frère de Louis XIV. Il mourut en 1689. Nous avions d'abord cru qu'il était parent de Boileau, mais il paraît qu'il était seulement son voisin à Auteuil, et que là il s'était lié avec lui et avec les Manchons ses parens (*Pi. just.*, nᵒˢ 86, 89, 120, 120 a, 208). Peut-être avait-il rendu quelque service à la famille du

son arrivée. Votre relation de l'affaire[1] de Hongrie m'a fait un très grand plaisir, et m'a fait comprendre en très peu de mots ce que les plus longues relations ne m'auraient peut-être pas appris. Je l'ai débitée à tout Bourbon, où il n'y avait qu'une[2] relation d'un commis de M. Jacques[3], où, après avoir parlé du grand-visir, on ajoutait[4], entre autres choses, que *ledit visir voulant réparer le grief qui lui avait été fait,* etc. Tout le reste était de ce style. Adieu, mon cher monsieur, aimez-moi toujours, et croyez que vous seul êtes ma consolation.

Je vous écrirai en partant de Bourbon, et vous aurez de mes nouvelles en chemin. Je ne sais pas trop le parti que je prendrai à Paris. Tous mes livres sont à Auteuil, où je ne puis plus désormais aller les hivers. J'ai résolu de prendre un logement pour moi seul. Je suis las franchement d'entendre le tintamarre des nourrices et des servantes[5]. Je n'ai qu'une chambre et point de meubles au cloître où je suis. Tout ceci[6] soit dit entre nous ; mais cepen-

---

poète, comme par exemple de contribuer à faire obtenir une place de chambellan de Monsieur à son cousin-germain, Nicolas-Charles de Nyélé (tom. III, Explic. généal. n° 312).

[1] Cor... *Votre relation*, quoique très courte, *de l'affaire...*
[2] Cor... *Bourbon. Il n'y avait alors qu'une...*
[3] Fournisseur dans l'armée autrichienne. G. Garnier.
[4] Cor. *Grand visir, il ajoutait...*
[5] Ceci annonce qu'il demeurait, au moins pendant le jour dans la maison de son neveu Dongois, cour du palais. Madame Gilbert de Voisins, fille de celui-ci et habitant avec lui, avait alors deux fils âgés seulement, l'un de deux et l'autre de trois ans (Pi. justif., n°s 56 et 57).
[6] *V. E.* Manuscrit. Les éditeurs omettent les mots *où je suis...* — Il s'agit du cloître Notre-Dame. *Voy.* lett. LVIII, p. 219, note 4.

Boileau avait pris cette chambre au mois d'octobre 1683, comme nous

dant je vous prie de me mander votre avis. N'ayant point de voix, il me faut du moins de la tranquillité. Je suis las de me sacrifier au plaisir et à la commodité d'autrui. Il n'est pas vrai que je ne puisse bien vivre et tenir seul mon ménage : ceux qui le croient se trompent grossièrement. D'ailleurs, je prétends désormais mener un genre de vie dont tout le monde ne s'accommodera pas. J'avais pris des mesures que j'aurais exécutées, si ma voix ne s'était point éteinte. Dieu ne l'a pas voulu. J'ai honte de moi-même, et je rougis des larmes que je répands en vous écrivant ces derniers mots.

LETTRE LVI.

RACINE A BOILEAU.

A Paris, ce 5 septembre (1687).

J'AVAIS destiné cette après-dînée à vous écrire fort au long; mais un cousin, abusant d'un fâcheux parentage[1], est venu malheureusement me voir, et il ne fait que de sortir de chez moi. Je ne vous écris donc que pour vous dire que je reçus avant-hier une lettre de vous. Le père Bouhours et le père Rapin étaient dans mon cabinet quand je la reçus. Je leur en fis la lecture

---

l'apprenons par une lettre que lui écrivit Maucroix le 2 novembre suivant et qui est dans les manuscrits de Brossette. Dongois l'engagea sans doute à conserver en même temps un appartement chez lui, et à y vivre, de sorte que, selon toute apparence, la chambre du cloître ne lui servait que pour la nuit (*voy.* p. 208, note 5).

[1] Allusion au vers 46 de l'épître VI, tome II, p. 74.

en la décachetant, et je leur fis un fort grand plaisir. Je regardais pourtant de loin, à mesure que je la lisais, s'il n'y avait rien dedans qui fût trop janséniste. Je vis, vers la fin le nom de M. Nicole, et je sautai bravement, ou, pour mieux dire, lâchement, par-dessus[1]. Je n'osai m'exposer à troubler la grande joie et même les éclats de rire que leur causèrent plusieurs choses fort plaisantes que vous me mandiez. Nous aurions été tous trois les plus contens du monde, si nous eussions trouvé à la fin de votre lettre que vous parliez à votre ordinaire, comme nous trouvions que vous écriviez avec le même esprit que vous avez toujours eu. Ils sont, je vous assure, tous deux fort de vos amis, et même fort[2] bonnes gens. Nous avions été le matin entendre le père de Villiers[3]; qui faisait l'oraison funèbre de M. le Prince[4], grand-père de M. le Prince d'aujourd'hui[5]. Il y a joint les louanges du dernier mort[6], et il s'est enfoncé jusqu'au cou dans le combat de Saint-Antoine; Dieu sait combien judicieusement! En vérité il a beaucoup d'esprit; mais il aurait bien besoin de se laisser conduire.

---

[1] Ceci montre combien il était dès-lors dangereux de paraître avoir quelque liaison avec les jansénistes (tome I, Essai, n°s 140 et 141) puisque Boileau ne donne dans cette lettre (n° LIV, p. 204) aucun éloge à Nicole.

[2] *V. E.* Manuscrit... Au lieu de *et même* de *fort bonnes*...

[3] Jésuite, depuis Cluniste, ami de Racine. *G. Garnier.* — Despréaux à qui il récitait un jour une pièce de vers où était le terme de *mauvais vent*, s'écria, suivant Montchesnay (*Bolœana*, p. 127) : « ah! monsieur, voilà qui « mettra en mauvaise odeur tout votre ouvrage. »

[4] Henri de Bourbon II, mort en 1646. *Moréri.*

[5] Henri Jules de Bourbon, né en 1643, mort en 1709. *Moréri.*

[6] Le grand Condé, mort en 1686 (Moréri). Il se battit en héros dans le faubourg Saint-Antoine (2 juillet 1652) contre l'armée royale commandée par Turenne.

J'annonçai au père Bouhours un nouveau livre qui excita fort sa curiosité. Ce sont les *Remarques de M. de Vaugelas avec les notes de Thomas Corneille.* Cela est ainsi affiché dans Paris depuis quatre jours[1]. Auriez-vous jamais cru voir ensemble M. de Vaugelas et M. de Corneille le jeune, donnant des règles sur la langue? J'eusse bien voulu vous pouvoir mander que M. de Louvois est guéri, en vous mandant qu'il a été malade; mais ma femme, qui revient[2] de voir madame de La Chapelle[3], m'apprend qu'il a encore de la fièvre. Elle était d'abord comme continue, et même assez grande; elle n'est présentement qu'intermittente; et c'est encore une des obligations que nous avons au quinquina. J'espère que je vous manderai lundi qu'il est absolument guéri. Outre l'intérêt du roi et celui du public, nous avons, vous et moi, un intérêt très particulier à lui souhaiter une longue santé. On ne peut pas nous témoigner plus de bonté qu'il nous en témoigne; et vous ne sauriez croire avec quelle amitié il m'a toujours demandé de vos nouvelles. Bonsoir, mon cher monsieur. Je salue de tout mon cœur M. Marchand[4]. Je vous écrirai plus au long lundi. Mon fils est guéri.

[1] Voici le véritable titre : « Remarques sur la langue française de M. de Vaugelas; nouvelle édition, reveue et corrigée, avec des notes de *Th. Corneille*; Paris, 1687 (2 vol. in-12). »

[2] *V. E.* Manuscrit... Au lieu de *qui* vient *de voir*...

[3] La place de contrôleur des bâtimens mettait son mari (tome III, Explic. généal., n° 435 et 436) en relation avec Louvois, qui en était surintendant.

[4] Le même dont on a parlé p. 207, note 4.

LETTRE LVII.

BOILEAU A RACINE, AU CAMP DE MONS.

A Paris, 25ᵉ mars (1691).

Je ne voyais proprement que vous pendant que vous étiez à Paris; et depuis que vous n'y êtes plus, je ne vois plus, pour ainsi dire, personne. N'attendez donc pas que je vous rende nouvelles pour nouvelles, puisque je n'en sais aucunes. D'ailleurs, il n'est guère fait mention à Paris présentement que du siège de Mons, dont je ne crois pas vous devoir instruire. Les particularités que vous m'en avez mandées m'ont fait un fort grand plaisir. Je vous avoue pourtant que je ne saurais digérer que le roi s'expose comme il fait. C'est une mauvaise habitude qu'il a prise, dont il devrait se guérir; et cela ne s'accorde pas avec cette haute prudence qu'il fait paraître dans toutes ses autres actions. Est-il possible qu'un prince qui prend si bien ses mesures pour assiéger Mons, en prenne si peu pour la conservation de sa propre personne? Je sais bien qu'il a pour lui l'exemple des Alexandres et des Césars, qui s'exposaient de la sorte; mais avaient-ils raison de le faire? Je doute qu'il ait lu ce vers d'Horace: *Decipit exemplar vitiis imitabile*[1]. Je suis ravi d'apprendre que vous êtes dans un couvent, en même cellule que M. de Cavoie[2]; car, bien que le logement soit un peu étroit, je m'imagine qu'on n'y

---

[1] Liv. I, ép. xix (le modèle séduit par la facilité d'imiter ses défauts).
[2] Grand maréchal-des-logis de la maison du roi, né en 1640, mort en

garde pas trop étroitement les règles, et qu'on n'y fait pas la lecture pendant le dîner, si ce n'est, peut-être, de lettres pareilles à la mienne [1]. Je vous dis bien en partant que je ne vous plaignais plus, puisque vous faisiez le voyage avec un homme tel que lui, auprès duquel on trouve toutes sortes de commodités, et dont la compagnie pourrait consoler de toutes sortes d'incommodités. Et puis, je vois bien qu'à l'heure qu'il est, vous êtes un soldat parfaitement aguerri contre les périls et contre la fatigue. Je vois bien, dis-je, que vous allez recouvrer votre honneur à Mons, et que toutes les mauvaises plaisanteries du voyage de Gand ne tomberont plus que sur moi. M. de Cavoie a déjà assez bien commencé à m'y préparer [2]. Dieu veuille seulement que je les puisse entendre, au hasard même d'y mal répondre! Mais, à ne vous rien celer, non-seulement mon mal ne finit point, mais je doute même qu'il guérisse. En récompense me voilà fort bien guéri d'ambition et de vanité; et, en vérité, je ne sais si cette guérison-là ne vaut pas bien l'autre, puisqu'à mesure que les honneurs et les biens me fuient, il me semble que la tranquillité me

---

1716, (ami de Racine). *Moréri.* Boileau écrit *Cavois,* soit dans l'autographe de cette lettre, soit dans l'épitre IV (vers 3, tome II, p. 48).

[1] Pendant les repas des moines, un d'entre eux faisait ou devait faire, une lecture pieuse.

[2] En 1678, Boileau et Racine avaient suivi le roi pendant cette campagne, et les courtisans et même l'*ami* Cavoie y cherchaient souvent à égayer le maître aux dépens des deux *vilains.* Louis Racine (I, 150) raconte sur des ouï-dire, et avec l'air du doute, deux assez pauvres tours que leur joua le même Cavoie (il fit croire à Racine qu'avant de partir il aurait dû faire avec son maréchal ferrant un marché pour garantir que les fers de son cheval lui dureraient six mois... et il insinua à Boileau qu'il était dans une espèce de disgrâce auprès du roi parce qu'il se tenait de travers à cheval)... Ce qu'il y a

vient. J'ai été une fois à notre assemblée [1] depuis votre départ, M. de La Chapelle ne manqua pas, comme vous vous le figurez bien, de proposer d'abord une médaille sur le siège de Mons : et j'en imaginai une sur le...[2]

LETTRE LVIII.

RACINE A BOILEAU.

Au camp devant Mons, le 3ᵉ avril (1691).

On vous[3] avait trop tôt mandé la prise de l'ouvrage à cornes : il ne fut attaqué, pour la première fois, qu'avant-hier. Encore fut-il abandonné un moment après par les grenadiers du régiment des gardes, qui s'épouvantèrent mal-à-propos, et que leurs officiers ne purent

de plus certain c'est que les mêmes *amis* ne leur firent pas une réputation de bravoure, et Pradon s'empressa de le leur rappeler (*voy.* aussi lettre xc) dans la suite (*Nouv. rem.*, p. 6 et 25) en les représentant au camp, armés, dit-il, jusqu'aux yeux,

> Et pour voir sans danger les périls, les alarmes,
> Ils avaient apporté des lunettes pour armes,
> Dont ces deux champions se servant au besoin,
> N'approchaient l'ennemi que pour le voir de loin.
> Le haut du mont *Pagnote* * était leur mont Parnasse;
> C'était là que brillait leur fierté, leur audace...

[1] La petite Académie, depuis celle des médailles (*voy.* p. 100). *G. Garnier.*
[2] Ici finit la troisième page, la dernière qui reste de cette lettre.
[3] V. *Éditions citées* à note 2, p. 152... On *nous* avait ..

* Voir un combat du *haut du mont Pagnote*, signifie le voir d'un lieu où l'on ne court aucun danger. *Féraud; Lavaux.* — Racine en parle dans la lettre suivante, p. 219.

retenir, même en leur présentant l'épée nue, comme pour les percer. Le lendemain, qui était hier, sur les neuf heures du matin, on recommença une autre attaque avec beaucoup plus de précaution que la précédente. On choisit pour cela huit compagnies de grenadiers, tant du régiment du roi que d'autres régimens, qui tous méprisent fort les soldats des gardes, qu'ils appellent des *Pierrots*[1]. On commanda aussi cent cinquante mousquetaires des deux compagnies pour soutenir les grenadiers. L'attaque se fit avec une vigueur extraordinaire, et dura trois bons quarts d'heure; car les ennemis se défendirent en fort braves gens, et quelques-uns d'entre eux se colletèrent même avec quelques-uns de nos officiers. Mais comment auraient-ils pu faire? Pendant qu'ils étaient aux mains, tout notre canon tirait sans discontinuer sur les demi-lunes qui devaient les couvrir, et d'où, malgré cette tempête de canon, on ne laissait[2] pourtant pas de faire un feu épouvantable. Nos bombes tombaient aussi à tous momens sur ces demi-lunes, et semblaient les renverser sens[3] dessus dessous. Enfin nos gens demeurèrent les maîtres, et s'établirent de manière qu'on n'a pas même osé depuis les inquiéter. Nous y avons bien perdu deux cents hommes, entre autres huit ou dix mousquetaires, du nombre desquels était le fils de M. le prince de Courtenai,

---

[1] Il s'agit des *Gardes Françaises*, qu'on appelait encore ainsi en 1789. Ce sobriquet venait probablement de ce que la couleur de leur uniforme fut d'abord *grise-blanche*, et que le bleu qu'on y substitua était à-peu-près masqué par des brandebourgs et galons blancs; tout comme on appelait *Bête-raves* les *Gardes Suisses*, dont l'uniforme était de couleur rouge.

[2] V. *Mêmes éditions...* On ne *laissa* pourtant ..

[3] V. Manuscrit... Renverser *s'en* dessus...

qui a été trouvé mort dans la palissade de la demi-lune, car quelques mousquetaires poussèrent jusque dans cette demi-lune, malgré la défense expresse de M. de Vauban et de M. de Maupertuis [1], croyant faire sans doute la même chose qu'à Valenciennes. Ils furent obligés de revenir fort vite sur leurs pas; et c'est là que la plupart furent tués ou blessés. Les grenadiers, à ce que dit M. de Maupertuis lui-même, ont été aussi braves que les mousquetaires. De huit capitaines, il y en a eu sept tués ou blessés. J'ai retenu cinq ou six actions ou paroles de simples grenadiers, dignes d'avoir place dans l'histoire, et je vous les dirai quand nous nous reverrons. M. de Chasteauvillain, fils de M. le grand trésorier de Pologne [2], était à tout, et est un des hommes de l'armée le plus estimé. La Chesnaye [3] a aussi fort bien fait. Je vous les nomme tous deux, parce que vous les connaissez particulièrement; mais je ne vous puis [4] dire assez de bien du premier, qui joint beaucoup d'esprit à une fort grande valeur. Je voyais toute l'attaque fort à mon aise, d'un peu loin à la vérité; mais j'avais de fort bonnes lunettes, que je ne pouvais presque tenir fermes, tant le cœur me battait à voir tant de braves [5] gens dans le péril! On fit une suspension pour retirer les morts de part et d'autre. On trouva de nos mous-

---

[1] Louis de Melun, marquis de Maupertuis, capitaine-lieutenant de la première compagnie des mousquetaires. *Gazette de France, Table.*

[2] Le comte de Morstein... Il s'était établi en France. *G. Garnier.*

[3] Aide-de-camp du dauphin. Il eut un cheval tué sous lui, près de ce prince (*Gazette de France*), et non pas près du roi et du comte de Toulouse, comme le disent des commentateurs.

[4] V. *Éditions citées* à note 5, p. 197... Je ne *puis vous* dire...

[5] V. *Mêmes édit...* tant de *si* braves...

quetaires morts dans le chemin couvert de la demi-lune. Deux mousquetaires blessés s'étaient couchés parmi ces morts de peur d'être achevés : ils se levèrent tout-à-coup sur leurs pieds, pour s'en revenir avec les morts qu'on remportait; mais les ennemis prétendirent qu'ayant été trouvés sur leur terrein, ils devaient demeurer prisonniers. Notre officier ne put pas en disconvenir; mais il voulut au moins donner de l'argent aux Espagnols, afin de faire traiter ces deux mousquetaires. Les Espagnols répondirent : « Ils seront mieux traités parmi nous que « parmi vous, et nous avons de l'argent plus qu'il n'en « faut pour nous et pour eux. » Le gouverneur fut un peu plus incivil; car M. de Luxembourg lui ayant envoyé une lettre par un tambour pour s'informer si le chevalier d'Estrades[1], qui s'est trouvé perdu, n'était point du nombre des prisonniers qui ont été faits dans ces deux actions, le gouverneur[2] ne voulut ni lire la lettre ni voir le tambour.

On a pris aujourd'hui deux manières de paysans, qui étaient sortis de la ville avec des lettres pour M. de Castanaga[3]. Ces lettres portaient que la place ne pouvait plus tenir que cinq ou six jours. En récompense, comme le roi regardait de la tranchée tirer nos batteries cette après-dînée, un homme, qui apparemment était quelque officier ennemi, déguisé en soldat avec un simple habit gris, est sorti, à la vue du roi, de notre tranchée, et, traversant jusqu'à une demi-lune des ennemis, s'est jeté dedans, et on a vu deux des ennemis

---

[1] Second fils du maréchal; il fut tué en 1692, à Steinckerque. *G. Garnier.*

[2] Le prince de Berghes, capitaine-général de Hainaut. *Moréri.*

[3] Gouverneur de Bruxelles. *G. Garnier.*

venir au-devant de lui pour le recevoir. J'étais aussi dans la tranchée dans ce temps-là, et je l'ai conduit de l'œil jusque dans la demi-lune. Tout le monde a été surpris au dernier point de son impudence[1]; mais vraisemblablement il n'empêchera pas la place d'être prise dans cinq ou six jours[2]. Toute la demi-lune est presque éboulée, et les remparts de ce côté-là ne tiennent plus à rien : on n'a jamais vu un tel feu d'artillerie. Quoique je vous dise que j'ai été dans la tranchée, n'allez pas croire que j'aie été dans aucun péril : les ennemis ne tiraient plus de ce côté-là, et nous étions tous, ou appuyés sur le parapet, ou debout sur le revers de la tranchée; mais j'ai couru d'autres périls, que je vous conterai en riant quand nous serons de retour.

Je suis, comme vous, tout consolé de la réception de Fontenelle[3]. M. Roze paraît[4] fâché de voir, dit-il, l'Académie *in pejus ruere*. Il vous fait ses baise-mains avec des expressions très fortes, à son ordinaire. M. de Cavoie, et quantité de nos communs amis, m'ont chargé aussi de vous en faire. Voilà, ce me semble, une assez longue lettre; mais j'ai les pieds chauds, et je n'ai guère de plus grand plaisir que de causer avec vous. Je crois que le nez a saigné au prince d'Orange[5], et il n'est tantôt

---

[1] Manusc... Racine veut probablement dire *effronterie*, sens particulier qu'avait alors le mot *impudence*.

[2] Mons fut en effet pris le 9 avril (Gazette de France du 14).

[3] *V. O.* Louis Racine met seulement *de F...* — Fontenelle disait que c'était par pure inimitié que Boileau et Racine s'opposaient à son élection, mais dans le fait, il n'avait jusque-là rien produit de passable. *G. Garnier.*

[4] V. *Édit. citées* à note 5, p. 197... Roze *partit* fâché.

[5] L'imputation est par trop forte : on eut seulement (*Reboulet*, VI, 126) à lui reprocher de l'inactivité et de l'imprévoyance.

plus fait mention de lui. Vous me ferez un extrême plaisir de m'écrire, quand cela vous fera aussi quelque plaisir. Je vous prie de faire mes baise-mains à M. de La Chapelle. Ayez la bonté de mander à ma femme que vous avez reçu de mes nouvelles.

J'ai oublié de vous dire que, pendant que j'étais sur le mont Pagnotte[1] à regarder l'attaque, le R. P. de La Chaise était dans la tranchée, et même fort près de l'attaque, pour la voir plus distinctement. J'en parlais hier au soir à son frère[2], qui me dit tout naturellement : « Il se fera tuer un de ces jours. » Ne dites rien de cela à personne; car on croirait la chose inventée, et elle est très vraie et très sérieuse.[3]

LETTRE LIX.

RACINE A BOILEAU.

A Versailles, ce mardi (8 avril 1692).

Madame de Maintenon m'a dit ce matin que le roi avait réglé notre pension[4] à quatre mille francs pour moi, et à deux mille francs pour vous : cela s'entend

---

[1] *Voy.* les vers de Pradon, p. 213, note 2, et la notule, p. 214.

[2] Capitaine de la porte du roi. *G. Garnier.*

[3] Adresse : *A monsieur, monsieur Despréaux dans le cloître Notre-Dame, chez M. l'abbé de Dreux, à Paris.* — Ce quartier était alors un peu plus en faveur qu'à présent, car un des châteaux en Espagne du conseiller Pontchartrain, depuis chancelier, était d'y avoir une maison. *Saint-Simon*, II, 334.— L'abbé de Dreux était ami de la famille de Boileau (Pi. justif., n° 86).

[4] Comme historiographes. *G. Garnier.*

sans y comprendre notre pension de gens de lettres. Je l'ai fort remerciée pour vous et pour moi. Je viens aussi tout-à-l'heure de remercier le roi. Il m'a paru qu'il avait quelque peine qu'il y eût de la diminution; mais je lui ai dit que nous étions trop contens. J'ai plus appuyé encore sur vous que sur moi, et j'ai dit au roi que vous prendriez la liberté de lui écrire pour le remercier, n'osant pas lui venir donner la peine d'élever sa voix[1] pour vous parler. J'ai dit en propres paroles : « Sire, il a « plus d'esprit que jamais, plus de zèle pour votre ma- « jesté, et plus d'envie de travailler pour votre gloire. »

Vous voyez enfin que les choses ont été réglées comme vous l'aviez souhaité[2] vous-même. Je ne laisse pas d'avoir une vraie peine de ce qu'il semble que je gagne à cela plus que vous; mais outre les dépenses et les fatigues des voyages, dont je suis assez aise que vous soyez délivré, je vous connais si noble et si plein d'amitié, que je suis assuré que vous souhaiteriez de bon cœur que je fusse encore mieux traité. Je serai très content si vous l'êtes en effet. J'espère vous revoir bientôt. Je demeure ici pour voir de quelle manière la chose doit tourner; car on ne m'a point encore dit si c'est par un brevet, ou si c'est à l'ordinaire sur la cassette. Je suis entièrement à vous. Il n'y a rien de nouveau ici. On ne parle que du voyage[3], et tout le monde n'est occupé

---

[1] Boileau commençait à devenir un peu sourd. *Louis Racine.* — Cette note reproduite sans observations par les commentateurs, n'est pas tout-à-fait exacte. On a vu (p. 213) que plus d'une année auparavant Boileau se plaignait de sa surdité et désespérait déjà d'en guérir.

[2] Manuscrit... au lieu de *vous l'avez...*

[3] Le voyage de Flandre, qui eut lieu le mois suivant, et où Louis XIV fut accompagné de toute sa cour. *G. Garnier.*

que de ses équipages. Je vous conseille d'écrire quatre lignes au roi, et autant à madame de Maintenon, qui assurément s'intéresse toujours avec beaucoup d'amitié à tout ce qui vous[1] touche. Envoyez-moi vos lettres par la poste, ou par votre jardinier, comme vous le jugerez à propos.

LETTRE LX.[2]

BOILEAU A RACINE.

A Paris, 9ᵉ avril (1692).

Êtes-vous fou avec vos complimens? Ne savez-vous pas bien que c'est moi qui ai, pour ainsi dire, prescrit la chose de la manière qu'elle s'est faite, et pouvez-vous douter que je ne sois parfaitement content d'une affaire où l'on m'accorde tout ce que je demandais[3]? Tout va le mieux du monde, et je suis encore plus réjoui pour vous que pour moi-même. Je vous envoie deux lettres, que j'écris, suivant vos conseils, l'une au roi, l'autre à madame de Maintenon. Je les ai écrites sans faire de brouillon, et je n'ai point ici de conseil. Ainsi je vous prie d'examiner si elles sont en état d'être données; afin que je les réforme, si vous ne les trouvez pas bien. Je vous les envoie pour cela toutes décachetées; et, sup-

---

[1] V. Ce *vous* n'est point dans le manuscrit, mais il est bien évident qu'il a été omis par pure inadvertance.
[2] M. Daunou (1825) en a donné un *fac-simile*.
[3] V. *Éditions citées* à note 2, p. 152. Je *demande*. Tout...

posé que vous jugiez¹ à propos de les présenter, prenez la peine d'y mettre votre cachet. Je verrai aujourd'hui madame Racine pour la féliciter. Je vous donne le bonjour, et suis tout à vous. Je ne reçus votre lettre qu'hier tout au soir, et je vous envoie mes trois lettres aujourd'hui² à huit heures par la poste. Voilà, ce me semble, une assez grande diligence pour le plus paresseux de tous les hommes.³

LETTRE LXI.

RACINE A BOILEAU.

A Versailles, ce 11ᵉ avril (1692).

JE vous renvoie vos deux lettres avec mes remarques, dont vous ferez tel usage qu'il vous plaira. Tâchez de me les renvoyer avant six heures, ou, pour mieux dire, avant cinq heures et demie du soir, afin que je les puisse donner avant que le roi entre chez madame de Maintenon. J'ai trouvé que *la trompette et les sourds* étaient trop joués⁴, et qu'il ne fallait point trop appuyer sur votre incommodité, moins encore chercher de l'esprit sur ce sujet. Du reste, les lettres seront fort bien, et il n'en faut pas davantage.. Je m'assure que vous donnerez

---

¹ V. *Éditions citées* à note 7, p. 157 : que vous *trouviez* à propos de les.
² V. *Mêmes éditions.* On y omet cet *aujourd'hui...*
³ *Adresse* : pour monsieur Racine.
⁴ Boileau avait apparemment fait sur sa surdité quelque plaisanterie qui ne plut pas à l'ami dont il faisait son juge. *Louis Racine.*

un meilleur tour aux choses que j'ai ajoutées. Je ne veux point faire attendre votre jardinier.

Je n'ai point encore de nouvelles de la manière dont notre affaire sera tournée. M. de Chevreuse[1] veut que je le[2] laisse achever ce qu'il a commencé, et dit que nous nous en trouverons bien. Je vous conseille de lui écrire un mot à votre loisir. On ne peut pas avoir plus d'amitié qu'il en a pour vous.

LETTRE LXII.

RACINE A BOILEAU.

(Versailles, 11 ou 12 avril 1692.)

Vos deux lettres sont à merveille, et je les donnerai tantôt. M. de Pontchartrain[3] oublia de parler hier, et ne peut parler que dimanche; mais j'en fus bien aise, parce que M. de Chevreuse aura le temps de le voir. M. de Pontchartrain me parla de notre autre pension et de la *petite académie*, mais avec une bonté incroyable, en me disant que dans un autre temps il prétend bien faire d'autres choses pour vous et pour moi.

Je ne crois pas aller à Auteuil : ainsi ne m'y attendez point. Je ne crois pas même aller à Paris encore demain ; et, en ce cas, je vous prie de tout mon cœur de

---

[1] Charles-Honoré d'Albert, duc de Luynes et de Chevreuse, pair, ministre, etc. (*Moréri*), un des hommes les plus honnêtes de la cour.

[2] V. *Édit. citées* à note 5, p. 197 : on y omet ce *le*.

[3] C'est probablement le père de Jérôme Phélypeaux (*voy.* p. 79, note 3 ; p. 82, note 1 ; p. 83, note 2).

faire bien mes excuses à M. de Pontchartrain[1], que j'ai une extrême impatience de revoir. Madame sa mère me demanda hier fort obligeamment si nous n'allions pas toujours chez lui, je lui dis que c'était bien notre dessein de recommencer à y aller.

J'envoie à Paris pour un volume de M. de Noailles, que mon laquais prétend avoir reporté[2] chez lui, et qu'on n'y trouve point. Cela me désole. Je vous prie de lui dire si vous ne croyez point l'avoir chez vous. Je vous donne le bonjour.

LETTRE LXIII.

RACINE A BOILEAU.

Au camp de Gévries, le 21e mai (1692).[3]

Il faut que j'aime M. Vigan[4] autant que je fais, pour ne pas lui[5] vouloir beaucoup de mal du contre-temps dont il a été cause. Si je n'avais pas eu des embarras, tels que vous pouvez[6] vous imaginer, je vous aurais été chercher à Auteuil. Je ne vous ai pas écrit pendant le

---

[1] Il paraît qu'il s'agit ici de Jérôme lui-même, qui était conseiller au parlement de Paris depuis le 29 mars précédent (*Moréri*).

[2] V. *Saint-S.*, *Am...* rapporté.

[3] Quant aux faits racontés dans cette lettre et les suivantes, *voyez* la relation du siège de Namur, par Racine dans ses OEuvres, et dans les Mémoires de son fils (tome I, part. 2, p. 91).

[4] Ami de Racine chez qui le fils de celui-ci (Jean-Baptiste) était en pension à Versailles. *G. Garnier*.

[5] *Éditions citées* à note 2, p. 152, pour ne *lui pas* vouloir...

[6] Manuscrit... *Pouvez bien...* On y a effacé *bien*.

chemin, parce que j'étais chagrin au dernier point d'un vilain clou qui m'est venu au menton, qui m'a fait de fort grandes douleurs, jusqu'à me donner la fièvre deux jours et deux nuits. Il est percé, Dieu merci, et il ne me reste plus qu'un emplâtre qui me défigure, et dont je me consolerais volontiers, sans toutes les questions importunes que cela m'attire à tout moment.

Le roi fit hier la revue de son armée et de celle de M. de Luxembourg. C'était assurément le plus grand spectacle qu'on ait vu depuis plusieurs siècles. Je ne me souviens point que les Romains en aient vu un tel; car leurs armées n'ont guère passé, ce me semble, quarante ou tout au plus cinquante mille hommes; et il y avait hier six vingt mille hommes ensemble sur quatre lignes. Comptez qu'à la rigueur il n'y avait pas là-dessus trois mille hommes à rabattre. Je commençai à onze heures du matin à marcher; j'allai toujours au grand pas de mon cheval, et je ne finis qu'à huit heures du soir; enfin on était deux heures à aller du bout d'une ligne à l'autre. Mais si on n'a jamais vu tant de troupes ensemble, assurez-vous qu'on n'en a jamais vu[1] de si belles. Je vous rendrais un fort bon compte des deux lignes de l'armée du roi et de la première de l'armée de M. de Luxembourg; mais quand à sa seconde[2] ligne, je ne vous en puis parler que sur la foi d'autrui. J'étais si las, si ébloui de voir briller des épées et des mousquets, si étourdi d'entendre des tambours, des trompettes, et des timbales, qu'en vérité je me laissais conduire à mon[3]

---

[1] *V. E.* Manuscrit... Au lieu de « assurez-vous *que jamais on n'en a* vu... »
[2] *V. E. Id...* Et non pas *quant* à la *seconde...*
[3] *V. E. Id.* Au lieu de *conduire* par *mon...*

cheval, sans plus avoir d'attention à rien; et j'eusse voulu de tout mon cœur que tous les gens que je voyais eussent été chacun dans leur chaumière ou dans leur maison, avec leurs femmes et leurs enfans, et moi, dans ma rue des Maçons, avec ma famille [1]. Vous avez peut-être trouvé dans les poëmes épiques les revues d'armée fort longues et fort ennuyeuses; mais celle-ci m'a paru tout autrement longue, et même pardonnez-moi cette espèce de blasphème, plus lassante que celle de la Pucelle [2]. J'étais au retour, à-peu-près dans le même état que nous étions vous et moi dans la cour de l'abbaye de Saint-Amand [3]. A cela près, je ne fus jamais si charmé et si étonné, que je le fus [4] de voir une puissance si formidable. Vous jugez bien que tout cela nous prépare de belles matières. On m'a donné un ordre de bataille

---

[1] Racine, à l'époque de son mariage, demeurait au coin des rues de l'Éperon et de Saint-André-des-Arcs : en 1686, il prit un logement rue des Maçons-Sorbonne; et en 1693, il s'établit dans la maison où il est mort, rue des Marais, faubourg Saint-Germain.

Il y a quelques observations à faire sur ce récit de Germain Garnier (VII, 262), adopté par Auger et par MM. Daunou et Amar. 1. Racine lors de son mariage demeurait sur la paroisse Saint-Landry. 2. Il est douteux qu'aussitôt après son mariage il se soit établi sur la paroisse Saint-André-des-Arcs, car on ne trouve point dans les registres de cette paroisse, la naissance de son fils aîné (10 novembre 1678... ib., 347 et 494), tandis que celles de ses trois premières filles (1680, 1682 et 1684) y sont (la quatrième et la cinquième sont nées (1686 et 1688) sur Saint-Séverin dont dépendait la rue des Maçons). — 3. Dès l'automne de 1692, il demeurait rue des Marais (Pi. justif., n°s 119 et 188 à 196).

[2] Elle est au chant VI, et a plus de trois cents vers (édit. de 1656, in-12, p. 174 à 183).

[3] Dans la campagne de Gand, en 1678 (voy. p. 213, note 2, et les notes de la lettre XC)... Cette abbaye est près de Tournai. G. Garnier.

[4] V. Édit. citées à note 2, p. 224... On y omet le.

des deux armées. Je vous l'aurais envoyé volontiers[1] ; mais il y en a ici mille copies, et je ne doute pas qu'il n'y en ait bientôt autant à Paris. Nous sommes ici campés le long de la Trouille, à deux lieues de Mons. M. de Luxembourg est campé près de Binche, partie sur le ruisseau qui passe aux Estines[2], et partie sur la Haisne, où ce ruisseau tombe. Son armée est de soixante-six bataillons et de deux cent neuf escadrons ; celle du roi, de quarante-six bataillons et de quatre-vingt-dix escadrons. Vous voyez par-là que celle de M. de Luxembourg occupait bien plus de terrain que celle du roi. Son quartier général, j'entends celui de M. de Luxembourg, est à Thieusies. Vous trouverez tous ces villages dans la carte.

L'une et l'autre se mettent en marche après demain[3]. Je pourrai bien n'être pas en état de vous écrire de cinq ou six jours ; c'est pourquoi je vous écris aujourd'hui une si longue lettre. Ne trouvez point étrange le peu d'ordre que vous y trouverez : je vous écris au bout d'une table environnée de gens qui raisonnent de nouvelles et qui veulent à tous momens que j'entre dans la conversation. Il vint hier de Bruxelles un rendu, qui dit que M.[4] le prince d'Orange assemblait quelques troupes à Auderleck, qui en est à trois quarts de lieue. On demanda au rendu ce qu'on disait à Bruxelles. Il

---

[1] *V. E.* Manuscrit... Au lieu de *l'aurais volontiers envoyé ; mais...*

[2] V. *Édit. citées* à note 2, p. 152... Aux *Estives*, et partie... (Dans la carte de Cassini, comme dans l'autographe de Racine, ce nom est écrit *Estines*).

[3] *V. E.* Manuscrit... Au lieu de *en marche demain* (on a omis *après*).

[4] V. *Édit. citées* à note 5, p. 197... On y omet M.

répondit qu'on y était fort en repos, parce qu'on était persuadé qu'il n'y avait à Mons qu'un camp volant, que le roi n'était point en Flandre, et que M. de Luxembourg était en Italie.

Je ne vous dis rien de la marine; vous êtes à la source, et nous ne les savons[1] qu'après vous. Vraisemblablement j'aurai bientôt de plus grandes choses à vous mander qu'une revue, quelque grande et quelque magnifique qu'elle ait été. M. de Cavoie vous baise les mains. Je ne sais ce que je ferais sans lui; il faudrait en vérité que je renonçasse aux voyages, et au plaisir de voir tout ce que je vois. M. de Luxembourg, dès le premier jour que nous arrivâmes, envoya dans notre écurie un des plus commodes chevaux de la sienne pour m'en servir pendant la campagne. Vous n'avez jamais vu homme de cette bonté et de cette magnificence : il est encore plus à ses amis, et plus aimable à la tête de sa formidable armée, qu'il n'est à Paris et à Versailles. Je vous nommerais au contraire certaines gens qui ne sont pas reconnaissables dans ce pays-ci, et qui, tout embarrassés de la figure qu'ils y font, sont à-peu-près comme vous dépeigniez le pauvre M. Jannart, quand il commençait une courante[3]. Adieu, mon cher monsieur; voilà bien du verbiage, mais je vous écris au courant de ma plume, et[4] me laisse entraîner au plaisir que

---

[1] V. Il croyait sans doute avoir dit à la source des *nouvelles*... Les éditeurs cités à note 2, p. 152, suppriment *les* (ils lisent *nous ne savons qu'après vous*, phrase incorrecte et à-peu-près inintelligible).

[2] V. *Édit. citées* à note 7, p. 157... Vu *un* homme...

[3] Boileau était un excellent mime. M. de Saint-Surin croit que ce Jannart était l'oncle de madame La Fontaine.

[4] V. *Édit. citées* à note 3, p. 182..; et *je* me...

j'ai de causer avec vous, comme si j'étais dans vos allées d'Auteuil. Je vous prie de vous souvenir de moi dans la petite académie, et d'assurer M. de Pontchartrain de mes très humbles respects. Faites aussi mille complimens pour moi à M. de La Chapelle. Je prévois qu'il y aura bientôt matière à des types plus magnifiques qu'il n'en a encore imaginés. Écrivez-moi le plus souvent que vous pourrez, et forcez votre paresse. Pendant que j'essuie de longues marches et des campemens fort incommodes, serez-vous fort à plaindre quand vous n'aurez que la fatigue d'écrire des lettres bien à votre aise dans votre cabinet?

LETTRE LXIV.

RACINE A BOILEAU.

Au camp de Gévries, le 22ᵉ mai (1692).

Comme j'étais fort interrompu hier en vous écrivant, je fis une grosse[1] faute dans ma lettre, dont je ne m'aperçus que lorsqu'on l'eut portée à la poste. Au lieu de vous dire que le quartier principal de M. de Luxembourg était aux hautes Estines[2], je vous marquai qu'il était à Thieusies, qui est un village à plus de trois ou quatre lieues de là, et où il devait aller camper en partant des Estines, à[3] ce qu'on m'avait dit; on parlait

---

[1] V. *Éditions citées* à note 7, p. 157... Je fis une *grande* faute dans...

[2] *Mêmes édit...* Hautes *Estives*, je... (*voy.* note 2, p. 227).

[3] *Édit. citées* à note 5, p. 197... On y omet *à*.

même de cela autour de moi pendant que j'écrivais. J'ai donc cru que je vous ferais plaisir de vous détromper, et qu'il valait mieux qu'il vous en coûtât un petit port de lettre, que quelque grosse gageure où vous pourriez vous engager mal-à-propos, ou contre M. de La Chapelle, ou contre M. Hessein. J'ai surtout pâli quand j'ai songé au terrible inconvénient qui arriverait si ce dernier avait quelque avantage sur vous ; car je me souviens du bois qu'il mettait à la droite opiniâtrément, malgré tous les sermens et toute la raison de M. de Guilleragues [1], qui en pensa devenir fou. Dieu vous garde d'avoir jamais tort contre un tel homme!

Je monte en carrosse pour aller à Mons, où M. de Vauban m'a promis de me faire voir les nouveaux ouvrages qu'il y a faits. J'y allai l'autre jour dans ce même dessein ; mais je souffrais alors tant de mal, que je ne songeai qu'à m'en revenir au plus vite. [2]

LETTRE LXV.

RACINE A BOILEAU.

Au camp devant Namur, le 3ᵉ juin (1692).

J'AI été si troublé depuis huit jours de la petite-vérole de mon fils, que j'appréhendais qui ne fût fort dangereuse, que je n'ai pas eu le courage de vous mander au-

---

[1] Celui à qui est adressée l'épître v (tome II, p. 55)... Mort à Constantinople quelques années avant la campagne de Namur. *G. Garnier.*

[2] *Adresse...* La même qu'à note 3, p. 219.

cunes nouvelles. Le siège a bien avancé durant ce temps-
là, et nous sommes à l'heure qu'il est au corps de la
place. Il n'a point fallu pour cela détourner la Meuse,
comme vous m'écrivez qu'on le disait à Paris[1], et[2] ce qui
serait une étrange entreprise; on n'a pas même eu besoin d'appeler les mousquetaires, ni d'exposer beaucoup
de braves gens. M. de Vauban, avec son canon et ses
bombes, a fait lui seul toute l'expédition. Il a trouvé
des hauteurs au-deçà[3] et au-delà de la Meuse, où il a
placé ses batteries. Il a conduit sa principale tranchée
dans un terrein assez resserré, entre des hauteurs et
une espèce d'étang d'un côté, et la Meuse de l'autre.
En trois jours il a poussé son travail jusqu'à un petit
ruisseau qui coule au pied de la contrescarpe, et s'est
rendu maître d'une petite contre-garde revêtue qui était
en-deçà de la contrescarpe; et de là, en moins de seize
heures, a emporté tout le chemin couvert, qui était
garni de plusieurs rangs de palissades, a comblé un
fossé large de dix toises et profond de huit pieds, et s'est
logé dans une demi-lune qui était au-devant de la courtine, entre un demi-bastion qui est sur le bord de la
Meuse à la gauche des assiégeans et un bastion qui est
à leur droite : en telle sorte que cette place si terrible,
en un mot, Namur, a vu tous ses dehors emportés dans
le peu de temps que je vous ai dit, sans qu'il en ait
coûté au roi plus de trente hommes. Ne croyez pas pour
cela qu'on ait eu affaire à des poltrons; tous ceux de

---

[1] On n'a ni cette lettre ni aucune de celles que Boileau dut écrire à Racine pendant la même campagne.

[2] *Édit. citées* à note 2, p. 152. On y a omis *et*.

[3] *V. E.* Manuscrit... Et non pas *en-deçà*...

nos gens qui ont été à ces attaques sont étonnés du courage des assiégés. Mais vous jugerez de l'effet terrible du canon et des bombes quand je vous dirai, sur le rapport d'un officier espagnol qui fut pris hier dans les dehors, que notre artillerie leur a tué en deux jours douze cents hommes. Imaginez-vous trois batteries qui se croisent et qui [1] tirent continuellement sur de [2] pauvres gens qui sont vus d'en haut et de revers, et qui ne peuvent pas trouver un seul coin où ils soient en sûreté. On dit qu'on a trouvé les dehors tous [3] pleins de corps dont le canon a emporté les têtes, comme si on les avait coupées avec des sabres. Cela n'empêche pas que plusieurs de nos gens n'aient fait des actions de grande valeur. Les grenadiers du régiment des gardes-françaises et ceux des gardes-suisses se sont entre autres extrêmement distingués. On raconte plusieurs actions particulières, que je vous redirai quelque jour, et que vous entendrez avec plaisir; mais en voici une que je ne puis différer de vous dire et que j'ai ouï conter au roi même. Un soldat du régiment des fusillers [4], qui travaillait à la tranchée, y avait posé [5] un gabion; un coup de canon vint qui emporta son gabion; aussitôt il en alla poser à la même place un autre, qui fut sur-le-champ emporté par un autre coup de canon. Le soldat, sans rien dire, en prit un troisième, et l'alla poser; un

---

[1] V. *Édit. citées* à note 1, p. 155. On y omet ce *qui* (probablement pour faire disparaître une répétition).

[2] V. *Mêmes édit...* Sur *des* pauvres...

[3] V. Manuscrit. Le *s* a été écrit sur un *t* (*voy.* quant à cette question grammaticale, tome I, satire III, note du vers 117).

[4] *Manuscrit.* Il y a *fuseliers.*

[5] V. *Louis Racine...* Porté... — *Édit. citées ci-dessus*, note 1... Apporté.

troisième coup de canon emporta ce troisième gabion. Alors le soldat rebuté se tint en repos; mais son officier lui commanda de ne point laisser cet endroit sans gabion. Le soldat dit : « J'irai, mais j'y serai tué. » Il y alla, et, en posant son quatrième gabion, eut le bras fracassé d'un coup de canon. Il revint soutenant son bras pendant avec l'autre bras, et se contenta de dire à son officier : « Je l'avais bien dit. » Il fallut lui couper le bras, qui ne tenait presque à rien. Il souffrit cela sans desserrer les dents, et, après l'opération, dit froidement : « Je suis donc hors d'état de travailler; c'est maintenant « au roi à me nourrir. » Je crois que vous me pardonnerez le peu d'ordre de cette narration, mais assurez-vous qu'elle est fort vraie. M. de Cavoie me presse d'achever ma lettre. Je vous dirai donc en deux mots, pour l'achever, qu'apparemment la ville sera prise en deux jours. Il y a déjà une grande brêche au bastion, et même un officier vient, dit-on, d'y monter avec deux ou trois soldats, et s'en est revenu parce qu'il n'était point suivi, et qu'il n'y avait encore aucun ordre pour cela. Vous jugez bien que ce bastion ne tiendra guère; après quoi il n'y a plus que la vieille enceinte de la ville, où les assiégés ne nous attendront pas; mais vraisemblablement la garnison laissera faire la capitulation aux bourgeois, et se retirera dans le château, qui ne fait pas plus de peur à M. de Vauban que la ville. M. le prince d'Orange n'a point encore marché, et pourra bien marcher trop tard. Nous attendons avec impatience des nouvelles de la mer[1]. Je ne suis point surpris de tout ce que

---

[1] Cela se conçoit. Cinq jours auparavant (29 mai) Tourville, d'après des

vous me mandez du gouverneur, qui a fait déserter votre assemblée à son pupille [1]. J'ai ri de bon cœur de l'embarras où vous êtes sur le rang où vous devez placer M. de Richesource [2]. Ce que vous dites des esprits médiocres est fort vrai, et m'a frappé, il y a long-temps, dans votre Poétique [3]. M. de Cavoie vous fait mille baise-mains, et M. Roze aussi, qui m'a confié les grands dégoûts qu'il avait de l'académie, jusqu'à méditer même d'y faire retrancher les jetons, s'il n'était, dit-il, retenu par la charité. Croyez-vous que les jetons durent beaucoup, s'il ne tient qu'à la charité de M. Roze qu'ils ne soient retranchés [4]? Adieu, monsieur. Je vous conseille d'écrire un mot à monsieur le contrôleur général lui-même [5], pour le prier de vous faire mettre sur l'état de distribution; et cela sera fait aussitôt. Vous êtes pourtant en fort bonnes mains, puisque M. de Bie a promis de vous faire payer. C'est le plus honnête homme qui se soit jamais mêlé de finances [6]. Mes complimens à M. de La Chapelle.

ordres imprudens ou plutôt absurdes du roi, ordres donnés malgré Tourville (*Saint-Simon*, I, 15), et révoqués trop tard, avait attaqué la flotte ennemie avec une flotte de moitié moindre. Battue et dispersée, une partie de la flotte française (quinze vaisseaux) se réfugia à la Hogue et à Cherbourg, où elle fut brûlée au moment à-peu-près (1er, 2 et 3 juin) où Racine écrivait. *Mémoires de Tourville*, 1758, III, 164 et suiv.

[1] Le marquis d'Arcy, gouverneur du duc de Chartres, lui défendit d'assister aux assemblées de la petite Académie. *G. Garnier.*

[2] Il en est question dans la troisième Réflexion critique, tome III.

[3] Art poétique, ch. IV, vers 111 à 118, tome II, p. 262.

[4] Il était fort avare.

[5] Pontchartrain... On en a parlé dans la lettre XVII, p. 82, note 1.

[6] On verra, p. 260, note 2, qu'en effet, de Bie qui d'après ce qui est dit dans la lettre LXXIe, p. 256, était un employé principal des finances ou du trésor, rendit service à Boileau.

LETTRE LXVI.

RACINE A BOILEAU.

Au camp près de Namur, le 15 juin (1692).

Je ne vous ai point écrit sur l'attaque d'avant-hier; je suis accablé de lettres[1] qu'il me faut écrire à des gens beaucoup moins raisonnables que vous, et à qui il faut faire des réponses bien malgré moi. Je crois que vous n'aurez pas manqué de relations. Ainsi, sans entrer dans des détails ennuyeux, je vous manderai succinctement ce qui m'a le plus frappé dans cette action. Comme la garnison est au moins de six mille hommes, le roi avait pris de fort grandes précautions pour ne pas manquer son entreprise. Il s'agissait de leur enlever une redoute et un retranchement de plus de quatre cents toises de long, d'où il sera fort facile de foudroyer le reste de leurs ouvrages, cette redoute étant au plus haut de la montagne, et par conséquent pouvant commander aux ouvrages à cornes qui couvrent le château de ce côté-là. Ainsi le roi, outre les sept bataillons de tranchée, avait commandé deux cents de ses mousquetaires, cent cinquante grenadiers à cheval et quatorze compagnies d'autres grenadiers, avec mille ou douze cents travailleurs pour le logement qu'on voulait faire; et, pour mieux intimider les ennemis, il fit paraître tout-à-coup sur la hauteur la brigade de son régiment, qui est encore composée de six bataillons. Il était là en personne

---

[1] *V. E.* Manuscrit... Et non pas *accablé* des *lettres*.

à la tête de son régiment, et donnait ses ordres à la demi-portée du mousquet. Il avait seulement devant lui trois gabions, que le comte de Fiesque[1], qui était son aide-de-camp de jour, avait fait poser pour le couvrir; mais ces gabions, presque tous pleins de pierre, étaient la plus dangereuse défense du monde : car un coup de canon qui eût donné dedans aurait fait un beau massacre de tous ceux qui étaient derrière. Néanmoins un de ces gabions sauva peut-être la vie au roi ou à MONSEIGNEUR ou à MONSIEUR, qui tous deux étaient à ses côtés; car il rompit le coup d'une balle de mousquet qui venait droit au roi, et qui, en se détournant un peu, ne fit qu'une contusion au bras de M. le comte de Toulouse, qui était, pour ainsi dire, dans les jambes du roi.

Mais, pour revenir à l'attaque, elle se fit dans un ordre merveilleux. Il n'y eut pas jusqu'aux mousquetaires qui ne firent pas un pas plus qu'on ne leur avait commandé. A la vérité, M. de Maupertuis, qui marchait à leur tête, leur avait déclaré que si quelqu'un osait passer devant lui, il le tuerait. Il n'y en eut qu'un seul qui, ayant osé désobéir et passer devant lui, il le porta par terre de deux coups de sa pertuisane, qui ne le blessèrent pourtant point. On a fort loué la sagesse de M. de Maupertuis; mais il faut vous dire aussi deux traits de M. de Vauban, que je suis assuré qui vous plairont. Comme il connaît la chaleur du soldat dans ces sortes

---

[1] Jean-Louis de Fiesque-Lavaigne, mort en 1708. *Moréri.*

[2] Il entrait seulement dans sa quinzième année (M. de Saint-Surin dit par erreur, la quatorzième), étant né (*Moréri*, mot *Louis*) le 6 juin 1678. On en a parlé p. 156, note 2.

d'attaques[1], il leur avait dit : « Mes enfans, on ne vous
« défend pas de poursuivre les ennemis quand ils s'en-
« fuiront; mais je ne veux pas que vous alliez vous faire
« échiner[2] mal-à-propos sur la contrescarpe de leurs au-
« tres ouvrages. Je retiens donc à mes côtés cinq tam-
« bours pour vous rappeler quand il sera temps. Dès
« que vous les entendrez, ne manquez pas de revenir
« chacun à vos postes. » Cela fut fait comme il l'avait
concerté. Voilà pour la première précaution. Voici la
seconde. Comme le retranchement qu'on attaquait avait
un fort grand front, il fit mettre sur notre tranchée des
espèces de jalons, vis-à-vis desquels chaque corps devait
attaquer et se loger pour éviter la confusion; et la chose
réussit à merveille. Les ennemis ne soutinrent point et
n'attendirent pas même nos gens : ils s'enfuirent après
qu'ils eurent fait une seule décharge, et ne tirèrent plus
que de leurs ouvrages à cornes. On en tua bien quatre
ou cinq cents; entre autres un capitaine espagnol, fils
d'un grand d'Espagne[3] qu'on nomme le comte de Lémos.
Celui qui le tua était un des grenadiers à cheval, nommé
Sans-Raison. Voilà un vrai nom de grenadier. L'Espagnol lui demanda quartier, et lui promit cent pistoles,
lui montrant même sa bourse où il y en avait trente-
cinq. Le grenadier, qui venait de voir tuer le lieutenant
de sa compagnie, qui était un fort brave homme, ne
voulut point faire de quartier, et tua son Espagnol. Les
ennemis envoyèrent demander le corps, qui leur fut
rendu, et le grenadier *Sans-Raison* rendit aussi les

---

[1] V. *Éditions citées* à note 2, p. 159... Sortes *d'occasions*, il...

[2] *Manuscrit...* Échigner.

[3] Pierre-Antoine Fernandez de Castro, vice-roi du Pérou. *Moréri.*

trente-cinq pistoles qu'il avait prises au mort, en disant :
« Tenez, voilà son argent, dont je ne veux point; les
« grenadiers ne mettent la main sur les gens que pour
« les tuer. »

Vous ne trouverez point peut-être ces détails dans les
relations que vous lirez; et je m'assure que vous les aimerez bien autant qu'une supputation exacte du nom
des bataillons et de chaque compagnie, des gens détachés, ce que M. l'abbé de Dangeau ne manquerait pas
de rechercher bien [1] curieusement.

Je vous ai parlé du lieutenant de la compagnie des
grenadiers qui fut tué, et dont *Sans-Raison* vengea la
mort. Vous ne serez peut-être pas fâché de savoir qu'on
lui trouva un cilice sur le corps. Il était d'une piété
singulière, et avait même fait ses dévotions le jour
d'auparavant. Respecté de toute l'armée pour sa valeur
accompagnée d'une douceur et d'une sagesse merveilleuse, le roi l'estimait beaucoup, et a dit, après sa mort,
que c'était un homme qui pouvait prétendre à tout. Il
s'appelait Roquevert [2]. Croyez-vous que frère Roquevert ne valût pas [3] bien frère Muce? Et si M. de la
Trappe l'avait connu, aurait-il mis, dans la vie de frère
Muce [4], que les grenadiers font profession d'être les plus
grands scélérats du monde? Effectivement, on dit que

---

[1] V. *Édit. citées* à note 2, p. 152. Rechercher *très...* (Il recueillait les circonstances les plus minutieuses. *G. Garnier*).

[2] Ou plutôt Flotte de Roquevaire, disent Germain Garnier et d'autres éditeurs (d'après lui et sans le citer) : cependant il est nommé *de Roquevert*, dans la Gazette de France, du 9 juillet.

[3] *V. E.* Manuscrit... Au lieu de *ne valait pas.*

[4] L'abbé de la Trappe (Le Bouthilier de Rancé) avait publié en 1690, des *Instructions sur la mort de dom Muce... G. Garnier.*

dans cette compagnie il y a des gens fort réglés. Pour moi, je n'entends guère de messe dans le camp qui ne soit servie par quelque mousquetaire, et où il n'y en ait quelqu'un qui communie, et cela de la manière du monde la plus édifiante.

Je ne vous dis rien de la quantité de gens qui reçurent des coups de mousquet ou des contusions tout auprès du roi : tout le monde le sait, et je crois que tout le monde en frémit. M. le Duc[1] était lieutenant-général de jour, et y fit à la Condé, c'est tout dire. M. le Prince, dès qu'il vit que l'action allait commencer, ne put pas s'empêcher[2] de courir à la tranchée et de se mettre à la tête de tout. En voilà bien assez pour un jour. Je ne puis pourtant finir sans vous dire un mot de M. de Luxembourg. Il est toujours vis-à-vis des ennemis, la Méhagne[3] entre deux, qu'on ne croit pas qu'ils osent passer. On lui amena avant-hier un officier espagnol, qu'un de nos partis avait pris, et qui s'était fort bien battu. M. de Luxembourg, lui trouvant de l'esprit, lui dit : « Vous autres Espagnols, je sais que vous faites la « guerre en honnêtes gens, et je veux la faire avec « vous de même. » Ensuite il le fit dîner avec lui, puis lui fit voir toute son armée. Après quoi il le congédia, en lui disant : « Je vous rends votre liberté; allez trou- « ver M. le prince d'Orange, et dites-lui ce que vous « avez vu. » On a su aussi, par un rendu, qu'un de nos

___

[1] Petit fils du grand Condé, et fils de M. *le Prince*, dont Racine va parler. *G. Garn.* — Nous avons désigné celui-ci, p. 210, note 5; le premier était Louis de Bourbon III, né en 1668, mort en 1710. *Moréri.*

[2] *V. E.* Manuscrit... Au lieu de *ne put s'empêcher.*

[3] *V. E. Id.* Et non pas *Mehaigne.*

soldats s'étant allé rendre aux ennemis, le prince d'O-
range lui demanda pourquoi il avait quitté l'armée de
M. de Luxembourg : « C'est, dit [1] le soldat, qu'on y
« meurt de faim; mais, avec tout cela, ne passez pas la
« rivière, car assurément ils vous battront. »

Le roi envoya hier six mille sacs d'avoine et cinq
cents bœufs à l'armée de M. de Luxembourg; et quoi
qu'ait dit le déserteur, je vous puis assurer qu'on y est
fort gai, et qu'il s'en faut bien qu'on y meure de faim.
Le général a été trois jours entiers sans monter [2] à cheval,
passant le jour à jouer dans sa tente. Le roi a eu
nouvelle aujourd'hui que le baron de Serclas [3], avec cinq
ou six mille chevaux de l'armée du prince d'Orange,
avait passé la Meuse à Huy, comme pour venir inquiéter
le quartier de M. de Boufflers. Le roi prend ses mesures pour le bien recevoir.

Adieu, monsieur. Je vous manderai une autre fois des
nouvelles de la vie que je mène, puisque vous en voulez
savoir. Faites, je vous prie, part de cette lettre à M. de
La Chapelle, si vous trouvez qu'elle en vaille la peine.
Vous me ferez même beaucoup de plaisir de l'envoyer à
ma femme, quand vous l'aurez lue; car je n'ai pas le
temps de lui écrire, et cela pourra la réjouir elle et
mon fils.

On est fort content de M. de Bonrepaux [4]. J'ai écrit

---

[1] V. *Éditions citées* à note 5, p. 197... C'est *lui* dit le...

[2] *V. E.* Manuscrit... Et non pas *trois jours sans monter*... (Les éditeurs ont omis *entiers*).

[3] Ou plutôt le comte Tzerclaës de Tilly. *G. Garn.*

[4] François d'Usson de Bonrepaux... Il servait alors comme lieutenant-général des armées navales, disent Germain Garnier et plusieurs éditeurs après lui (sans le citer). C'est une erreur. Bonrepaux, long-temps commis au minis-

à M. de Pontchartrain le fils par le conseil de M. de La Chapelle. Une page de complimens[1] m'a plus coûté cinq cents fois que les huit pages que je vous viens d'écrire. Adieu, monsieur. Je vous envie bien votre beau temps d'Auteuil, car il fait ici le plus horrible temps du monde.

Je vous ai vu rire assez volontiers de ce que le vin fait quelquefois faire aux ivrognes. Hier un boulet de canon emporta la tête d'un de nos Suisses dans la tranchée. Un autre Suisse son camarade, qui était auprès, se mit à rire de toute sa force, en disant : « Ho! Ho! « cela est plaisant; il reviendra sans tête dans le camp. »

On a fait aujourd'hui trente prisonniers de l'armée du prince d'Orange, et ils ont été pris par un parti de M. de Luxembourg. Voici la disposition de l'armée des ennemis : M. de Bavière à la droite avec des Brandebourgs et autres Allemands; M. de Valdeck est au corps de bataille avec les Hollandais; et le prince d'Orange, avec les Anglais, est à la gauche. J'oubliais de vous dire que quand M. le comte de Toulouse reçut son coup de mousquet, on entendit le bruit de la balle; et le roi demanda si quelqu'un était blessé. « Il me semble, dit en

---

tère, était *intendant général*, et non pas lieutenant-général des armées navales (*Gaz. de France* du 24 nov. 1685 ; *Saint Simon*, II, 53; XIII, 254) : aussi ne l'indique-t-on point comme ayant pris part à quelques-uns des combats déjà rappelés (p. 233, note 1), mais seulement comme ayant assisté à un conseil qui se tint à la Hogue pour aviser aux moyens d'empêcher la destruction de nos vaisseaux (*Mém. de Tourville*, III, 164 à 183). Un de ses frères, il est vrai, fut officier-général, mais il ne servait que dans l'armée de terre, et il n'était, au temps de la lettre, que maréchal de camp (*Gaz.* du 17 octobre 1693).

[1] Sans doute sur sa réception comme conseiller (p. 224, note 1).

« souriant le jeune prince, que quelque chose m'a touché. ». Cependant la contusion était assez grosse, et j'ai vu là marque de la balle[1] sur le galon de sa manche[2], qui était tout noirci comme si le feu y avait passé. Adieu, monsieur. Je ne saurais me résoudre à finir quand je suis avec vous.

En fermant ma lettre, j'apprends que la présidente Barentin[3] qui avait épousé M. de Cormaillon, ingénieur, a été pillée par un parti de Charleroi. Ils lui ont pris ses chevaux de carrosse et sa cassette, et l'ont laissée dans le chemin à pied. Elle venait pour être auprès de son mari, qui avait été blessé. Il est mort.

LETTRE LXVII.

RACINE A BOILEAU.

Au camp près de Namur, le 24 juin (1692).

Je laisse à M. de Valincour le soin de vous écrire la prise du Château-neuf. Voici seulement quelques circonstances qu'il oubliera peut-être dans sa relation. Ce Château-neuf est appelé autrement le *Fort-Guillaume*, parce que c'est le prince d'Orange qui ordonna l'année passée de le faire construire, et qui avança pour cela dix mille écus de son argent. C'est un grand ouvrage à cornes, avec quelques redans dans le milieu de la cour-

---

[1] V. *Édit. citées* à note 5, p. 197... J'ai vu la balle... (D'après cette tournure singulière, il faudrait que la balle fût restée fixée *sur un galon*).

[2] *V. E.* Manuscrit... Au lieu de *Galon de* la *manche*...

[3] Grand'mère de madame de Louvois. G. Garn.

tine, selon que le terrain le demandait. Il est situé de telle sorte que, plus on en approche, moins on le découvre; et depuis huit ou dix jours que notre canon le battait, il n'y avait fait qu'une très petite brèche à passer deux hommes, et il n'y avait pas une palissade du chemin couvert qui fût rompue. M. de Vauban a admiré lui-même la beauté de cet ouvrage. L'ingénieur qui l'a tracé, et qui a conduit tout ce qu'on y a fait, est un Hollandais nommé Cohorne [1]. Il s'était enfermé dedans pour le défendre, et y avait même fait creuser sa fosse [2], disant qu'il s'y voulait enterrer. Il en sortit hier, avec la garnison, blessé d'un éclat de bombe. M. de Vauban a eu la curiosité de le voir, et, après lui avoir donné beaucoup de louanges, lui a demandé s'il jugeait qu'on eût pu l'attaquer mieux qu'on n'a fait. L'autre fit réponse que, si on l'eût attaqué dans les formes ordinaires, et en conduisant une tranchée devant la courtine et les demi-bastions, il se serait encore défendu plus de quinze jours, et qu'il nous en aurait coûté bien du monde; mais que de la manière dont on l'avait embrassé de toutes parts, il avait fallu se rendre. La vérité est que notre tranchée est quelque chose de prodigieux, embrassant à la fois plusieurs montagnes et plusieurs vallées avec une infinité de tours [3] et de retours, autant presque qu'il y a de rues à Paris. Les gens de la cour

---

[1] N. Menno de Cohorn, l'émule de Vauban, né en 1641, mort en 1704... Auteur d'un Traité sur la fortification. *Goigoux.*

[2] V. *Édit. citées* à note 2, p. 159... Creuser *le fossé*, disant... (cette variante ou plutôt cette faute est remarquable).

[3] V. *Édit. citées* à note 5, p. 197... De *détours* et... (Racine avait en effet écrit *de destours*, mais les trois premières lettres sont effacées).

commençaient¹ à s'ennuyer de voir si long-temps remuer la terre; mais enfin il s'est trouvé que, dès que nous avons attaqué la contrescarpe, les ennemis, qui craignaient d'être coupés, ont abandonné dans l'instant tout leur chemin² couvert; et, voyant dans leur ouvrage vingt de nos grenadiers qui avaient grimpé par un petit endroit où on ne pouvait monter qu'un à un, ils ont aussitôt battu la chamade. Ils étaient encore quinze cents hommes, gens³ bien faits s'il y en a au monde. Le principal officier qui les commandait, nommé M. de Vimbergue, est âgé de près de quatre-vingts ans. Comme il était d'ailleurs fort incommodé des fatigues qu'il a souffertes depuis quinze jours, et qu'il ne pouvait plus marcher, il s'était fait porter sur la petite brèche que notre canon avait faite, résolu d'y mourir l'épée à la main. C'est lui qui a fait la capitulation; et il y a fait mettre qu'il lui serait permis d'entrer dans le vieux château pour s'y défendre encore jusqu'à la fin du siège. Vous voyez par là à quelles gens nous avons affaire, et que l'art et les précautions de M. de Vauban ne sont pas inutiles pour épargner bien de braves gens qui s'iraient faire tuer mal-à-propos. C'était encore M. le Duc qui était lieutenant-général de jour, et voici la troisième affaire qui passe par ses mains. Je voudrais que vous eussiez pu entendre de quelle manière aisée, et même avec quel esprit, il m'a bien voulu raconter une partie de ce que je vous mande; les réponses qu'il fit aux

---

¹ V. *Mêmes édit...* Commençaient *déjà* à s'ennuyer... (Peut-on dire *commencer* déjà *à faire quelque chose?*).

² *V. E.* Manuscrit... Au lieu de *tout* le *chemin couvert...*

³ *V. E. Idem...* Et non pas *quinze cents hommes*, tous *gens...*

officiers qui le vinrent trouver pour capituler; et comme, en leur faisant mille honnêtetés, il ne laissait pas de les intimider. On a trouvé le chemin couvert tout plein de corps morts, sans tous ceux qui étaient à demi enterrés dans l'ouvrage. Nos bombes ne les [1] laissaient pas respirer; il voyaient sauter à tout moment en l'air leurs camarades, leurs valets, leur pain, leur vin; et étaient [2] si las de se jeter par terre, comme on fait quand il tombe une bombe, que les uns se tenaient debout, au hasard de ce qui en pourrait arriver; les autres avaient creusé de petites niches dans des retranchemens qu'ils avaient faits dans le milieu de l'ouvrage, et s'y tenaient plaqués tout le jour. Ils n'avaient d'eau que celle d'un petit trou qu'ils avaient creusé en terre, et ont passé ainsi quinze jours entiers. Le vieux château est composé de quatre autres forts, l'un derrière l'autre, et va toujours en s'étrécissant, en telle sorte que celui de ces forts [3] qui est à l'extrémité de la montagne ne paraît pas pouvoir contenir trois cents hommes. Vous jugez bien quel fracas y feront nos bombes. Heureusement nous ne craignons pas d'en manquer sitôt. On en trouva hier chez les révérends pères jésuites de Namur douze cent soixante toutes chargées, avec leurs amorces. Les bons pères gardaient précieusement ce beau dépôt, sans en rien dire, espérant vraisemblablement de les rendre [4] aux Espagnols, au cas qu'on nous fît lever le siège [5]. Ils paraissaient

---

[1] V. *Édit. citées* à note 2, p. 159... Ne laissaient pas... (*les* est omis).
[2] *V. E.* Manuscrit... Au lieu de *leur vin;* ils *étaient*...
[3] V. *Édit. citées* à note 5, p. 197... Celui *des* forts...
[4] V. *Mêmes édit*... De *le* rendre...
[5]. Ce fait est rapporté par Saint-Simon (I, 14) avec des circonstances en-

pourtant les plus contens du monde d'être au roi; et ils me dirent à moi-même, d'un air riant et ouvert, qu'ils lui étaient trop obligés de les avoir délivrés de ces maudits protestans qui étaient en garnison à Namur, et qui avaient fait un prêche de leurs écoles. Le roi a envoyé le père recteur à Dole; mais le père de La Chaise dit lui-même que le roi est trop bon, et que les supérieurs de leur compagnie seront plus sévères que lui. Adieu, monsieur, ne me citez point[1]. J'écrirai demain à M. de Milon[2], qui m'a mandé, comme vous, le crachement de sang de M. de La Chapelle. J'espère que cela n'aura point de suites; je vous assure que j'en serais sensiblement affligé. [3]

J'oubliais de vous dire que je vis passer les deux otages, que ceux du dedans de l'ouvrage à cornes envoyaient au roi. L'un avait le bras en écharpe; l'autre la mâchoire à demi emportée, avec la tête bandée d'une écharpe noire. Ce dernier[4] est un chevalier de Malte. Je vis aussi huit prisonniers qu'on amenait du chemin couvert, ils faisaient horreur. L'un avait un coup de baïonnette dans le côté; un autre un coup de mousquet dans la bouche; les six autres avaient le visage et les mains toutes brûlées du feu qui avait pris à la poudre qu'ils avaient dans leurs havresacs.

core plus aggravantes. « Comme c'étaient des jésuites, dit-il, il n'en fut rien. » — Il regarde sans doute, et avec raison, l'espèce d'exil du recteur, dont Racine va parler, comme une punition tout-à-fait insignifiante.

[1] Il était donc dangereux même de raconter une *faute* des jésuites!

[2] Frère aîné de La Chapelle. *G. Garnier.*

[3] *V. E.* Manuscrit... Et non pas *que j'en suis sensiblement affligé...* tournure qui change le sens de la phrase.

[4] *V. E. Idem...* Et non pas *noire. Le dernier...*

LETTRE LXVIII.

RACINE A BOILEAU.

A Fontainebleau, le 3ᵉ octobre (1692).

Votre ancien laquais, dont j'ai oublié le nom, m'a fait grand plaisir ce matin en m'apprenant de vos nouvelles. A ce que je vois, vous êtes dans une fort grande solitude à Auteuil, et vous n'en partez point. Est-il possible que vous puissiez être si long-temps seul, et ne point faire du tout de vers? Je m'attends qu'à mon retour je trouverai votre *Satire des femmes* entièrement achevée. Pour moi, il s'en faut bien que je sois aussi solitaire que vous. M. de Cavoie a voulu encore à toute force que je logeasse chez lui, et il ne m'a pas été possible d'obtenir de lui que je fisse tendre un lit dans votre maison, où je n'aurais pas été si magnifiquement que chez lui; mais j'y aurais été plus tranquillement et avec plus de liberté.

Cependant[1] elle n'a été marquée pour personne, au grand déplaisir des gens qui s'en étaient emparés les autres années. Notre ami M. Félix y a mis son carrosse et ses chevaux, et les miens n'y ont pas même trouvé place; mais tout cela s'est passé avec mon agrément et sous mon bon plaisir. J'ai mis mes chevaux à l'hôtel de Cavoie, qui en est tout proche. M. de Cavoie a permis aussi à M. de Bonrepaux[2] de faire sa cuisine chez vous. Votre concierge voyant que les chambres demeuraient

---

[1] V. Louis Racine (II, 201) a supprimé tout cet alinéa.
[2] Probablement l'intendant-général dont on a parlé p. 240, note 4.

vides, en a meublé quelqu'une, et l'a louée. On a mis sur la porte qu'elle était à vendre, et j'ai dit qu'on m'adressât ceux qui la viendraient voir; mais on ne m'a encore envoyé personne. Je soupçonne que le concierge, se trouvant fort bien d'y louer des chambres, serait assez aise que la maison ne se vendît point[1]. J'ai conseillé à M. Félix de l'acheter, et je vois bien que je le ferai aller jusqu'à 4,000 fr. Je crois que vous ne feriez pas trop mal d'en tirer cet argent; et je crains que si le voyage se passe sans que le marché soit conclu, M. Félix, ni personne, n'y songe plus jusqu'à l'autre année. Mandez-moi là-dessus vos sentimens; je ferai le reste.

On reçut hier de bonnes nouvelles d'Allemagne. M. le maréchal de Lorges ayant fait assiéger par un détachement de son armée une petite ville nommée Pforzheim[2], entre Philisbourg et Dourlach, les Allemands ont voulu s'avancer pour la secourir. Il a eu avis qu'un corps de quarante escadrons avait pris les devans, et n'était qu'à une lieue et demie de lui, ayant devant eux un ruisseau assez difficile à passer. La ville a été prise dès le premier jour, et cinq cents hommes qui étaient dedans ont été faits prisonniers de guerre. Le lendemain M. de Lorges a marché avec toute son armée sur ces

---

[1] Il paraît qu'elle venait de la succession de Puymorin.

[2] Le maréchal prit Pforzheim le 16 septembre et battit les Allemands le 17, selon Germain Garnier; ce que plusieurs éditeurs ont répété (sans le citer). S'ils avaient pris garde qu'en s'en tenant à ces dates il aurait fallu *quinze jours* pour transmettre à Fontainebleau ces *bonnes nouvelles*, puisque d'après la lettre de Racine elles n'avaient été reçues que le 2 octobre, ils auraient soupçonné qu'il y avait une faute d'impression dans la note de Garnier... Et dans le fait, au lieu du 16 et 17 septembre, il faut y lire le 26 et 27 septembre (*Gaz. de France*, du 7 octobre; *Larrey*, VI, 43).

quarante escadrons que je vous ai dit¹, et a fait d'abord passer le ruisseau à seize de ses escadrons soutenus du reste de la cavalerie. Les ennemis, voyant qu'on allait à eux avec cette vigueur, s'en sont fuis² à vau-de-route, abandonnant leurs tentes et leur bagage, qui a été pillé. On leur a pris deux pièces de canon, deux paires de timbales et neuf étendards, quantité d'officiers, entre autres leur général, qui est oncle de M. de Wirtemberg et administrateur de ce duché³, un général-major de Bavière⁴ et plus de treize cents cavaliers. Ils en ont eu près de neuf cents tués sur la place. Il ne nous en coûte⁵ qu'un maréchal-des-logis, un cavalier et six dragons. M. de Lorges a abandonné au pillage la ville de Pforzheim et une autre petite ville, auprès de laquelle étaient campés les ennemis. Ç'a été, comme vous voyez une déroute; et il n'y a pas eu, à proprement parler, aucun coup de tiré de leur part : tout ce qu'on a pris et tué, ç'a été en les poursuivant. Le prince d'Orange est parti pour la Hollande. Son armée s'est rapprochée de Gand, et apparemment se séparera bientôt. M. de Luxembourg me mande qu'il est en parfaite santé. Le roi se porte à merveille.

---

¹ V. *Manuscrit...* Les éditeurs modernes y ont substitué, et presque tous sans en avertir, « vous ai *dits*, (au pluriel), » comme on écrirait aujourd'hui.

² *Voy.* sur cette expression, satire I, note du vers 10, tome I.

³ Frédéric-Charles, grand oncle et tuteur, depuis 1677, d'Éverard-Louis, duc de Wirtemberg. *Moréri.* — Il fut conduit à Paris où Louis XIV lui fit une réception fort honorable et pleine de courtoisie. *Larrey*, VI, 58.

⁴ Le comte de Soyez. *Larrey*, VI, 43.

⁵ V. *Édit. citées* à note 2, p. 152... Ne nous en a *coûté* qu'un...

LETTRE LXIX.

RACINE A BOILEAU.

A Fontainebleau, le 6 octobre (1692).

J'AI parlé à M. de Pontchartrain, le conseiller, du garçon qui vous a servi; et M. le comte de Fiesque, à ma prière, lui en a parlé aussi. Il m'a dit qu'il ferait son possible pour le placer; mais qu'il prétendait que vous lui en écrivissiez vous-même, au lieu de lui faire écrire par un autre. Ainsi je vous conseille de forcer un peu votre paresse, et de m'envoyer une lettre pour lui, ou bien de lui écrire par la poste.

J'ai déjà fait naître à madame de Maintenon une grande envie de voir de quelle manière vous parlez de Saint-Cyr[1]. Elle a paru fort touchée de ce que vous aviez eu même la pensée d'en parler; et cela lui donna occasion[2] de dire mille biens de vous. Pour moi, j'ai une extrême impatience de voir ce que vous me dites que vous m'enverrez[3]. Je n'en ferai part qu'à ceux que vous voudrez, à personne même si vous le souhaitez. Je crois pourtant qu'il sera très bon que madame de Maintenon voie ce que vous avez imaginé pour sa maison. Ne vous mettez pas en peine; je le lirai du ton qu'il faut, et je ne ferai point tort[4] à vos vers.

---

[1] Satire x, vers 364 (... Eût-elle sucé la raison dans Saint-Cyr), tome I.

[2] *V. E.* Manuscrit... Au lieu de *que* vous aviez *même la pensée d'en parler et cela lui* donne *occasion*...

[3] V. *Manuscrit...* Au lieu de vous *m'enverrez*, qu'ont mis les éditeurs modernes (même observation qu'à p. 249, note 1).

[4] V. *Édit. citées* à note 5, p. 197... Point *de* tort...

Je[1] n'ai point vu M. Félix depuis que j'ai reçu votre lettre. Au cas que vous ne trouviez point les 5,000 fr., ce que je crois très difficile, je vous conseille de louer votre maison; mais il faudra pour cela que je vous trouve des gens qui prennent soin de trouver[2] des locataires : car je doute que ceux qui y logent soient bien propres à vous trouver des marchands, leur intérêt étant de demeurer seuls dans cette maison, et d'empêcher qu'on ne les en vienne déposséder.

Il n'y a ici aucune nouvelle. L'armée de M. de Luxembourg commence à se séparer, et la cavalerie entre dans des quartiers de fourrages. Quelques gens voulaient hier que le duc de Savoie pensât à assiéger Nice à l'aide des galères d'Espagne; mais le comte d'Estrées ne tardera guère à donner la chasse aux galères et aux vaisseaux espagnols, et doit arriver incessamment vers les côtes d'Italie. Le roi grossit de quarante bataillons son armée de Piémont pour l'année prochaine, et je ne doute pas qu'il ne tire une rude vengeance des pays de M. de Savoie.[3]

Mon fils m'a écrit une assez jolie lettre[4] sur le plaisir qu'il a eu de vous aller voir, et sur une conversation qu'il a eue avec vous. Je vous suis plus obligé que vous ne le sauriez dire de vouloir bien vous amuser avec lui.

---

[1] V. Louis Racine et Germain Garnier ont omis tout cet alinéa.

[2] *V. E.* Manuscrit... Et non pas *de* vous *trouver*...

[3] En 1693 l'armée de Catinat brûla La Vénerie, magnifique chateau du duc, et après la victoire de La Marsaille (4 octobre) mit le Piémont à contribution; triste et faible représaille des ravages faits par le duc en Dauphiné (août et septembre 1692), où il avait aussi levé des contributions et brûlé quatre-vingts villes, bourgs, châteaux ou villages. *Larrey*, VI, 49 et 131.

[4] La réponse du père est dans le Racine de La Harpe (IV, 354).

Le plaisir qu'il prend d'être avec vous me donne assez bonne opinion de lui; et s'il est jamais assez heureux que de vous entendre [1] parler de temps en temps, je suis persuadé qu'avec l'admiration dont il est prévenu, cela lui fera le plus grand bien du monde. J'espère que cet hiver vous voudrez bien faire quelquefois chez moi [2] de petits dîners dont je prétends tirer tant d'avantages. M. de Cavoie vous fait ses complimens. J'appris hier la mort [3] du pauvre abbé de Saint-Réal. [4]

LETTRE LXX.

BOILEAU A RACINE.

A Auteuil, 7ᵉ octobre (1692).

Je vous écrivis avant-hier [5] si à la hâte, que je ne sais si vous aurez bien conçu ce que je vous écrivais: c'est ce qui m'oblige à vous récrire aujourd'hui. Madame Racine vient d'arriver chez moi, qui s'engage à vous faire tenir ma lettre. L'action de M. de Lorges est très grande et très belle, et j'ai déjà reçu une lettre de M. l'abbé Renaudot [6], qui me mande que M. de Pontchartrain veut qu'on travaille au plus tôt à faire une

---

[1] V. *Éditions citées* à note 2, p. 152... Heureux *pour* vous entendre...
[2] *V. E.* Manuscrit... Au lieu de *faire chez moi*... (*quelquefois* est omis).
[3] Septembre 1692. G. Garn. (*Voy.* les biographies).
[4] *Adresse*: A monsieur, monsieur Despréaux, à Auteuil.
[5] Cette lettre manque.
[6] Il avait le privilège de la Gazette de France, et il venait d'entrer dans la petite académie. G. Garnier.

médaille pour cette action. Je crois que cela occupe déjà fort M. de La Chapelle; mais pour moi, je crois qu'il sera assez temps d'y penser vers la Saint-Martin. Je ne saurais assez vous remercier du soin que vous prenez de notre maison de Fontainebleau. Je n'ai point encore vu sur cela personne de notre famille; mais, autant que j'en puis juger, tout le monde trouvera assez mauvais que celui qui l'habite prétende en profiter à nos dépens. C'est une étrange chose qu'un bien en commun [1] : chacun en laisse le soin à son compagnon; ainsi personne n'y soigne, et il demeure au pillage [2]. Je vous mandais, le dernier jour, que j'ai travaillé à la Satire des femmes durant huit [3] jours : cela est véritable; mais il est vrai aussi que ma fougue poétique est passée presque aussi vite qu'elle est venue, et que je n'y pense plus à l'heure qu'il est. Je crois que, lorsque j'aurai tout amassé, il y aura bien cent vers nouveaux d'ajoutés; mais je ne sais si je n'en ôterai pas bien vingt-cinq ou trente de la description du lieutenant et de la lieutenante-criminelle [4]. C'est un ouvrage qui me tue, par la multitude des transitions, qui sont, à mon sens, le plus difficile chef-d'œuvre de la poésie. Comme je m'imagine que vous avez quelque impatience d'en voir quelque chose, je veux bien vous en transcrire ici vingt ou trente vers; mais c'est à la charge que, foi d'honnête homme, vous

---

[1] On a parlé de cette maison, p. 248, note 1.

[2] V. Louis Racine omet les trois phrases précédentes. Peut-être s'y est-il déterminé à cause de ces négligences de style : *Chacun en laisse le soin à... Ainsi personne n'y soigne...* (voy. lettre cx, aux notes).

[3] *V. E.* Manuscrit... Au lieu de *femmes* pendant *huit jours...*

[4] Il en ôta en effet vingt, mais il les rétablit ensuite en 1698 (tome I, note du vers 309, satire x).

ne les montrerez à âme vivante, parce que je veux être absolument maître d'en faire ce que je voudrai; et que, d'ailleurs, je ne sais s'ils sont encore en l'état où ils demeureront[1]. Mais afin que vous en puissiez voir la suite, je vais vous mettre la fin de l'histoire de la lieutenante, de la manière que je l'ai achevée :

Mais peut-être j'invente une fable frivole...[2].

En voilà plus que je ne vous avais promis. Mandez-moi ce que vous y aurez trouvé de fautes plus grossières. J'ai envoyé des pêches à madame de Caylus[3], qui les a reçues, dit-on, avec de grandes marques de joie. Je vous donne le bonsoir, et suis tout à vous.

LETTRE LXXI.

RACINE A BOILEAU.

Au Quesnoy, le 30 mai (1693).

Le roi fait demain ses dévotions[4]. Je parlai hier de M. le doyen[5] au père de La Chaise; il me dit qu'il

---

[1] Il y fit en effet des changemens (*Voy.* la note suivante).

[2] Il transcrit ici la première composition des vers 329 à 372. Nous avons jugé inutile de les reproduire parce que nous indiquons dans les notes des vers 330, 338, 346, 347, 352, 367 et 369 (tome I), les différences qui existent entre l'imprimé et cette première composition.

[3] V. Boileau écrit *Quélus*. M. Daunou a le premier (1825) signalé cette variante assez précieuse, en ce qu'elle sert à faire découvrir une des dames dont Boileau parle dans la lettre XXIX (p. 117), et par là même celui à qui il l'écrit... Tous les autres éditeurs l'avaient négligée.

[4] Il les fit le 31 mai (*Gaz. de France* du 6 juin); ainsi la lettre LXXI est bien du 30 (*Voy.* lett. LXXII, note 4, p. 257).

[5] Frère de Despréaux (tome III, Explicat. généal., n° 288).

avait reçu votre lettre, me demanda des nouvelles de votre santé, et m'assura qu'il était fort de vos amis et de toute la famille. J'ai parlé ce matin à madame de Maintenon, et lui ai[1] même donné une lettre que je lui avais écrite sur ce sujet, la mieux tournée que j'ai pu, afin qu'elle la pût lire au roi. M. de Chamlai, de son côté, proteste qu'il a déjà fait merveilles, et qu'il a parlé de M. le doyen comme de l'homme du monde qu'il estimait le plus, et qui méritait le mieux les grâces de sa majesté. Il promet qu'il reviendra encore ce soir à la charge. Je l'ai échauffé de tout mon possible, et l'ai assuré de votre reconnaissance et de celle de M. le doyen et de MM. Dongois[2]. Voilà, mon cher monsieur, où la chose en est. Le reste est entre les mains du bon Dieu, qui peut-être inspirera le roi en notre faveur. Nous en saurons demain davantage.

Quant à nos ordonnances, M. de Pontchartrain me promit qu'il nous les ferait payer aussitôt après le départ du roi. C'est à vous de faire vos sollicitations, soit par M. de Pontchartrain le fils, soit par M. l'abbé Bignon[3]. Croyez-vous que vous fissiez mal d'aller vous-même une fois chez lui? Il est bien intentionné; la somme est petite : enfin, on m'assure qu'il faut presser, et qu'il n'y a pas un moment à perdre. Quand vous aurez arraché

---

[1] V. *Édit. citées* à p. 197, note 5... Et *je* lui ai...

[2] Gilles II et Nicolas (et non pas *Antoine*, comme le disent Garnier et MM. de Saint-Surin et Daunou) Dongois, l'un chanoine, l'autre greffier (*Même explicat.*, n° 431 et 432).

[3] Jean-Paul Bignon, petit-fils du savant Jérôme Bignon, et neveu de Pontchartrain. Il avait l'inspection de l'académie des médailles. *G. Garnier.* — C'est à lui qu'est adressée la lettre XXI, p. 99, et c'est de son aïeul que Boileau parle dans la précédente, n° XX, p. 94.

cela de lui, il ne vous en voudra que plus de bien. Il faudrait aussi voir ou faire voir M. de Bie, qui est le meilleur homme du monde, et qui le ferait souvenir de nous quand [1] il fera l'état de distribution.

Au reste, j'ai été obligé de dire ici, le mieux que j'ai pu, quelques-uns des vers de votre satire, à M. le Prince: *Nosti hominem.* Il ne parle plus d'autre chose, et il me les a redemandés plus de dix fois. M. le prince de Conti[2] voudrait bien que vous m'envoyassiez l'histoire du lieutenant-criminel, dont il est surtout charmé. M. le Prince et lui ne font que redire les deux vers : *La mule et les chevaux* au marché, etc.[3]. Je vous conseille de m'envoyer tout cet endroit, et quelques autres morceaux détachés, si vous pouvez: assurez-vous qu'il ne sortiront point de mes mains. M. le Prince n'est pas moins touché de ce que j'ai pu retenir de votre ode[4]. Je ne suis point surpris de la prière que M. de Pontchartrain le fils vous a faite en faveur de Fontenelle[5]. Je savais bien qu'il avait beaucoup d'inclination pour lui : et c'est pour cela même que M. de La Loubère[6] n'en a guère; mais enfin vous avez très bien répondu, et, pour peu que Fontenelle se reconnaisse, je vous conseillerais aussi de lui faire grâce.

---

[1] *V. E.* Manuscrit... Au lieu de *souvenir* de vous *quand...* (ce que vient de dire Racine montre qu'il faut *nous*).

[2] François-Louis de Bourbon, né en 1664, d'abord prince de La Roche-sur-Yon, et ensuite de Conti, en 1685, à la mort de son frère aîné (celui-ci était époux de la princesse dont on a parlé, p. 195). *Moréri.*

[3] Ce vers a été retouché (tome I, satire x, vers 285).

[4] Ce qui précède depuis *au reste, j'ai été*, etc., a été aussi publié par Cizeron-Rival (*Voy.* lettre du 4 mars 1703, n° CXIV, aux notes).

[5] V. Louis Racine n'a mis que l'initiale F.

[6] Élu la même année à l'Académie, également par le crédit des Pontchartrain. *G. Garnier.*

Mais, à dire vrai, il est bien tard, et la stance ¹ a fait un furieux progrès.

Je n'ai pas le temps d'écrire ce matin à M. de La Chapelle. Ayez la bonté de lui dire que tout ce qu'il a imaginé, et vous aussi, sur l'ordre de Saint-Louis me paraît fort beau; mais que pour moi, je voudrais simplement mettre pour type la croix même de Saint-Louis, et à la légende ² *Ordo militaris* ³, etc. Chercherons-nous toujours de l'esprit dans les choses qui en demandent le moins? Je vous écris tout ceci avec une rapidité épouvantable, de peur que la poste ne soit partie. Il fait le plus beau temps du monde. Le roi, qui a eu une fluxion sur la gorge, se porte bien : ainsi nous serons bientôt en campagne. Je vous écrirai plus à loisir avant que de sortir du Quesnoy.

LETTRE LXXII.

RACINE A BOILEAU.

Au Quesnoy, le 30ᵉ mai ⁴ (1693).

Vous verrez par la lettre que j'écris à M. l'abbé Dongois les obligations que vous avez à sa majesté.

---

¹ Elle est au tome II, p. 410, note 3.

² *V. E.* Manuscrit... Au lieu de *Saint-Louis et la légende* (*à* est omis).

³ Cet ordre fut institué le 10 mai 1693. *Larrey*, VI, 64.

⁴ V. Date de l'original. On y a substitué (*M. Daun.*, 1809) le 30 mai soir; ou (*G. Garn.*) le 31 mai; ou enfin (*M. de S.-S.*) le 31 mai soir, pour que la lettre ne fût pas du même jour que la précédente. — Quoiqu'il ne soit pas impossible qu'elles aient toutes deux été écrites le même jour, il est plus probable que la lettre LXXII le fut le lendemain de la lettre LXXI, qui, on l'a vu (p. 254, note 4), est certainement du 30.

M. le doyen est chanoine de la Sainte-Chapelle, et est mieux ¹ encore que je n'avais demandé. Madame de Maintenon m'a chargé de vous bien ² faire ses baise-mains ³. Elle mérite bien que vous lui fassiez quelque remercîment, ou du moins que vous fassiez d'elle une mention honorable qui la distingue de tout son sexe ⁴, comme en effet elle en est distinguée de toutes manières. Je suis content au dernier point de M. de Chamlai; et il faut absolument que vous lui écriviez, aussi bien qu'au père de La Chaise, qui a très bien servi M. le doyen. Tout le monde m'a chargé ici de vous faire ses complimens, entre autres M. de Cavoie et M. de Sérignan⁵. M. le prince de Conti même m'a témoigné prendre beaucoup de part à votre joie.

Nous partons mardi matin pour ⁶ aller camper sous Mons. Le roi se mettra à la tête de l'armée de M. de Boufflers. M. de Luxembourg, avec la sienne, nous côtoiera de fort près. Le roi envoie les dames à Mauheuge : ainsi nous voilà à la veille des ⁷ grandes nouvelles. Je vous donne le bonsoir, et suis entièrement à vous.

---

¹ *V. E.* Manuscrit... Au lieu de *et est* bien *mieux encore...*

² V. *Daun.* (1809), *S.-S.*, *Am.*, *Viol...* De vous faire... — *G. Garn...* De vous faire bien ses...

³ C'est-à-dire ses *complimens...* Pourrait-on encore employer ce mot aujourd'hui dans ce sens, demande Louis Racine... Non, répond M. de S.-S. Cependant Féraud le présente encore (1787) comme usité.

⁴ C'est aussi ce que fit Boileau, soit dans la satire x, soit dans la table de son édition de 1694 (tome I, *ibid.*, note du vers 520).

⁵ Aide major des gardes du corps. *Saint-Simon*, xviii, 371.

⁶ *V. E.* Manuscrit... Et non pas *mardi pour* (on a omis *matin*).

⁷ *V. E.* Autographe, et non pas *de* comme on lit dans plusieurs éditions, telles que 1821, S. S.; 1821 et 1823, Viol.; 1821 et 1824, Am.; 1825, Daun. et Aug.; 1828, Thi...

Songez à nos ordonnances. Prenez aussi la peine de recommander à M. Dongois le petit Mercier, valet-de-chambre de madame de Maintenon. Il voudrait avoir pour commissaire, pour la conclusion de son affaire, ou [1] M. l'abbé Brunet ou M. l'abbé Petit [2]. Si cela se peut faire dans les règles, et sans blesser la conscience, il faudrait tâcher de lui faire avoir ce qu'il demande. [3]

LETTRE LXXIII.[4]

BOILEAU A RACINE.

Paris, mardi 2 juin 1693.[5]

Je sors de notre assemblée des Inscriptions [6], où j'ai été principalement pour parler à M. de Tourreil [7]; mais il ne s'y est point trouvé. Il s'était chargé de parler de nos ordonnances à M. de Pontchartrain le père, et il m'en devait rendre compte aujourd'hui. J'enverrai demain savoir s'il est malade, et pourquoi il n'est pas venu. Cependant M. l'abbé Renaudot m'a promis aussi d'agir très fortement auprès du même ministre. Cet abbé doit venir dîner jeudi avec moi à Auteuil, et me raconter

---

[1] *V. Édit. citées* à p. 197, note 5... Affaire, M. l'abbé.
[2] Conseillers clercs. Le dernier était oncle maternel du gendre (Gilbert de Voisins) de Dongois (*Pi. just.*, n° 54 et 55)... Quant à l'influence de celui-ci au parlement, *voy.* tome III, *Explic. généal.*, n° 431.
[3] *Adresse* : à monsieur, monsieur Despréaux, à Paris.
[4] Publiée par Cizeron-Rival, III, 71, sur une copie corrigée par Boileau. Nous en indiquerons les premières compositions les plus remarquables.
[5] *V. E.* Manuscrit. Cizeron-Rival a omis cette date.
[6] *P. C. O.* Ces deux mots (*des inscriptions*) n'y étaient pas.
[7] Il en a été question, p. 107, note 4.

tout ¹ ce qu'il aura fait : ainsi il ne se perdra point de temps.

Madame Racine ² me fit l'honneur de souper dimanche chez moi, avec toute votre petite et agréable famille. Cela se passa fort gaîment, mon rhume étant presque entièrement guéri. Je n'ai jamais ³ vu une si belle journée. J'entretins fort M. votre fils, qui, à mon sens, croît toujours en mérite et en esprit. Il me montra une traduction qu'il a faite d'une harangue de Tite-Live, et j'en fus fort content. Je crois ⁴ non-seulement qu'il sera habile pour les lettres, mais qu'il aura la conversation agréable, parce qu'en effet il pense beaucoup, et qu'il conçoit fort vivement tout ce qu'on lui dit. Je ne saurais trouver de termes assez forts pour vous remercier des mouvemens que vous vous donnez pour M. le doyen de Sens ⁵ ; et, quand l'affaire ne réussirait point, je vous puis assurer que je n'oublierai jamais la sensible obligation que je vous ai.

Vous m'avez fort surpris en me mandant l'empressement qu'ont deux des plus grands princes de la terre pour voir des ouvrages que je n'ai pas achevés ⁶. En vérité, mon cher monsieur, je tremble qu'il ne se soient

---

[1] *P. C. O. Du même ministre* et de mettre le cœur au ventre (*voy.* p. 194, note 1) à M. de Pontchartrain le fils pour nous faire avoir satisfaction. Il *doit venir* jeudi *dîner avec moi et me raconter tout...*

[2] *P. C. O. Point de temps.* M. Dongois doit me mener voir M. de Bie, qui est fort de ses amis et qui me fit plaisir (*voy.* p. 234, note 6) l'année passée. *Madame Racine...*

[3] *P. C. O... Entièrement* passé. *Je n'ai jamais...*

[4] *P. C. O. J'en fus fort* charmé. *Je crois...*

[5] Jacques Boileau, son frère (tome III, Explicat. généalog., n° 288).

[6] La satire x et l'ode sur la prise de Namur (*voy.* p. 256).

trop aisément laissé prévenir en ma faveur; car, pour vous dire sincèrement ce qui se passe en moi au sujet de ces derniers ouvrages, il y a des momens où je crois n'avoir rien fait de mieux; mais il y en a aussi beaucoup où je n'en suis point du tout content, et où je fais résolution de ne les jamais laisser imprimer. Oh! qu'heureux est M. Charpentier, qui, raillé, et mettons quelquefois bafoué sur les siens, se maintient toujours parfaitement tranquille, et demeure invinciblement persuadé[1] de l'excellence de son esprit! Il a tantôt apporté à l'Académie une médaille de très mauvais goût, et, avant que de la laisser lire, il a commencé par en faire l'éloge. Il s'est mis par avance en colère[2] sur ce qu'on y trouverait à redire, déclarant pourtant que, quelques critiques qu'on y pût faire, il saurait bien ce qu'il devait[3] penser là-dessus, et qu'il n'en resterait pas moins convaincu qu'elle était parfaitement bonne. Il a en effet tenu parole, et tout le monde l'ayant généralement désapprouvée, il a querellé tout le monde, il a rougi et s'est emporté; mais il s'en est allé[4] satisfait de lui-même. Je n'ai point, je l'avoue, cette force d'âme; et si des gens[5] un peu sensés s'opiniâtraient de dessein formé à blâmer la meilleure chose que j'aie écrite, je leur résisterais d'abord avec assez de chaleur; mais je sens bien

---

[1] *P. C. O. Est* M. C***, *qui même souvent bafoué sur les siens demeure parfaitement persuadé...*

[2] *P. C. O... Commencé par faire son éloge, il s'est mis en colère...*

[3] *V. E.* Texte de Cizeron-Rival, et du manuscrit... Des éditeurs lisent *devrait.*

[4] Nous avons parlé de cette locution vicieuse (il faudrait *il s'en est allé*) p. 71, note 2.

[5] *P. C. O. Je n'ai point* l'esprit fait de cette sorte, *et si des gens...*

que peu de temps après je conclurais contre moi, et que je me dégoûterais de mon ouvrage. Ne vous étonnez donc point si je ne vous envoie point encore par cet ordinaire les vers que vous me demandez, puisque je n'oserais presque me les présenter à moi-même sur le papier. Je vous dirai pourtant que j'ai en quelque sorte achevé l'*ode sur Namur*, à quelques vers près, où je n'ai point encore attrapé l'expression que je cherche. Je vous l'enverrai [1] un de ces jours; mais c'est à la charge que vous la tiendrez secrète, et que vous n'en lirez rien à personne que je ne l'aie entièrement corrigée sur vos avis.

Il n'est bruit ici que des grandes choses que le roi va faire; et, à vous dire le vrai, jamais commencement de campagne n'eut un meilleur air. J'ai bien vu dans les livres des exemples de grandes félicités; mais au prix de [2] la fortune du roi, à mon sens, tout est malheur. Ce qui m'embarrasse, c'est qu'ayant épuisé pour Namur toutes les hyperboles et toutes les hardiesses de notre langue [3], où trouverai-je des expressions pour le louer, s'il vient à faire quelque chose de plus grand que la prise de cette ville? Je sais bien ce que je ferai : je garderai le silence et vous laisserai parler. C'est le meilleur [4] parti

---

[1] *P. C. O. L'envoierai...* Boileau a mis de sa main *l'enverrai.* Nous avons parlé de cette correction remarquable, note 1, p. 65. Elle dut être faite après 1703, époque où Boileau (lettre n° CXIV) annonçait qu'il avait besoin de retoucher sa correspondance.

[2] *P. C. O. J'ai bien vu parler et j'ai bien lu dans les livres de grandes félicités, mais au prix de...* (Dans la suite Boileau fut obligé de changer de langage sur cette félicité... *Voy.* entre autres, lettres CXXXII, CXXXIII et CXLV).

[3] *P. C. O... Les hardiesses de ma langue...*

[4] *P. C. O. Silence. C'est* (il a ajouté *et vous laisserai parler*).

que je puisse prendre : *Spectatus satis, et donatus jam rude*¹... Je vous prie de bien témoigner à M. de Chamlai combien je lui suis obligé des bons offices qu'il rend à mon frère²; je vois bien que la fortune n'est pas capable de l'aveugler, et qu'il voit toujours ses amis avec les mêmes yeux qu'auparavant. Adieu, mon cher monsieur, soyez bien persuadé que je vous aime et que je vous estime infiniment. Dans le temps que j'allais finir cette lettre, M. l'abbé Dongois est entré dans ma chambre avec le petit mot de lettre que vous écrivez à madame Racine³, et où vous mandez l'heureux, surprenant, incroyable succès de⁴ votre négociation⁵. Que vous dirai-je là-dessus? Cela demande une lettre toute⁶ entière, que je vous écrirai demain. Cependant souvenez-vous de l'état de Pamphile, à la fin de l'Andrienne : *Nunc est quum me interfici patiar*⁷ : voilà à-peu-près mon état. Adieu, encore un coup, mon cher, illustrissime, effectif, ou, puisque la passion permet quelquefois d'inventer des mots, mon effectissime ami.⁸

¹ Horace, liv. I, épît. 1, v. 2 (fragment d'un passage où Horace commence à donner les raisons pour lesquelles il veut renoncer à la poésie).

² Jacques Boileau... Pour le canonicat sollicité.

³ Cette lettre ayant dû être écrite avant le n° LXXII (p. 257) où Racine annonce qu'il donne la nouvelle à l'abbé lui-même, il est de plus en plus probable que ce numéro est du 31 mai (*Ibid.*, note 1).

⁴ *P. C. O. Incroyable*, prodigieux, ravissant, admirable, étonnant, charmant *succès de*...

⁵ Pour l'obtention du même canonicat.

⁶ *V. E.* Manuscr. et Ciz.-Rival... Même observation qu'à p. 232, note 3.

⁷ C'est plutôt un passage de l'Eunuque, acte III, sc. VI, v. 2 et 4, selon la remarque de MM. de Saint-Surin et Daunou.

⁸ *P. C. O.* Effectif et effectissime ami (toute la phrase incidente a été ajoutée).

LETTRE LXXIV.

BOILEAU A RACINE.

A Paris, 4ᵉ juin (1693).

Je vous écrivis hier au soir une assez longue lettre et qui était toute remplie du chagrin que j'avais alors, causé par un tempérament sombre qui me dominait[1], et par un reste de maladie; mais je vous en écris une aujourd'hui toute pleine de la joie que m'a causée l'agréable nouvelle que j'ai reçue. Je ne saurais vous exprimer l'allégresse qu'elle a excitée dans toute notre[2] famille: elle a fait changer de caractère à tout le monde. M. Dongois le greffier est présentement un homme jovial et folâtre; M. l'abbé Dongois, un bouffon et un badin. Enfin il n'y a personne qui ne se signale par des témoignages extraordinaires de plaisir et de satisfaction, et par des louanges et des exclamations sans fin sur votre bonté, votre générosité, votre amitié, etc. A mon sens, néanmoins, celui qui doit être le plus satisfait, c'est vous; et le contentement que vous devez avoir en vous-même d'avoir obligé si efficacement dans cette affaire tant de personnes qui vous estiment et qui vous honorent depuis si long-temps, est un plaisir d'autant plus agréable, qu'il ne procède que de la vertu, et que les âmes du commun ne sauraient ni se l'attirer, ni le

---

[1] On n'a pas cette lettre, et d'après ce que Boileau vient de dire (p. 263) il fallait qu'il fût en effet bien *dominé* par son tempérament pour la *remplir de chagrin*.

[2] V. *Édit. citées* à p. 197, note 5... Toute *ma* famille...

sentir. Tout ce que j'ai à vous prier [1] maintenant, c'est de me mander les démarches que vous croyez qu'il faut que je fasse à l'égard du roi et du P. de La Chaise; et non-seulement s'il faut, mais à-peu-près ce qu'il faut que je leur écrive. M. le doyen de Sens ne sait encore rien de ce qu'on a fait pour lui. Jugez de sa surprise, quand il apprendra tout d'un coup le bien imprévu et excessif que vous lui avez fait! Ce que j'admire le plus, c'est la félicité de la circonstance, qui a fait que demandant pour lui la moindre de toutes les chanoinies de la Sainte-Chapelle, nous lui avons obtenu la meilleure après celle de M. l'abbé Dense [2]. *O factum bene!* Vous pouvez compter que vous aurez désormais en lui un homme qui disputera avec moi de zèle et d'amitié pour vous.

J'avais résolu de ne vous envoyer la suite de mon *Ode sur Namur* que quand je l'aurais mise en état de n'avoir plus besoin que de vos corrections; mais en vérité vous m'avez fait trop de plaisir, pour ne pas satisfaire sur-le-champ la curiosité que vous avez peut-être conçu de la voir. Ce que [3] je vous prie, c'est de ne la montrer à personne, et de ne la point épargner. J'y ai hasardé des choses fort neuves, jusqu'à parler de la plume blanche que le roi a sur son chapeau, mais, à mon avis, pour trouver des expressions nouvelles en vers, il faut parler de choses qui n'aient point été dites en vers. Vous

---

[1] On le disait alors, en sous-entendant *de faire*: on dit à présent *ce dont j'ai à...*, ce qui est moins correct. *G. Garnier* (M. Daunou est du même sentiment).

[2] V. Louis Racine a omis *après celle de M. l'abbé Dense* (quant à cet abbé, *voy*. tome III, art. des erreurs de Brossette, n° 31).

[3] V. *Édit. citées* à p. 182, note 3... Ce *dont* je... (*V*. ci dessus, note 1).

en jugerez, sauf à tout changer si cela vous déplaît. L'ode sera de dix-huit stances [1]. Cela fait cent quatre-vingts vers. Je ne croyais pas aller si loin. Voici ce que vous n'avez point vu : je vais le mettre sur l'autre feuillet.

> Déployez toutes vos rages,
> Princes, vents, peuples, frimats ; etc. [2]

Je vous demande pardon de la peine que vous aurez peut-être à déchiffrer tout ceci, que je vous ai écrit sur un papier qui boit. Je vous le récrirais bien ; mais il est près de midi, et j'ai peur que la poste ne parte. Ce sera pour une autre fois. Je vous embrasse de tout mon cœur.   Despréaux.

LETTRE LXXV.

BOILEAU A RACINE.

Paris, samedi 6 juin [3] (1693).

Je vous écrivis hier, monsieur [4], avec toute la chaleur qu'inspire une méchante nouvelle, le refus que fait l'abbé de Paris de se démettre de sa chanoinie. Ainsi vous jugerez bien par ma lettre que ce ne sont pas, à l'heure qu'il est, des remerciemens [5] que je mérite, puis-

---

[1] Y compris la stance supprimée (tome II, p. 410).

[2] Ici il donne la première composition des stances IX à XVII... *Voy.* en les variantes, tome II, p. 417 à 425.

[3] *V. E.* Manuscrit, et non pas 9 (le 6 était bien un samedi).

[4] V. *Édit. citées* à p. 152, note 2... On y omet *monsieur*... (Nous n'avons pas la lettre dont parle Boileau).

[5] V. Boileau écrit remercimens.

que je suis même honteux de ceux que j'ai déjà faits.
A vous dire le vrai, le contre-temps est fâcheux, et
quand je songe aux chagrins qu'il m'a déjà causés, je
voudrais presque n'avoir jamais pensé à ce bénéfice
pour mon frère. Je n'aurais pas la douleur de voir que
vous vous soyez peut-être donné tant de peine si inutilement. Ne croyez pas toutefois, quoi qu'il puisse arriver,
que cela diminue en moi le sentiment des obligations que
je vous ai. Je sens bien qu'il n'y a qu'une étoile bizarre et
infortunée qui pût empêcher le succès d'une affaire si
bien conduite, et où vous aviez également signalé et
votre [1] prudence et votre amitié. Je vous ai mandé, par
ma dernière lettre, ce que M. de Pontchartrain avait
répondu à M. l'abbé Renaudot touchant nos ordonnances. Comme il a fait la distinction entre les raisons
que vous aviez de le presser et celles que j'avais d'attendre [2], je m'en vais ce matin chez madame Racine, et
je lui conseillerai de porter votre ordonnance à M. de
Bie à part; je ne doute point qu'elle ne touche au plus
tôt son argent. Pour moi, j'attendrai sans peine la commodité de M. de Pontchartrain : je n'ai rien qui me
presse, et je vois bien que cela viendra. J'oubliai hier
à [3] vous mander que M. de Pontchartrain, en même

---

[1] *V. E.* Manuscrit... Au lieu de *où vous avez également signalé* (*et* est omis) *votre*...

[2] V. Louis Racine omet ce qui suit (dix lignes) jusqu'à *mon frère*, et place pour lier et compléter sa phrase, une virgule et point entre *ordonnances* et *comme*, ce qui n'empêche pas qu'elle ne soit obscure et incorrecte.

[3] V. *Édit. citées* à p. 206, note 5... Hier *de* vous... — Nous avons déjà vu (p. 136) et nous verrons encore (lettres cx, cxi, cxiv, cxxiii, etc., et leurs notes) des exemples de tournures semblables à celle du texte. Les éditeurs auraient d'autant moins dû se permettre de la changer, surtout sans en avertir,

temps qu'il parla de nos ordonnances à M. l'abbé¹ Renaudot, le chargea de me féliciter de la ² chanoinie que sa majesté avait donnée à mon frère ³. Je ne doute point, monsieur, que vous ne soyez à la veille de quelque grand et heureux évènement; et, si je ne me trompe, le roi va faire la plus triomphante campagne qu'il ait jamais faite. Il fera grand plaisir à M. de La Chapelle, qui, si nous l'en voulions croire, nous engagerait déjà à imaginer une médaille sur la prise de Bruxelles, dont je suis persuadé qu'il a déjà fait le type en lui-même ⁴. Vous m'avez fort réjoui de me mander la part qu'a madame de Maintenon dans notre affaire. Je ne manquerai pas de me donner l'honneur de lui écrire; mais il faut auparavant que notre embarras soit éclairci, et que je sache s'il faut parler sur le ton gai ou sur le ton triste. Voici la quatrième lettre ⁵ que vous devez avoir reçue de moi depuis six jours. Trouvez bon que je vous prie encore ici de ne rien montrer à personne du fragment informe que je vous ai envoyé, et qui est tout plein des négligences d'un ouvrage qui n'est pas encore ⁶ digéré. Le mot de *voir* y est répété ⁷ partout jusqu'au dégoût. La

que, jusqu'au milieu du xviiie siècle, on disait indifféremment *oublier à...* ou bien *oublier de...*, ainsi qu'on le voit dans le Dictionnaire de l'Académie et que l'observe Féraud.

¹ *Édit. citées* à p. 182, note 3... L'abbé de Renaudot...
² *V. E. Manuscrit...* Et non pas *féliciter* sur *la...*
³ *Édit. citées* à p. 197, note 5... La chanoinie de mon frère.
⁴ On verra dans les notes des lettres LXXVI et LXXVII, p. 270 et 273, que La Chapelle aurait pu s'épargner ces frais d'imagination.
⁵ C'était bien la cinquième, savoir les n°ˢ LXXIII, LXXIV, LXXV et les deux lettres qui manquent (*voy.* p. 264, note 1; p. 266, note 4).
⁶ *V. E. Manuscrit...* Au lieu de... *n'est point encore*.
⁷ V. *Édit. citées* à p. 182 note 3... Y est encore répété.

stance, *Grands défenseurs de l'Espagne*, etc., rebat celle qui dit : *Approchez, troupes altières*, etc. Celle sur la plume blanche du roi est un peu encore [1] en maillot, et je ne sais si je la laisserai avec *Mars et sa sœur la Victoire*. J'ai déjà retouché à tout cela, mais je ne veux point l'achever que je n'aie reçu vos remarques, qui sûrement m'éclaireront encore l'esprit : après quoi je vous enverrai [2] l'ouvrage complet. Mandez-moi si vous croyez que je doive parler de M. de Luxembourg. Vous n'ignorez pas combien notre maître [3] est châtouilleux sur les gens qu'on associe à ses louanges [4]. Cependant j'ai suivi mon inclination. Adieu, mon cher monsieur ; croyez qu'heureux ou malheureux, gratifié ou non gratifié, payé ou non payé, je serai toujours tout à vous. DESPRÉAUX. [5]

LETTRE LXXVI.

RACINE A BOILEAU.

A Gemblours [6], le 9ᵉ juin (1693).

J'AVAIS commencé une grande lettre, où je prétendais vous dire mon sentiment sur quelques endroits des stances

---

[1] V. *Édit. citées* à p. 152, note 2... Est encore un peu en...

[2] V. Boileau écrit ici *envoierai* (*voy.* p. 65, note 1, et p. 262, note 1).

[3] Ce mot est en abréviation (mʳᵉ) dans le manuscrit.

[4] Il ne donna plus de commandement à son frère depuis qu'il eut entendu des *vivat* criés en faveur de MONSIEUR après sa victoire de Cassel (1677). D'Alembert, III, 63, note 14.

[5] *V. E.* Manuscrit... les divers éditeurs omettent la signature.

[6] Orthographe, 1. du manuscrit ; 2. de Moréri et des Dictionnaires géogra-

que vous m'avez envoyées; mais comme j'aurai le plaisir de vous revoir bientôt, puisque nous nous en retournons à Paris, j'aime mieux attendre à vous dire de vive voix tout ce que j'avais à vous mander. Je vous dirai seulement, en un mot, que les stances m'ont paru très belles et très dignes de celles qui les précèdent, à quelque peu de répétitions près, dont vous vous êtes aperçu vous-même.

Le roi fait un grand détachement de ses armées, et l'envoie en Allemagne avec MONSEIGNEUR. Il a jugé qu'il fallait profiter de ce côté-là d'un commencement de campagne qui paraît si favorable, d'autant plus que le prince d'Orange s'opiniâtrant à demeurer sous de grosses places et derrière des canaux et des rivières, la guerre aurait pu devenir ici fort lente, et peut-être moins utile que ce qu'on peut faire au-delà du Rhin [1]. Nous allons demain coucher à Namur. M. de Luxembourg demeure en ce pays-ci avec une armée capable non-seulement de faire tête aux ennemis, mais même de leur donner beaucoup d'embarras. Adieu, mon cher monsieur; je me fais un grand plaisir de vous embrasser bientôt.

M. [2] de Chamlai a parlé depuis moi au père de La

phiques de Vosgien et de l'Encyclopédie; 3. de l'Histoire de Reboulet; 4. de la Description géographique de Longuerue; 5. des cartes de d'Anville, de Julien, de Delille, de Bonne, etc... C'est donc mal à-propos que M. de Saint-Surin affirme que « l'histoire et la géographie *disent Gembloux* » (cela n'est vrai que pour les ouvrages modernes), et reproche aux éditeurs de Boileau d'avoir mis *Gemblours*.

[1] Ce départ subit, malgré les sollicitations de Luxembourg, est une tache à la gloire de Louis XIV. Le prince d'Orange était perdu si on l'eût attaqué... G. *Garnier*. — C'est aussi ce que dit Saint-Simon (I, 96), et il attribue ce départ aux prières de madame de Maintenon.

[2] V. Louis Racine (II, 182) a supprimé tout cet alinéa.

Chaise, qui lui a dit les mêmes choses qu'il m'avait [1] dites : que tout ira bien, et qu'il n'y a qu'à le laisser faire. M. de Chamlai [2] n'a point encore reçu de vos nouvelles; mais il compte sur votre amitié. Tous les gens de mes amis qui connaissent le père de La Chaise et la manière dont s'est passée l'affaire de M. le Doyen [3], m'assurent tous que nous devons avoir l'esprit en repos. [4]

LETTRE LXXVII.

BOILEAU A RACINE.

A Paris, 13ᵉ juin (1693).

Je ne suis revenu que ce matin d'Auteuil, où j'ai été passer durant quatre jours la mauvaise humeur que m'a-

---

[1] V. *Édit. citées* à p. 197, note 5.... Qu'il m'a dites...

[2] Maréchal-des-logis des armées dès le temps de Turenne. A la mort de Louvois, en 1691, il refusa le ministère de la guerre. Saint-Simon, tout en avouant que c'était un homme de *fort peu* (probablement un *vilain... voy.* lettre II, p. 6, note 2) en fait le plus pompeux éloge. Il mourut en 1719 (Saint-Simon, I, 118; XIII, 38; XVII, 375).

Sa liaison avec Boileau et Racine, dont il a été déjà question (p. 188, 255, 258, etc.), résulte encore de ce billet inédit, adressé par le dernier au premier, et qui existe en original dans les papiers de Brossette :

† « M. de Chamlay se doit trouver avec moy ce matin à neuf heures, vous « nous feriez plaisir à l'un et à l'autre de vous y trouver aussi. Je vous donne « le bonjour. Racine.

« Ce 15 août. » (*Adresse* : à monsieur, monsieur Despréaux).

Il est probable que l'entrevue où Boileau était appelé avait pour but des éclaircissemens que l'emploi de Chamlai le mettait à portée de donner sur la guerre, à nos deux historiographes. Il est par conséquent postérieur à 1677.

[3] Il en est question dans la lettre XI, p. 59.

[4] *Adresse* : A monsieur, monsieur Despréaux, cloistre Notre-Dame, à Paris.

vait donnée le bizarre contre-temps qui nous est arrivé dans l'affaire de la chanoinie. J'ai reçu en arrivant à Paris votre dernière lettre, qui m'a fort consolé, aussi bien que celle que vous avez écrite à M. l'abbé Dongois. J'ai été fort surpris d'apprendre que M. de Chamlai n'avait point encore reçu le compliment que je lui ai envoyé sur-le-champ, et qui a été porté à la poste en même temps que la lettre que j'ai écrite au révérend père de La Chaise. Je lui en écris un nouveau, afin qu'il ne me soupçonne pas de paresse dans une occasion où il m'a si bien marqué et sa bonté pour moi, et sa diligence à obliger mon frère. Mais de peur d'une nouvelle méprise, je vous l'envoie, ce compliment, empaqueté dans ma lettre, afin que vous le lui rendiez en main propre. Je ne saurais vous exprimer la joie que j'ai du retour du roi. La nouvelle bonté que sa majesté m'a témoignée, en accordant à mon frère le bénéfice que nous demandons, a encore augmenté le zèle et la passion très sincère que j'ai pour elle. Je suis ravi de voir que sa sacrée[1] personne ne sera point en danger cette campagne; et, gloire pour gloire, il me semble que les lauriers sont aussi bons à cueillir sur le Rhin et sur le Danube que sur l'Escaut et sur la Meuse. Je ne vous parle point du plaisir que j'aurai à vous embrasser plus tôt que je ne croyais : car cela s'en[2] va sans dire. Vous avez bien fait de ne me[3] point envoyer par écrit vos remarques sur mes stances, et d'attendre à m'en entretenir que vous soyez de retour, puis-

---

[1] On dirait à présent *personne sacrée* (*voy*. les remarques faites à ce sujet, tome II, p. 358, note 2, et p. 360, note 2).

[2] V. *Édit. citées* à p. 182, note 3... Cela *va* sans dire...

[3] V. *Édit. citées* à p. 197, note 5... De ne point envoyer.

que, pour en bien juger, il faut que je vous aie communiqué auparavant les différentes manières dont je les puis tourner, et les retranchemens ou les augmentations que j'y puis faire. Je vous prie de bien témoigner au R. P. de La Chaise l'extrême reconnaissance que j'ai de toutes ses bontés. Nous devons encore aller lundi prochain, M. Dongois et moi, prendre madame Racine, pour la mener avec nous chez M. de Bie, qui ne doit être revenu de la campagne que ce jour-là. J'ai fait ma sollicitation pour vous à M. l'abbé Bignon. Il m'a dit que c'était une chose un peu difficile, à l'heure qu'il est, d'être payé au trésor royal. Je lui ai représenté que vous étiez actuellement dans le service, et qu'ainsi vous étiez au même droit que les soldats et les autres officiers du roi. Il m'a avoué que je disais vrai, et s'est chargé d'en parler très fortement à M. de Pontchartrain. Il me doit rendre réponse aujourd'hui à notre assemblée. Adieu le type de M. de La Chapelle sur Bruxelles [1]. Il était pourtant imaginé fort heureusement et fort à propos; mais, à mon sens, les médailles prophétiques dépendent un peu du hasard, et ne sont pas toujours sûres de réussir. Nous voilà revenus à Heidelberg [2]. Je propose pour mot : *Heidelberga deleta;* et nous verrons ce soir

---

[1] D'après le plan de campagne abandonné par Louis, on comptait prendre cette ville (*Voy.* p. 270, note 1).

[2] Heidelberg avait été pris le 21 mai précédent, par le maréchal de Lorges, dit Germain Garnier, qui est encore ici copié (sans citation) par plusieurs éditeurs. Heidelberg ne fut point pris par le maréchal qui, depuis le 18, marchait assez loin de là avec une partie de son armée pour s'opposer à celle du prince de Bade; mais par le marquis de Chavigny, avec une autre partie de l'armée. La ville fut en effet prise et saccagée le 21 mai, et le château se rendit le 23. *Larrey*, VI, 77. — Par l'expression *revenus*, Boi-

si on l'acceptera, ou les deux vers latins que propose M. Charpentier, et qu'il trouve d'un goût merveilleux pour la médaille : Les voici : *Servare potui : perdere si possim rogas* [1]? Or, comment cela vient à Heidelberg, c'est à vous à le deviner ; car ni moi, ni même, je crois, M. Charpentier, n'en savons rien.

Je ne vous parle presque point, comme vous voyez, de notre chagrin sur la chanoinie, parce que vos lettres m'ont rassuré, et que d'ailleurs il n'y a point de chagrin qui tienne contre le bonheur que vous me faites espérer de vous revoir bientôt ici de retour. Adieu, mon cher monsieur, aimez-moi toujours, et croyez qu'il n'y a personne qui vous honore et vous révère plus que moi.

LETTRE LXXVIII.

BOILEAU A RACINE

Paris, jeudi au soir 18 juin (1693).

JE ne saurais, mon cher monsieur, vous exprimer ma surprise ; et, quoique j'eusse les plus grandes espérances du monde, je ne laissais pas encore de me défier de la fortune de M. le Doyen [2]. C'est vous qui avez tout

---

leau fait sans doute allusion à la prise et à l'abandon d'Heidelberg, qui avaient déjà eu lieu au commencement de cette guerre. *Reboulet*, VI, 73 et 187.

[1] Vers de Médée, cité par Quintilien (VIII, 5); c'est sans doute par erreur que Boileau en annonce deux.

V. Dans les mêmes éditions, au lieu de si *possim*, on a mis an *possim*, qui est en effet dans ce vers.

[2] L'abbé fut reçu chanoine le 13 janvier 1694 (*Reg. de la Sainte-Chapelle*, vol. 8984).

fait, puisque c'est à vous que nous devons l'heureuse protection de madame de Maintenon. Tout mon embarras maintenant est de savoir comment je m'acquitterai de tant d'obligations que je vous ai. Je vous écris ceci de chez M. Dongois le greffier, qui est sincèrement transporté de joie, aussi bien que toute notre famille; et, de l'humeur dont je vous connais, je suis sûr que vous seriez ravi vous-même de voir combien d'un seul coup vous avez fait d'heureux. Adieu, mon cher monsieur, croyez qu'il n'y a personne qui vous aime plus sincèrement ni par plus de raisons que moi. Témoignez bien à M. de Cavoie la joie que j'ai de sa joie [1], et à M. de Luxembourg mes profonds respects. Je vous donne le bonsoir, et suis, autant que je le dois, tout à vous.

Je viens d'envoyer chez madame Racine. [2]

LETTRE LXXIX.

RACINE A BOILEAU.

A Versailles, le 9ᵉ juillet (1693).

Je vais aujourd'hui à Marly, où le roi demeurera près d'un mois; mais je ferai de temps en temps quelques voyages à Paris, et je choisirai les jours de la petite académie [3]. Cependant je suis bien fâché que vous ne

---

[1] Le roi lui avait *promis* le cordon bleu (*voy.* p. 212 et 213). *G. Garnier.*
[2] V. Louis Racine (II, 221) omet cette ligne.
[3] C'était sans doute parce que Boileau, très exact à la petite académie (Pi. just., 216; tome I, Essai, n° 137), se rendait ces jours-là dans la capitale.

m'ayez pas donné votre ode : j'aurais peut-être trouvé quelque occasion de la lire au roi. Je vous conseille même de me l'envoyer. Il n'y a pas plus de deux lieues d'Auteuil à Marly. Votre laquais n'aura qu'à me demander et à me chercher [1] dans l'appartement de M. Félix. Je vous prie de renvoyer mon fils à sa mère : j'appréhende que votre trop grande [2] bonté ne vous coûte un peu trop d'incommodité. Je suis entièrement à vous.

RACINE. [3]

LETTRE LXXX.

RACINE A BOILEAU.

A Marly, le 6ᵉ août au matin (1693).

JE ferai vos présens [4] ce matin. Je ne sais pas bien encore quand je vous reverrai, parce qu'on attend à toute heure des nouvelles d'Allemagne. La victoire [5] de M. de Luxembourg est bien plus grande que nous ne pensions, et nous n'en savions pas la moitié. Le roi reçoit tous les jours des lettres de Bruxelles et de mille autres endroits, par où il apprend que les ennemis n'avaient pas une troupe ensemble le lendemain de la bataille ; presque toute l'infanterie qui restait avait jeté ses armes. Les troupes hollandaises se sont la plupart

---

[1] *V. E.* Manuscrit... Au lieu de *demander et me chercher*... (*à* est omis).
[2] *V. E. Idem*... Au lieu de *votre grande* (on a omis *trop*).
[3] *Adresse* : A monsieur, monsieur Despréaux, à Auteuil.
[4] Il s'agit de la distribution de l'Ode sur la prise de Namur. *G. Garnier.*
[5] Celle de Nerwinde (29 juillet 1693). *Larrey*, VI, 95 et suiv.

enfuies jusqu'en Hollande. Le prince d'Orange, qui pensa être pris après avoir fait des merveilles, coucha le soir, lui huitième, avec M. de Bavière [1], chez un curé près de Loo. Nous avons pris vingt-cinq ou trente drapeaux, cinquante-cinq étendards, soixante-seize pièces de canon, huit mortiers, neuf pontons, sans tout ce qui est tombé dans la rivière. Si nos chevaux, qui n'avaient point mangé depuis deux fois vingt-quatre heures, eussent pu marcher, il ne resterait pas un homme ensemble aux ennemis. [2]

Tout en vous écrivant, il me vient en pensée de vous envoyer deux lettres, une de Bruxelles, l'autre de Vilvorde, et un récit du combat général, qui me fut dicté hier au soir par M. d'Albergotti [3]. Croyez que c'est comme si M. de Luxembourg l'avait dicté lui-même. Je ne sais si vous le pourrez lire; car en écrivant j'étais accablé de sommeil, à-peu-près comme l'était [4] M. de Puymorin en écrivant ce bel arrêt sous M. Dongois [5].

---

[1] Maximilien-Marie-Emmanuel, électeur de Baviere, frère de Marie-Anne-Christine, dauphine de France, morte en 1690. *Moréri.*

[2] V. Louis Racine, suivi par plusieurs éditeurs (excepté *G. Garn.*), a mis un *corps de troupes* aux...

[3] Colonel (fort estimé) de Royal-Italien. *G. Garnier.* Mort en 1717, à soixante-treize ans, lieutenant-général et cordon bleu. *Gaz. de France* du 27 mars.

[4] V. *Édit. citées* à p. 152, note 2... Comme était.

[5] Jean Dongois son beau-frère (tome III, Explic. généal., n°s 271 et 272) lui dictait une nuit, un arrêt pressant. Frappé de la rapidité avec laquelle Puymorin écrivait, il concevait déjà des espérances de ses dispositions pour la pratique, lorsqu'au bout de deux heures, ayant voulu lire l'arrêt, il n'y trouva que le dernier mot de chaque phrase. *Louis Racine*, p. 204. — D'Alembert (I, 40) dit mal-à-propos que ce scribe expéditif était Boileau lui-même.

Le roi est transporté de joie, et tous ses ministres ¹, de la grandeur de cette action. Vous me feriez un fort grand plaisir, quand vous aurez lu tout cela, de l'envoyer, bien cacheté, avec cette même lettre que je vous écris, à M. l'abbé Renaudot ², afin qu'il ne tombe point dans l'inconvénient de l'année passée. Je suis assuré qu'il vous en aura obligation : *ce ne sera que la peine de votre jardinier* ³. Il pourra distribuer une partie des choses que je vous envoie en plusieurs articles, tantôt sous celui de Bruxelles, tantôt sous celui de Landefermé, où M. de Luxembourg campa le 31ᵉ juillet, à demi-lieue du champ de bataille, tantôt même sous l'article de Malines ou de Vilvorde.

Il saura d'ailleurs les actions des principaux particuliers, comme, que M. de Chartres chargea trois ou quatre fois à la tête de divers escadrons, et fut débarrassé des ennemis, ayant blessé de sa main l'un d'eux qui le voulait emmener; le pauvre Vacoigne ⁴, tué à son côté; M. d'Arci, son gouverneur, tombé aux pieds de ses chevaux, le sien ayant été blessé; La Bertière, son sous-gouverneur, aussi blessé. M. le prince de Conti chargea aussi plusieurs fois, tantôt avec la cavalerie, tantôt avec l'infanterie, et regagna pour la troisième fois le fameux village de Nerwinde, qui donne le nom à la bataille, et reçut sur la tête un coup de sabre d'un des ennemis qu'il tua sur-le-champ. M. le duc chargea de même, regagna la deuxième fois le village à la tête de

---

[1] *V. E.* Manuscrit... Et non pas *tous* les *ministres*...

[2] Il travaillait, on l'a dit, à la Gazette de France (*voy.* p. 252, note 6).

[3] V. *Édit. citées* à p. 157, note 7... On y omet cette ligne.

[4] Le même journal (12 août 1693) écrit ainsi ce nom, *de Vacogne.*

l'infanterie, et combattit encore à la tête de plusieurs escadrons de cavalerie [1]. M. de Luxembourg était, dit-on, quelque chose de plus qu'humain, volant partout, et même s'opiniâtrant à continuer les attaques dans le temps que les plus braves étaient rebutés, menant [2] en personne les bataillons et les escadrons à la charge. M. de Montmorency [3], son fils aîné, après avoir combattu plusieurs fois à la tête de sa brigade de cavalerie, reçut un coup de mousquet, dans le temps qu'il se mettait au-devant de son père, pour le couvrir d'une décharge horrible que les ennemis firent sur lui. M. le comte de Luxe [4] son frère a été [5] blessé à la jambe [6], M. de La Roche-Guyon [7] au pied, et tous les autres que sait M. l'abbé; M. le maréchal de Joyeuse [8] blessé aussi à la cuisse, et retournant au combat après sa blessure. M. le maréchal de Villeroi entra dans les lignes ou retranchemens, à la tête de la maison du roi.

Nous avons quatorze cents prisonniers, entre lesquels cent soixante-cinq officiers, plusieurs officiers-généraux, dont on aura sans doute donné les noms. On

---

[1] V. Dans les mêmes éditions on a supprimé les mots *de cavalerie*.

[2] V. *Manuscrit...* Menait (inadvertance évidente).

[3] Charles-François Frédéric. *G. Garnier.*

[4] V. Dans les mêmes éditions on a omis *de Luxe* (c'était Christian-Louis, quatrième fils du maréchal. *G G.*).

[5] V... *A été...* Mots suppléés par Louis Racine.

[6] V. Manuscrit... *Chambre* pour *jambe* (inadvertance).

[7] François de la Rochefoucault, petit-fils de l'auteur des Maximes et gendre de Louvois, mort en 1728. Il avait été créé duc de La Roche-Guyon en 1681; il devint duc et pair de La Rochefoucault, en 1714... Il demeura estropié de sa blessure. *Moréri.*

[8] Jean Armand, marquis de Joyeuse, fait maréchal le 27 mars précédent... Il commandait l'aile gauche. *Gaz. de France.*

croit le pauvre Ruvigni[1] tué, on a ses étendards; et ce fut à la tête de son régiment de Français que le prince d'Orange chargea nos escadrons, en renversa quelques-uns, et enfin fut renversé lui-même. Le lieutenant-colonel de ce régiment, qui fut pris, dit à ceux qui le prenaient, en leur montrant de loin le prince d'Orange : « Tenez, messieurs, voilà celui qu'il vous fallait prendre. » Je conjure M. l'abbé Renaudot, quand il aura fait son usage de tout ceci, de bien recacheter et cette lettre et mes mémoires, et de les renvoyer chez moi.

Voici encore quelques particularités. Plusieurs généraux des ennemis étaient d'avis de repasser d'abord la rivière. Le prince d'Orange ne voulut pas; l'électeur de Bavière dit qu'il fallait au contraire rompre tous les ponts, et qu'ils tenaient à ce coup les Français. Le lendemain du combat M. de Luxembourg a envoyé à Tirlemont, où il était resté plusieurs officiers ennemis blessés, entre autres le comte de Solms, général de l'infanterie, qui s'est fait couper la jambe[2]. M. de Luxembourg, au lieu de les faire transporter en cet état, s'est contenté de leur parole, et leur a fait offrir toutes sortes de rafraîchissemens. « Quelle nation est la vôtre! » s'écria le comte de Solms[3] en parlant au chevalier du[4]

---

[1] Excellent officier, que la révocation de l'édit de Nantes força de passer en Angleterre, où il servit sous le nom de lord Galloway. Il ne mourut qu'en 1720. *G. Garn.*

[2] Henri Macstrick, comte de Solms... Il mourut des suites de cette opération, à l'âge de cinquante-six ans. *G. Garn.*

[3] Voltaire (siècle de Louis XIV, ch. xvi) attribue ce mot à un comte de Salm, et le rapporte ainsi : « Il n'y a point d'ennemis plus à craindre dans une « bataille, ni de plus généreux amis après la victoire. »

[4] V. *Édit. citées* à p. 197, note 5... Chevalier de Rozel...

Rozel : « vous vous battez comme des lions, et vous « traitez les vaincus comme s'ils étaient vos meilleurs « amis. »

Les ennemis commencent à publier que la poudre leur manqua tout-à-coup, et veulent par-là [1] excuser leur défaite. Ils ont tiré plus de neuf mille coups de canon, et nous quelques [2] cinq ou six mille.

Je fais mille complimens à M. l'abbé Renaudot; et j'exciterai ce matin M. de Croissy [3] à empêcher, s'il peut, le malheureux *Mercure galant* [4] de défigurer notre victoire.

Il y avait sept lieues du camp dont [5] M. de Luxembourg partit jusqu'à Nerwinde. Les ennemis avaient cinquante-cinq bataillons et cent soixante escadrons.

LETTRE LXXXI. [6]

RACINE A BOILEAU.

(1693).

Denys d'Halicarnasse, pour montrer que la beauté du style consiste principalement dans l'arrangement des mots, cite un endroit de l'Odyssée où, Ulysse et Eumée étant sur le point de se mettre à table pour déjeuner le

---

[1] *V. E.* Manuscrit... Et non pas *tout-à-coup*, voulant *par-là excuser*...
[2] *V. E. Idem*, et non pas *quelque*, comme on mettrait aujourd'hui.
[3] Ministre des affaires étrangères. *G. Garnier* (*voy.* p. 170, note 1).
[4] Rédigé par Visé (*voy.* tome I, Essai, n° 85).
[5] V. *Édit. citées* à p. 197, note 5... Du camp *d'où* M. de...
[6] Racine fait ici des observations sur la neuvième Réflexion critique dont le manuscrit lui avait été communiqué et qui fut publiée en 1694 (tome III).

matin ¹, Télémaque arrive tout-à-coup dans la maison d'Eumée. Les chiens, qui le sentent approcher, n'aboient point, mais remuent la queue; ce qui fait voir à Ulysse que c'est quelqu'un de connaissance qui est sur le point d'entrer ². Denys d'Halicarnasse, ayant rapporté tout cet endroit, fait cette réflexion : que ce n'est point le choix des mots qui en fait l'agrément, la plupart de ceux qui y sont employés étant, dit-il, très vils et très bas, εὐτελεστάτων τε καὶ ταπεινοτάτων, et qui ³ sont tous les jours dans la bouche des moindres laboureurs et des moindres artisans; mais qu'ils ⁴ ne laissent pas de charmer par la manière dont le poète a eu soin de les arranger. En lisant cet endroit, je me suis souvenu que, dans une de vos nouvelles remarques, vous avancez que jamais on n'a dit qu'Homère ait employé un seul mot bas. C'est à vous de voir si cette remarque de Denys d'Halicarnasse n'est point contraire à la vôtre, et s'il n'est point à craindre qu'on vienne ⁵ vous chicaner là-dessus. Prenez la peine de lire toute la réflexion de Denys d'Halicarnasse, qui m'a paru très belle et merveilleusement exprimée; c'est dans son traité περὶ συνθέσεως ὀνομάτων ⁶, à la troisième page.

J'ai fait réflexion aussi qu'au lieu de dire que le mot

---

¹ *V. E.* Manuscrit... Tous les éditeurs omettent *le matin*, expression cependant utile puisque Homère dit *avec* ou *dès l'aurore*...

² V. *Édit. citées* à p. 197, note 5... le point *d'arriver*. Denys...

³ V. *Édit. citées* à p. 152, note 2... Mots qui sont...

⁴ V. *Daun.* (1809), *S.-S.*, *Am.*, *Viol.*... Artisans, *et qui* ne... — *G. Garn...* Artisans ; *mais qui* ne...

⁵ *V. E.* Manuscrit, au lieu de *qu'on* ne *vienne* (*voy.* p. 310, note 2).

⁶ Ou *de l'arrangement des mots*. M. Daunou. — Elle est au chapitre III, p. 13, tome V, de l'édition de Reiske, 1775.

d'*âne* est en grec un mot très noble, vous pourriez vous contenter de dire que c'est un mot qui n'a rien de bas [1]; et qui est comme celui de cerf, de cheval, de brebis, etc. Ce [2] *très noble* me paraît un peu trop fort.

Tout ce traité de Denys d'Halicarnasse, dont je viens de vous parler, et que je relus hier tout entier avec un grand plaisir, me fit souvenir de l'extrême impertinence de M. Perrault, qui avance que le tour des paroles ne fait rien pour l'éloquence, et qu'on ne doit regarder qu'au sens; et c'est pourquoi il prétend qu'on peut mieux juger d'un auteur par son traducteur, quelque mauvais qu'il soit, que par la lecture de l'auteur même. Je ne me souviens point que vous ayez relevé cette extravagance, qui vous donnait [3] pourtant beau jeu pour le tourner en ridicule. [4]

Pour le mot de μισγεῖσθαι, qui signifie quelquefois coucher avec une femme ou avec un homme, et souvent converser [5] simplement, voici des exemples tirés de l'Écriture. Dieu dit à Jérusalem, dans Ézéchiel : *Congregabo tibi amatores tuos cum quibus commista es*, etc. [6]. Dans le prophète Daniel, les deux vieillards, racontant comme ils ont surpris Suzanne en adultère, disent parlant d'elle et du jeune homme qu'ils prétendent qui était

---

[1] Correction adoptée par Boileau. *Voy.* neuvième Réflexion critique, vers le commencement, au tome III.

[2] V. *Édit. citées* à p. 152, note 2... Brebis, etc. *Le très noble* me paraît...

[3] *V. E. Manuscrit*, et non pas *qui vous donnerait*...

[4] Boileau n'a point profité de cet avis.

[5] V. *Louis Rac., Daun.* (1809), *Viol...* qui *a* quelquefois *la signification que vous savez, il signifie* souvent converser. — *G. G., S.-S., Am...* Quelquefois *cohabiter avec*...

[6] Ch. XVI, v. 37. — *V. E.* Manuscr. (en marge) : ἐπεμίγης (*commista es*).

avec elle : *Vidimus eos pariter commisceri* [1]. Ils disent aussi à Suzanne : *Assentire nobis, et commiscere nobiscum* [2]. Voilà *commisceri* dans le premier sens. Voici des exemples du second sens. Saint Paul dit aux Corinthiens [3] : *Ne commisceamini fornicariis* [4] : « N'ayez point de com- « merce avec les fornicateurs. » Et, expliquant ce qu'il a voulu dire par là, il dit qu'il n'entend point parler des fornicateurs qui sont parmi les gentils; autrement, ajoute-t-il, il faudrait renoncer à vivre avec les hommes : mais quand je vous ai mandé de n'avoir point de commerce avec les fornicateurs, *non commisceri*, j'ai entendu parler de ceux qui se pourraient trouver parmi les fidèles, et non-seulement avec les fornicateurs, mais encore avec les avares et les usurpateurs du bien d'autrui, etc.

Il en est de même du mot *cognoscere*, qui se trouve dans ces deux sens, en mille endroits de l'Écriture.

Encore un coup, je me passerais de la fausse érudition de Tussanus [5], qui est trop clairement démentie par l'endroit des servantes de Pénélope. M. Perrault ne peut-il pas avoir quelque ami grec qui lui fournisse des mémoires ?

---

[1] Chapitre XIII, verset 38. — Racine ne cite point ici de grec, sans doute parce que le chapitre XIII de Daniel manque à l'édition canonique de la version des Septante.

[2] Verset 20.

[3] Épître 1, chapitre v, versets 9 et suiv.

[4] *V. E.* Manuscrit... Il y a à la marge συναναμίγνυσθαι (littéralement *commisceri*, mais pris dans le second sens donné par Racine, c'est-à-dire *versari, commercium habere*).

[5] Jacques-Toussain (et non pas Toussaint), helléniste, auteur d'un Lexique grec-latin, mort en 1547.. *Goigoux*. — Boileau a profité de cet avis, car dans ses Réflexions critiques il ne cite pas Toussain.

LETTRE LXXXII.

RACINE A BOILEAU.

A Fontainebleau, le 28 septembre (1694).

Je suppose que vous êtes de retour de votre voyage[1], afin que vous puissiez bientôt m'envoyer vos avis sur un nouveau cantique [2] que j'ai fait depuis que je suis ici, et que je ne crois pas qui soit suivi d'aucun autre. Ceux que Moreau [3] a mis en musique ont extrêmement plu : il est ici, et le roi doit les lui entendre chanter au premier jour. Prenez la peine de lire le septième [4] chapitre de la Sagesse, d'où ces derniers vers ont été tirés : je ne les donnerai point qu'ils n'aient passé par vos mains; mais vous me ferez plaisir de me les renvoyer le plus tôt que vous pourrez. Je voudrais bien qu'on ne m'eût point engagé dans un embarras de cette nature; mais j'espère m'en tirer, en substituant à ma place ce M. Bardou [5] que

---

[1] Tout ce que nous savons sur ce voyage, c'est qu'il dut être de courte durée, puisque vingt-deux jours auparavant (6 septembre) Boileau était à la séance de clôture de l'académie des médailles (*Registres de id.*).

[2] On voit par les citations faites dans la lettre suivante, qu'il s'agit du cantique sur le bonheur des justes et le malheur des réprouvés.

[3] Jean-Baptiste Moreau, mort en 1723. Il avait fait la musique des chœurs d'Esther et d'Athalie. *G. Garn.*

[4] V. Inadvertance, c'est le *cinquième*, comme l'ont mis (sans avis) les éditeurs cités à p. 197, note 5.

[5] C'est, selon Germain Garnier, et MM. de Saint-Surin, Daunou et Amar, le Bardou critiqué dans les premières éditions de la satire vii (tome I, note du vers 45). Il est pourtant peu probable que Racine eût osé se substituer un mauvais poète dont Boileau venait seulement (édition de 1694) d'ôter le nom de ses satires.

vous avez vu à Paris. Vous savez bien, sans doute, que les Allemands ont repassé le Rhin, et même avec quelque espèce de honte. On dit qu'on leur a tué ou pris sept à huit cents hommes, et qu'ils ont abandonné trois pièces de canon [1]. Il est venu une lettre à Madame, par laquelle on lui mande que le Rhin s'était débordé tout-à-coup, et que près de quatre mille Allemands ont été noyés; mais, au moment que je vous écris, le roi n'a point encore reçu de confirmation de cette nouvelle [2]. On dit que milord Barclai est devant Calais pour le bombarder : M. le maréchal de Villeroi s'est jeté dedans [3]. Voilà toutes les nouvelles de la guerre. Si vous voulez, je vous en dirai d'autres de moindre conséquence. M. de Tourreil est venu ici présenter le dictionnaire de l'académie au roi et à la reine d'Angleterre, à Monseigneur et aux ministres. Il a partout accompagné son présent d'un compliment [4], et on m'a assuré qu'il

---

[1] Chacun s'applaudit de cette campagne; les Français pour avoir forcé les Allemands d'évacuer l'Alsace avec tant de précipitation qu'ils laissèrent en arrière un grand nombre de soldats; les Allemands pour avoir ravagé l'Alsace, seul but de leur expédition. *Larrey*, VI, 194. — Ce qu'il y a de sûr, c'est que selon l'expression d'un témoin oculaire (Saint-Simon, I, 122), notre armée, après le départ des Allemands, « s'en retourna au camp aussi triste « qu'elle en était partie gaillarde. »

[2] Elle était fausse... Les auteurs précédens ne disent pas un mot de ce fait si extraordinaire.

[3] Ce n'était point Barclai, mais Schowel, un de ses officiers. Il commença le bombardement le 27 septembre et fut, grâce au vent, presque aussitôt forcé de l'abandonner. Barclai, avait eu plus de succès à Dieppe, et il en eut également davantage, en 1695 et 1696, à Calais même. *Larrey*, VI, 190 et suiv., 285 et 361.

[4] Il en fit vingt-huit différens, tous fort applaudis selon de Boze (Acad. inscr., III, xxviij); et cependant le seul qu'on ait publié, est, disent MM. de Saint-Surin et Daunou, un tissu de flatteries hyperboliques et ridicules.

avait très bien réussi partout. Pendant qu'on présentait ainsi le dictionnaire de l'académie, j'ai appris que Leers, libraire d'Amsterdam, avait aussi présenté au roi et aux ministres une nouvelle édition du dictionnaire de Furetière, qui a été très bien reçu [1]. C'est M. de Croissy et M. de Pomponne [2] qui ont présenté Leers au roi. Cela a paru un assez bizarre contre-temps pour le dictionnaire de l'académie, qui me paraît n'avoir pas tant de partisans que l'autre [3]. J'avais dit plusieurs fois à M. Thierry [4] qu'il aurait dû faire quelques pas pour ce dernier dictionnaire; et il ne lui aurait pas été difficile d'en avoir le privilège : peut-être même il ne le serait pas encore. *Ne parlez qu'à lui seul de ce que je vous mande là-dessus* [5]. On commence à dire que le voyage de Fontainebleau pourra être abrégé de huit ou dix jours, à cause que le roi y est fort incommodé de la goutte. Il en est au lit depuis trois ou quatre jours; il ne souffre pas pourtant beaucoup, Dieu merci, et il n'est arrêté au lit que par la faiblesse qu'il a encore aux jambes. Il me paraît, par les lettres de ma femme, que mon fils a grande envie de vous aller voir à Auteuil. J'en serai fort aise, pourvu qu'il ne vous embarrasse point du tout. Je prendrai en même temps la liberté de vous prier de tout mon cœur de l'exhorter à travailler sérieusement, et à se mettre en état de vivre en honnête

---

[1] *V. E.* Manuscr., et non pas *reçue* (il parle en effet du dictionnaire même).

[2] Disgracié en 1679; rentré au conseil en 1691. *G. Garnier.*

[3] Le dictionnaire venait d'être publié à Paris; la nouvelle édition de Furetière, en Hollande.

[4] Libraire de Boileau. *V.* lettre du 16 juin 1708, n° cxli.

[5] V. *Édit. citées* à p. 159, note 2... On y a supprimé cette ligne.

homme. Je voudrais bien qu'il n'eût pas l'esprit autant dissipé qu'il l'a, par l'envie démesurée qu'il témoigne de voir des opéra et des comédies. Je prendrai là-dessus vos avis, quand j'aurai l'honneur de vous voir; et cependant je vous supplie de ne pas lui témoigner le moins du monde que je vous aie fait aucune mention de lui. Je vous demande pardon de toutes les peines que je vous donne, et suis entièrement à vous.   RACINE.

LETTRE LXXXIII.

RACINE A BOILEAU.

A Fontainebleau, le 3ᵉ octobre (1694 [1]).

Je vous suis bien obligé de la promptitude avec laquelle vous m'avez fait réponse. Comme je suppose que vous n'avez pas perdu les vers que je vous ai envoyés [2], je vais vous dire mon sentiment sur vos difficultés, et en même temps vous dire [3] plusieurs changemens que j'avais déjà faits de moi-même : car vous savez qu'un homme qui compose fait souvent son thème en plusieurs façons.

> Quand, par une fin soudaine,
> Détrompés d'une ombre vaine
> Qui passe et ne revient plus..

J'ai choisi ce tour, parce qu'il est conforme au texte,

---

[1] Dans les éditions citées à p. 166, note 5, on avait mis 1692; M. Daunou (1825) a montré que la vraie date est 1694.
[2] Du cantique cité à note 2, p. 285.
[3] V. Édit. citées à p. 157, note 7... Vous *communiquer* plusieurs...

qui parle de la fin imprévue des réprouvés; et je voudrais bien que cela fût bon, et que vous pussiez passer et approuver *par une fin soudaine,* qui dit précisément la même chose. Voici comme j'avais mis d'abord :

> Quand, déchus d'un bien frivole,
> Qui comme l'ombre s'envole,
> Et ne revient jamais plus...

Mais ce *jamais* me parut [1] un peu mis pour remplir le vers, au lieu que *qui passe et ne revient plus* me semblait assez plein et assez vif. D'ailleurs, j'ai mis à la troisième stance [2] : *pour trouver un bien fragile,* et c'est la même chose qu'*un bien frivole*. Ainsi tâchez de vous accoutumer à la première manière, ou trouvez quelque autre chose qui vous satisfasse. Dans la seconde stance [3],

> Misérables que nous sommes,
> Où s'égaraient nos esprits?

Infortunés m'était venu le premier; mais le mot de *misérables*, que j'ai employé dans Phèdre, à qui je l'ai mis dans la bouche [4], et que l'on a trouvé assez bien, m'a paru avoir de la force en le mettant aussi dans la bouche des réprouvés, qui s'humilient et se condamnent eux-mêmes [5]. Pour le second vers, j'avais mis :

> Diront-ils avec des cris...

Mais j'ai cru qu'on pouvait leur faire tenir tout ce dis-

---

[1] V. *Édit. citées* à p. 152, note 3... Me *paraît* un peu.
[2] Elle est devenue la quatrième (*V.* Racine, édit. de la Harpe, V, 348).
[3] Elle est devenue la troisième (*Ibid.*).
[4]
> Misérable! et je vis! et je soutiens la vue
> De ce sacré soleil dont je suis descendue!
>   *Acte* IV, *sc.* VI.

[5] Il a toutefois rétabli le mot *infortunés*.

cours sans mettre *diront-ils* [1], et qu'il suffisait de mettre à la fin : *Ainsi, d'une voix plaintive*, et le reste ; par où on fait entendre que tout ce qui précède est le discours des réprouvés. Je crois qu'il y en a des exemples dans les odes d'Horace.

Et voilà que triomphans...

Je me suis laissé entraîner au texte : *Ecce quomodo computati sunt inter filios Dei*[2]*?* et j'ai cru que ce tour marquait mieux la passion ; car j'aurais pu mettre *Et maintenant triomphans* [3], etc. Dans la troisième stance [4] :

. . . .
Qui nous montrait la carrière
De la bienheureuse paix.

On dit *la carrière de la gloire, la carrière de l'honneur*, c'est-à-dire, *par où on court à la gloire, à l'honneur*. Voyez si l'on ne pourrait pas dire de même *la carrière de la bienheureuse paix ;* on dit même *la carrière de la vertu*. Du reste, je ne devine pas comment je le pourrais mieux dire. Il reste la quatrième stance [5]. J'avais d'abord mis le mot de *repentance ;* mais, outre qu'on ne dirait pas bien les remords de la repentance, au lieu qu'on dit les remords de la pénitence, ce mot de *pénitence*, en le joignant avec *tardive*, est assez consacré dans la langue de l'Écriture : *sero pœnitentiam agentes*. On dit *la pénitence d'Antiochus*, pour dire *une pénitence tardive et inutile ;* on dit aussi dans ce sens *la pé-*

---

[1] Il a aussi remis *diront-ils*, mais au troisième vers de la même stance.
[2] Sagesse, chapitre v, verset 5.
[3] Il a mis *mais aujourd'hui* triomphans.
[4] On a déjà dit (note 2, p. 289) qu'elle est devenue la quatrième.
[5] Elle est devenue la cinquième.

nitence des damnés. Pour la fin de cette stance, je l'avais changée deux heures après que ma lettre fut partie. Voici la stance entière :

> Ainsi, d'une voix plaintive,
> Exprimera ses remords
> La pénitence tardive
> Des inconsolables morts.
> Ce qui faisait leurs délices,[1]
> Seigneur, fera leurs supplices;
> Et, par une égale loi,
> Les saints trouveront des charmes
> Dans le souvenir des larmes
> Qu'ils versent ici pour toi.

Je vous conjure de m'envoyer votre sentiment sur tout ceci. J'ai dit franchement que j'attendais votre critique, avant que[2] de donner mes vers au musicien; et je l'ai dit à madame de Maintenon, qui a pris de là occasion de me parler de vous avec beaucoup d'amitié. Le roi a entendu chanter les deux autres cantiques, et a été fort content de M. Moreau, à qui nous espérons que cela pourra faire du bien. Il n'y a rien ici de nouveau. Le roi a toujours la goutte, et en est au lit. Une partie des princes sont revenus de l'armée; les autres arriveront demain ou après-demain. Je vous félicite du beau temps que nous avons ici : car je crois que vous l'avez aussi à Auteuil, et que vous en jouissez plus tranquillement que nous ne faisons ici. Je suis entièrement à vous.

La harangue de M. l'abbé Boileau[3] a été trouvée

---

[1] *V. E.* Les six derniers vers ont été omis dans quelques éditions.

[2] V. *Viol...* Avant de donner.

[3] Charles Boileau, abbé de Beaulieu... Sabatier (*Trois siècles*, IV, h. v.) dit mal-à-propos qu'il était frère de notre poète (*voy*. tome I, Essai, n. 143).

très mauvaise en ce pays-ci. M. de Niert prétend que Richesource[1] en est mort de douleur. Je ne sais pas si la douleur est bien vraie, mais la mort est très véritable.

LETTRE LXXXIV.

RACINE A BOILEAU.

A Compiègne, ce 4ᵉ mai (1695).

M. Desgranges m'a dit qu'il avait fait signer hier nos ordonnances, et qu'on les ferait viser par le roi après-demain, qu'ensuite il les envoierait[2] à M. Dongois, de qui vous les pouvez retirer. Je vous prie de me garder la mienne jusqu'à mon retour. Il n'y a point ici de nouvelles. Quelques gens veulent que le siège de Casal soit levé; mais la chose est fort douteuse[3], et on n'en sait rien de certain. Six armateurs de Saint-Malo[4] ont pris dix-sept vaisseaux d'une flotte marchande des ennemis, et un vaisseau de guerre de soixante pièces de canon. Le roi est en parfaite santé, et ses troupes merveilleuses.

Quelque horreur que vous ayez pour les méchans vers, je vous exhorte à lire Judith, et surtout la préface, dont je vous prie de me mander votre sentiment. Jamais je n'ai rien vu de si méprisé que tout cela l'est en

[1] *Voy.* tome III, Réflexion VIII, aux notes.
[2] V. Manuscrit... Louis Racine, suivi par tous les éditeurs, a mis *enverrait...* Nous avons parlé de ces deux expressions, p. 65, note 1.
[3] Casal fut en effet pris, mais seulement le 11 juillet. *Larrey*, VI, 224.
[4] Commandés par Jacobsen (*Gaz. de France* du 7 mai) et non par Dugué-Troin (il était alors au Spitzberg), comme le croient des éditeurs.

ce pays-ci; et toutes vos prédictions sont accomplies [1]. Adieu, monsieur, je suis entièrement à vous. [2]

Je crains de m'être trompé en vous disant qu'on enverrait [3] nos ordonnances à M. Dongois, et je crois que c'est à M. de Bie chez qui M. Desgranges m'a dit que M. Dongois n'aurait qu'à envoyer samedi prochain. [4]

LETTRE LXXXV.[5]

RACINE A BOILEAU.

Versailles, 4 avril 1696.

Je suis très obligé au [6] père Bouhours de toutes les honnêtetés qu'il vous a prié de me faire de sa part, et de la part de sa compagnie. Je n'avais point encore entendu parler de la harangue de leur régent de troisième [7], et comme ma conscience ne me reproche rien à l'égard

---

[1] Judith, tragédie de Boyer. Boileau avait dit à un de ses prôneurs : « Je « l'attends sur le papier. » Bolæana, p. 88.

[2] V. Louis Racine (II, 200) a omis tout ce qui suit.

[3] V. Manuscrit, au lieu d'enverrait... Mêmes observations qu'à note 2, p. 292.

[4] Adresse : à-peu-près comme à p. 219, note 3.

[5] Publiée 1° par Desmolets (Mém., VII, 293); 2° d'après lui, par Saint Marc (III, 533); 3° mais avec des changemens, par Louis Racine (II, 225). Tous les éditeurs suivans ont préféré le texte de celui-ci, quoiqu'il paraisse que Desmolets a connu la lettre originale; aussi indiquerons-nous les différences du sien.

[6] V. O. Desmol... Au R. P. Bouhours...

[7] V. Édit. citées à p. 159, note 2. Régent et comme... (Il s'y demandait Racinius an christianus? an poeta? et répondait, « ni l'un ni l'autre... Racine, édit. de La Harpe, I, 90 et 91).

des jésuites, je vous avoue que j'ai été un peu surpris d'apprendre que l'on m'eût déclaré la guerre chez eux. Vraisemblablement ce bon régent est du nombre de ceux qui m'ont très faussement attribué la traduction du *Santolius pœnitens* [1]; et il s'est cru engagé d'honneur à me rendre injures pour injures. Si j'étais capable de lui vouloir quelque mal, et de me réjouir de la forte réprimande que le père Bouhours dit qu'on lui a faite, ce serait sans doute pour m'avoir soupçonné d'être l'auteur d'un pareil ouvrage : car pour mes tragédies, je les abandonne [2] volontiers à sa critique. Il y a long-temps que Dieu m'a fait la grâce d'être assez peu sensible au bien et [3] au mal que l'on en peut dire, et de ne me mettre en peine que du compte que j'aurai à lui en rendre quelque jour.

Ainsi, monsieur, vous pouvez assurer le père Bouhours et tous les jésuites de votre connaissance, que, bien loin d'être fâché contre le régent qui a tant déclamé contre mes pièces de théâtre, peu s'en faut que je ne le remercie [4] d'avoir prêché une si bonne morale dans leur collège, et d'avoir donné lieu à sa compagnie de marquer tant de chaleur pour mes intérêts; et qu'enfin, quand l'offense qu'il m'a voulu faire serait plus grande, je l'oublierais avec la même facilité, en considération de tant d'autres pères dont j'honore le mérite, et surtout en

---

[1] Pièce de Rollin (*Rac., ib.*, V, 361) où Santeul exprime aux jésuites sa regret d'avoir composé l'épitaphe d'Arnauld, rapportée dans notre tome II, p. 488, note 1.

[2] *V. O. Desmol...* Abandonne *très* volontiers...

[3] *V. O. Desmol...* Au bien *ou* au mal... (Il laissa pourtant dans son édition de 1697, une préface, celle de Bérénice, où il répond à des critiques).

[4] *V. O. Desmol...* Remercie *et* d'avoir...

considération du révérend[1] père de La Chaise, qui me témoigne tous les jours mille bontés, et à qui je sacrifierais bien d'autres injures. Je suis, etc.

LETTRE LXXXVI.

RACINE A BOILEAU.

A Fontainebleau, 8 octobre (1697).

Je vous demande pardon si j'ai été si long-temps sans vous faire réponse; mais j'ai voulu, avant toutes choses, prendre un temps favorable pour recommander M. Manchon[2] à M. de Barbezieux[3]. Je l'ai fait, et il m'a fort assuré qu'il ferait son possible pour me témoigner la considération qu'il avait pour vous et pour moi. Il m'a paru que le nom de M. Manchon lui était assez inconnu, et je me suis souvenu[4] alors qu'il avait un autre nom dont je ne me souvenais[5] point du tout. J'ai eu recours à M. de La Chapelle[6] qui m'a fait un mémoire

---

[1] *V. O. Desmol...* Du père La Chaise.

[2] Les annotateurs qualifient encore ici (*voy.* p. 167, note 4) Manchon de beau-frère (au lieu de neveu) de Boileau; et cette fois, Louis Racine (II, 242) commet la même erreur, ce qui montre qu'il connaissait fort peu la famille de notre poète.

[3] Il succéda à Louvois, son père, dans le ministère de la guerre, en 1691. *Gaz. de France.*

[4] *V. E.* Tous les éditeurs ont substitué *rappelé* à *souvenu*, sans doute pour faire disparaître la répétition de ce dernier verbe; mais elle est dans l'autographe.

[5] V. *Édit. citées* à p. 197, note 5... Me *ressouvenais* point.

[6] Henri de Bessé II, cousin au cinquième degré de Manchon (tome III Tabl. et Expl. gén., n°ˢ 453 et 488).

que je présenterai à M. de Barbezieux, dès que je le verrai. Je lui ai dit que M. l'abbé de Louvois [1] voudrait bien joindre ses prières aux nôtres, et je crois qu'il n'y aura point de mal qu'il lui en écrive un mot.

Je suis bien aise que vous ayez donné votre épître [2] à M. de Meaux et que M. de Paris [3] soit disposé à vous donner une approbation authentique [4]. Vous serez surpris quand je vous dirai que je n'ai point encore rencontré M. de Meaux, quoiqu'il soit ici; mais je ne vais guère aux heures où il va chez le roi, c'est-à-dire, au lever et au coucher : d'ailleurs, la pluie presque continuelle empêche qu'on ne se promène dans les cours ou [5] dans les jardins, qui sont les endroits où l'on a de [6] coutume de se rencontrer. Je sais seulement qu'il a présenté au roi l'ordonnance de M. l'archevêque de Reims [7] contre les jésuites : elle m'a paru très forte, et il y explique très nettement la doctrine de Molina avant que de la [8] condamner. Voilà ce me semble un rude coup pour les jé-

---

[1] Camille Le Tellier, frère de Barbezieux. *Germain Garnier.*

[2] Épître xii, sur l'amour de Dieu (tome II, p. 146).

[3] Ou l'évêque de Meaux et l'archevêque de Paris (Bossuet et Noailles, depuis cardinal).

[4] Cette phrase seule suffirait pour prouver que l'épître xii fut publiée au plutôt à la fin de 1697 (*voy.* d'ailleurs lett. xiv, page 76, note 1, et tome I, notice Bibl., § 1, n° 79), puisque Boileau parle de *l'approbation* de l'archevêque de Paris dans sa préface des trois dernières épîtres (tome II, p. 122) et la lettre actuelle ne peut être antérieure au mois d'octobre 1697, puisqu'elle fait mention de l'arrivée du prince de Conti en Pologne, qui avait eu lieu (p. 297, note 4) à la fin de septembre (nous reviendrons sur la même phrase, p. 302, note 1).

[5] *V. E.* Autographe, au lieu de *et*, qu'on lit dans toutes les éditions.

[6] *V. E.* Au lieu de *où l'on a coutume...* Même remarque.

[7] Le Tellier. *Voy.* épît. iii, v. 80, tome II, p. 36, note 1.

[8] *V. E.* Et non pas *avant de la...* Même remarque.

suites, et il[1] y a bien des gens qui commencent à croire que leur crédit est fort baissé, puisqu'on les attaque si ouvertement[2]. Au lieu que c'était à eux qu'on donnait autrefois les privilèges pour écrire tout ce qu'ils voulaient, ils sont maintenant réduits à ne se défendre que par de petits libelles anonymes, pendant que les censures des évêques pleuvent de tous côtés sur eux. Votre épître ne contribuera pas à les consoler; et il me semble[3] que vous n'avez rien perdu pour attendre, et qu'elle paraîtra fort à propos.

On a eu nouvelle aujourd'hui que M. le prince de Conti[4] était arrivé en Pologne; mais on n'en sait pas davantage, n'y ayant point encore de courrier qui soit venu de sa part. M. l'abbé Renaudot vous en dira plus que je ne saurais vous en écrire. Je n'ai pas fort avancé le mémoire dont vous me parlez[5]. Je crains même d'être entré dans des détails qui l'allongeront bien plus que je

---

[1] *V. E.* Plusieurs éditeurs (G. Garn., S.-S., Am., Daun., Thi.) suppriment *et*...

[2] On sait que les jésuites cédèrent adroitement à l'orage, et restèrent aussi puissans que jamais.

[3] V. Louis Racine (II, 243) a fait, dans les phrases précédentes, des suppressions et des corrections qui montrent combien les jésuites étaient encore redoutés de son temps. Voici ce que son édition porte : *l'ordonnance de M. l'archevêque de Reims : elle m'a paru très forte ; et il y explique très nettement la doctrine qu'il y condamne. Votre épître ne peut qu'être très bien reçue ; et il me semble*...

[4] Il en a été question p. 256, note 2... Élu roi de Pologne, le 27 juin 1697, il partit le 6 septembre, arriva le 26 à Dantzick, et repartit le 6 novembre. G. Garnier. — Selon Larrey (VI, 488) il était parti le 7 et arrivé le 28 septembre, et il remit à la voile le 9 novembre.

[5] Pour les religieuses de Port-Royal, selon Germain Garnier et M. de Saint-Surin; ce que nie M. Daunou, parce que, dit-il, cette affaire était terminée.

ne croyais. D'ailleurs, vous savez la dissipation de ce pays-ci.

Pour m'achever, j'ai ma seconde fille[1] à Melun, qui prendra l'habit dans huit jours. J'ai fait deux voyages pour essayer de la détourner de cette résolution, ou du moins pour obtenir d'elle qu'elle différât encore six mois; mais je l'ai trouvée inébranlable. Je souhaite qu'elle se trouve aussi heureuse dans ce nouvel état qu'elle a eu d'empressement pour y entrer. M. l'archevêque de Sens s'est offert de venir faire la cérémonie, et je n'ai pas osé refuser un tel honneur[2]. J'ai écrit à M. l'abbé Boileau[3] pour le prier d'y prêcher; et il[4] a l'honnêteté de vouloir bien partir exprès de Versailles en poste, pour me donner cette satisfaction. Vous jugez que tout cela cause assez d'embarras à un homme qui s'embarrasse aussi aisément que moi. Plaignez-moi un peu dans votre profond loisir d'Auteuil, et excusez si je n'ai pas été plus exact à vous mander des nouvelles. La paix[5] en a fourni d'assez considérables, et qui nous

---

[1] Anne Racine... Elle n'avait alors que quinze ans et deux mois (Pi. just., n°s 189 et 190).

[2] Hardoin Fortin de la Hoguette, neveu de Hardoin de Péréfixe de Beaumont, archevêque de Paris. Il avait d'abord été évêque de Saint-Brieux et ensuite de Poitiers. *Gaz. de France*, Table. — Il avait refusé le cordon bleu parce que sa famille était *fort peu de chose*, mais il était estimé et considéré. *Saint-Simon*, IV, 306, XVIII, 361, etc.

[3] Boileau-Beaulieu. *Voy.* p. 291, note 3.

[4] *V. E.* Dans quelques éditions (Daun., 1825; Thi...) on a supprimé *et*.

[5] La paix de Riswick, conclue, le 20 septembre, avec l'Espagne, l'Angleterre et la Hollande, et bientôt après (30 octobre) avec l'empereur et l'empire. *Larrey*, VI, 519. — On la célébra par plusieurs médailles. L'académie des inscriptions (séance du 28 mai 1701) motiva la légende de l'une d'entr'elles sur ce que « pendant la guerre de dix ans terminée par cette paix, les enne-

donneront assez de matière pour nous entretenir quand j'aurai l'honneur de vous revoir. Ce sera au plus tard dans quinze jours, car je partirai deux ou trois jours avant le départ du roi. Je suis entièrement à vous.

RACINE. [1]

LETTRE LXXXVII.[2]

BOILEAU A RACINE.

A Auteuil, mercredi (milieu d'octobre 1697). [3]

JE crois que vous serez bien aise d'être instruit de ce qui s'est passé dans la visite que nous avons, suivant votre conseil, rendue ce matin, mon frère le docteur de Sorbonne et moi [4], au révérend père de La Chaise. Nous sommes arrivés chez lui sur les neuf heures; et sitôt [5] qu'on lui a dit notre nom, il nous a fait entrer. Il nous a reçus avec beaucoup d'agrément, m'a interrogé fort obligeamment sur l'état de ma santé, et a

---

« mis de la France n'avaient pu entamer aucune de ses frontières »... (*Idem*, Médailles de Louis-le-Grand, 1702, p. 270). On a vu, p. 251, note 3, que malheureusement cela n'est pas tout-à-fait exact.

[1] *V. E.* Tous les éditeurs suppriment la signature.

[2] Publiée d'abord en 1712 (tome I, Notice bibl., § 1, n° 103), et ensuite dans l'édition de 1713 avec des changemens faits probablement par Boileau lui-même. Nous donnerons en italiques les leçons primitives (MM. de Saint-Surin et Daunou les ont aussi notées).

[3] Nous montrerons dans une note (p. 302) que telle est probablement la date de cette lettre (quelques éditeurs mettent 1696 *ou* 1697).

[4] V... *Que nous avons* ce matin, suivant votre conseil, rendue, mon frère *et moi*...

[5] V... *Neuf heures* du matin, *et sitôt*....

paru¹ fort content de ce que je lui ai dit que mon incommodité² n'augmentait point. Ensuite il a fait apporter des chaises, s'est mis tout proche de moi, afin que je le pusse mieux entendre, et aussitôt entrant en matière, m'a dit que vous lui aviez lu un ouvrage de ma façon, où il y avait beaucoup de bonnes choses, mais que la matière que j'y traitais était une matière fort délicate, et qui demandait beaucoup de savoir; qu'il avait³ autrefois enseigné la théologie, et qu'ainsi il devait être instruit de cette matière à fond; qu'il fallait faire une grande différence de l'amour *affectif* d'avec l'amour *effectif*⁴ ; que ce dernier était absolument nécessaire, et entrait dans l'attrition; au lieu que l'amour affectif venait de la contrition parfaite, et qu'ainsi il justifiait par lui-même le pécheur, mais que l'amour effectif⁵ n'avait d'effet qu'avec l'absolution du prêtre. Enfin, il nous a débité en très bons termes tout ce que beaucoup d'habiles auteurs scholastiques ⁶ ont écrit sur ce sujet, sans pourtant dire comme quelques-uns d'eux, que l'amour⁷ de Dieu, absolument parlant, n'est point nécessaire

---

¹ V... *Beaucoup* de bonté, m'a fort obligeamment interrogé sur mes maladies, *et a paru*...

² Sa surdité... Il en est question, p. 213 et surtout p. 220, note 1.

³ V... *De savoir* pour en parler ; *qu'il avait*...

⁴ Dans le système de théologie suivi par La Chaise, l'amour *effectif* désigne le simple accomplissement des commandemens de Dieu, et l'amour *affectif* le même accomplissement joint à une affection de Dieu (*Note de M. l'abbé de L., vicaire général*).

⁵ V. *Et que celui ci justifiait par lui-même le pécheur, au lieu que l'amour effectif...*

⁶ V... *Débité* en assez bons termes et assez longuement *tout ce que beaucoup d'auteurs scholastiques*...

⁷ V. *Pourtant dire comme* eux *que l'amour*...

pour la justification du pécheur. Mon frère applaudissait à chaque mot qu'il disait, paraissant être enchanté de sa [1] doctrine, et encore plus de sa manière de l'énoncer. Pour moi, je suis demeuré dans le silence. Enfin, lorsqu'il a cessé de parler, je lui [2] ai dit que j'avais été fort surpris qu'on m'eût prêté des charités auprès de lui, et qu'on lui eût donné à entendre que j'avais fait un ouvrage contre les jésuites; ajoutant [3] que ce serait une chose bien étrange, si soutenir qu'on doit aimer Dieu s'appelait écrire contre les jésuites; que mon frère avait apporté avec lui vingt passages de dix ou douze de leurs plus fameux écrivains, qui soutenaient, en termes beaucoup plus forts que ceux de mon épître, que, pour être justifié, il faut indispensablement aimer Dieu; qu'enfin j'avais si peu songé à écrire contre les jésuites, que les [4] premiers à qui j'avais lu mon ouvrage, c'était six jésuites des plus célèbres, qui m'avaient tous dit qu'un chrétien [5] ne pouvait pas avoir d'autres sentimens sur l'amour de Dieu que ceux que j'énonçais dans mes vers. J'ai ajouté ensuite que depuis peu j'avais eu l'honneur de réciter mon ouvrage à monseigneur l'archevêque de Paris, et à monseigneur l'évêque de Meaux, qui en avaient tous deux paru, pour ainsi dire,

---

[1] *Mon frère le chanoine* applaudissait *des yeux et du geste* à chaque mot qu'il disait, *témoignant être ravi* de sa...

[2] V. *Et encore plus* de son énonciation. *Pour moi je suis demeuré* assez froid et assez immobile, et *enfin lorsqu'il a été las* de parler, je lui...

[3] V. *Les jésuites; que ce serait* (ajoutant *est omis*).

[4] V. *Qui soutenaient* qu'on doit nécessairement aimer Dieu, et en des termes beaucoup plus forts que ceux qui étaient dans mes vers; que *j'avais si peu songé à écrire contre sa société*, que les...

[5] V. *Tous dit* unanimement *qu'un chrétien*...

transportés ¹, qu'avec tout cela néanmoins, si sa ² révérence croyait mon ouvrage périlleux, je venais présentement pour le lui lire, afin qu'il m'instruisît de mes fautes. Enfin, je lui ai fait le même compliment que je fis à monseigneur ³ l'archevêque, lorsque j'eus l'honneur de le lui réciter, qui était que je ne venais pas pour être loué, mais pour être jugé; que je le ⁴ priais donc de me prêter une vive attention, et de trouver bon même que je lui répétasse beaucoup d'endroits. Il a fort approuvé ma proposition, et je lui ai lu mon épître très posément, jetant au reste dans ma lecture toute la force et tout l'agrément que j'ai pu ⁵. J'oubliais de vous avertir que je lui ai auparavant dit encore une particularité qui l'a assez agréablement surpris : c'est à sa-

¹ La tournure de cette phrase et de la suivante annonce que la lettre actuelle est postérieure de quelque temps à celle du 8 octobre, où l'on a vu (p. 296) que l'entrevue de Boileau avec Noailles est présentée comme tout-à-fait récente. D'ailleurs l'entrevue avec le P. La Chaise que l'on raconte ici fut sollicitée (p. 299) d'après le conseil de Racine, et Racine n'en parlant point dans la lettre du 8 octobre, il est probable qu'il donna ce conseil plus tard à Boileau. Les éditeurs n'auraient donc pas dû placer la même lettre après celle-ci.

² V. *Ceux que j'avais mis en rimes; qu'ensuite j'avais brigué de le lire à monseigneur l'archevêque de Paris, qui en avait paru transporté aussi bien que M. de Meaux; que néanmoins si sa...*

³ V. *De mes fautes; que je lui faisais donc le même compliment que j'avais fait à monseigneur...*

⁴ V. *Lorsque je le lui récitai, qui était que je ne venais pas pour être loué, mais pour être* approuvé; *que je le...*

Ces expressions « le compliment que j'avais fait à... l'archevêque lorsque « je le *lui récitai,* » viennent à l'appui des observations que nous avons présentées dans la note 1 ci-dessus, pour établir l'antériorité de la lettre du 8 octobre sur celle-ci.

⁵ V. *Il a fort loué mon dessein et je lui ai lu mon épître avec toute la force et toute l'harmonie que j'ai pu.*

voir¹ que je prétendais n'avoir proprement fait autre chose dans mon ouvrage, que mettre en vers la doctrine² qu'il venait de nous débiter; et l'ai assuré que j'étais persuadé que lui-même n'en disconviendrait pas. Mais³ pour en revenir au récit de ma pièce, croiriez-vous, monsieur, que la chose est arrivée comme je l'avais prophétisé, et qu'à la réserve des deux petits scrupules qu'il vous a dits, et qu'il nous a répétés, qui lui étaient venus au sujet de ma hardiesse à traiter en vers une matière si délicate, il n'a fait d'ailleurs que s'écrier⁴ : « *Pulchre! bene! recte!* Cela est vrai, cela est indubi-« table; voilà qui est merveilleux; il faut lire cela au « roi; répétez-moi encore cet endroit. Est-ce là ce que « M. Racine m'a lu? » Il a été surtout extrêmement frappé de ces vers que vous lui aviez passés, et que je lui ai récités avec toute l'énergie dont je suis capable :

> Cependant on ne voit que docteurs, même austères⁵,
> Qui, les semant partout, s'en vont pieusement
> De toute piété, etc.

Il est vrai que je me suis heureusement avisé d'insérer⁶ dans mon épître huit vers que vous n'avez point⁷

---

¹ V. *J'oubliais* que je lui ai dit encore auparavant une chose qui l'a assez étonné, *c'est à savoir...*

² V. *Que mettre en* rimes *la doctrine...*

³ V. *Débiter, et que je croyais que lui-même n'en pourrait pas disconvenir. Mais...*

⁴ V. *Croiriez-vous monsieur, que j'ai tenu parole au bon père, et qu'à la réserve des deux objections qu'il vous avait déjà faites (à Racine), il n'a fait que s'écrier...*

⁵ Ce vers a été changé (*On voit pourtant, on voit des docteurs... voy.* tome II, p. 148, note 4).

⁶ V. *Suis avisé* heureusement *d'insérer...*

⁷ V. *N'avez pas approuvés... à propos* d'y *rétablir...*

approuvés, et que mon frère juge très à propos de rétablir. Les voici; c'est ensuite de ce vers :

> *Oui, dites-vous. Allez, vous l'aimez, croyez moi.*
> « Écoutez la leçon que lui même il nous donne,
> « Qui m'aime c'est celui qui fait ce que j'ordonne. [1] »
> Faites-le donc ; et, sûr qu'il nous veut sauver tous,
> Ne vous alarmez point pour quelques vains dégoûts
> Qu'en sa ferveur souvent la plus sainte âme éprouve.
> Courez toujours à lui [2] ; qui le cherche le trouve ;
> Et plus de votre cœur il paraît s'écarter,
> Plus par vos actions songez à l'arrêter.

Il m'a fait redire trois fois ces huit vers. Mais je ne saurais vous exprimer avec quelle joie, quels éclats de rire il a entendu la prosopopée de la fin. En un mot, j'ai[3] si bien échauffé le révérend père, que, sans une visite que dans ce temps-là monsieur son frère lui est venu rendre, il ne nous laissait point partir que je ne lui eusse récité aussi les deux autres nouvelles épîtres[4] de ma façon que vous avez lues au roi. Encore ne nous a-t-il laissé partir qu'à la charge que nous l'irions voir à sa maison de campagne[5], et il s'est chargé de nous

---

[1] Ces deux vers ont été changés (même tome II, p. 151, note 2).

[2] Autre changement (*ib.*, p. 151, note 4).

V. E. Une chose très singulière, c'est que dans l'édition de 1713, après avoir rapporté le premier passage (*voy.* p. 303, note 5) tel qu'il était dans la première composition et au moment où Boileau écrivait sa lettre, on donne ici, non la première composition du 2ᵉ, 3ᵉ et 7ᵉ vers du second passage, mais leur leçon définitive postérieure a sa lettre et insérée dans les éditions de 1698 à 1713. Mais comme c'est évidemment une inadvertance des éditeurs, d'ailleurs si peu soigneux, de 1713, nous avons rétabli ci-dessus le texte primitif de l'autographe.

[3] V. *La prosopopée.* Enfin *j'ai*...

[4] V. *Les deux* pièces *de ma façon.*

[5] Montlouis, à présent le cimetière du père La Chaise, dénomination as-

faire avertir du jour où nous l'y pourrions trouver seul. Vous voyez donc, monsieur, que si je ne suis pas bon [1] poète, il faut que je sois bon récitateur.

Après avoir quitté le père de La Chaise, nous avons été voir le père Gaillard [2], à qui j'ai aussi, comme vous pouvez penser, récité l'épître. Je ne vous dirai point les louanges excessives qu'il m'a [3] données. Il m'a traité d'homme inspiré de Dieu, et il m'a [4] dit qu'il n'y avait que des coquins qui pussent contredire mon opinion. Je l'ai fait ressouvenir du petit théologien, avec qui j'eus une prise devant lui chez M. de Lamoignon. Il m'a [5] dit que ce théologien était le dernier des hommes; que si sa société avait à être fâchée, ce n'était pas de mon ouvrage, mais de ce que des gens osaient dire que cet ouvrage était fait contre les jésuites. Je vous écris tout ceci à dix heures du soir, au courant de la plume. Je vous prie [6] de retirer la copie que vous avez mise entre les mains de madame de Maintenon, afin que je lui en donne [7] une autre, où l'ouvrage soit dans l'état où il doit demeurer. Je vous embrasse de tout mon cœur, et suis tout à vous.

---

sez impropre, car ce n'est pas assurément un jardin de plaisance qu'un religieux aurait choisi pour son cimetière.

[1] V. *Si je ne suis bon poète...*

[2] Recteur des jésuites de Paris, célèbre prédicateur, confesseur de la reine d'Angleterre, épouse de Jacques II. *Moréri.*

[3] V. *Louanges* outrées *qu'il m'a...*

[4] V. *De Dieu, et m'a dit* (sans *il*)...

[5] V. *Du petit* père *théologien avec qui j'eus une prise chez M. de Lamoignon, il m'a...* (*voy.* tome II, p. 155, note 2).

[6] V. *De la plume. Vous en ferez tel usage que vous jugerez à propos. Cependant je vous prie...*

[7] V. *Je lui en* redonne *une autre...*

LETTRE LXXXVIII.

RACINE A BOILEAU.

A Paris, ce lundi 20° janvier (1698).

J'ai reçu une lettre de la mère abbesse de Port-Royal, qui me charge de vous faire mille remerciemens de vos épîtres que je lui[1] ai envoyées de votre part. On y est charmé et de l'épître de l'*Amour de Dieu*, et de la manière dont vous parlez de M. Arnauld : on voudrait même que ces épîtres fussent imprimées en plus petit volume. Ma fille aînée, à qui je les ai aussi envoyées, a été transportée de joie de ce que vous vous souvenez encore d'elle. Je pars dans[2] ce moment pour Versailles, d'où je ne reviendrai que samedi. J'ai laissé à ma femme ma quittance pour recevoir ma pension d'homme de lettres[3]. Je vous prie de l'avertir du jour que vous irez chez M. Gruyn[4]; elle vous ira prendre, et vous mènera dans son carrosse.

J'ai eu des nouvelles de mon fils par M. l'archevêque de Cambrai, qui me mande qu'il l'a vu à Cambrai[5] jeudi dernier, et qu'il a été fort content de l'entretien qu'il a eu avec lui. Je suis à vous de tout mon cœur.   RACINE.

---

[1] Tante de Racine (celui-ci écrit *remercîmens*). *G. Garnier.*
[2] V. *Édit. citées* à p. 197, note 5... Pars *en* ce moment...
[3] V. Louis Racine (II, 226) a supprimé tout ce qui suit.
[4] L'un des trésoriers des deniers royaux. *G. Garnier.*
[5] Racine fils y avait passé en se rendant à la Haye. *G. Garnier.*

FIN DU SECOND RECUEIL.

TROISIÈME RECUEIL.

LETTRES

DE BOILEAU A BROSSETTE.

TROISIÈME RECUEIL.

LETTRES[1]

DE BOILEAU A BROSSETTE.

LETTRE LXXXIX.

Paris, 25 mars 1699.[2]

La maladie de M. Racine qui est encore en fort grand danger, a été cause, monsieur, que j'ai tardé quelques jours à vous faire réponse. Je vous assure pourtant que j'ai reçu votre lettre avec fort grand plaisir. Mais pour le livre de M. de Bonnecorse, il ne m'a ni affligé ni réjoui.

---

[1] Nous parlons dans l'avertissement de ce volume, n° III, des sources où elles ont été puisées.

[2] Réponse à la première lettre de Brossette, datée de Lyon, le 10 mars 1699. Brossette y annonce qu'il envoie à Boileau deux ouvrages (le Procès-verbal des conférences des ordonnances de 1667 et 1670, et le Lutrigot de Bonnecorse, tome I, Not. bibl., § 2, n° 23), et qu'il a placé dans le plus bel endroit de son cabinet le portrait de Boileau (celui où il montre du doigt le poëme de Chapelain) avec ces quatre vers de la façon *d'un de ses amis :*

> Vous qui voulez savoir quel est le personnage
> Représenté dans ce tableau,
> Approchez-en un sot ouvrage,
> Vous connaîtrez que c'est Boileau.

J'admire sa mauvaise humeur contre moi; mais que lui a fait la pauvre Terpsichore, pour la faire une Muse de plus mauvais goût que ses autres sœurs? Je le trouve bien hardi d'envoyer un si mauvais ouvrage à Lyon; ne sait-il pas que c'est la ville où l'on obligeait autrefois[1] les méchans écrivains à effacer eux-mêmes leurs écrits avec la langue? n'a-t-il point peur que cette mode [2] se renouvelle contre lui, et ne le fasse pâlir : *Aut Lugdunensem rhetor dicturus ad aram*[3]? Je suis bien aise que mon tableau y excite la curiosité de tant d'honnêtes gens, et je vois bien qu'il reste encore chez vous beaucoup de cet ancien esprit qui y faisait haïr les méchans auteurs, jusqu'à les punir du dernier supplice. C'est vraisemblablement ce qui a donné de moi une idée si avantageuse. L'épigramme qu'on a faite pour mettre au bas de ce tableau est fort jolie. Je doute pourtant que mon portrait donnât un signe de vie dès qu'on lui présenterait un sot ouvrage, et l'hyperbole est un peu forte. Ne serait-il point mieux de mettre, suivant ce qui est représenté dans cette peinture :

Ne cherchez point comment s'appelle...[4]

Je vous écris tout ceci, monsieur, au courant de la plume; mais, si vous voulez que nous entretenions com-

---

[1] *V. E.* Autographe. Cizeron-Rival a omis *autrefois*.

[2] *V. E.* Texte de Cizeron-Rival et de l'autographe. Dans les éditions modernes on a suppléé le *ne* que Boileau a omis, peut-être par inadvertance, puisqu'il s'est servi de cette négation dans une tournure de phrase à-peu-près semblable de la lettre cxxx. Nous disons *peut être*, parce que l'omission du *ne* se remarque ailleurs (lettres LXXXI, CXXIII, etc.).

[3] Juvénal; sat. I, v. 44 (*voy.* tome III, discours sur la satire, vers la fin).

[4] Il met ici l'épigramme XXXIII (tome II, p. 470), où il a refait l'inscription précédente.

merce ensemble, trouvez bon, s'il vous plaît, que je ne me fatigue point, *et hanc veniam petimusque damusque vicissim* [1], et surtout évitons les cérémonies, et ces grands espaces de papier vides d'écriture à toutes les pages; et ne me donnez point, par les termes respectueux dont vous m'accablez, occasion de vous dire : *Vis te, Sexte, coli; volebam amare* [2]. En un mot, monsieur, mettez-moi en droit, par la première lettre que vous me ferez l'honneur de m'écrire, de n'être plus obligé de vous dire si respectueusement que je suis, etc.

LETTRE XC.

Paris, 9 mai 1699. [3]

Vous vous figurez bien, monsieur, que, dans l'affliction [4] et dans l'accablement d'affaires où je suis, je n'ai guère le temps d'écrire de longues lettres. J'espère donc que vous me pardonnerez si je ne vous écris qu'un mot, et seulement pour vous instruire de ce que vous me demandez. Je ne suis point encore à Auteuil, parce que mes affaires et ma santé même [5], qui est fort altérée, ne me permettent pas d'y aller respirer l'air, qui est encore

---

[1] Horace, Art poétique, vers 11.

[2] Martial, liv. II, épigr. LV (vous voulez du respect, je voulais vous aimer; je vous obéirai, mais le respect écartera l'affection).

[3] Réponse à deux lettres des 15 avril et 1ᵉʳ mai, où Brossette (I, 8 à 13), lui parle de la mort de Racine, l'invite à se choisir un associé comme historiographe, et lui demande des nouvelles du procès relatif à sa noblesse.

[4] A cause de la mort de Racine (21 avril 1699; Pièc. just. 195).

[5] *V. E.* Autographe. Cizeron-Rival a omis *même*.

très froid, malgré la saison avancée, et dont ma poitrine ne s'accommode pas[1]. J'ai pourtant été à Versailles, où j'ai vu madame de Maintenon, et le roi ensuite, qui m'a comblé de bonnes paroles : ainsi me voilà plus historiographe que jamais. Sa majesté m'a parlé de M. Racine d'une manière à donner envie aux courtisans de mourir, s'ils croyaient qu'elle parlât d'eux de la sorte après leur mort[2]. Cependant cela m'a très peu consolé de la perte de cet illustre ami, qui n'en est pas moins mort, quoique regretté du plus grand roi de l'univers.

Pour mon affaire de la noblesse[3], je l'ai gagnée avec éloge, du vivant même de M. Racine, et j'en ai l'arrêt en bonne forme, qui me déclare noble de quatre cents ans. M. de Pommereu, président de l'assemblée, fit en ma présence, l'assemblée tenant, une réprimande à l'avocat des traitans, et lui dit ces propres mots : « Le « roi veut bien que vous poursuiviez les faux nobles de « son royaume; mais il ne vous a pas pour cela donné « permission d'inquiéter des gens d'une noblesse aussi « avérée que sont ceux dont nous venons d'examiner

---

[1] Malgré cette altération de sa santé, il ne manqua à aucune des séances (vingt-une) que l'académie des médailles tint pendant les mois de mai, de juin, et de juillet.

[2] Louis dit, il est vrai, *nous avons beaucoup perdu...*; mais sur l'observation de Boileau que Racine était mort courageusement, quoiqu'il craignît beaucoup la mort, il répliqua : « oui, je m'en souviens, c'était vous qui étiez « le brave au siège de Gand » (Bolœana, p. 20)... Ce singulier empressement à rappeler les plaisanteries que les courtisans avaient faites sur les deux poètes (*V.* p. 213, note 2), annonce que les regrets de Louis n'étaient guère vifs, ce qui au reste, est peu surprenant, s'il est vrai, que, comme le dit Saint-Simon (X, 191), il n'ait jamais regretté personne, excepté la duchesse de Bourgogne, et cela parce qu'elle l'amusait.

[3] Nous en parlons tome I, Essai, n° 9 à 12.

« les titres. Que cela ne vous arrive plus. » Je ne sais si M. Perrachon [1], a de meilleures preuves de sa noblesse que cela; et je ne vois pas qu'il les ait rapportées dans son livre [2]. Adieu, monsieur, croyez que je suis très affectueusement...

LETTRE XCI.

Paris, 2 juillet [3] 1699.

J'AI été, monsieur, si occupé depuis votre longue et pourtant trop courte lettre [4], que je n'ai pu vous faire plus tôt réponse. Plût à Dieu que je pusse aussi bien prouver à M. Perrachon le mérite de mes ouvrages, que la noblesse et l'antiquité de mes pères! Je doute qu'alors il pût préférer même ses écrits aux miens. Je ne vous envoie point néanmoins, pour ce voyage, la copie de mon arrêt, parce qu'il est trop gros; le greffier qui l'a dressé ayant pris soin d'y énoncer toutes les preuves que j'alléguais; et cela fait plus de trente rôles en parchemin, d'écriture assez menue [5]. Cependant, si vous

---

[1] Avocat et rimeur lyonnais infatué de sa noblesse. (*Voy.* note 4).

[2] Le faux satirique (*Gacon*) puni. *Cizer.-Riv.*

[3] *V. E.* Date de l'autographe, et non pas le 22 juillet.

[4] Du 6 juin (Lett. fam., I, 17 à 23)... Demande de la généalogie de Boileau et de l'arrêt sur sa noblesse... Annonce d'un projet de répondre aux critiques qu'on a faites de ses ouvrages... Récit d'une discussion avec Perrachon, qui conteste la noblesse de Boileau, ou au moins soutient, en citant deux tours de Piémont nommées *Torre de' Perrachoni*, que la sienne est plus ancienne... Envoi de deux poëmes latins sur l'aimant et le café, et d'une chanson, en vingt couplets, contenant l'histoire glorieuse de Perrachon.

[5] *V. E.* Autographe et non pas *minutée*... (nous donnerons un extrait de l'arrêt... *Pi. just.* 211).

persistez dans l'envie de l'avoir, je vous le ferai tenir au premier jour. Vous m'avez fort réjoui avec *le torre de' Perrachoni*. Je crois que M. Perrachon ne ferait pas mal de se tenir sur le haut d'une de ces tours, avec une lunette à longue vue, pour voir s'il ne découvrira point quelqu'un qui aille à Lyon ou à Paris acheter ses livres; car je ne crois pas qu'il en ait vu jusqu'ici. Je suis bien aise qu'un homme comme vous entreprenne mon apologie; mais les livres qu'on a faits contre moi sont si peu connus, qu'en vérité je ne sais s'ils méritent aucune réponse. Oserais-je vous dire que le dessein que vous aviez pris de faire des remarques sur mes ouvrages, est bien aussi bon, et que ce serait le moyen d'en faire une imperceptible apologie qui vaudrait bien une apologie en forme? Je vous laisse pourtant le maître de faire tout ce que vous jugerez à propos. Je sais assez bien donner conseil aux autres sur ce qui les concerne; mais pour ce qui me regarde, je m'en rapporte toujours au conseil[1] d'autrui. Les vers latins que vous m'avez envoyés sont très élégans et très particuliers; ils m'ont réconcilié avec les poètes latins modernes, dont vous savez que je fais une médiocre estime, dans la prévention où je suis qu'on ne saurait bien écrire que sa propre langue. Vos couplets de chanson me paraissent fort jolis, et il paraît bien que vous y[2] parlez votre propre et naturelle langue; car, comme vous savez bien, c'est au Français qu'appartient le vaudeville[3], et c'est dans ce genre-là principalement que notre langue l'emporte sur

---

[1] *V. E.* Autographe. Cizeron-Rival lit *aux conseils*.
[2] *V. E. Idem.* Le même a omis *y*.
[3] Art poétique, II, 182, tome II, p. 209.

la grecque et sur la latine. Voilà la quatrième lettre que j'écris ce matin; c'est beaucoup pour un paresseux accablé d'un million d'affaires. Ainsi, trouvez bon que je vous dise tout court que je suis très cordialement, monsieur, etc.

LETTRE XCII.

Auteuil, 15 août 1699.

Si vous comprenez bien, monsieur, quel embarras c'est à un homme de lettres qui a des livres, des bijoux et des tableaux, que d'avoir à déménager [1], vous ne trouverez pas étrange que je sois demeuré si long-temps sans faire réponse à votre dernière lettre [2]. Et [3] le moyen de se ressouvenir de son devoir, au milieu d'une foule de maçons, de menuisiers et de crocheteurs, qu'il faut sans cesse gronder, réprimander, instruire [4]! Il y a tantôt trois semaines que je fais cet importun métier, et je n'en suis pas encore dehors. Ainsi, bien loin de croire que vous ayez raison de vous plaindre, je prétends même que je dois être plaint, et qu'il faut que je vous aime beaucoup pour trouver, comme je fais au-

---

[1] Il quittait sans doute la maison de l'abbé de Dreux (p. 219, note 3) pour s'établir chez l'abbé Lenoir (Pi.-just. 209, *b*). — Quant à ses bijoux, tableaux, etc. *voy.* tome I, Essai, n° 18 *b*.

[2] Du 20 juillet-(Lett. fam., I, 31 à 35)... Envoi d'une boîte de thé... Annonce qu'il enverra un livre que Perrachon fait imprimer contre Gacon (*voy.* aussi les notes suivantes).

[3] Autographe. Les éditeurs modernes y substituent *Eh!*

[4] *V. E. Idem.* Cizeron-Rival ajoute *etc.*

jourd'hui, le temps de vous faire mes remerciemens[1] sur toutes les douceurs que vous m'écrivez, et sur tous les présens que vous me faites. Vous me direz peut-être que ce discours n'est que l'artifice d'un homme qui a tort, et qui le premier fait un procès aux autres, afin qu'on n'ait pas le temps de lui faire le sien. Peut-être cela est-il véritable. Je vous assure pourtant qu'on ne peut pas être plus touché que je le suis de toutes vos bontés, et que, s'il y a en moi de la paresse, il n'y a assurément point de méconnaissance [2]. D'ailleurs je m'attendais à vous écrire quand j'aurais reçu votre thé qui n'est point encore venu, non plus que le livre dont vous me parlez dans une autre de vos lettres. Mais est-ce une promesse ou une menace que vous me faites, quand vous me mandez qu'au premier jour vous m'enverrez[3] le livre de M. Perrachon? *Di magni, horribilem et sacrum libellum* [4]. Savez-vous que si vous vous y jouez, je cours sur-le-champ chez Coignard ou chez Ribou, et que là *Cotinos, Peraltos, Pradonos et omnia colligam venena, atque hoc te munere remunerabo*, de la même manière que Catulle prétendait récompenser son ami, en lui envoyant *Metios, Suffenos et Varios* [5]? Voilà, monsieur, de quoi je vous régalerai, au lieu de la copie que je vous ai promise de mon arrêt

---

[1] V. Boileau écrit *remercîmens*, et l'on a dit (p. 306, note 1) que telle était aussi l'orthographe de Racine.

[2] Quant à ce mot, *voy.* p. 75, note 1.

[3] Ainsi, comme on l'a observé, p. 65, note 1, il paraît qu'*enverrez* commençait alors à prévaloir sur *envoierez*.

[4] Catulle, pièce adressée à Calvus Licinius, vers 12.

[5] Citation faite de mémoire... Catulle (*ib.*, v. 18) nomme Cœsius et Aquinus, et non point Metius ni Varius.

sur la noblesse. La vérité est pourtant que j'ai donné ordre de la faire, et que vous l'aurez au premier ordinaire, supposé que vous ne m'exposiez point[1] à la lecture du livre de M. Perrachon.

Je suis bien aise que vous suiviez votre premier dessein sur l'ouvrage que vous méditez. L'apologie met un lecteur sur ses gardes, au lieu que le commentaire lui ôte toute défiance[2]. Votre devise sur ma noblesse[3] et sur mes ouvrages est fort spirituelle, et il ne lui manque que d'être un peu plus vraie. Mais à quoi songez-vous de me proposer d'en faire une pour la ville de Lyon? Ai-je le temps de cela, et de quoi m'aviserais-je d'aller sur le marché d'un aussi bon ouvrier que vous? Est-ce à un Béotien d'aller enseigner dans Lacédémone à dire de bons[4] mots? C'est donc, monsieur, de cette proposition que je me plains; et non pas de vos lettres, qui ne sauraient jamais que me divertir très agréablement, pourvu que vous me laissiez la liberté, quand je déménage, de tarder quelquefois à y répondre. Je suis avec beaucoup de reconnaissance, etc.

---

[1] *V. E.* Texte de Cizeron-Rival et de l'autographe. Les éditeurs modernes mettent *pas*.

[2] Brossette annonce, en effet (Lett. fam., I, 32), qu'il revient à son projet de faire simplement des remarques sur les œuvres de Boileau, et renonce à celui d'en faire une apologie, dont on a parlé p. 313, note 4.

[3] On peut, écrivait Brossette (p. 33), appliquer à votre noblesse aussi bien qu'à vos ouvrages, ce qu'on a dit de l'or éprouvé à la coupelle, *Dopo il fuoco più bello.*

[4] *V. E.* Manuscrit. Cizeron-Rival lit *des bons.*

LETTRE XCIII.

Paris, 10 novembre 1699.

Je suis fort honteux, monsieur, d'avoir été si longtemps à vous remercier de vos magnifiques présens et à répondre à vos lettres [1], plus agréables encore pour moi que vos présens; mais si vous saviez le prodigieux accablement d'affaires que m'a laissé la mort de M. Racine, vous me pardonneriez sans peine, et vous verriez bien que je n'ai presque point de temps à donner à mon plaisir, c'est-à-dire à vous entretenir et à vous écrire. J'ai lu votre préface du livre des Conférences, et elle me semble très bien, à quelques manières de parler près, que je vous y marquerai à mon premier loisir. [2]

Vous m'avez fait un fort grand plaisir en m'envoyant le Télémaque de M. de Cambrai. Je l'avais pourtant déjà lu. Il y a de l'agrément dans ce livre, et une imitation de l'Odyssée que j'approuve fort. L'avidité avec laquelle on le lit fait bien voir que si on traduisait Homère en beaux mots, il ferait l'effet qu'il doit faire, et qu'il a toujours fait. Je souhaiterais que M. de Cambrai eût rendu son Mentor un peu moins prédicateur, et que la morale fût répandue dans son ouvrage un peu plus imperceptiblement et avec plus d'art. Homère est plus instructif que lui; mais ses instructions ne paraissent

---

[1] Du 24 septembre et 3 octobre (*ib.*, 40 à 44).

[2] Brossette le priait (I, 44) de corriger l'avertissement qu'il voulait mettre à la seconde édition de ses Conférences (nous avons parlé de la première à la note 2, p. 309).

point préceptes, et résultent de l'action du roman, plutôt que des discours qu'on y étale. Ulysse, par ce qu'il fait, nous enseigne mieux ce qu'il faut faire, que par tout ce que lui, ni Minerve disent. La vérité est pourtant que le Mentor du Télémaque dit des choses fort bonnes, quoiqu'un [1] peu hardies, et qu'enfin M. de Cambrai me paraît beaucoup meilleur poète que théologien. De sorte que si, par son livre des *Maximes*, il me semble très peu comparable à saint Augustin, je le trouve, par son roman, digne d'être mis en parallèle avec Héliodore[2]. Je doute néanmoins qu'il fût d'humeur, comme ce dernier, à quitter sa mître pour son roman. Aussi, vraisemblablement le revenu de l'évêché d'Héliodore n'approchait guère du revenu de l'archevêché[3] de Cambrai[4] : mais, monsieur, il me semble que pour un paresseux aussi affairé que je suis[5], je vous entretiens là de choses assez peu nécessaires. Trouvez bon que je ne vous en dise pas davantage et pardonnez-moi les ratures que je fais à chaque bout de champ dans mes lettres, qui m'embarrasseraient fort s'il fallait que je les récrivisse. Je suis très[6] sincèrement, etc.[7]

---

[1] *V. E.* Autographe, et non pas *dit* de fort bonnes choses *quoique*...

[2] Auteur des amours de Théagène et Chariclée... Maury (I, 194) se récrie vivement contre cette comparaison, et, selon la remarque de M. Daunou, le jugement de Boileau se ressent un peu de sa liaison avec les jansénistes, dont plusieurs étaient ennemis de Fénélon.

[3] *V. E.* Autographe, et non pas *de l'évêque Héliodore*, comme lit Cizeron-Rival... *Et de l'archevêque de Cambrai*, comme lisent d'autres éditeurs.

[4] Deux cent mille francs.

[5] *V. E. Idem*, et Cizeron-Rival. Quelques éditeurs lisent *que je le suis*.

[6] *V. E. Idem*... Tous les éditeurs omettent *très*.

[7] Ici se placerait une lettre, non publiée, écrite par Boileau, le 3 janvier 1700, en réponse à une lettre de Brossette, du 15 novembre 1699, éga-

LETTRE XCIV.

Paris, 5 février 1700.

Il est arrivé, monsieur, ce que vous aviez prévu[1], et vos présens sont arrivés deux jours devant[2] vos lettres[3]. Cela a causé quelque petite méprise; mais cela n'a pourtant fait aucun mal, et chacun a reçu ce qui lui appartenait. M. de Lamoignon m'a écrit une lettre pour me prier de vous faire ses remerciemens[4], et M. Dongois et M. Gilbert m'ont assuré qu'ils vous feraient au premier jour chacun les leurs. Je ne sais[5] si cela pourra un peu distraire la juste affliction où vous êtes. Je la conçois telle qu'elle doit être, quoique je n'en aie jamais éprouvé une pareille; ma mère, comme mes vers vous l'ont vraisemblablement appris, étant morte[6] que je n'é-

---

lement non publiée. Le passage suivant est ce qu'il y a de plus intéressant dans celle du 3 janvier. « Je vous renvoie votre préface sur le livre que vous allez redonner au public (*Procès-verbal des conférences, etc.*). J'y ai fait les corrections à-peu près de ce qui m'a paru moins exactement dit. Mais ne vous y arrêtez pas absolument, et corrigez sans crainte mes corrections. »

[1] *V. E.* Autographe... Au lieu de *vous* avez *prévu*...

[2] Quant à ce mot, *voy.* p. 198, note 1.

[3] Lettre de Brossette du 1er février (p. 48)... Annonce de la mort de sa mère... Un ami remettra, ou a dû remettre des exemplaires de la seconde édition du Procès-verbal des conférences, pour Boileau, pour les présidens de Lamoignon et Gilbert de Voisins, et pour le greffier Dongois (tome III, Expl. généal., n°s 506 et 431).

[4] Même observation qu'à note 1, p. 316.

[5] *V. E.* Autographe, et non pas *au premier jour* le leur. *Je ne sais*...

Épit. x, v. 97, tome II, p. 133, note 4.

tais encore qu'au berceau. Tout ce que j'ai à vous conseiller, c'est de vous saouler [1] de larmes. Je ne saurais approuver cette orgueilleuse indolence des stoïciens, qui rejettent follement ces secours innocens que la nature envoie aux affligés, je veux dire les cris et les pleurs.

Ne point pleurer la mort d'une mère [2], ne s'appelle pas de la fermeté et du courage, cela s'appelle de la dureté et de la barbarie. Il y a bien de la différence entre se désespérer et se plaindre. Le désespoir brave et accuse Dieu; mais la plainte lui demande des consolations. Voilà, monsieur, de quelle manière je vous exhorte à vous affliger, c'est-à-dire, en vous consolant, et en ne prétendant pas que Dieu fasse pour vous une loi particulière qui vous exempte de la nécessité à laquelle il a condamné tous les enfans, qui est de voir mourir leurs pères et mères. Cependant soyez bien persuadé que je vous estime infiniment, et que si je ne vous écris pas aussi souvent que je devrais, ce n'est pas manque de reconnaissance, mais manque de cet esprit de vigilance et d'exactitude que Dieu donne rarement aux poètes, surtout lorsqu'ils sont historiographes. Je suis avec beaucoup de respect et de sincérité....

---

[1] *V. E.* Quelque ignoble que soit cette expression, nous n'avons pas cru pouvoir, comme Cizeron-Rival, y substituer le mot *rassasier*. Peut être aussi était-elle tolérable au temps de Boileau, puisque dans un ouvrage imprimé (tome III, Réflex. crit. vi) et qui demandait par conséquent un style plus relevé, il l'a employée, et cela dans le même passage où il se sert aussi du mot *rassasier*.

[2] *V. E.* Texte de l'autographe. Il est donc inutile d'examiner si, comme l'avance un commentateur, on disait autrefois *ne point pleurer d'une mère*, en omettant *la mort*, ainsi que l'ont fait mal-à-propos Cizeron Rival et tous les éditeurs.

LETTRE XCV.

A Paris[1], 1er avril 1700.

C'est une chose très dangereuse, monsieur, d'être aussi facile que vous l'êtes à pardonner à vos amis leurs fautes. Cela leur en fait encore faire de nouvelles; et ce sont les louanges que vous avez données à ma négligence, dans votre dernière lettre[2], qui m'ont rendu encore plus négligent à vous faire réponse. Je vous assure pourtant que cela ne vient point en moi de manque d'amitié ni de reconnaissance; mais je suis paresseux. Tel j'ai vécu, et tel je mourrai; mais je n'en mourrai pas moins votre ami.

Ainsi, laissant là toutes les excuses bonnes ou mauvaises que je pourrais vous faire, je vous dirai que je n'ai aucun *mal-talent* contre M. de Bonnecorse du beau poëme qu'il a imaginé contre moi[3]. Il semble qu'il ait pris à tâche, dans ce poëme, d'attaquer tous les traits les plus vifs de mes ouvrages; et le plaisant de l'affaire est que, sans montrer en quoi ces traits pèchent, il se

---

[1] *V. E.* Autographe et Cizeron-Rival. Les mêmes omettent *Paris*.

[2] Du 6 mars (Lett. fam., I, 54). On verra ce qu'elle contient, par la lettre de Boileau et les notes.

[3] Il l'avait, selon Brossette, composé (le Lutrigot) surtout pour se venger de ce que Boileau avait dit à leur ami commun Bernier, qu'il avait été bien modéré de ne dire de la *Montre* d'amour de Bonnecorse, que ce qui est dans l'épître ix et le Lutrin (tome II, p. 111 et 381). Boileau lui répondit par l'épigramme xvii (*ib.*, p. 460). — Bonnecorse, né et mort (1706) à Marseille, avait été consul en Égypte et en Syrie. *Goigour.*

figure qu'il suffit de les rapporter pour en dégoûter[1] les hommes. Il m'accuse surtout d'avoir, dans le Lutrin, exagéré en grands mots de petites choses pour les rendre ridicules, et il fait lui-même, pour me rendre ridicule, la chose dont il m'accuse. Il ne voit pas que, par une conséquence infaillible, si le Lutrin est une impertinente imagination, le Lutrigot[2] est encore plus impertinent, puisque ce n'est que la même chose plus mal exécutée. Du reste, on ne saurait m'élever plus haut qu'il le[3] fait, puisqu'il me donne pour suivans et pour admirateurs passionnés les deux plus beaux esprits de notre siècle, je veux dire M. Racine et M. Chapelle[4]. Il n'a pas trop bien profité de la lecture de ma première préface, et de l'avis que j'y donne aux auteurs attaqués dans mon livre, d'attendre, pour écrire contre moi, que leur colère soit passée[5]. S'il avait laissé passer la sienne, il aurait vu que de traiter de haut en bas un auteur approuvé du public, c'est traiter de haut en bas le public même, et que me mettre à califourchon sur un[6] lutrin, c'est y mettre tout ce qu'il y a de gens sensés, et M. Brossette lui-même, qui me fait l'honneur *meas esse aliquid putare nugas*[7]. Je ne me souviens point d'avoir jamais

---

[1] *V. E.* Texte de l'autographe et de Brossette (in-4°, I, 253), suivi par tous les éditeurs, excepté par Cizeron-Rival, qui a omis *en*.

[2] *Voy.* tome I. Notice bibl., §. 2, n°s 23 et 25.

[3] *V. E.* Autographe et Cizeron-Rival. Brossette lit *qu'il fait*, et les éditeurs modernes, *qu'il ne le fait*.

[4] Association un peu singulière.

[5] Préface des éditions de 1666 à 1672, tome I.

[6] *V. E.* Texte de l'autographe, de Cizeron-Rival et de Brossette, et non pas *sur* le *lutrin*, comme lisent les mêmes éditeurs.

[7] Catulle, pièce adressée à Cornelius-Nepos, vers 4.

parlé de M. de Bonnecorse à M. Bernier, et je ne connaissais point le nom de Bonnecorse quand j'ai parlé de la *Montre* dans mon épître à M. de Seignelai. Je puis dire même que je ne connaissais même point la *Montre d'amour*, que j'avais seulement entrevue chez Barbin [1], et dont le titre m'avait paru très frivole, aussi bien que ceux de tant d'autres [2] ouvrages de galanterie moderne, dont je ne lis jamais que le premier feuillet. Mais voilà, monsieur, assez parler [3] de M. de Bonnecorse; venons à M. Boursault, qui est, à mon sens, de tous les auteurs que j'ai critiqués, celui qui a le plus de mérite. Le livre où il rapporte de moi le mot dont est question, ne m'est point encore tombé entre les mains [4]; la vérité est que j'ai en effet dit ce mot autrefois, et que c'est à M. l'abbé Dangeau [5] à qui [6] je l'ai dit à Saint-Germain. Il en fut un peu confus; mais il n'en garda pas moins ses bénéfices, et je crois que même aujourd'hui il en accepterait volontiers encore d'autres, au hasard de mourir moins content qu'il n'aurait vécu. J'ai fait vos complimens à tous ces messieurs que vous avez honorés de vos présens; et il m'ont paru aussi satisfaits de vos honnêtetés que de votre recueil, dont ils font pourtant beaucoup d'estime. Je suis très sincèrement....

[1] *V. E.* Autographe, Brossette et Cizeron-Rival, et non pas *chez* M. *Barbin.*
[2] *V. E.* Autographe et Brossette. Cizeron-Rival lit *de* quantité *d'autres...*
[3] *V. E.* Texte des mêmes, et non pas *assez* parlé *de...*
[4] Lettres nouvelles, 1699, II, 133.
[5] La pluralité des bénéfices, disait-il, comme cela est bon pour vivre! — Oui, répondit Boileau, mais pour mourir, M. l'abbé, pour mourir.
[6] *A* Dangeau à *qui... Voy.* tome 1, sat. IX, vers 1, note.

LETTRE XCVI.

Auteuil, le 2 juin 1700.

Vous excusez, monsieur, si aisément mes fautes, que je ne crains presque plus de faillir, et que je ne me crois pas même obligé de vous faire des excuses d'avoir été si long-temps sans me donner l'honneur de vous écrire. J'en aurais pourtant d'assez bonnes à vous alléguer, puisqu'il est certain que j'ai été malade long-temps[1], et que j'ai eu plusieurs affaires plus occupantes même que la maladie.

Enfin m'en voilà sorti, et je puis vous parler. Je vous dirai donc, monsieur, que j'ai reçu votre dernier présent avant votre dernière lettre[2], et que j'avais même lu votre livre avant que de l'avoir reçue. J'ai été pleinement convaincu de la noblesse de messieurs les avocats de Lyon par les preuves qui y sont très bien énoncées, et encore plus par la noblesse de cœur[3] que je remarque en vos actions et en vos libéralités qui sont sans fin.

Je suis ravi de l'académie qui se forme en votre ville. Elle n'aura pas grand'peine à surpasser en mérite celle de

---

[1] *V. E* Autographe, et non pas *assez* long-temps.

[2] Du 10 avril (Lett. fam., I, 64 à 71). Envoi du *Recueil du précis* des médecins et avocats de Lyon pour leur noblesse (personnelle) contre un traitant... Avis de la formation de l'académie de Lyon (composée de sept membres, Dugas, Falconnet, Brossette, de Serres, de Puget, et les jésuites Saint-Bonnet et Fellon).

[3] *V. E.* Autographe. L'expression incorrecte DU *cœur*, qu'on a mise dans toutes les éditions, est de la façon de Cizeron-Rival.

Paris, qui n'est maintenant composée, à deux ou trois hommes près[1], que de gens du plus vulgaire mérite, et qui ne sont grands que dans leur propre imagination. C'est tout dire qu'on y opine du bonnet contre Homère et contre Virgile, et surtout contre le bon sens, comme contre un ancien, beaucoup plus ancien qu'Homère et que Virgile[2]. Ces messieurs y examinent présentement l'*Aristippe* de Balzac, et tout cet examen se réduit à lui faire quelques misérables critiques sur la langue, qui est juste l'endroit par où cet auteur ne pèche point. Du reste, il n'y est parlé ni de ses bonnes ni de ses méchantes qualités. Ainsi, monsieur, si dans la vôtre il y a plusieurs gens de votre force[3], je suis persuadé que dans peu ce sera à l'académie de Lyon qu'on appellera des jugemens de l'académie de Paris. Pardonnez-moi ce petit trait de satire, et croyez que c'est de la manière du monde la plus sincère que je suis....

LETTRE XCVII.

Paris, 3 juillet 1700.

Je sais bien, monsieur, que ma lettre devrait commencer à l'ordinaire par des excuses de ce que j'ai été

---

[1] M. Daunou observe que c'est là trop peu dire, puisqu'elle possédait Bossuet, Fénélon, Fléchier, Huet, Thomas Corneille, Saint-Pierre, Fontenelle et Segrais (mais *voy.* p. 341, note 4).

[2] *V. E.* Autographe, au lieu de *contre Homère et Virgile... qu'Homère et Virgile...*

[3] Si le ton de la lettre était moins sérieux, on prendrait volontiers ceci pour une épigramme.

si long-temps sans vous[1] écrire; mais depuis que nous sommes en commerce ensemble, vous m'avez si bien accoutumé à recevoir le pardon de mes négligences, que je crois même pouvoir aujourd'hui impunément négliger de vous le demander. Ainsi, laissant là tous les complimens, je vous dirai avec[2] la même confiance que si j'avais répondu sur-le-champ à votre dernière lettre[3], qu'on ne peut pas vous être plus obligé que je le suis de toutes vos bontés et du soin que vous voulez bien prendre de m'enrichir en m'admettant dans votre loterie; mais qu'ayant mis à plus de cent loteries depuis que je me connais, et n'ayant jamais vu[4] aucun billet approchant du noir, je ne suis plus d'humeur à acheter des petits[5] morceaux de papier blanc un louis d'or la pièce. Ce n'est pas que je me défie de la fidélité de M^{rs} les directeurs de l'hôpital de votre illustre ville, qui sont tous, à ce qu'on m'a dit, des gens de la trempe d'Aristide et de Phocion; mais je me défie fort de la fortune, qui ne m'a pas jusqu'ici paru trop bien intentionnée pour les gens de lettres[6], et à qui je demande maintenant, non pas qu'elle me donne, mais qu'elle ne m'ôte rien.

Croiriez-vous, monsieur, que vous ne m'avez pas fait

---

[1] *V. E.* Autographe, au lieu de *long-temps à vous...*
[2] *V. E. Idem*, et non pas *je vous dirai* donc *avec...* Barbarisme de phrase qui est encore de la façon de Cizeron-Rival.
[3] Du 15 juin (p. 75)... Voir la lettre ci-dessus de Boileau, la suivante et les notes.
[4] *V. E.* Autographe, au lieu de *eu...*
[5] *V. E. Idem*, et non pas *de* petits...
[6] Il n'avait pourtant guère à s'en plaindre lui-même, d'après ce que nous exposons, tome I, Essai, n° 18.

plaisir en me mandant le pitoyable état où est à cette heure votre pauvre gentilhomme à la Tour antique [1]? Après tout, quoique méchant auteur, c'est un fort bon homme, et qui n'a jamais fait de mal à personne, non pas même à ceux contre lesquels il a écrit.

Vous ne m'avez, ce me semble, rien dit dans votre dernière lettre de votre nouvelle académie. En quel état est-elle? Celle de Paris a enfin abandonné l'examen de l'Aristippe de Balzac, comme ne jugeant pas Balzac digne d'être examiné par une compagnie comme elle. Voilà une étrange ignominie [2] pour un auteur qui a été, il y a quarante ans, les délices de la France. A mon avis pourtant, il n'est pas si méprisable que cette compagnie se l'imagine, et elle aurait peut-être de la peine à trouver, à l'heure qu'il est, des gens dans son assemblée, qui le vaillent [3]: car quoique ses beautés soient vicieuses, ce sont néanmoins des beautés : au lieu que la plupart des auteurs de ce temps pèchent moins par avoir des défauts que par n'avoir rien de bon. Mandez-moi ce que pense votre académie là-dessus. Excusez mes *pataraffes* et mes ratures, et croyez que je suis très véritablement......

M. Chanut [4], avec qui j'ai dîné aujourd'hui chez moi et bu à votre santé, me charge de vous faire ici ses re-

---

[1] Perrachon (V. p. 313, note 1). Brossette mandait qu'il était devenu fou.

[2] *V. E.* Autographe, au lieu de *une* furieuse *ignominie*... La substitution du mot *furieuse* au mot *étrange*, avec lequel il n'a aucune ressemblance, et qui d'ailleurs est écrit très distinctement dans le manuscrit, ne peut être l'effet d'une pure inadvertance. Il est assez clair que Cizeron-Rival, à l'exemple de Brossette, se croyait en droit de corriger les lettres de Boileau.

[3] Voy. même note 4, p. 341.

[4] Avocat chargé des affaires de la ville de Lyon. *C.-R.*

commandations. Ne vous lassez point d'être aussi diligent que je suis paresseux, et croyez que vos lettres me font un très grand plaisir.

LETTRE XCVIII.

Auteuil, 12 juillet 1700.

Je vous écris d'Auteuil, où je suis résident[1] à l'heure qu'il est; ainsi je ne puis pas revoir votre précédente lettre que j'ai laissée à Paris, et je ne me ressouviens pas trop bien de ce que vous me demandiez sur l'*Historia flagellantium*[2]. Je ne tarderai guère[3] à y aller, et aussitôt je m'acquitterai de ce que vous souhaitez.

Pour ce qui est de la loterie, je vous ai fait réponse par la lettre que vous devez avoir reçue de moi, et vous y ai marqué le peu d'inclination que j'ai maintenant à donner rien au hasard de la fortune, qui, à mon avis, n'a déjà que trop de puissance sur nous, sans que nous allions encore lui donner de nouveaux avantages en lui portant notre argent. Si vous jugez néanmoins qu'on souhaite fort à Lyon que je mette à cette loterie, je suis trop obligé à votre ville pour lui refuser cette satisfaction, et vous pouvez y[4] mettre quatre ou cinq pistoles pour moi, que je vous rendrai par la première

---

[1] *V. E.* Autographe. On écrit depuis assez long-temps *résidant*.

[2] Ouvrage du frère de Boileau. *Voy.* épigr. xxxvii, tome II, p. 474.

[3] *V. E.* Autographe, au lieu de *je ne tarderai pas à y aller...* (il y alla en effet le lendemain, jour de séance de l'académie des médailles... *Reg. de id.*).

[4] *V. E. Idem,* et non pas *vous pourrez y...*

voie que vous me marquerez. Je les regarderai comme données à Dieu et à l'hôpital.

Je voudrais bien pouvoir trouver de nouveaux termes pour vous remercier du nouveau présent que vous m'avez fait [1]; mais vous m'en avez déjà fait tant d'autres, que je ne sais plus comment varier la phrase.

Il paraît ici une traduction en vers du premier livre de l'Iliade d'Homère, qui, je crois, va donner cause gagnée à M. Perrault. *Di magni horribilem et sacrum libellum* [2]*!* Je crois qu'en la mettant dans les seaux pour rafraîchir le vin, elle pourra suppléer au manque de glace qu'il y a cette année. En voilà le troisième et le quatrième vers; c'est au sujet de la colère d'Achille :

> Et qui funeste aux Grecs fit périr par le fer
> Tant de héros. Ainsi l'a voulu Jupiter.

Ne voilà-t-il pas Homère un joli garçon ? Cette traduction est cependant d'un [3] fameux académicien, et qui [4] la donne, dit-il, au public, pour faire voir Homère dans toute sa force [5]. On me vient quérir pour aller à un

---

[1] Le traité *De l'Autorité des rois sur l'église* (par Le Vayer de Boutigny), imprimé à Lyon. *Brossette* et *Cizeron-Rival*, Lett. fam., I, 75.

[2] Catulle, pièce adressée à Calvus Licinius, vers 12.

[3] L'abbé Regnier Desmarais. *Ciz.-Riv.*

[4] *V. E.* Autographe... Cizeron-Rival a omis *et...*

[5] *V. E.* Cizeron-Rival avait déjà publié dans ses Récréations littéraires (1765, p. 189) un fragment de cette lettre où l'on trouve entre les mots *force* et *on me*, le passage suivant :

« Avant que de l'imprimer il me l'apporta manuscrite pour l'examiner, et il m'en lut quelques vers. Comme je les trouvai extrêmement plats, je lui dis qu'il n'avait point rendu ce feu et ce sublime qu'Homère respirait partout et que j'avais tâché d'exprimer dans tous les passages que j'ai traduits d'Homère. Je lui citai pour exemple ces vers qui sont cités par Longin :

rendez-vous que j'ai donné. Ainsi vous trouverez bon que je me hâte de vous dire qu'on ne peut pas être plus que je le suis......

⁂

LETTRE XCIX.

Paris, 29 juillet 1700.

Vous permettrez, monsieur, qu'à mon ordinaire j'abuse de votre bonté et que je me contente de répondre en Lacédémonien à vos longues, mais pourtant très courtes et très agréables lettres [1]. Je suis bien aise que

> L'enfer s'émeut au bruit de Neptune en furie ;
> Pluton sort de son trône, il pâlit, il s'écrie, etc.

M. l'abbé Regnier me dit alors qu'il n'y avait point de page dans sa traduction d'Homère, qui ne contînt plusieurs vers de la même force et de la même élévation que ceux-là, et qu'il me priait de corriger le reste. « Ah! monsieur, « lui répondis-je, après cela je n'ai plus rien à vous dire. Corriger de pareils « vers! cela ne se peut corriger qu'avec la bouteille à l'encre, etc... »
Dans son édition des lettres de Boileau (1770, I, 85) Cizeron-Rival n'a pas reproduit ce passage. M. de Saint-Surin, présumant sans doute que c'était par inadvertance, l'a rétabli dans le texte. M. Daunou au contraire s'est borné à le rapporter dans une note, observant que nous ne sommes pas très sûrs de l'authenticité des lettres publiées par Brossette et Cizeron-Rival ; parce qu'elles ont pu subir entre leurs mains des altérations [*]. Un coup d'œil sur l'autographe justifie et la retenue et la sagacité de M. Daunou, car on n'y trouve pas la moindre trace du même fragment. Il est probable que Cizeron-Rival l'avait trouvé dans quelque note, non publiée, de Brossette, mais cela ne l'autorisait en aucune manière à l'intercaler dans la lettre de Boileau, comme si celui-ci en eût été lui-même l'auteur.

[1] Des 16 et 17 juillet (Lett. fam., I, 86 à 94).

[*] C'est ce que nous établissons, en effet, pour un grand nombre de passages.

vous m'ayez associé à votre charitable et pécunieuse loterie; mais vous me ferez plaisir d'envoyer quérir au plus tôt les cinq pistoles que vous y avez mises en mon nom, parce qu'au moment que je les aurai payées, j'oublierai même que je les ai eues dans ma bourse, et je dirai avec Catulle : *Et quod vides perüsse, perditum ducas*[1], si l'on peut appeler perdu ce qu'on donne à Dieu.

Je suis charmé du récit que vous me faites de votre assemblée académique, et j'attends avec grande impatience le poëme sur la *Musique*[2], qui ne saurait être que merveilleux, s'il est de la force des deux que j'ai déjà lus. Faites bien mes complimens à tous vos illustres confrères, et dites-leur que c'est à des lecteurs comme eux que j'offre mes écrits[3], *doliturus si placeant spe deterius nostra*[4]...

On travaille actuellement à une nouvelle édition de mes ouvrages; je ne manquerai pas de vous l'envoyer sitôt qu'elle sera faite[5]. Adieu, mon cher monsieur; pardonnez mon laconisme à la multitude d'affaires dont je suis surchargé, et croyez que c'est du meilleur de mon cœur que je suis......

---

[1] Catulle, pièce intitulée *Ad se ipsum* (n° viii de l'édition *ad usum Delphini*), vers 2.

[2] Du P. Fellon, jésuite... Brossette (p. 89) en annonçait l'envoi.

[3] Allusion au vers 101 de l'épître vii, tome II, p. 96.

[4] Horace, liv. I, sat. x, vers 89. — C'est la fin d'un couplet dont voici le sens : je désire que mes écrits leur soient agréables, et je serais mortifié si mon espérance à cet égard était trompée.

[5] Celle de 1701 (tome I, Notice bibl., § 1, n° 89).

LETTRE C.

Paris, 8 septembre 1700.

Je souhaiterais que ce fût par oubli que vous eussiez tardé à me répondre [1], parce que votre négligence serait une autorité pour la mienne, et que je pourrais vous dire : *Tu igitur unus es ex nostris.* J'ai reçu vos quatre billets de loterie, mais je voudrais bien que vous eussiez aussi reçu mes quatre pistoles afin de n'y penser plus. Mandez-moi donc par quelle voie je puis vous les faire tenir [2]. Vous m'avez fait grand plaisir d'associer mon nom avec le vôtre [3], et il me semble que c'est déjà un commencement de fortune qui vaut mon argent. On ne peut être plus touché que je le suis des bontés qu'on a pour moi dans votre illustre ville. Témoignez bien à vos messieurs la reconnaissance que j'en ai, et assurez-les que, bien qu'il n'y ait pas peut-être d'homme en France si parisien [4] que moi, je me regarde néanmoins comme un habitant de Lyon, et par la pension que j'y touche, et par les honnêtetés que j'en reçois.

L'édition dont vous me parlez dans votre lettre est déjà commencée, et j'en ai revu ce matin la sixième

---

[1] Lettre du 1er septembre (p. 97 à 102). Brossette s'y excuse sur un voyage, d'être resté un mois sans écrire.

[2] *V. E.* Cizeron-Rival omet ces deux phrases (depuis *mais*).

[3] Brossette avait pris deux billets au nom de Boileau, et deux en commun avec lui (*Ib.*, p. 98).

[4] Expression remarquable : nous la rappelons dans nos recherches sur le lieu où naquit Boileau, tome I, Essai, n° 8.

feuille. Toutes choses y seront dans l'ordre que vous souhaitez[1]. L'édition en grand sera magnifique, et on fait présentement trois nouvelles planches pour mettre au Lutrin dans la petite où il y aura désormais une image[2] à chaque chant. Le *Faux Honneur* y fera la onzième satire, et j'espère qu'elle ne vous paraîtra pas plus mauvaise que lorsque je vous en récitai les premiers vers. J'y parle de mon procès sur la noblesse d'une manière assez noble et qui pourtant ne donnera je crois[3] aucune occasion de m'accuser d'orgueil[4]. Pour les autres ouvrages que j'ajouterai, je ne puis pas[5] vous en rendre compte présentement, parce que je ne le sais pas encore trop bien moi-même.

Vos remarques sur l'Iliade de M. l'abbé Regnier sont merveilleuses ; et on ne peut pas avoir mieux conçu que vous avez fait toute la platitude de son style. Est-il possible qu'il ait pu ne point s'affadir lui-même en faisant[6] une si fade traduction ? Oh ! que voilà Homère en bonnes mains ! Les vers que vous m'en avez transcrits[7]

---

[1] Même édition de 1701... Brossette lui rappelait son ancien projet de mettre ensemble les satires et les épîtres (elles étaient séparées dans celle de 1694).

[2] *V. E.* Autographe. Cizeron-Rival y a substitué *estampe*, qui, suivant Féraud, ne se dit point (c'est *planche*) des gravures jointes à un volume.

[3] *V. E. Idem.* Le même a omis *je crois*.

[4] Il a changé d'avis et n'en a point parlé. *V.* tome I, satire XI, note 1.

[5] *V. E.* Autographe... Cizeron-Rival a aussi omis *pas*.

[6] *V. E. Idem*, et non pas *en* en *faisant*.

[7] Voici quelques-uns des vers cités par Brossette (Lett. fam., I, 100).

> L'arc et la trousse au dos, son mouvement rapide
> Fait craqueter les traits dans sa trousse homicide...
> Consultons un devin, un prêtre, un interprète
> Des songes. Car souvent. . . . .
> Car je ne prétends pas de nos travaux soufferts,
> Seul n'avoir aucun prix ; et le mien je le perds... etc.

m'ont fait ressouvenir de ces deux vers de M. Perrin, qui commence ainsi la traduction ¹ du second livre de l'Énéide, pour rendre *Conticuere omnes, intentique ora tenebant :*

> Chacun se tut alors, et l'esprit rappelé
> Tenait la bouche close et le regard collé. ²

Voilà, si je ne me trompe, le modèle sur lequel s'est formé M. l'abbé Regnier, aussi bien que sur ces deux vers de la Pucelle :

> O grand cœur de Dunois, le plus grand de la terre,
> Grand cœur qui dans lui seul ⁵ deux grands amours enserre!

Je suis bien fâché de la mort de M. Perrachon; mais je ne saurais lui faire d'autre épitaphe que ces quatre vers de Gombauld :

> Colas est mort de maladie,
> Tu veux que je plaigne son sort.
> Que diable veux-tu que je die ? ⁴
> Colas vivait, Colas est mort.

Adieu, monsieur, aimez-moi toujours, et croyez que je suis parfaitement......

---

[1] *V. E.* Autographe, et non pas *ainsi sa traduction.*

[2] Boileau aurait pu citer aussi la traduction suivante des vers 480 et 481 du chant v, que rapporte Voltaire (*Dict. phil.*, mot *art dramatique*) :

> *Arduus, effractoque illisit in ossa cerebro;*
> *Sternitur, exanimisque tremens, procumbit humi bos.*

> Dans ses os fracassés enfonce son éteuf,
> Et tout tremblant, et mort, en bas tombe le bœuf.

[5] Citation peu exacte, faite probablement de mémoire : voici le texte du premier hémistiche (édit. 1656, p. 116) : *Qui sans peine en lui seul...*

[4] *V. E.* Autographe, au lieu de *que j'en die.*

LETTRE CI.

Paris, 6 décembre 1700.

Je suis ressuscité, monsieur, mais je ne suis pas guéri; et il m'est resté une petite toux qui ne me promet rien de bon. La vérité est pourtant que je ne laisse pas de me remettre, et que ce n'est pas tant la maladie qui m'a empêché de répondre sur-le-champ à vos deux lettres [1], que l'occupation que me donnent les deux éditions qu'on fait tout à-la-fois en grand et en petit de mes ouvrages, et qui seront achevées, je crois, avant le carême [2]. J'ai envoyé sur-le-champ votre lettre cachetée à M. de Lamoignon; mais en la cachetant, je n'ai pas songé que vous me priez de la lire, et je ne l'ai en effet point lue : ainsi je ne puis pas vous donner

---

* [1] Du 11 et 30 novembre (p. 112)... Brossette en avait écrit une, le 20 septembre (p. 107), où, entre autres, il faisait des observations sur les planches des éditions de Boileau, et lui demandait si des vers de Chapelain qu'il citait n'avaient pas servi de type au quatrain *Droits et roides rochers*, etc. (tome II, Poés. div., n° v, p. 433). Dans sa réponse (du 4 novembre... non publiée) Boileau se borne à lui parler d'une fièvre violente qu'il a essuyée, qui l'a conduit aux portes du tombeau, tellement qu'il a reçu ses sacremens, et dont il n'est *sorti* que depuis trois semaines...

Ce fait était assez important pour que Cizeron-Rival n'eût pas dû l'omettre, d'autant plus que son omission rend le commencement de la lettre de Boileau à-peu-près inintelligible. Au reste il est confirmé par une circonstance assez curieuse. L'Académie française, quoique Boileau n'y assistât presque jamais (p. 341, note 4) envoya, le 4 octobre, deux de ses membres, Perrault (choix non moins curieux) et l'abbé de Dangeau, *s'informer de sa santé* (Registres de *id.*).

[2] Édition in 4° et in-12 de 1701.

conseil sur votre préface. Cela est fort ridicule à moi, mais il faut que vous excusiez tout d'un poète convalescent et employé à faire réimprimer ses poésies. Du reste, vous verrez mon exactitude par la prompte réponse qu'il vous a faite, et que vous trouverez dans le même paquet que celui de ma lettre.

Je ne suis pas fort en peine du temps où se tirera votre loterie, et je ne suis pas assez fou pour me persuader qu'en quatre coups j'amènerai rafle de six. Ce qui m'embarrasse, c'est comment je vous ferai tenir les quatre pistoles que je vous dois, et que j'aurais bien voulu vous donner avant que la loterie fût tirée, c'est-à-dire avant que je les eusse perdues; faites-moi donc la faveur de me mander ce qu'il faut faire pour cela. Adieu, monsieur. Trouvez bon que, pour profiter de vos bons conseils grecs et français [1], je ne m'engage point dans une plus longue lettre, et que je me contente de vous dire très laconiquement et très sincèrement que je suis, etc.....

LETTRE CII.

Paris, 18 janvier 1701.

Un nombre infini de chagrins, des restes de maladie [2], beaucoup d'affaires et ma nouvelle édition sont cause que j'ai tardé si long-temps à faire réponse à

---

[1] Brossette lui conseillait (p. 117) « *repos et ménagement*, mots qui valent « mieux que les aphorismes d'Hippocrate ».

[2] *V. E.* Autographe, et non pas *maladies* (au pluriel).

votre dernière lettre [1]. Je vous assure pourtant, monsieur, que ce n'est pas faute de l'avoir lue avec beaucoup de plaisir. J'admire la solidité que vous jetez dans vos conférences académiques, et je vois bien qu'il s'y agit d'autre chose que de savoir s'il faut dire : *Il a extrêmement d'esprit*, ou *il a extrêmement de l'esprit*.' Il n'y a rien de plus joli que votre remarque sur le dieu Cneph [3], et je ne saurais assez vous remercier de cette autorité que vous me donnez pour la métamorphose de la plume du roi en astre. [4]

Je me doute bien que votre loterie est tirée à l'heure qu'il est, et je ne doute point qu'elle n'ait été pour moi la même que toutes celles où j'ai mis jusqu'à cette heure, c'est-à-dire, très dénuée de bons billets, dont je ne me souviens point d'avoir jamais vu aucun. Ainsi, vous pouvez bien juger que je n'aurai pas grand'peine à me consoler d'une chose dont je me suis déjà consolé tant de fois. Prenez donc la peine de m'envoyer quérir les quatres pistoles perdues, et que je regarde pourtant comme mises à profit, puisqu'elles m'ont procuré l'honneur de recevoir plusieurs fois [5] de vos nouvelles. Je suis avec toute la reconnaissance que je dois, etc.....

---

[1] Du 2 janvier (Lett. fam., I, 123 à 126)... La réponse de Boileau en fait suffisamment connaître le sujet.

[2] Comme faisait alors l'Académie française. *Ciz.-Riv.*

[3] Boileau écrit *Knephe*.

[4] Ode sur Namur, vers 113 à 120, T. II, p. 420. Brossette (p. 125) avait cité un dieu égyptien nommé Cneph qui portait aussi sur la tête une plume royale.

[5] *V. E.* Autographe. Cizeron-Rival omet *plusieurs fois*.

* LETTRE CIII.

Paris, 20 mars 1701.

Il me semble, monsieur, qu'il y a assez long-temps que nous sommes amis, pour n'être plus l'un avec l'autre à ces termes de respect que vous me prodiguez dans votre dernière lettre. Par quel procédé ridicule puis-je me les être attirés, et suis-je à votre égard ce *Sextus* de Martial, à qui il disait : *Vis te, Sexte, coli; volebam amare* [1]? Je serais bien fâché, monsieur, que vous en usassiez avec moi de la sorte, et je ne me consolerais pas aisément de la métamorphose d'un ami aussi commode et aussi obligeant que vous, en un courtisan respectueux. Ainsi, monsieur, sans vous rendre complimens pour complimens, trouvez bon que je vous dise très familièrement que si j'ai été si long-temps à répondre à vos dernières lettres [2], c'est que j'ai été malade et incommodé, et que je le suis encore; que c'est ce qui fait que je ne vous écris que ce mot, pour vous faire ressouvenir de la passion avec laquelle je suis, etc.

(*P. S.*) [3] Faites-moi la faveur de me mander par quelle voie je pourrai vous envoyer ma nouvelle édition,

---

[1] La pièce où est ce vers, et sa traduction sont citées p. 311, note 2.

[2] On n'en a qu'une (du 5 février... Lett. fam., I, 129 à 132), où Brossette demande, entre autres, quand la nouvelle édition de Boileau paraîtra.

* [3] *V. E.* Cizeron-Rival n'a pas publié ce post-scriptum, non plus qu'une lettre du 30 mars, où Boileau annonce l'envoi de son édition, et ajoute qu'il y aurait joint les trois pistoles (sans doute sa mise à la loterie) s'il n'eût pas craint quelque équivoque.

qui voit le jour avec succès. Mais surtout faites-moi savoir à qui vous voulez que je donne l'argent que vous avez déboursé pour moi à votre peu heureuse loterie. Je l'ai mis à part, et j'étais consolé de sa perte avant que de l'avoir perdu.

LETTRE CIV.

Paris, 16 mai 1701.

Je mé sens si coupable envers vous, et j'ai tant de pardons à vous demander, que vous trouverez bon que je ne vous en demande aucun, et que je me contente de vous dire ce que disait le bon homme Horace à son ami Lollius : « Vous avez acheté en moi, par vos bontés et « par vos présens, un serviteur très imparfait et très « mal propre[1] à s'acquitter des devoirs de la vie civile; « mais enfin vous l'avez acheté, et il le faut garder tel « qu'il est. » *Prudens emisti vitiosum, dicta tibi est lex*[2]. Mes excuses ainsi faites, je vous dirai, monsieur, que j'ai lu avec grand plaisir l'exacte relation que vous m'avez envoyée[3] de la réception de nos deux jeunes princes[4] dans votre illustre ville, et que je ne l'aurais pas, à mon sens, mieux vue, cette réception, quand

---

[1] *V. E.* Autographe, et non pas *très* peu *propre*...
[2] Horace, liv. II, épît. II, vers 18.
[3] Lettre du 30 avril (p. 137)... Elle avait été précédée d'une autre (26 mars) à laquelle Boileau ne répond pas.
[4] Le duc de Bourgogne et le duc de Berri (9 à 12 avril)... Ils venaient d'accompagner jusqu'aux Pyrénées, Philippe V, roi d'Espagne, leur frère.

j'aurais été à la meilleure fenêtre de votre hôtel-de-ville. L'excessive dépense qu'on y a faite m'a paru d'autant plus belle, que j'ai bien reconnu par là qu'on ne sera pas fort embarrassé chez vous de payer la capitation [1]. J'en suis fort aise, et je crois qu'on n'en est pas moins joyeux à la cour.

Votre tableau des effets de l'aimant m'a été rendu fort fidèlement et en très bon état; et j'en ai fait un des plus beaux et des plus utiles ornemens de mon cabinet. *Omne tulit punctum qui miscuit utile dulci* [2]. Si votre académie produit souvent de pareils ouvrages, je doute fort que la nôtre, avec tout cet amas de proverbes qu'elle a entassés dans son dictionnaire [3], puisse lui être mise en parallèle [4], ni me fasse mieux concevoir, à la lettre A, ce

---

[1] Impôt créé en 1695, aboli en 1698, rétabli en 1701. *Cizeron-Rival.*

[2] Horace, Art poétique, vers 342.

[3] C'est ce qu'on lui a toujours reproché.

[4] Boileau l'avait déjà dit dans la lettre du 2 juin 1700, où il prétend qu'à deux ou trois hommes près, l'Académie française n'était alors composée que d'hommes du plus vulgaire mérite (p. 326)... Nous avons opposé à ce jugement l'observation de M. Daunou, qui cite jusqu'à huit académiciens auxquels il n'est point applicable (*ib.*, note 1). Mais ayant depuis consulté le registre de présence de l'Académie, et réfléchi à l'expression *assemblée* dont se sert ensuite Boileau (lettre du 3 juillet 1700, p. 328), nous croyons qu'on peut justifier son sentiment, si, comme cela est possible, il n'entendait parler que des académiciens assidus aux séances où l'on examinait et discutait les objets pour lesquels la compagnie était créée, tels que la rédaction de son Dictionnaire. En effet, des huit écrivains cités, trois (Fénélon, Fléchier et Segrais) n'assistaient pas du tout; un (Bossuet) venait seulement aux séances d'élections (tel était aussi l'usage de Boileau), et deux (Saint-Pierre et Fontenelle) étaient souvent absens; de sorte qu'il n'en est que deux (Huet et Thomas Corneille) qui fussent vraiment assidus aux séances de discussion... Il faut d'ailleurs observer que les assemblées étaient très peu fréquentées; on n'y comptait souvent que six ou sept membres, quelquefois même que quatre ou cinq.

que c'est que la vertu de l'aimant, que je l'ai conçu par votre tableau.

Je suis bien aise que vous soyez content de ma dernière édition [1]. Elle réussit assez bien ici, et, contre mon attente, elle trouve beaucoup plus d'acheteurs que de censeurs. Elle va bientôt paraître en petit, en deux volumes, que je me donnerai l'honneur de vous envoyer. J'espère, par ce présent, adoucir un peu le juste ressentiment que vous devez avoir de mes négligences, et vous faire concevoir à quel point, quoique très paresseux, je suis, etc.

Faites-moi la faveur de m'écrire au plus tôt en quelles mains vous voulez que je remette les trois pistoles que vous savez. Elles m'importunent dans ma cassette, où je les ai mises à part, et où, en les voyant, je me dis sans peine tous les jours : *Quod vides periisse perditum ducas.* [2]

---

[1] Il s'agit de l'édition de 1701, en format in-4° (tome I, Notice bibliographique, § 1, n° 89).

[2] Catulle, pièce adressée *Ad se ipsum*, vers 2.

* Dans sa réponse (6 juin... Lett. fam., I, 144) à cette lettre, Brossette dit que quoique Boileau n'y ait pas nommé Puget, il lui a fait, à raison du tableau magnétique dont il est question dans la même lettre (page 341), les complimens de Boileau, et demande quelques éclaircissemens sur la lettre à d'Ériceyra (p. 73). Boileau réplique (20 juin... lettre inédite) que s'il n'a point parlé de Puget, c'est qu'il a reçu le tableau sans en connaître l'auteur. Il ajoute qu'il écrira plus au long à Brossette quand il lui enverra par Robustel les trois pistoles de la mise à la loterie, avec l'édition en petit de ses ouvrages, édition qui ne saurait être prête avant dix ou douze jours... (Boileau a répété le même avis dans la lettre du 10 juillet. C'est peut être ce qui a engagé Cizeron-Rival à ne pas publier la lettre du 20 juin).

LETTRE CV.

Paris, 10 juillet 1701.

Je différais, monsieur, à vous écrire jusqu'à ce que l'édition de mes ouvrages en petit [1] fût faite, afin de vous l'envoyer en même temps avec l'argent que je vous dois; mais comme cette édition a été plus lente [2] à achever que je ne croyais, et qu'elle ne saurait être encore prête de huit ou dix jours, j'ai cru que vous auriez sujet de vous plaindre, si j'attendais qu'elle parût pour vous remercier des lettres obligeantes que vous m'avez fait l'honneur de m'écrire [3], et pour vous donner satisfaction sur la chose dont vous souhaitez d'être éclairci. Je vous dirai donc, monsieur, qu'il y a environ quatre ans que M. le comte d'Ericeyra m'envoya la traduction en portugais de ma Poétique, avec une lettre très obligeante et des vers français à ma louange; que je sais assez bien l'espagnol, mais que je n'entends point le portugais, qui est fort différent du castillan, et qu'ainsi, c'est sur le rapport d'autrui que j'ai loué sa traduction [4]; mais que les gens instruits de cette langue, à qui j'ai montré cet ouvrage, m'ont assuré qu'il était merveilleux. Au reste, M. d'Ériceyra est un seigneur des plus qualifiés du Portugal, et a une mère qui est, dit-on, un prodige de mérite. On m'a montré des lettres fran-

---

[1] *V. E.* Manuscrit, et non pas *fût faite en petit...*
[2] *V. E. Idem...* Au lieu de *édition est plus lente...*
[3] On n'en connait qu'une (du 6 juin... Lett. fam., I, 144).
[4] Dans la lettre déjà citée, n° XIII, p. 73.

çaises de sa façon, où il n'est pas possible de rien voir qui sente l'étranger [1]. Ce qui m'a plu davantage et [2] de la mère et du fils, c'est qu'ils ne me paraissent ni l'un ni l'autre entêtés des pointes et des faux brillans de leur pays, et qu'il ne paraît point [3] que leur soleil leur ait trop échauffé la cervelle. Je vous en dirai davantage dans la lettre [4] que je vous écrirai en vous envoyant ma petite édition; et peut-être vous enverrai-je aussi les vers français [5] qu'il m'a écrits.

Mille remercîmens à M. Puget de ses présens [6] et de ses honnêtetés. Cependant permettez-moi de vous dire que je romprai tout commerce avec vous, si je vois plus dans vos lettres ce grand vilain mot de MONSIEUR, au haut de la page, avec quatre grands doigts entre deux [7]. Sommes-nous des ambassadeurs pour nous traiter avec ces circonspections, et ne suffit-il pas entre nous de *si vales, bene est; ego quidem valeo?* Du reste, soyez bien persuadé qu'on ne peut être plus que je le suis, etc.

---

[1] *Voy.* toutefois ce qu'il dit p. 347 et 348.

[2] *F. N. R. Br.* Texte de Cizeron-Rival et du manuscrit. Brossette (in-4°, II, 271) omet cet *et*...

[3] *F. N. R. Br...* Même texte. Brossette (*ib.*) lit ainsi... *de leur pays, et qu'on ne voit point que leur soleil...*

[4] *V E.* Manuscrit... Au lieu de *dans* les lettres *que*...

[5] *F. N. R. Br..* Idem et Cizeron-Rival, et non pas comme Brossette (*ib.*)... *la cervelle. En vous envoyant la petite édition que l'on fait de mes œuvres je vous enverrai aussi les vers français*...

[6] Le tableau des effets de l'aimant, cité à p. 341.

[7] Brossette se corrigea dans la lettre suivante (18 juillet..., Lett. fam, I, 150), à laquelle Boileau répondit par deux autres lettres, que Cizeron-Rival n'a pas publiées, quoiqu'il cite ensuite l'une d'elles (*ib.*, p. 154).

* *V. E.* Dans la première, du 8 août, Boileau excuse son silence sur ce qu'il a voulu attendre que son édition en petit fût achevée. Mais cela l'a mené plus loin qu'il ne pensait « parce que, dit-il, les libraires ont été bien

LETTRE CVI.

Paris, 13 septembre 1701.

J'AI remis, monsieur, entre les mains de M. Robustel les trois pistoles dont est question, et il[1] m'en a donné une quittance par laquelle il se charge de les faire tenir au sieur Boudet, à Lyon. Il me reste un scrupule, c'est que je ne sais point si les trois pistoles que vous avez mises pour moi ne sont point trois pistoles d'or[2]. Faites-moi la faveur de me le mander; parce que, si cela est, j'aurai soin de vous envoyer le supplément. Je voudrais bien pouvoir vous envoyer les vers français que M. le comte d'Ériceyra a faits à ma louange[3]; mais je les ai égarés dans la multitude infinie de mes paperasses, et il faudra que le hasard me les fasse retrouver.

Je dois bien savoir que M. de Vittemant porte mon livre au roi d'Espagne[4], puisque c'est moi qui le lui ai fait remettre entre les mains, pour le présenter à sa

---

« aises d'avoir vendu l'édition en grand avant de débiter celle en petit Ils en « sont venus à bout, et je ne saurais assez admirer la folie du public qui leur « a esté porter son argent et qui a épuisé cette édition, qui est bien la quarantième, en trois mois de temps. »

* Dans la seconde, du 11 du même mois, il annonce qu'il a envoyé à Brossette les deux volumes de l'édition in-12, par l'entremise de Robustel; mais que ce libraire n'a pas voulu se charger des trois pistoles.

[1] *V. E.* Autographe, au lieu de *dont il est question* entre nous, *et il...*
[2] Elles valaient plus que les pistoles de compte.
[3] Brossette les demandait (lett. du 1er septembre, p. 155).
[4] Brossette (*ib.*) l'avait vu à son passage à Lyon.

majesté catholique de ma part. On m'a dit que madame la duchesse de Bourgogne le lui a envoyé aussi en grand et magnifiquement relié. Vous ne me parlez plus de votre académie de Lyon. On en a fait ici une nouvelle des Inscriptions, dont on veut que je sois, et que je touche pension, quoique cela ne soit point véritable. Mais c'est un mystère qui serait bien long à vous expliquer [1], et qui ne peut pas être compris dans une pe-

---

[1] Et qu'il est assez difficile d'expliquer aujourd'hui... Dans la lettre xxiie (p. 100) dont nous n'avions pu découvrir la date précise au moment de son impression et qui est du 23 août 1701, Boileau rend compte à Pontchartrain, de sa *réception* à l'Académie. Comme il en était membre depuis très long-temps, M. Daunou pensait, nous l'avons dit (*ib.*, note 4), que Boileau voulait sans doute parler de sa réception en qualité de *directeur*, observant que d'après un nouveau réglement, il venait d'être nommé *pensionnaire* et de plus directeur jusqu'à la fin de 1702... Et néanmoins, non-seulement Boileau affirme (lettre xxi, p. 99) qu'il ne reçoit point les émolumens attachés au titre de *pensionnaire*, mais il nie (lettre cviii, p. 353) et d'être pensionnaire et d'être directeur.

Dans le fait, le nouveau réglement sollicité par l'Académie pour fixer son existence, et arrêté par le roi et envoyé par Pontchartrain, le 16 juillet 1701, distribuait les académiciens en plusieurs classes, dont l'une de *pensionnaires*, et Boileau, d'après la lettre de Pontchartrain, était conservé *en tant que de besoin* en qualité de pensionnaire, et nommé directeur jusqu'à la fin de 1702.

Mais, chose assez singulière, notre poète jusque-là si exact à l'Académie, et qui, depuis une année, n'avait pas manqué à une seule séance (*Pi. justif.*, n° 216) cessa tout à-coup d'y paraître. Il s'absenta le jour même (19 juillet 1701) où l'on fit tout à la-fois la lecture du réglement et de la lettre d'envoi, et une espèce de réinstallation de l'Académie, et il ne reparut que le 23 août. Fut-il alors reçu ou comme directeur ou comme pensionnaire? Le procès-verbal n'en fait point mention : on s'y borne à placer son nom, à son rang d'ancienneté, entre ceux des académiciens présens, et il n'eut point occasion d'agir comme directeur dans le petit nombre de séances (sept) où il assista jusqu'à la fin de 1702.

Si l'on compare les lettres de Boileau déjà citées avec une lettre de Pontchartrain, du 9 novembre 1705 (*Pi. just.*, n.° 217), voici, ce semble, comment on pourrait expliquer le mystère dont il parle à Brossette... Le nouveau régle-

tite lettre d'affaire, laquelle commençant par une quittance, devrait aussi [1] finir par : *autre chose n'ai à vous mander, sinon que je suis*, etc.

LETTRE CVII.

Paris, 6 octobre 1701.

JE ne vous ferai point, monsieur, d'excuses [2] de ce que j'ai été si long-temps à vous faire réponse [3]. Vous m'avez si bien autorisé dans mes négligences, par votre facilité à me les pardonner, que je ne crois pas même avoir besoin de les avouer. Ainsi, monsieur, je vous dirai, avec la même confiance que si je vous avais répondu sur-le-champ, que je suis bien fâché de ne vous pouvoir pas envoyer [4] les vers français de M. le comte d'Ériceyra, parce qu'il me faudrait, pour les trouver, feuilleter tous mes papiers qui ne sont pas en petit nombre, et que d'ailleurs je ne trouve pas ces vers assez bons pour permettre qu'on les rende publics. C'est une

ment (art. 21) astreignait les pensionnaires à composer fréquemment des écrits, et à les communiquer à l'Académie. Boileau représenta à Pontchartrain que sa pension lui ayant été accordée en considération d'anciens travaux, il ne devait pas être soumis à cette nouvelle obligation, que ses infirmités rendraient d'ailleurs trop pénible. Le ministre reconnut la justice de la réclamation du poète et néanmoins l'engagea à assister, au moins quelquefois, aux séances, jusqu'à ce qu'il pût la faire approuver au roi, et il n'en trouva l'occasion qu'à la fin de 1705.

[1] *V. E.* Autographe. Cizeron-Rival omet *aussi*.
[2] *V. E. Idem...* Au lieu de *point d'excuses, monsieur...*
[3] A la lettre de Brossette, du 20 septembre (Lett. famil., I, p. 160).
[4] *V. E.* Autographe, au lieu de *pouvoir pas vous envoyer...*

étrange entreprise que d'écrire une langue étrangère, quand nous n'avons point fréquenté avec les naturels du pays ; et je suis assuré que si Térence et Cicéron revenaient au monde, ils riraient à gorge déployée des ouvrages latins des Fernels, des Sannazars et des Murets [1]. Il y a pourtant beaucoup d'esprit dans les vers français de l'illustre Portugais dont il est question ; mais franchement il y a beaucoup de Portugais [2], de même qu'il y a beaucoup de français dans tous les vers latins des poètes français qui écrivent en latin aujourd'hui.

Vous me ferez plaisir de parler de cela dans votre académie, et d'y agiter la question [3] : *Si on peut bien écrire une* [4] *langue morte.* J'ai commencé autrefois sur cette question [5] un dialogue assez plaisant [6], et je ne sais si je vous en ai parlé à Paris dans les longs entretiens que nous avons eu [7] ensemble. Ne croyez pas pourtant que je veuille par-là blâmer les vers latins que vous m'avez envoyés d'un de vos illustres académiciens [8]. Je les

---

[1] Poètes latins du XVIᵉ siècle. — Quant à l'orthographe de ces noms au pluriel, *voy.* p. 88, note 3.

[2] Dans sa lettre à d'Ériceyra (p. 74 et 75) Boileau parle un peu différemment des vers de ce *Portugais.*

[3] *V. E.* Autographe, et non pas *agiter* cette question...

[4] *V. E. Idem.*, au lieu de *écrire* dans *une*...

[5] On va voir que Boileau la résout par la négative. Tel est aussi le sentiment de Dacier (cité par Sanadon, Traduct., II, 211, note 31); de d'Alembert (Éloges, III, 113 ; et Mélanges, articles de l'Élocution et de la Latinité) ; de Lenoir-Dulac (p. 135), et de M. Daunou (1825, II, 398)..., tandis qu'Auger (Mélanges, 1828, II, 59 à 64) et M. Amar (IV, 326) semblent pencher pour l'affirmative. Mais *voy.* ci-après, p. 350, note 1.

[6] Ce dialogue est au tome III.

[7] *V. E.* Texte de l'autographe et de Cizeron-Rival, et non pas *avons* eus... Même observation qu'à page 249, note 1.

[8] Le P. Albert d'Augières, jésuite (Lett. fam., I, 165).

ai trouvés fort beaux et dignes de Vida et de Sannazar, mais non pas d'Horace et de Virgile; et quel moyen d'égaler ces grands hommes dans une langue dont nous ne savons pas même la prononciation? Qui croirait, si Cicéron ne nous l'avait appris, que le mot de *dividere* [1] est d'un très dangereux usage, et que ce serait une saleté horrible de dire : *quum nos vidissemus* [2] ? Comment savoir en quelles occasions dans le latin le substantif doit passer devant l'adjectif, ou l'adjectif devant le substantif! Cependant imaginez-vous quelle absurdité ce serait en français de dire : *mon neuf habit*, au lieu de *mon habit neuf*, ou *mon blanc bonnet*, au lieu de *mon bonnet blanc*, quoique le proverbe dise que c'est la même

---

[1] *V. E.* Texte de Cizeron Rival suivi par M. Daunou, en 1809. M. Didot y a substitué, en 1815, *videre*, sans doute parce qu'ayant vu dans la phrase suivante, qui paraît être un exemple de l'emploi du premier verbe, le mot *vidissemus*, il aura cru qu'il y avait une faute d'impression dans Cizeron-Rival, et ce changement a été adopté par les éditeurs suivans, tels que Mrs Viollet Le Duc, 1821 et 1823; de Saint-Surin, 1821; Amar, 1821 et 1824; Auger, 1825; Thiessé, 1828; l'éditeur de la Bibliothèque choisie, 1829; et enfin par M. Daunou lui-même, en 1825.

Mais 1° l'autographe porte aussi *dividere*; 2° des recherches faites avec soin dans les meilleurs lexicographes, tels qu'Étienne, Scheller, etc., ne nous fournissent aucun exemple d'un emploi déshonnête du mot *videre*, tandis qu'il en est tout autrement de *dividere* et de ses dérivés tels que *divisor*, *divisio*, comme on le voit soit dans l'auteur que cite Boileau (Cicero, Epist. ad famil., IX, 22), soit dans Plaute (Aulul., II, sc. 1, v. 4 à 7), dans Quintilien (liv. VIII, ch. 3, vers le milieu, édit. 1580, p. 450), etc.

[2] C'est ainsi qu'il y a dans l'autographe, au lieu de *divisissemus* que, sans doute d'après ce qu'on vient de remarquer, Boileau voulait mettre. Cette inadvertance peut s'expliquer par la circonstance suivante. Le mot réellement obscène (*dividere*) est vers la fin d'une page : obligé de passer à la page suivante pour écrire *divisissemus*, et n'ayant plus sous les yeux le mot primitif, Boileau aura pu assez facilement se tromper sur le mot dérivé.

Quant à ce mot, *voy.* p. 198, note 1.

chose [1]. Je vous écris ceci afin de donner matière à votre académie de s'exercer. Faites-moi la faveur de m'écrire le résultat de sa conférence sur cet article, et croyez que c'est très affectueusement que je suis...

(*P. S.*) [2] Je crois que vous avez reçu à l'heure qu'il est mon édition en petit.

---

[1] Selon Auger (*Mélang.*, II, 61 et 62) ce raisonnement n'est pas juste parce que si dans le français la place respective du substantif et de l'adjectif est rarement arbitraire.., « dans le latin les mots n'étaient pas rangés dans un ordre nécessaire, et se plaçaient, au gré de l'écrivain, de la manière qui lui semblait la plus favorable, soit à l'effet pittoresque, soit à l'harmonie de la phrase. »

Nous aurions desiré qu'Auger eût répondu à une remarque où d'Alembert (*Mélanges*, 1759, II, 341), se fondant sur un passage de Ciceron (*Orateur*, LXIII, 214, édit. de Lallemand), semble avancer une règle bien différente de celle d'Auger. L'orateur romain, après avoir cité la phrase suivante d'un discours de Carbon, *patris dictum sapiens temeritas filii comprobavit*, ajoute : « cette chute *comprobavit*, excita par son harmonie un cri d'admiration dans toute l'assemblée... Qu'on change l'ordre des mots (*verborum ordinem immuta*) et qu'on mette (*fac sic*) : *comprobavit filii temeritas*, il n'y aura plus rien (*jam nihil erit*). ».

Peut-on dire maintenant que l'écrivain fût libre de disposer les mots tout-à-fait à son gré ?

Auger a également laissé de côté une autre remarque de d'Alembert qui nous semble une réfutation de sa réponse à une objection que Boileau, dans le dialogue déjà cité, fonde sur la difficulté de connaître la véritable synonymie des mots latins, en un mot les impropriétés de termes, comme seraient en français *le rivage d'un ruisseau... les côtes d'une rivière...*

Selon Auger, les latinistes modernes peuvent échapper au danger de commettre ces impropriétés, en n'employant que ce qu'on appelle des *phrases faites*, ou des combinaisons de mots consacrées par l'exemple de quelque bon auteur... Et il cite comme ayant employé ce procédé avec succès, Vida, Rapin, etc. Mais d'Alembert (*Mélanges*, 1770, V, 550) avait précisément donné un exemple du danger auquel expose un tel procédé, en composant un discours avec des *phrases faites* puisées dans l'ouvrage le mieux écrit de Molière (le Misanthrope), discours qui est un chef-d'œuvre de ridicule, quoique toutes ses *combinaisons de mots* soient très françaises.

[2] *V. E.* Autographe. Cizeron-Rival a omis ce post-scriptum.

LETTRE CVIII.

Paris, 10 décembre 1701.

Je pourrais, monsieur, vous alléguer d'assez bonnes excuses du long temps que j'ai été sans vous écrire, et vous dire que j'ai eu durant ce temps-là affaires, procès et maladie; mais je suis si sûr de mon pardon, que je ne crois pas même nécessaire de vous le demander. Ainsi, pour répondre à la dernière lettre [1] que vous m'avez fait l'honneur de m'écrire, je vous dirai que je l'ai reçue avec les deux ouvrages qui y étaient enfermés. J'ai aussitôt examiné ces deux ouvrages, et je vous avoue que j'en ai été très peu satisfait.

Celui qui porte pour titre l'*Esprit des Cours* [2] vient d'un auteur [3] qui a, selon moi, plus de malin vouloir que d'esprit, et qui parle souvent de ce qu'il ne sait point. C'est un mauvais imitateur du gazetier de Hollande, et qui croit que c'est bien parler, que de parler mal de toutes choses.

A l'égard du *Chapelain décoiffé* [4], c'est une pièce où je vous confesse que M. Racine et moi avons eu quelque part; mais nous n'y avons jamais travaillé qu'à table, le [5] verre à la main. Il n'a pas été proprement fait cur-

---

[1] Du 25 novembre (Lett. fam., I, 176). Elle avait été précédée d'une autre (20 octobre) où Brossette discute la question proposée page 348, et adopte l'opinion de Boileau.

[2] *V. E.* Autographe, et non pas *porte* le titre de l'*Esprit des cours*...

[3] Gueudeville, moine réfugié en Hollande. *Cizeron-Rival.*

[4] Nous en parlons au tome II, p. 489, n° 111.

[5] *V. E.* Autographe, au lieu de *table*, et *le verre...*

rente calamo, mais *currente lagena*, et nous n'en avons jamais écrit un seul mot. Il n'était point comme celui que vous m'avez envoyé, qui a été vraisemblablement composé après coup, par des gens qui avaient retenu quelques-unes de nos pensées, mais qui y ont mêlé des bassesses insupportables. Je n'y ai reconnu de moi que ce trait :

> Mille et mille papiers dont ta table est couverte,
> Semblent porter écrit le destin de ma perte;

et celui-ci :

> En cet affront La Serre est le tondeur,
> Et le tondu, père de la Pucelle.

Celui qui avait le plus de part à cette pièce, c'était Furetière, et c'est de lui :

> O perruque ma mie!
> N'as-tu donc tant vécu que pour cette infamie?

Voilà, monsieur, toutes les lumières que je vous puis donner[1] sur cet ouvrage, qui n'est ni de moi ni digne de moi. Je vous prie donc de bien détromper ceux qui me l'attribuent. Je vous le renvoie par cet ordinaire.

J'attends la décision de vos messieurs sur la prononciation du latin, et je ne vous cacherai point qu'ayant proposé ma question à l'académie des médailles, il a été décidé tout d'une voix que nous ne le savions point prononcer[2], et que, s'il revenait au monde un *civis latinus* du temps d'Auguste, il rirait à gorge déployée en

---

[1] *V. E. Idem.*, et non pas *que je puis vous donner*.

[2] Séance du 19 novembre 1701... La question y fut ainsi posée : « selon « notre manière de prononcer la prose et les vers latins, sentons-nous la vé- « ritable harmonie?.. », et après une longue discussion, résolue négativement (*Registres de l'Académie*).

entendant un Français parler latin, et lui demanderait peut-être quelle langue parlez-vous là? Au reste, à propos de l'académie des médailles, je suis bien aise de vous avertir qu'il n'est point vrai que j'en sois ni pensionnaire ni directeur, et que je suis tout au plus, quoi qu'en dise l'écrit que vous avez vu, un volontaire qui y va quand il veut, mais qui ne touche pour cela aucun argent. Je vous éclaircirai tout ce mystère[1], si j'ai jamais l'honneur de vous voir. Cependant[2] faites-moi la faveur de m'aimer toujours, et de croire que, tout négligent que je suis, je ne laisse pas d'être très cordialement...

LETTRE CIX.

Paris, 29 décembre 1701.

Voici la première lettre où je ne vous ferai point d'excuses puisque[3] je réponds à celle que vous m'avez fait l'honneur de m'écrire[4], deux jours après que je l'ai reçue. Je ne vois pas sur quoi votre savant peut fonder l'explication forcée qu'il donne au vers d'Homère[5], puisque Phérécyde vivait près de deux cents ans après

---

[1] Nous avons essayé nous-même de l'éclaircir, p. 346, note 1.

[2] *V. E.* Autographe, au lieu de *voir* à Paris. *Cependant...*

[3] *V. E.* Manuscrit. Au lieu de *point d'excuses*, monsieur, *puisque...* (le mot *monsieur*, que peut-être en effet Boileau avait voulu mettre, a été suppléé par Cizeron-Rival).

[4] Le 20 décembre, aux Lettres familières, I, 184.

[5] Le vers 403 du livre xv de l'Odyssée. Brossette (*ib.*, p. 186) avait fait remarquer à Boileau qu'il aurait dû citer dans sa troisième Réflexion critique ce livre et non pas le ixe.

Homère, et qu'il n'y a pas d'apparence qu'Homère ait parlé d'un cadran qui n'était point de [1] son temps. Je n'ai jamais rien lu de Bochart [2], et s'il est vrai qu'il soutienne une explication si extravagante, cela ne me donne pas une grande envie de le lire. Je ne fais pas grande estime de tous ces *savantas* [3] qui croient se distinguer des autres interprètes, en donnant un sens nouveau et recherché aux endroits les plus clairs et les plus faciles, et c'est d'eux qu'on peut dire :

Faciunt næ intelligendo ut nihil intelligant. [4]

Pour ce qui est des chiens [5] qui ont vécu plus de vingt et deux ans [6], je vous en citerai un garant, dont je doute que M. Perrault lui-même ose contester le témoignage : c'est Louis-le-Grand, roi de France et de Navarre, qui en a eu un qui a vécu jusqu'à vingt-trois ans [7]. Tout ce que M. Perrault peut [8] dire, c'est que ce prince est accoutumé aux miracles et à des évènemens qui n'arrivent qu'à lui seul, et qu'ainsi ce qui lui est arrivé ne peut pas être tiré à conséquence pour les autres hommes; mais je n'aurai pas de peine à lui prouver que, dans notre famille même, j'ai eu un oncle, qui n'était

---

[1] *V. E.* Manuscrit, au lieu de *qui n'était* pas *de...*

[2] Savant théologien du xviie siècle.

[3] *V. E.* Texte de Cizeron-Rival et du manuscrit. Plusieurs éditeurs modernes écrivent *savantasses;* d'autres mettent tout simplement *savans*, et ni les uns ni les autres n'avertissent de ce changement.

[4] Térence, Andrienne, prologue, vers 17.

[5] *Voy.* Réflexion critique III, au tome III.

[6] *V. E.* Manuscrit, et non pas *vingt-deux ans* (en omettant *et*).

[7] Il le dit lui-même au marquis de Termes. *Bross.* (II, 130).

[8] *F. N. R. Br.*: Texte de Cizeron-Rival et de l'autographe, et non pas *pourra*, comme Brossette (in-4°, II, 130).

pas un homme fort miraculeux ¹, lequel a nourri vingt et ² quatre années une espèce de bichon qu'il avait.

Je ne vous parle point de ce que c'est que la place que j'occupe dans l'académie des inscriptions. Il y a tant de choses à dire là-dessus, que j'aime mieux sur cela *silere quam pauca dicere* ³. J'ai été fort fâché de la mort de M. Chanut. Je vous prie de bien faire ma cour à M. Bronod ⁴, que, sur votre récit, je brûle déjà de connaître. Je suis... ⁵.

LETTRE CX.

Paris, 9 avril 1702.

Je réponds, monsieur, sur-le-champ à votre dernière lettre, de peur qu'il ne m'arrive ce qui m'est arrivé déjà plusieurs fois depuis six mois ⁶, qui est d'avoir toujours envie de vous écrire, et de ne vous écrire point

---

¹ On voit par le Tableau et l'Explication généalogique (tome III), que Boileau a eu quatre oncles, dont deux par alliance, Guillaume Boileau II, Thomas Clément, Roger Le Marchand, et Nicolas de Nyélé II (*ib.*, n°ˢ 159, 166, 168 et 170). Il n'a pu connaître les deux premiers (morts en 1616 et en 1637). Il avait seize ans à la mort du troisième, et vingt-cinq à celle du quatrième, ce qui nous ferait présumer que Nicolas de Nyélé est l'oncle *peu miraculeux* dont il parle.

² *V. E.* Autographe et Brossette (*ib.*)... Cizeron-Rival a supprimé cet *et*.

³ *Voy.* p. 346, note 1.

⁴ Avocat. Il remplaça Chanut (p. 328, note 3).

* ⁵ On a placé après cette lettre dans le manuscrit, un billet du 21 février, sans indication d'année, où Boileau excuse son silence sur des affaires et promet à Brossette de lui écrire bientôt une longue lettre.

⁶ Erreur, puisque la lettre précédente ne remonte qu'à trois mois et onze jours.

pourtant, par une misérable indolence dont je ne saurais franchement vous dire la raison, sinon que, pour me servir des termes de saint Paul, je fais souvent le mal que je ne veux pas, et que je ne fais pas le bien que je veux [1]; mais, sans perdre le temps en vaines excuses, puisque je trouve sous ma main deux de vos lettres [2], je m'en vais répondre à quelques interrogations que vous m'y faites.

Je vous dirai donc premièrement, que les deux épigrammes latines [3] dont vous desirez savoir le mystère, ont été faites dans ma première jeunesse [4], et presque au sortir du collège, lorsque mon père me fit recevoir avocat, c'est-à-dire à l'âge de dix-neuf ans [5]. Celui que j'attaque, dans la première de ces épigrammes, était un jeune avocat, fils d'un huissier, nommé Herbinot. Cet avocat est mort conseiller de la cour des aides. Son père était fort riche, et le fils assurément n'a pas mangé son bien; car il passait pour grand ménager. A l'égard de l'autre épigramme, elle regarde M. de Brienne, jadis secrétaire d'état, qui est mort fou et enfermé [6]. Il était

---

[1] Épître aux Romains, chap. vii, versets 15 et 19.
[2] Du 10 janvier et 14 février 1702 (Lett. fam., I, 193 à 200).
[3] Elles sont au tome II, p. 483.
[4] *Voy.* tome I, préface de 1701, aux notes.
[5] Il diminue encore ici son âge d'une année (tome I, Essai, n° 146), car il était né le 1ᵉʳ novembre 1636 et il avait été reçu avocat le 4 décembre 1656 (*Pi. justif.*, n⁰ˢ 20 et 211 *g*).
[6] Henri-Louis de Loménie, comte de Brienne, né en 1635, secrétaire d'état en 1651. Privé de sa place et devenu veuf, vers 1664, il entra à l'Oratoire et ensuite le quitta, vers 1671, pour voyager en Allemagne. A sa rentrée en France, vers 1673, il fut enfermé successivement dans plusieurs monastères et notamment à Saint-Lazare. Il mourut, en 1698, à Château-Landon. *Voyez* page 3, note 2; tome I, Notice bibl., § 1, n° 25, et § 2, n° 13;

alors dans la folie de faire des vers latins, et surtout des vers phaleuces; et comme sa dignité dans [1] ce temps-là le rendait considérable, je ne pus résister à la [2] prière de mon frère, aujourd'hui chanoine de la Sainte-Chapelle, qui était souvent visité de lui, et qui m'engagea à faire des vers phaleuces à la louange de ce fou qualifié; car il était déjà fou. J'en fis donc, et il les lui montra; mais comme c'était la première fois que je m'étais exercé dans ce genre de vers, ils ne furent pas trouvés fort bons, et ils ne l'étaient point en effet. Si bien que dans le dépit où j'étais d'avoir si mal réussi, je composai l'épigramme dont est [3] question, et montrai [4] par-là qu'il ne faut pas légèrement irriter *genus irritabile vatum* [5], et que, comme a fort bien dit Juvénal en latin, *facit indignatio versum*, ou, comme je l'ai assez médiocrement dit en français [6] : *La colère suffit et vaut un*

Brossette, I, 82; Saint-Marc, II, 469; les Mémoires de Brienne, 1828; surtout Goujet, dans Moréri, mot Loménie. — Souchay (édit. de 1740) dit mal-à-propos que les deux épigrammes concernent l'avocat Herbinot.

[1] *F. N. R. Br...* Autographe et Cizeron-Rival, et non pas *en* ce temps, comme Brossette (in-4°, I, 488).

[2] *V. E. et F. N. R.* Texte de l'autographe...

Cizeron-Rival a mis *je ne pus* refuser *à la...* Ce qui a été imité par plusieurs éditeurs modernes, tels que 1809 et 1825, Daun.; 1821, S.-S.; 1828, Thi... Quelques autres tels que 1815, Did.; 1821 et 1823, Viol.; 1826, Mart., s'apercevant qu'avec le mot *refuser* la phrase n'avait aucun sens, ont mis *me refuser*, ce qui atténue un peu la faute sans la faire disparaître. Ils auraient pu l'éviter en consultant Brossette (même p. 488) qui a mis comme dans l'autographe, *résister*.

[3] *V. E.* Autographe... Et non pas *dont il est question*.

[4] *F. N. R. Br....* Idem... Brossette (*ib.*) met *je composai cette épigramme, et montrai...*

[5] Horace, liv. II, épit. II, vers 102.

[6] Tome I, satire I, vers 144.

Apollon. Pour l'épigramme à la louange du roman allégorique, elle regarde feu [1] M. l'abbé d'Aubignac, qui a composé *la Pratique du théâtre*, et qui avait alors beaucoup de réputation. Ce roman allégorique, qui était de son invention, s'appelait *Macarise* [2]; et il prétendait que toute la philosophie stoïcienne y était renfermée [3]. La vérité est qu'il n'eut aucun succès, et qu'il *ne fit de chez Sercy qu'un saut chez l'épicier* [4]. Je fis l'épigramme pour être mise au-devant de ce livre, avec quantité d'autres ouvrages que l'auteur avait, à l'ancienne mode [5], exigés de ses amis pour le faire valoir; mais heureusement je lui portai l'épigramme trop tard, et elle ne fut [6] point mise : Dieu en soit loué [7] ! Vous voilà, ce me semble, monsieur, bien éclairci de vos difficultés.

Pour ce qui est de votre M. Samuel Bochart [8], je n'ai jamais rien lu de lui, et ce que vous m'en dites ne me donne pas grande envie de le lire; car il me paraît que

---

[1] *F. N. R. Br...* Texte de Cizeron-Rival et de l'autographe. Brossette (in-4°, I, 461) omet *feu*.

[2] *F. N. R. Br...* Même texte. Brossette (*ib.*) ajoute *ou la reine des îles fortunées*.

[3] *Voy.* tome II, poésies diverses, n° XXVII, p. 447.

[4] Art poétique, II, 100, tome II, p. 202. — Il n'y a, dit Boursault (1709, II, 98), que le libraire qui l'a imprimé, qui malheureusement s'en souvienne. »

[5] *F. N. R. Br...* Même texte. Brossette (*ib.*) omet *à l'ancienne mode*. — On voit en effet à la tête d'un grand nombre d'ouvrages publiés dans le XVIe et le XVIIe siècle, des pièces de vers latins ou français composées à la louange et par les amis des auteurs.

[6] *F. N. R. Br.* Même texte. Brossette (*ib.*) lit *et elle n'y fut point*.

[7] *F. N. R. Br...* Même texte... Brossette (*ib.*) ajoute, avec guillemets, « Cet ouvrage fut imprimé en 1663, et publié en 1664. »

[8] On en a parlé, p. 354, note 2.

c'est un *savantas* 1 beaucoup plus plein de lecture que de raison; et je crois qu'il en est de son explication du vers d'Homère comme de celles de M. Dacier sur *Atavis edite regibus;* ou sur l'ode: *O navis, referent in mare te novi,* etc. ², ou sur le passage de Thucydide ³ rapporté par Longin, à propos des Lacédémoniens qui *combattirent* ⁴ au pas des Thermopyles. Je ne saurais dire à propos de pareilles explications sinon ce que ⁵ dit Térence: *Faciunt næ intelligendo ut nihil intelligant* ⁶. Adieu, mon cher monsieur, excusez mes *pataraffes*, et croyez que je suis très sincèrement...

J'oubliais à vous ⁷ parler des vers latins ⁸. Ils sont très beaux et très ⁹ latins, à l'exception d'un *nequii* qui est au premier vers, et de la dureté duquel je ne saurais m'accommoder. Il me semble que je ne saurais mieux vous payer de votre présent qu'en vous envoyant ce petit compliment *catullien*, que m'a fait un régent de seconde du collège de Beauvais ¹⁰, qui avait déjà fait une ode latine très jolie pour moi, et en considération de laquelle je lui avais fait ¹¹ présent de mon livre.

---

¹ *V. E.* Orthographe de ce mot... même observation qu'à note 3, p. 354.

² Horace, liv. I, ode 1, vers 1; ode xv, vers 1.

³ Erreur; c'est d'Hérodote. *Voy.* tome III, Traité du sublime, ch. 31.

⁴ *V. E.* Texte de l'autographe, et non pas *qui* combattaient...

⁵ *V. E.* Idem... Au lieu de *explications* que *ce que*...

⁶ Même citation qu'à note 4, p. 354.

⁷ *V. E.* Autographe, et non pas *j'oubliais de vous...* (*V.* p. 267, note 3).

⁸ De Daugières, sur la délivrance de Crémone, envoyés par Brossette (lett. du 14 février, I, 199).

⁹ *V. E.* Autographe, au lieu de *très bons et très*...

¹⁰ Charles Coffin (son compliment est joint à la même lettre, p. 207).

¹¹ Au sujet de ces expressions, *que m'a fait, qui avait fait, je lui avais fait*, répétées à si peu de distance, M. Daunou observe avec raison, qu'au-

LETTRE CXI.

15 juillet 1702.[1]

Vous êtes un homme merveilleux, monsieur, c'est moi qui suis coupable, et, coupable par excès, envers vous; cependant c'est vous qui m'écrivez des excuses. J'ai manqué à[2] répondre à trois de vos lettres[3], et, au lieu de me quereller, vous me dites des douceurs à outrance; vous m'envoyez des présens; et si je vous en crois, je suis en droit de me plaindre. Je vois bien ce que c'est : vous lisez dans mon cœur; et comme vous y voyez bien les remords que j'ai d'avoir été si peu exact à votre égard, vous êtes bien aise de m'en délivrer, en me persuadant que vous avez été aussi très négligent de votre côté. Vous ne songez pas néanmoins que par là vous m'autorisez à ne vous écrire que lorsque la fantaisie m'en prend et à couronner mes fautes par de nouvelles fautes. Aujourd'hui pourtant je n'en commettrai pas une si lourde, que de tarder à vous remercier du précieux présent[4] que vous m'avez fait du livre de votre[5] illustre

jourd'hui on n'écrivait pas avec tant de négligence, la lettre la plus familière (*voy.* un autre exemple, p. 253, note 2).

[1] *V. E.* Autographe. Cizeron-Rival a omis cette date. Les éditeurs modernes l'ont suppléée d'après un fragment de Brossette (in-4°, I, 435), mais ils ont ajouté mal-à-propos le lieu (Paris), car il n'y en a point d'indiqué, ni dans Brossette, ni dans l'autographe.

[2] Quant à cette locution, *voy.* p. 267, note 3.

[3] On n'en a publié (Lett. fam., I, 209) que deux (l'une du 11 juillet et l'autre du même mois, sans indication de jour).

[4] *V. E.* Autographe. Cizeron-Rival omet *précieux*.

[5] Lettres sur l'aimant par Puget (*ib.*, p. 214).

ami. Je vous réponds que je le lirai exactement, et que je vous en rendrai le compte que je dois. Il m'est fort honorable qu'un si savant homme souhaite d'avoir mon suffrage. Vous le pouvez assurer que je le lui donnerai dans peu avec grand plaisir, et que ce suffrage sera alors d'un bien plus grand poids qu'il n'est maintenant, puisque j'aurai lu son livre, et que je serai par conséquent beaucoup plus habile que je ne le suis.

Pour ce qui est des particularités dont vous me demandez l'éclaircissement, je vous dirai que le sonnet [1] a été fait sur une de mes nièces qui était à-peu-près du même âge que moi, et que le charlatan était un fameux médecin de la faculté. Elle était sœur de M. Dongois greffier, et avait beaucoup d'esprit. J'ai composé [2] ce sonnet dans le temps de ma plus grande force poétique, en partie pour montrer qu'on peut parler d'amitié en vers aussi bien que d'amour, et que les choses innocentes s'y peuvent aussi bien exprimer que toutes les maximes odieuses de la morale lubrique des opéra. A l'égard de l'épigramme à Climène [3], c'est un ouvrage de ma première jeunesse [4], et un caprice imaginé pour dire quelque chose de nouveau. Pour la chanson [5] elle a été

---

[1] Poésies div., n° vii (*Nourri* etc.), tome II, p. 435.

[2] *F. N. R. Br...* Texte de Cizeron-Rival et de l'autographe. Brossette (in-4°, I, 435) a refait ainsi ces deux phrases (il les donne cependant avec des guillemets) : « Ce sonnet a été fait sur une de mes nièces, sœur de M. Don-« gois. Elle était à-peu-près du même âge que moi et avait beaucoup d'esprit. « Elle mourut entre les mains d'un charlatan, et ce charlatan était un fa-« meux médecin de la faculté. *J'ai composé* etc. »

A l'égard de cette nièce, *voy.* tome III, Explicat. généal., n° 438.

[3] Épigr. i, tome II, p. 454.

[4] Quant à cette expression, même observation qu'à p. 356, note 4.

[5] Poésies div., n° iv, tome II, p. 432.

effectivement faite à Bâville, dans le temps des noces de M. de Bâville [1], aujourd'hui intendant de Languedoc. Les trois muses étaient madame de Chalucet, mère de madame de Bâville; une madame Hélyot, espèce de bourgeoise renforcée, qui avait acquis une assez grande familiarité avec M. le premier président, dont elle était voisine à Paris, et [2] qui avait une terre assez proche de [3] Bâville; la troisième était une madame de La Ville, femme d'un fameux traitant, pour laquelle M. de Lamoignon, aujourd'hui président au mortier, avait alors quelque inclination. Celle-ci [4] ayant chanté à table une chanson à boire dont l'air était fort joli, mais les paroles très méchantes, tous les conviés, et le père Bourdaloue entre autres, qui était de la noce aussi bien que le père Rapin, m'exhortèrent à y faire de nouvelles paroles; et je leur rapportai le lendemain les quatre couplets dont est [5] question. Ils réussirent fort, à la réserve des deux derniers qui firent un peu refrogner le P. Bourdaloue. Pour le P. Rapin, il entendit raillerie, et obligea même le P. Bourdaloue à l'entendre aussi. Voilà, monsieur, tous [6] vos mystères débrouillés. Il y avait [7], au

---

[1] Le 18 avril 1672. *Moréri*, mot *Lamoignon*... Saint Marc place donc mal-à-propos la chanson après l'épître IV (juillet 1672).

[2] *F. N. R. Br.* Texte de Cizeron-Rival et de l'autographe. Brossette (in-4°, I, 465) omet la phrase qui commence à *espèce de*...

[3] *Voy.*, sur cette locution, tome III, Héros de roman, note 3.

[4] *F. N. R. Br...* Même texte. Brossette (*ib.*) omet aussi la phrase qui commence à *pour laquelle*...

[5] *V. E.* Texte de l'autographe, et non pas *dont il est*, comme on lit dans Cizeron-Rival, ou *dont il* ÉTAIT, comme ont mis les éditeurs modernes.
F. N. R. Br Même texte. Brossette (*ib.*) met *la chanson que vous voyez*...

[6] *V. E.* Même Texte. Tous les éditeurs omettent M^r...

[7] *V. E. Idem*... Plusieurs éditeurs mettent (d'après Brossette, *ibid.*)... AU

lieu de *Trois muses en habit de ville*,... « Chalucet,
« Hélyot, La Ville. »[1]

On ne m'a pas fort accablé d'éloges sur le sonnet de
ma parente; cependant, monsieur, oserais-je vous dire
que c'est une des choses de ma façon dont je m'applaudis
le plus, et que je ne crois pas avoir rien dit de plus
gracieux que : *A ses jeux innocens, enfant associé*, et
Rompit de ses beaux jours le fil trop délié, et *Fut le
premier démon qui m'inspira des vers ?*[2] C'est à vous
à en juger. Je suis, etc.....[3]

LETTRE CXII.

Paris, 7 janvier 1703.

J'ATTENDAIS, monsieur, à vous récrire[4] lorsque j'aurais reçu vos magnifiques présens, afin de vous répondre

---

LIEU DE trois muses... Il y avait *Chalucet*..., ce qui vaut mieux, mais qui n'est pas dans le texte.

[1] *V. E. et F. N. R. Br.* Même texte. Brossette (*ib.*) ajoute ici, et avec des guillemets, la phrase suivante, que M. de Saint-Surin a aussi placée dans le texte, quoiqu'elle n'y soit point. « M. d'Arbouville qui vient après était un « gentilhomme, parent de M. le premier président; il buvait volontiers à plein « verre. »

[2] *Voy.* Les notes sur ce sonnet, tome II, p. 435.

[3] Ici se placerait un billet inédit du 5 décembre. Boileau s'y excuse d'abord de son silence sur une *néphrétique* (Brossette lui avait écrit deux lettres, l'une du 20 septembre, qui est inédite et où il parle d'un projet de voyage à Paris, l'autre, sans date, mais que Cizeron-Rival, I, 220, a publiée sous celle du 20 septembre). Il ajoute qu'une dissertation reçue de Brossette (leur correspondance imprimée ou manuscrite n'en fait pas mention) le confirme dans son sentiment (p. 348 et 352), sur les écrivains en langue morte.

[4] *V. E.* Autographe... Et non pas *à vous* remercier *lorsque*... Locution qui ne prête pas à Boileau des sentimens bien délicats.

en des termes proportionnés à la grandeur de vos fromages; mais le messager ayant dit à Planson[1] qu'ils ne pouvaient encore arriver de long-temps, je n'ai pas cru devoir différer davantage à vous en faire mes remerciemens[2]. Je vous dirai donc par avance, qu'en comblant ainsi de vos dons l'auteur que vous avez entrepris de commenter, vous ne jouez pas simplement le personnage de Servius et d'Asconius Pædianus[3], mais de Mécénas et du cardinal de Richelieu; et peut être aurais-je refusé de les prendre, si heureusement je ne me fusse ressouvenu d'avoir lu dans un ancien[4] qu'il n'y a pas quelquefois moins de beauté d'âme à recevoir de bonne grâce des présens, qu'à en faire.

Cependant pour commencer à vous payer dans la monnaie que vous souhaitez, je vous répondrai sur l'éclaircissement que vous me demandez[5] au sujet de la *Clélie*, que c'est effectivement une très grande absurdité à la demoiselle, auteur de cet ouvrage[6], d'avoir choisi le plus grave siècle de la république romaine pour y peindre les caractères de nos Français; car on prétend qu'il n'y a pas dans ce livre un seul Romain ni une seule Romaine, qui ne soit copié sur le modèle de quelque bourgeois ou de quelque bourgeoise de son quartier. On en donnait autrefois une clef qui a couru[7], mais je ne me

---

[1] Domestique de Boileau. Il en est encore question dans la lettre cxxxiii.

[2] Même observation qu'à note 1, p. 316.

[3] Le premier a commenté Virgile, le deuxième, Cicéron.

[4] *V. E.* Autographe. Cizeron Rival met *un auteur ancien*.

[5] Par une lettre du 25 décembre 1702 (Lett. fam., I, 226).

[6] Mademoiselle de Scudéri... Boileau en a parlé dans le discours sur les Héros de Roman (tome III).

[7] Dans le Dictionnaire des précieuses, par Somaize.

suis jamais soucié de la voir [1]. Tout ce que je sais, c'est que le généreux *Herminius*, c'était *M. Pellisson*; l'agréable *Scaurus*, c'était *Scarron*; le galant *Amilcar*, *Sarasin*, etc..... Le plaisant de l'affaire est que nos poètes de théâtre, dans plusieurs pièces, ont imité cette folie, comme on le peut voir dans *La mort de Cyrus* du célèbre M. Quinault, où Thomyris entre sur le théâtre en cherchant de tous côtés, et dit ces deux beaux vers :

> Que l'on cherche partout meś tablettes perdues,
> Et [2] que, sans les ouvrir, elles me soient rendues.

Voilà un étrange meuble pour une reine des Massagètes, que des tablettes dans un temps où je ne sais si l'art d'écrire était inventé. Je vous écrirai [3] davantage sur ce sujet, dès que vos présens seront arrivés. Cependant croyez que c'est du fond du cœur que je suis, etc.

LETTRE CXIII.

Paris, 25 janvier 1703. [4]

IL y a huit jours, monsieur, que j'ai reçu votre magnifique présent; et j'ai été tout ce temps-là à chercher des paroles pour vous en remercier dignement, sans en pouvoir trouver. En effet, à un homme qui fait de

---

[1] *V. E.* Autographe et Brossette (I, 321)... Et non pas de *l'avoir*.

[2] Ou plutôt *mais*.. *Voy.* tome III, Héros de roman, aux notes.

[3] *V. E.* Autographe, au lieu de *je vous* en *écrirai... sur ce sujet...*, ce qui n'est guère correct.

[4] *V. E.* Nous donnons cette date d'après l'autographe. Cizeron-Rival n'en ayant point indiqué, M. Daunou s'est borné à la fixer à l'année 1703.

tels présens, ce n'est point des lettres familières et de simples complimens un peu ornés, ce sont des épîtres liminaires du plus haut style qu'il faut écrire, et où les comparaisons du soleil soient prodiguées. Balzac aurait été merveilleux pour cela, si vous lui en aviez envoyé de pareils, et il aurait peut-être égalé la grosseur de vos fromages par la hauteur de ses hyperboles. Il vous eût dit[1] que ces fromages avaient été faits du lait de la chèvre céleste, ou de celui de la vache Io; que votre jambon était un membre détaché du sanglier d'Érimanthe : mais pour moi qui vais un peu plus terre à terre, vous trouverez bon que je me contente de vous dire que vous vous moquez de m'envoyer tant de choses à-la-fois; que si honnêtement j'avais pu les refuser, vos présens seraient retournés à Lyon; que cependant je ne laisse pas d'en avoir toute la reconnaissance que je dois, et qu'on ne peut être plus que je le suis, etc.

P. S. Pour vos Mémoires de la république des lettres[2], franchement ils sont bien inférieurs au jambon et aux fromages; et l'auteur y est si grossièrement partial que je ne saurais trouver aucun goût dans ses ouvrages, quoique bien écrits.[3] Je suis si accablé d'affaires que je ne saurais vous écrire que ce peu de mots.

---

[1] *V. E.* Autographe, et non pas *il vous* aurait *dit*...

[2] Journal de Trévoux, de février et mars 1702, envoyé par Brossette (lett. du 25 décemb. 1702). — Il est assez singulier que Boileau ne connût pas un journal littéraire qui paraissait depuis deux ans et était publié par des jésuites. Le fameux Le Tellier en fut un des premiers rédacteurs (*Moréri*, mot *Trévoux*), et peut-être sa haine pour Boileau (*v.* p. 133 à 135) vint-elle des traits lancés par celui-ci dans la satire XII (vers 343 à 336, tome I) contre les *Midas* de Trévoux.

[3] *V. E.* Autographe. Ce qui suit a été omis par Cizeron-Rival.

LETTRE CXIV.

Paris, 4 mars 1703.

Je trouvai hier mon frère le chanoine de la Sainte-Chapelle, qui vous écrivait une lettre avec laquelle il prétendait vous envoyer la requête [1] présentée par le chantre Barrin, au sujet du pupitre mis sur son banc. Cela me couvrit de confusion, en me faisant ressouvenir du long temps qu'il y a que je ne vous ai donné aucun signe de vie par mes lettres. En effet, c'est une chose étrange que tout le monde étant exact à vous ré-

---

[1] Brossette après avoir rappelé à l'abbé Boileau (Lett. famil., I, 228 et suiv.) sa promesse de donner des éclaircissemens sur les ouvrages du poëte, lui en demanda (20 janvier 1703, p. 235) sur quelques circonstances relatives au Lutrin. L'abbé lui donna d'abord (12 février, p. 242) ceux que nous allons rapporter en substance, et lui envoya ensuite (2 mars, p. 248) la sentence des requêtes du palais, du 5 août 1667 (p. 252 à 259), où sont retracés les premiers faits du différend qui a donné lieu à ce poëme.

« 1° Ce fut en 1667 que le procès touchant le Lutrin commença entre le « chantre et le trésorier de la Sainte-Chapelle. Le chantre se nommait M. Bar-« rin, homme de qualité, distingué (sic) dans l'épée et dans la robe, et le tré-« sorier Claude Auvri, évêque de Coutance... homme assez réglé dans ses « mœurs, d'ailleurs fort ignorant, et d'un mérite au-dessous du médiocre. Le « dernier de juillet 1667, il s'avisa de faire mettre un pupitre devant le stalle « premier (sic) du côté gauche, que le chantre fit ôter à force ouverte, préten-« dant qu'il n'y avait jamais été. La cause fut retenue aux requêtes... et, après « plusieurs procédures, assoupie par M. de Lamoignon.

« 2° Sidrac est le nom d'un vieux chapelain-clerc de la Sainte-Chapelle, « dont la voix était fort belle; son personnage n'est point feint.

« 3° L'abbaye de Saint-Nicaise de Reims vaut 16,000 liv. à la Sainte-« Chapelle; elle lui fut unie par Louis XIII..., pour suppléer au revenu qu'on « lui ôta des régales des évêchés... Les vendanges en sont un des principaux « produits... »

pondre ¹, celui-là seul qui a le plus de raison ² de l'être ne le soit point. Il me semble cependant que c'est votre faute, puisque c'est votre trop grande facilité à me pardonner mes négligences qui me rend négligent. Mais quoi! bien loin de m'accuser de mon peu de soin, peu s'en faut que vous ne vous excusiez de votre trop d'exactitude. Encore ne vous bornez-vous pas aux seules excuses; mais vous les accompagnez de jambons et ³ de fromages, qui feraient tout excuser, quand même vous auriez tort. Pour tâcher donc à ⁴ réparer un peu mes fautes passées, voici les vers que vous me demandez ⁵, faits sur ce vers de l'Anthologie, car il y est tout seul... ⁶

J'ai été obligé d'étendre ainsi ⁷ la chose, parce qu'autrement elle ne serait pas amenée. Charpentier l'a exprimée en ces termes:

> Quand Apollon vit le volume
> Qui sous le nom d'Homère enchantait l'univers:
> Je me souviens, dit-il, que j'ai dicté ces vers,
> Et qu'Homère tenait la plume.

Cela est assez concis, et assez bien tourné; mais, à mon

---

¹ *V. E. Autographe*, et non pas *étant* empressé *à vous répondre*...
² *V. E. Idem*, au lieu de *qui a plus de raisons de*...
³ *V. E. Idem. Cizeron-Rival* a omis cet *et*.
⁴ *Voy.* pour cette locution, p. 267, note 3.
⁵ Lettre du 15 février 1703 (Lett. fam., I, 246 et 247).
⁶ Ici Boileau rapporte ce vers grec et les vers français que nous rapportons nous-même aux poésies diverses, n° xxx, tome II, p. 448 et 449, en indiquant en note un vers (le 5ᵉ) auquel, et malgré le reproche de prolixité que Brossette lui fit (on va le voir), il en substitua ensuite deux autres (les 5 et 6ᵉ), ce qui porta le nombre total de ceux de la pièce à dix. Il suffit de citer ici le dernier:

> Je chantais, Homère écrivait.

⁷ *V. E. Autographe*, et non pas *de mettre ainsi*...

sens, *le volume*¹ est un mot fort bas en cet endroit, et je n'aime point ce mot de palais : *tenait la plume*.

Pour ce qui est des lettres que vous me sollicitez de vous envoyer ², je ne saurais encore sur cela vous donner satisfaction, parce qu'il faut que je les retouche avant que de les mettre entre les mains d'un homme aussi éclairé que vous. Je les ai écrites, la plupart, avec la même rapidité que je vous écris celle-ci, et sans savoir souvent où j'allais. M. Racine me récrivait de même, et il faudrait aussi revoir les siennes. Cela demande beaucoup de temps. D'ailleurs, il y a dedans quelques secrets que je ne crois pas devoir être confiés à un tiers. Adieu, monsieur, aimez-moi toujours, et soyez persuadé que je suis avec toute l'affection que je dois, etc.

---

¹ *F. N. R. Br...* L'expression, *à mon sens*, qui est pourtant assez utile, a été omise par Brossette (in-4°, I, 466).

² Dans la lettre du 15 février, déjà citée, Brossette s'exprime ainsi : « Vous m'avez promis de m'envoyer *des* lettres (et non pas *les* lettres, comme a mis Cizeron-Rival) que feu M. Racine vous a écrites autrefois avec des copies de quelques-unes des vôtres à mesure que ces pièces fugitives se présenteraient sous votre main. »

Il est clair, par cette tournure, surtout en la rapprochant de la réponse ci-dessus, que si Boileau avait fait quelque promesse à Brossette, ce qui ne paraît pas certain d'après la même réponse, et ce dont on ne trouve aucune trace dans leur correspondance, cette promesse ne s'étendait pas à l'envoi de toutes les lettres de Racine et de toutes ses réponses à ces lettres. Aussi n'y a-t-il dans les manuscrits de Brossette aucune lettre de Racine *, et y compte-t-on à peine un autographe et huit copies (corrigées) des réponses de Boileau.

* Sous la seule exception du billet que nous rapportons, p. 271, note 2. Quant au fragment de lettre que Cizeron-Rival a publié (III, 70) et qui fait partie de celle du 30 mai 1693 (n° LXXI, p. 256, note 4) il l'a évidemment puisé dans le recueil de Louis Racine (II, 184).

LETTRE CXV.

Paris, 8 avril 1703.

Vous ne m'accuserez pas, monsieur, pour cette fois d'avoir été peu diligent à vous répondre, puisque je vous écris sur-le-champ[1]. Je suis ravi que mon frère vous ait si bien satisfait sur vos demandes, et vous ait si bien démontré que la fiction du Lutrin est fondée sur une chose très véritable. On aurait de la peine à faire voir que l'Iliade est aussi bien appuyée, puisqu'il y a encore des gens aujourd'hui, qui nient que jamais Troie ait été prise, et qui doutent que Darès ni Dictys[2] de Crète en soient des témoins forts sûrs, puisque leurs ouvrages n'ont paru que du temps de Néron, et ne sont vraisemblablement que de nouvelles fictions imaginées sur la fiction d'Homère. Il faudrait, pour le bien attester, nous rapporter quelque sentence donnée en faveur de Neptune et d'Apollon, pour obliger Laomédon à payer à ces deux[3] *compagnons de fortune* le prix qu'il leur avait promis pour la construction des murailles de Troie.

Je ne mérite pas les louanges que vous me donnez au sujet du vers de l'Anthologie. Permettez-moi pourtant de vous dire que vous vous abusez un peu quand vous

---

[1] La lettre de Brossette est du 4 avril (Lett. fam., I, 263).

[2] Auteurs sous le nom desquels on a publié des relations fort peu authentiques de cette guerre.

[3] *V. E.* Autographe, au lieu de *payer à ses deux compagnons de fortune*, ce qui offre un sens bien différent... On voit d'ailleurs que Boileau fait une allusion aux vers 21 à 24 de l'Ode sur la prise de Namur (tome II, p. 411).

croyez que j'aie fait, ni voulu faire une paraphrase de
ce vers, qui est même plus court dans ma copie que dans
l'original, puisque j'en ai retranché l'épithète oisive[1] de
θεῖος, et que j'ai dit simplement Homère, et non point
le divin Homère. La vérité est que j'y ai joint une petite
narration assez vive, sans quoi la pensée n'est point en
son jour[2]; que si cette narration vous paraît prolixe[3], il
serait aisé d'y donner remède, puisqu'il n'y aurait qu'à
mettre à la place de la narration les paroles qu'on trouve
en prose dans le recueil de l'Anthologie, au-dessus du
vers; les voici : « Paroles que disait Apollon à propos
des[4] ouvrages d'Homère : » *Je chantais*, etc. Il me paraît que c'est l'auteur même de ce vers qui les y a mises,
n'ayant pu y joindre une narration qui l'amenât; et c'est
à quoi j'ai cru devoir suppléer dans ma traduction, sans
aucun dessein de paraphraser un vers qui n'est excellent
que par sa brièveté; car il me semble que l'expédient
dont s'est servi ce poète a un peu de rapport à ces
vieilles tapisseries où l'on écrivait au-dessus de la tête
des personnages : *c'est un homme, c'est un cheval*, etc.
Du reste, pour la narration que vous trouvez prolixe,
je ne vois pas qu'on puisse accuser de prolixité une
chose qui est dite en vers, en aussi peu de paroles qu'on

---

[1] Selon Bouhours, cité par Féraud, *oisif* se dit plus des personnes que des choses, et *oiseux*, plus des choses que des personnes ; il faudrait donc ici *oiseuse*... Mais, selon d'autres (*V.* tome II, p. 350, note 5), *oiseux* a vieilli.

[2] *V. E. Idem*, au lieu de *point* dans *son jour*.

[3] Brossette qui, selon la remarque de M. Daunou, n'a rien écrit avec précision, s'était avisé de dire (Lett. fam., I, 264) au sujet du dernier vers, rapporté p. 368, note 6, « La brièveté et la noblesse de cette expression récom-
« pense bien ce que le reste de l'épigramme peut avoir de prolixe. »

[4] *V. E.* Autographe et non pas *Apollon* au sujet *des*...

la pourrait dire en prose. Il est vrai que cette narration est de huit vers, mais ces huit vers [1] ne disent que ce qu'il faut précisément dire; et s'il y en a un qui s'étende sur quelque inutilité, vous n'avez qu'à me le marquer, parce que je le retrancherai sur-le-champ. Ce ne sont pas huit bons vers qui sont longs, ce sont deux méchans vers qui le sont quelquefois à outrance : *Sed tu disticha longa facis*, dit Martial [2]. J'ai bien de la joie que le galant [3] homme dont vous me parlez [4] prenne goût à mes ouvrages : *C'est à de tels lecteurs que j'offre mes écrits* [5]. Il me fait plaisir même de daigner bien prendre en les lisant, *animum censoris honesti*. Oserais-je pourtant vous dire que ni vous ni lui [6] n'avez point entendu ma pensée au sujet de Jules-César? Je n'ai jamais voulu dire que Jules-César [7] n'ait mis que deux jours à ramasser et lier ensemble les matériaux dont il fit construire le pont sur lequel il passa le Rhin? Il n'est question

---

[1] Actuellement *neuf*, nous en avons fait la remarque, page 368, note 6.

[2] Martial, livre II, épigr. LXXVII.

[3] *V. E.* Autographe, et non pas *que ce galant...*

[4] Camille Falconet (cité par Cizeron-Rival, I, 272). Au sujet des vers 58 et 59 de l'épitre IV (tome II, p. 44), il avait remarqué, dit Brossette (Lett. fam., I, 265), que César avait employé *dix jours* et non pas *deux jours* à faire construire le pont sur lequel son armée passa le Rhin. « Vous pouvez, ajoutait Brossette (p. 266), mettre dix jours au lieu de deux. J'ai cru que vous ne seriez pas fâché de cette observation qui, dans le fond, est assez indifférente, mais qui marque un peu plus d'exactitude dans le fait historique. » A ces expressions modestes, il a substitué dans son commentaire cette véritable phrase de censeur (I, 207)... « Il semble que vous auriez *dû* marquer un peu plus d'exactitude, etc. »

[5] Épître VII, vers 101, tome II, p. 96.

[6] *V. E.* Autographe... Au lieu de *oserais-je vous dire que vous ni lui* (on a omis *pourtant*, et le premier *ni*).

[7] *V. E. Idem*, et non pas *que César* (*Jules* est omis)

dans mes vers que du temps qu'il mit à faire passer ses troupes sur ce pont, et je ne sais même s'il y employa deux jours. Le roi, quand il passa le Rhin, fit amener un très grand nombre de bateaux de cuivre, qu'on avait été plus de deux mois à construire, et sur un desquels même M. le Prince et M. le Duc[1] passèrent; mais qu'est-ce que cela fait à la rapidité avec laquelle toutes ses troupes traversèrent le fleuve, puisqu'il est certain que toute son armée passa comme celle de Jules-César, avec tout son bagage, en moins de deux jours? Voilà ce que veut dire le vers : *Sur un pont, en deux jours, trompa tous tes efforts.....* En effet, quel sens autrement pourrait-on donner à ces mots : *trompa tous tes efforts?* Le Rhin pouvait-il s'efforcer à détruire le pont que faisait construire Jules-César, lorsque les bateaux étaient encore sur le chantier? Il faudrait pour cela qu'il se fût débordé; encore aurait-il été pris pour dupe, si César avait mis ses ateliers sur une hauteur. Vous voyez donc bien, monsieur, qu'il faut laisser *deux jours*, parce que si je mettais *dix jours*, cela serait fort ridicule; et je donnerais au lecteur une idée absurde de César, en disant comme une grande chose qu'il avait employé dix jours à faire passer une armée de 30,000 hommes, donnant ainsi[2] par là tout le temps aux Allemands qu'il leur fallait pour s'opposer à son passage. Ajoutez que ces façons de parler, *en deux jours, en trois jours,* ne veulent dire que *très promptement, en moins de rien.* Voilà, je crois, monsieur, de quoi contenter votre cri-

---

[1] Le Grand Condé et son fils. *Cizeron-Rival* (nous en parlons, p. 210, notes 6 et 5).

[2] *F. N. R. Br...* Brossette (I, 207) supprime *ainsi*.

tique et celle de M. votre ami[1]. Vous me ferez plaisir de m'en faire beaucoup de pareilles, parce que cela donne occasion, comme vous voyez, à écrire[2] des dissertations assez curieuses. Faites-moi cependant la grace d'excuser les ratures de celle-ci, parce que ce ne serait jamais fait s'il fallait récrire mes lettres. Je vous aurai bien de l'obligation, si vous en usez de même dans les vôtres; et surtout si vous voulez bien rayer ces grands MONSIEUR[3] que vous mettez à tous vos commencemens : *volo amari, non coli.* Je suis avec beaucoup de respect, etc.

LETTRE CXVI.

Paris, 28 mai[4] 1703.

J'ARRIVE à Paris, d'Auteuil où je[5] suis maintenant habitué, et où j'ai laissé votre dernière lettre que j'y ai reçue. Ainsi je vous écris, monsieur, sans l'avoir devant les yeux. Je me souviens bien pourtant que vous y attaquez fortement ce que je dis, dans mon Lutrin, de la guêpe qui meurt du coup dont elle pique son ennemi. Vous prétendez que je lui donne ce qui n'appar-

---

[1] *F. N. R. Br...* Il a également supprimé *et celle de M. votre ami* (dans son commentaire il se présente comme seul auteur de la critique ci-dessus).

[2] *Voy.* quant à une locution du même genre, p. 267, note 3.

[3] *V. E.* Autographe, et non pas *rayer* les *grands monsieur.* — Brossette avait repris cette méthode dans la lettre du 4 avril, p. 263.

[4] *F. N. R. Br.* Autographe; et non pas 15 mai, comme a mis Brossette, I, 363.

[5] *V. E.* Texte de l'autographe. Cizeron-Rival a mis *où je* ME *suis...* mais les éditeurs suivans n'ont pas commis cette faute.

tient qu'aux abeilles, qui *vitam in vulnere ponunt*; mais je ne vois pas pourquoi vous voulez qu'il n'en soit pas de même de la guêpe qui est une espèce d'abeille bâtarde, que de la véritable abeille, puisque personne sur cela[1] n'a jamais dit le contraire, et que jamais on n'a fait à mon vers l'objection que vous lui faites[2]. Je ne vous cacherai point pourtant que je ne crois cette prétendue mort vraie ni de l'abeille ni de la guêpe; et que tout cela n'est, à mon avis, qu'un discours populaire, dont il n'y a aucune certitude : mais il ne faut pas d'autre autorité à un poète pour embellir son expression. Il en faut croire le bruit public sur les abeilles et sur les guêpes, comme sur le chant mélodieux[3] des cygnes en mourant, et sur l'unité et la renaissance du phénix.

Je ne vous écris que ce mot, parce que je suis pressé de sortir pour une affaire de conséquence, et que, d'ailleurs, je suis dans une extrême affliction de la mort du pauvre M. Félix[4], premier chirurgien du roi, qui était, comme vous savez, un de mes meilleurs et de mes plus anciens amis. Je vous prie de bien témoigner à M. Perrichon[5] combien je l'estime et je l'honore, et de me ménager dans son cœur, aussi bien que dans le vôtre, le remplacement d'une perte aussi considérable que celle

---

[1] *F. N. R. Br...* Brossette a omis les mots *sur cela*.

[2] Brossette, lettre du 15 mai, p. 277... Selon lui l'aiguillon de la guêpe est droit et uni, « ce qui fait qu'il sort aussi facilement qu'il est entré », tandis que celui de l'abeille est recourbé... mais, dans la suite il reconnut son erreur (*Voy.* lettre cxxv, p. 403 et 404).

[3] *F. N. R. Br...* Il a omis ce mot *mélodieux*.

[4] *V. E.* Autographe, au lieu de *la mort* de *M. Félix...* (Il est question de Félix à p. 148, note 1; à p. 150, 155, etc.).

[5] Avocat, secrétaire de la ville de Lyon. *Ciz.-Riv.*

que je viens de faire. Je vous donne le bonjour, et suis avec un très grand respect, etc.

(*P. S.*) Je n'ai achevé que d'hier votre jambon qui a été mangé à Auteuil, et qui s'est trouvé admirable[1]. Au nom de Dieu, ôtez de vos lettres ce Monsieur, haut exhaussé qui est au commencement, ou j'en[2] mettrai dans les miennes un encore plus haut.

LETTRE CXVII.

A Auteuil, 3 juillet 1703.[5]

J'AI été, monsieur, si chargé d'affaires depuis quelque temps, et occupé de tant de chagrins étrangers et domestiques, que je n'ai pas eu le loisir de faire l'affaire qui m'est le plus agréable, je veux dire de vous écrire et de m'entretenir avec vous. La mort de M. Félix m'a d'autant plus douloureusement touché, que c'est lui, pour ainsi dire, qui s'est tué lui-même, en se voulant sonder pour une rétention d'urine qu'il avait. Nous nous étions connus dès nos plus jeunes ans. Il était un des premiers qui avait battu des mains à mes naissantes folies, et qui avait pris mon parti à la cour contre M. le

---

[1] *V. E.* Autographe. Toute cette phrase a été omise.

[2] *V. E.* Autographe. *Qui est au commencement* a été omis par Cizeron-Rival (*voy.* note 3, p. 374). — Brossette cédant à cette nouvelle exhortation de Boileau, remit (lettre du 14 juin, I, 282) le *monsieur*, dans la première ligne.

[5] *V. E.* (en partie). Autographe. Cette date omise par Cizeron-Rival (I, 287 à 293), a été indiquée (à l'exception du lieu que nous rétablissons d'après l'autographe) par Brossette (in-4°, I, 344).

A BROSSETTE. 377

duc de Montausier[1]. Il a été universellement regretté, et avec raison, puisqu'il n'y a jamais eu d'homme plus obligeant, plus magnifique et plus noble de cœur. Pour ce qui est de M. Perrault, je ne vous ai point parlé de sa mort[2], parce que franchement je n'y ai point pris d'autre intérêt que celui qu'on prend à la mort de tous les honnêtes gens. Il n'avait pas trop bien reçu la lettre que je lui ai adressée dans ma dernière édition[3], et je doute qu'il en fût content. J'ai pourtant été au service que lui a fait dire l'Académie[4], et monsieur son fils m'a assuré qu'en mourant il l'avait chargé de me faire de sa part de grandes honnêtetés, et de m'assurer qu'il mourait mon serviteur. Sa mort a fait recevoir un assez

---

[1] Il est question de leur démêlé et de leur réconciliation, tome III, notes du Discours sur la satire, et article des Erreurs de Brossette, n° 41.

[2] Brossette (lett. du 14 juin, I, 283) le lui avait indirectement reproché (Perrault était mort le 17 mai).

*[3] Quelque temps après sa réconciliation avec Boileau (4 août 1694... *Lettr. d'Arnauld*, 1727, VII, 618), Perrault lui exprima le desir, d'abord de vive voix et ensuite par écrit, que lorsqu'il réimprimerait ses ouvrages il adoucît tout ce qu'il y avait d'un peu dur relativement à leur démêlé. Dans sa réponse inédite, dont le brouillon est parmi les papiers de Brossette, Boileau soutient que leur accommodement s'est fait sans condition; que seulement lui Boileau a eu la pensée, non de retrancher quelque chose dans ses ouvrages, parce que cela serait inutile (la raison en est donnée ci-devant, p. 97), mais d'écrire à Perrault « quelque lettre *agréable* où il badinerait sur leur « querelle, et ferait voir qu'il a quelque estime pour lui; que dans cette vue « il avait déjà fait par avance une épigramme (épigr. xxix, tome II, p. 467) « où il marque cette estime... »

La lettre dont il parle ici est évidemment la même qu'il cite à Brossette, c'est-à-dire celle que nous avons donnée p. 86 à 98.. Ajoutons que Boileau ne tint pas rigoureusement à sa résolution de ne rien retrancher dans ses ouvrages de ce qui concernait Perrault. *Voir* tome I, note du vers 460 de la satire x; et tome III, notes de la première réflexion critique.

[4] Le 8 juin, aux cordeliers. *Regist. de l'Acad. franç...*

grand affront à l'Académie, qui avait élu, pour remplir sa place d'académicien, M. de Lamoignon notre ¹ ami; mais M. de Lamoignon a nettement refusé cet honneur². Je ne sais si ce n'est point par la peur d'avoir à louer l'ennemi de Cicéron et de Virgile³. L'Académie, pour laver un peu sur cela son ignominie, a élu au lieu de lui très prudemment M. le coadjuteur de Strasbourg, qui en a témoigné une fort grande reconnaissance; et qui se prépare à venir faire son compliment⁴. Je n'ai pas l'honneur de le connaître; mais c'est un prince de beaucoup de réputation, et qui a déjà brillé dans la Sorbonne⁵, dont il est docteur. J'espère qu'il tempérera si bien ses paroles ⁶ en faisant l'éloge de M. Perrault, que les amateurs des bons livres n'auront point sujet de s'écrier : *O sæclum insipiens et inficetum*⁷!

---

¹ Cizeron-Rival et après lui tous les éditeurs lisent *votre ami*... Dans le fait, Boileau a assez mal écrit ce mot (il est par apostille entre lignes) pour qu'on puisse lire *votre* ou *nôtre*... Nous avons préféré cette dernière leçon comme plus vraisemblable. Si Lamoignon eût été *ami* de Brossette, il ne se fût pas servi de l'entremise de Boileau pour le remercier d'un présent, comme on l'a vu p. 320.

² Le 18 juin, Lamoignon avait passé au scrutin de proposition; mais le 21, Tourreil, directeur, déclara que le roi le dispensait d'accepter (*Mêmes registres*)... C'était donc un véritable refus, comme Boileau l'a dit, p. 108, car la dispense avait évidemment été sollicitée par Lamoignon.

³ Il y eût été obligé comme son successeur (même p. 108).

⁴ Il en est question même p. 108 (note 8) et lettre cxviii, p. 386. — Le coadjuteur fut proposé le 30 juin et élu définitivement le 5 juillet, mais obligé de se rendre à Strasbourg, il ne put *faire son compliment* que le 31 janvier 1704 (*Mêmes registres*).

⁵ C'est aussi la remarque de Saint-Simon. Il se distingua, dit-il (II, 430), sur les bancs de Sorbonne, brilla dans les actes publics...

⁶ *V. E.* Autographe... Cizeron-Rival omet *si bien*..., de sorte que la phrase de Boileau n'a plus de sens.

⁷ Catulle, pièce intitulée *in amicam Formiani*, vers 8.

Je mets au rang de ces amateurs M. Puget[1], et j'ose me flatter que Dieu n'enlèvera pas sitôt de la terre un homme de ce mérite et de cette capacité.

Je viens maintenant à vos critiques sur mes ouvrages. Je ne sais pas sur quoi se peuvent fonder ceux qui veulent conserver le solécisme qui est dans ce vers : *Que votre âme et vos mœurs* peints *dans tous vos ouvrages*[2]. M. Gibert, du collège des Quatre-Nations[3], est le premier qui m'a fait apercevoir de cette faute depuis ma dernière édition. Dès qu'il me la montra, j'en convins sur-le-champ avec d'autant plus de facilité qu'il n'y a, pour la réformer, qu'à mettre, comme vous dites fort bien[4] : *Que votre âme et vos mœurs* PEINTES *dans vos ouvrages...*[5], ou *Que votre esprit, vos mœurs peints dans tous vos ouvrages*. Mais pourrez-

---

[1] *V. E.* Boileau écrit partout *M. Puget*, à quoi Cizeron-Rival substitue également partout, *M. de Puget.*

[2] Art poét., IV, 91, tome II, p. 260 (voy. en les notes).

F. N. R. Br. Voici encore une petite falsification où la vanité de Brossette l'a entraîné. Dans toutes ses éditions, dit-il (I, 344), Boileau avait mis *peints*, quoique ce participe masculin se rapportât à « deux mots féminins. *Je lui marquai*, dans une lettre, *la peine que cela me faisait...* » Mais bien loin d'éprouver à ce sujet de la *peine*, et quoique tous ses amis ne fussent pas de son sentiment, il mandait à Boileau (Lett. famil., I, 284) : « Il me semble qu'il y a plus d'élégance et de force à franchir la règle comme vous avez fait en disant *peints*, etc... ». Au reste en rapportant la réponse de Boileau, il y a fait des changemens dans six ou huit passages.

[3] Depuis recteur... Auteur d'une rhétorique. *Ciz.-Riv.*

[4] Petit trait de satire lancé contre l'hypercritique Brossette ; car, loin de proposer l'un ou l'autre des changemens suivans, il voulait, on l'a dit (note 2), conserver le solécisme. Aussi dans sa réponse (24 juillet, p. 295 et 296) loue-t-il les changemens *proposés* par Boileau... Mais dans son édition (note sur ce vers, in-4°, I, 344) il reproduit, sans parler de sa lettre, le passage ci-dessus, afin de donner à entendre qu'il a en effet proposé les changemens.

[5] C'est la correction définitive (tome II, même p. 260).

vous bien concevoir ce que je vais vous dire, qui est pourtant très véritable; que cette faute, si aisée à apercevoir, n'a pourtant été aperçue ni de moi, ni de personne avant M. Gibert, depuis plus de trente ans qu'il y a que mes ouvrages ont été imprimés pour la première fois [1]; que M. Patru, c'est-à-dire, le Quintilius de notre siècle, qui revit exactement ma Poétique, ne s'en avisa point, et que dans tout ce flot d'ennemis qui a écrit contre moi, et qui m'a chicané jusqu'aux points et aux virgules, il ne s'en est point rencontré un seul qui l'ait remarquée? Cela vient, je crois, de ce que le mot de *mœurs* ayant une terminaison masculine, on ne fait point réflexion qu'il est féminin. Cela fait bien voir qu'il faut non-seulement montrer ses ouvrages à beaucoup de gens avant que de les faire imprimer, mais que même après qu'ils sont imprimés, il faut s'enquérir curieusement des critiques qu'on y fait.

Oserais-je vous dire, monsieur, que si vous avez été fort juste sur l'observation de ce solécisme [2], il n'en est pas de même de votre correction de l'épigramme de l'Anthologie? Et avec qui, bon Dieu! y associez-vous mon style? Avec le style de Charpentier! *Jungentur jam tigres equis.* Est-il possible que vous n'ayez pas vu que le sens de l'épigramme est [3], que c'est Apollon, c'est-à-dire, le génie seul, qui, dans une espèce d'enthousiasme

---

[1] C'est sans doute pour dire un nombre rond, car il n'y avait que vingt-neuf ans que l'Art poétique avait paru (tome I, notice Bibl., § 1, n° 33).

[2] Suite du trait de satire indiqué p. 379, note 4.

[3] *F. N. R. Br.* Tout ce qui suit jusqu'à la fin de la lettre a été rapporté par Brossette dans ses notes sur la pièce (I, 466) de Boileau, mais presque entièrement dénaturé. Par exemple, il met au commencement du passage, ce qui est à la fin; et il en change la rédaction de manière à donner

et d'ivresse, a produit l'Iliade et l'Odyssée; que c'est lui qui les a faits, et non pas simplement dictés; et que, lorsque Homère les écrivait, à peine Apollon savait qu'Homère était là? Ne concevez-vous pas, monsieur, que c'est le mot d'*ivresse* qui sauve tout, et qui fait voir pourquoi Apollon avait tant tardé à dire aux neuf sœurs qu'il était l'auteur de ces deux ouvrages, qu'il se souvenait à peine d'avoir faits? D'ailleurs, quel air dans l'épigramme, de la manière dont vous la tournez, donnez-vous à Apollon [1], qui est supposé lisant cet ouvrage dans son cabinet, et se disant à lui-même : *C'est moi qui ait dicté ces* [2] *vers?* Au lieu que dans mon épigramme, il est au milieu des Muses à qui il déclare qu'elles ne se trompent pas dans l'admiration qu'elles ont de ces deux grands chefs-d'œuvre, puisque c'est lui qui les a composés dans une chaleur qui ne lui permettait pas d'écrire, et qu'Homère les avait recueillis. Mais

à penser aux lecteurs que c'est la pièce de Charpentier et non la sienne que Boileau critique ici.

[1] *F. N. R. Br.* Voici la preuve de ce que nous venons d'énoncer. Brossette, au même lieu, après avoir rapporté la pièce de Charpentier et la première critique qu'en a fait Boileau et qui est dans la lettre CXIV, p. 369, au lieu de la phrase *quel air... donnez vous à Apollon...*, qu'on lit ci-dessus, le fait parler ainsi: « quel air l'AUTEUR *de cette dernière épigramme* donne-t-il à Apollon, etc. »

[2] « Voyez, disait Brossette (Lettr. famil., I, 286), comment j'ai *charpenté* votre épigramme... Je me suis servi de vos vers et de ceux de M. Charpentier. »

> Apollon voyant les ouvrages
> Qui, sous le nom d'Homère, enchantaient l'univers :
> C'est moi, dit-il, qui lui dictai ces vers;
> J'étais sous ces sacrés ombrages,
> Dans ces bois de lauriers où seul il me suivait;
> Je chantais, Homère écrivait.

me voilà à la fin de la page; ainsi, monsieur, trouvez bon que je vous dise brusquement que je suis.....

(*P. S.*)[1] Mille nouvelles amitiés de ma part à l'illustre et obligeant M. Perrichon.

LETTRE CXVIII.

Auteuil, 2 août 1703.

Feu M. Patru, mon illustre ami, était non-seulement un critique très habile, mais un très violent hypercritique, et en réputation de si grande rigidité, qu'il me souvient que lorsque M. Racine me faisait sur des endroits de mes ouvrages quelque observation un peu trop subtile, comme cela lui arrivait quelquefois, au lieu de lui dire le proverbe latin : *Ne sis patruus mihi*, « n'ayez « point pour moi la sévérité d'un oncle, » je lui disais : « *Ne sis Patru mihi*, n'ayez point pour moi la sévérité « de Patru. »[2] Je pourrais vous le dire à bien meilleur titre qu'à lui, puisque toutes vos lettres, depuis quelque temps, ne sont que des critiques de mes vers, où vous allez jusqu'à l'excès du raffinement[3]. Vous avez

---

[1] *V. E.* Cizeron-Rival a omis ce post-scriptum.

[2] Patru écrivait avec correction, mais son style manquait de force, de véhémence, c'est-à-dire des qualités principales que doit avoir celui des orateurs. *Voy.* notre notice sur Cochin, Thémis J.-C., V, 438.

[3] « On voit que Boileau commençait à se lasser des sottes remarques de « Brossette. Mais par quelle fatalité s'était-il donné un pareil correspondant, « et préparé un tel commentateur ? » *M. Daunou.*

On pourrait répondre que c'était Brossette qui avait recherché la correspondance et formé le projet du commentaire... Mais peut être Boileau n'aurait-il pas dû le seconder, en lui fournissant des documens.

reçu de moi une petite narration en rimes, que j'ai composée à la sollicitation de M. Le Verrier, pour amener un vers de l'Anthologie; et tous ceux, à commencer par lui, à qui je l'ai communiquée, en ont été très satisfaits. Cependant, bien loin d'en être content, vous me faites concevoir qu'elle ne vaut rien, et sans me dire ce que vous y trouvez de défectueux, vous allez chercher dans M. Charpentier, c'est-à-dire, dans les étables d'Augias, de quoi la rectifier. Ensuite vous vous avisez de trouver une équivoque dans un vers où il n'y en a jamais eu[1]. En effet, où peut-il y en avoir dans cette façon de parler : *Approuve l'escalier tourné d'autre façon*[2], et qui est-ce qui n'entend pas d'abord que le médecin-architecte approuve l'escalier, moyennant qu'il soit tourné d'une autre manière? Cela n'est-il pas préparé par le vers précédent : *Au vestibule obscur il marque une autre place?*[3] Il est vrai que dans la rigueur et dans les étroites règles de la construction, il faudrait dire : *Au vestibule obscur il marque une autre place que celle qu'on lui veut donner, et approuve l'escalier tourné d'une autre manière qu'il n'est*. Mais cela se sous-entend sans peine; et où en serait un poète si on ne lui passait, je ne dis pas une fois, mais vingt fois dans

---

[1] Lettre, déjà citée, du 24 juillet, p. 297... Selon Brossette, il semble d'après ce vers, que le médecin a approuvé l'escalier parce qu'il a été tourné d'une autre façon qu'il n'était auparavant, tandis que la pensée de Boileau était qu'il voudrait que l'escalier fût tourné d'une autre façon qu'il ne l'est à présent... *Voyez* quant à cette critique, tome II, p. 250, la note sur ce vers.

[2] *F. N. R. Br. Vous vous avisez*, etc. Tout ce passage a été changé par Brossette, in-4°, I, 339.

[3] Cette préparation nous semble en effet prévenir toute équivoque dans le vers suivant.

un ouvrage ces *subaudi?* Où en serait M. Racine si on lui allait chicaner ce beau vers que dit Hermione à Pyrrhus, dans l'Andromaque : *Je t'aimais inconstant, qu'eussé-je fait fidèle*[1]*?* qui dit si bien, et avec une vitesse heureuse : *Je t'aimais lorsque tu étais inconstant, qu'eussé-je fait si tu avais été fidèle?* Ces sortes de petites licences de construction, non-seulement ne sont pas des fautes, mais sont même assez souvent un des plus grands charmes de la poésie, principalement dans la narration, où il n'y a point de temps à perdre. Ce sont des espèces de latinismes dans la poésie française, qui n'ont pas moins d'agrémens que les héllénismes dans la poésie latine. Jusqu'ici cependant, monsieur, vous n'avez été que trop scrupuleux et trop rigide; mais où étaient vos lumières quand vous avez douté si ce temple fameux, dont parle Thémis dans le Lutrin, est Notre-Dame ou la Sainte-Chapelle[2]? Est-il possible que vous n'ayez pas vu que ce temple qu'elle désigne à la Piété est ce même temple dont la Piété vient de lui parler quelques vers auparavant avec tant d'emphase, et où est arrivée la querelle du Lutrin?

> J'apprends que dans ce temple où le plus saint des rois
> Consacra tout le fruit de ses pieux exploits,
> Et signala pour moi sa pompeuse largesse,
> L'implacable Discorde, etc.[3]

---

[1] Andromaque, acte IV, sc. 5, vers 91 (il y a « qu'*aurais-je* fait fidèle? »)

[2] Au sujet du vers 100 du chant VI (*vers ce temple fameux si cher à tes desirs*), Brossette (ibid., p. 298) demande « si ce n'est point l'église Notre-« Dame qui est dans le voisinage du Palais... ou si Boileau a voulu désigner « la Sainte-Chapelle?... »

[3] Manuscrit. Boileau y a mis en marge « Paroles de la piété » (ce sont les vers 67 à 70 du chant VI, tome II, p. 394).

Comment voulez-vous que le lecteur aille songer à Notre-Dame qui n'a point été bâtie par saint Louis, et qui est si éloignée du Palais, y ayant entre elle et le Palais plus de douze fameuses églises, et principalement la célèbre paroisse de Saint-Barthélemy, qui en est beaucoup plus proche [1]? Permettez-moi de vous dire que de se faire ces objections, c'est se chicaner soi-même mal-à-propos, et ne vouloir pas voir clair en plein midi. Je ne vous parle point de la difficulté que vous me faites sur ce vers : *Que votre esprit, vos mœurs, peints dans tous vos ouvrages,* puisqu'il m'est fort indifférent que vous mettiez celui-là, ou *Que votre âme et vos mœurs peintes,* etc. [2] Il n'est pas vrai pourtant que la construction grammaticale ne soit pas dans le premier de ces deux vers, où la noblesse du genre masculin l'emporte, et qu'on ne puisse fort bien dire en français : *Mars et les Grâces étaient peints dans ce tableau.* On peut pourtant dire aussi *étaient peintes,* mais *peints* est le plus régulier : et pour ce qui est de ce que vous prétendez qu'il s'agit là de l'*âme* et non point [3] de l'*esprit,* trouvez bon que je vous fasse ressouvenir que le mot d'*esprit,* joint avec le mot de *mœurs,* signifie aussi l'âme; et qu'un esprit bas, sordide, trigaud, etc. veut dire la même

---

[1] Elle était dans la rue de la Barillerie, en face du Palais de justice. *M. Dulaure, Hist. de Paris,* I, 320.

[2] Brossette (ib., p. 296), tout en applaudissant à ces deux nouvelles leçons (voy. note 4, p. 379), trouvait la première moins bonne. D'une part, *mœurs* qui est féminin s'y trouvait encore accolé à *peints...* de l'autre « le précepte, « dit-il, que vous donnez en cet endroit, a plus de rapport aux vertus de « l'âme et aux sentimens du cœur, qu'aux plus belles qualités de l'esprit... »

[3] *V. E.* Texte de Cizeron Rival et du manuscrit... les éditeurs modernes ont omis *point.*

chose qu'une âme basse, sordide, etc... Avouez donc, monsieur, que dans toutes ces critiques vous vous montrez un peu trop subtil, et que vous êtes à mon égard en cela *Patru patruissimus*. Mais je commence à m'apercevoir que je suis moi-même bien peu subtil de ne pas reconnaître que vous les avez faites pour m'exciter à parler, et qu'il n'était pas nécessaire d'y répondre sérieusement. Que voulez-vous? Un auteur est toujours auteur, surtout quand on le blesse dans une partie aussi sensible que ses ouvrages, et ses ouvrages [1] imprimés ; mais laissons-les là.

Je ne saurais bien vous dire pourquoi M. de Lamoignon n'a point accepté la place qu'on lui voulait donner dans l'Académie. Il m'a mandé qu'il ne pouvait pas se résoudre à louer M. Perrault, auquel on le faisait succéder, et dont, selon les règles, il aurait été obligé de faire l'éloge dans sa harangue; mais c'est une plaisanterie. Quoi qu'il en soit, l'Académie, à mon avis, a suffisamment réparé cet affront, en élisant à sa place M. le coadjuteur de Strasbourg, prince d'un très grand mérite et d'une très grande condition, qui en a témoigné une très grande reconnaissance, jusqu'à aller rendre exactement visite à tous ceux [2] qui lui ont donné leur voix, *solatia victis* [3]. Je suis ravi qu'un petit mot dans ma dernière lettre ait un peu contribué au rétablissement de la santé de l'illustre M. Puget. Si mes paroles

---

[1] *V. E.* Texte des mêmes. On a mal-à-propos supprimé *et ses ouvrages*, dans quelques éditions telles que 1821, S. S.; 1821 et 1824, Am.; 1825, Daun. et Aug.; 1828, Thi...

[2] *V. E.* Autographe. Cizeron-Rival a omis *tous*.

[3] Voy. lettre xxv, surtout p. 108, et les notes.

ont cette vertu magique, je ne m'en applaudirai pas moins que si elles avaient le pouvoir de faire descendre la lune du ciel, et sortir du tombeau *manes responsa daturos* [1]. Je vous conjure donc d'employer aussi mes paroles à me conserver toujours dans le souvenir de M. Perrichon. J'ai reçu une lettre de M. de Mervezin presque en même temps qu'on m'a rendu la vôtre. Il est homme de mérite, et m'a paru plus que content de votre bonne réception [2]. Je suis....

P. S. Comme vous ne sauriez goûter mon épigramme de l'Anthologie en français, j'ai cru vous devoir envoyer la traduction qu'en a faite en grec l'illustre et le savant M. Boivin [3]. Elle est écrite de sa main, avec quelques vers français de sa façon [4], qu'il a imités des vers grecs d'un ancien père de l'Église, et qui sont au dos de l'épigramme. Vous jugerez par là, monsieur [5], de son double mérite. Il prétend citer quelque jour cette épigramme dans quelques notes savantes, et la faire passer pour un original tiré d'un manuscrit de la bibliothèque du roi, dont il est gardien. Je ne sais s'il fera cette folie; mais combien pensez-vous que nous avons peut-être d'ouvrages donnés de la sorte?

[1] Allusions à deux passages, l'un de Virgile (*carmina vel cœlo possunt deducere lunam...* Égl. VIII), et l'autre d'Horace (*...ut indé manes elicerent, animas responsa daturas...* Sat. VIII, liv. I).

[2] Auteur d'une histoire de la poésie, qui avait alors du succès, quoique fort médiocre. *Cizeron-Rival*, p. 299. — Il avait visité Brossette, de la part de Boileau (même p. 299).

[3] *V. E.* Autographe, au lieu de *l'illustre et savant...* Cizeron-Rival (I, 309 à 311) donne cette traduction.

[4] *V. E.* Autographe. Cizeron-Rival a omis *de sa façon*.

[5] *V. E. Idem.* Le même a également omis l'expression *par là*, qui était pourtant assez utile.

LETTRE CXIX.

Auteuil, 29 septembre 1703.

J'ai été, monsieur, si accablé d'affaires depuis quelque temps, que je n'ai pas eu le loisir de faire la chose qui m'est la plus agréable, je veux dire de m'entretenir avec vous. Je m'en serais même encore dispensé aujourd'hui, si, tout d'un coup, en relisant votre dernière lettre que j'ai trouvée sur ma table, je n'eusse fait réflexion que vous imputeriez peut-être mon silence au chagrin que vous croyez que j'ai conçu de vos critiques[1]. Je vous assure pourtant que je n'en ai eu aucun, et que j'ai été d'autant moins capable d'en avoir, que j'ai bien vu, comme je vous l'ai, ce me semble, témoigné, que vous ne me les faisiez qu'afin de vous divertir et de me faire parler. J'ai trouvé un peu étrange, je l'avoue, que vous me voulussiez mettre en société de style avec Charpentier, l'un des hommes du monde avec lequel je m'accordais le moins, et qui toute sa vie, à mon sens, et même en sa vieillesse, a eu le style le plus écolier; mais cela n'a point fait que je vous aie voulu aucun mal. Et qu'ai-je fait effectivement, à propos de vos censures, autre chose que vous comparer à M. Patru et à M. Racine? Est-ce que la comparaison vous déplaît?

Pour vous montrer même combien je suis éloigné de

---

[1] Brossette était assez autorisé à le croire puisque Boileau gardait le silence depuis trois mois sur cette dernière lettre (15 juin; Lett. fam., II, 1 à 7), où le pauvre correspondant s'épuisait toutefois en excuses.

me choquer de vos critiques, je m'en vais vous écrire ici une¹ énigme que j'ai faite à l'âge de dix-sept ans, et qui est pour ainsi dire mon premier ouvrage. Je l'avais oubliée, et je m'en souvins le dernier jour en allant voir une maison que feu mon père² avait au pied de Montmartre³, où je composai ce bel ouvrage. Je vous l'envoie, afin que vous l'examiniez à la rigueur; mais, pour me venger de votre sévérité, je ne vous dirai le mot de l'énigme, qu'à la première⁴ fois que je vous récrirai⁵, afin de me venger de la peine que vous me ferez en la censurant, par la peine que vous aurez à la deviner. La voici :

Du repos des humains implacable ennemie,... ⁶

Tout ce que je puis vous dire par avance, c'est que j'ai tâché de répondre par la magnificence de mes paroles à la grandeur du monstre que je voulais exprimer. Adieu, mon cher monsieur, aimez-moi toujours, et croyez que je suis avec tout le respect et toute⁷ la sincérité que je dois.....

(*P. S.*)⁸ Je donnai à dîner il y a deux jours à M. Bronod, à Auteuil, et il y fut très affectueusement et très solennellement bu à votre santé.

---

¹ *V. E.* Autographe, au lieu de *m'en vais ici vous écrire une énigme...*
² *V. E.* Cizeron-Rival omet *feu.*
³ A Clignancourt. *Cizeron-Rival.*
⁴ *V. E.* Autographe, et non pas *le mot de l'énigme* que *la première...*
⁵ *V. E. Idem*, au lieu de *écrirai...*
⁶ Poésies diverses, n° xxiv, tome II, p. 445.
⁷ *V. E.* Autographe. Cizeron-Rival a omis *toute.*
⁸ *V. E.* Post-scriptum omis par le même.

LETTRE CXX.

Paris, 4 novembre 1703. [1]

JE ne vous ai point écrit, monsieur, depuis longtemps, parce que j'ai été un peu malade, et fort accablé d'affaires. Vous êtes un véritable OEdipe pour deviner les énigmes; et si les couronnes se donnaient aujourd'hui à ceux qui en pénètrent le sens, je suis sûr que vous ne tarderiez pas à vous voir roi de quelque bonne et grande ville. Mais, si vous avez très bien reconnu que c'était la *puce* que j'ai voulu peindre dans mes quatre vers, vous n'avez pas moins bien deviné [2] quand vous avez cru que je ne digèrerais pas fort aisément l'insulte ironique que m'ont fait [3] de gaîté de cœur, et sans que je leur en aie donné aucun sujet, messieurs les journalistes de Trévoux. Comme j'ai fait profession jusqu'ici de ne me point plaindre de ceux qui m'attaquent, et que je les ai toujours rendus complaignans, j'ai cru en devoir encore user de même en cette occasion, et je les ai d'abord servis d'une épigramme, ou plutôt d'une espèce de petite épître en seize vers, où je leur ai marqué ma reconnaissance sur leur fade raillerie. Je ne saurais vous dire avec combien d'applaudissemens cette épître a été reçue de tout le monde, et j'ai fort bien reconnu par là que non-seulement je ne suis

---

[1] *V. E.* Date de l'autographe. Cizeron-Rival a mis le 7 ; peut-être est-ce une faute d'impression.

[2] Lettre de Brossette du 4 octobre (Lett. fam., II, 10).

[3] *V. E.* Texte de Cizeron-Rival et de l'autographe... On dirait à présent *faite,* comme ont mis des éditeurs modernes.

pas haï du public, mais qu'ils lui sont fort odieux. Je m'imagine que vous avez grande envie de voir ce petit ouvrage, et il n'est pas juste de retarder votre curiosité. Le voici :

Aux révérends pères auteurs du journal de Trévoux.

Mes révérends pères en Dieu, etc. [1]

Au reste, comme ils ne m'ont pas attaqué seul, et qu'ils ont traité très indignement mon frère, au sujet du livre des Flagellans, je me suis cru aussi [2] obligé de le défendre contre la mauvaise foi avec laquelle ils l'accusent, eux et M. Thiers [3], d'avoir attaqué la discipline en général, quoiqu'il n'en reprenne que le mauvais usage; c'est ce que je fais voir par l'épigramme suivante, qui court aussi déjà le monde :

Aux pères journalistes de Trévoux.

Non, le livre des flagellans, etc. [4]

Cette épigramme n'est pas si bonne que la précédente. Elle dit pourtant assez bien ce que je veux dire, et défend parfaitement mon frère de la chose dont on l'accuse. Je ne sais pas ce que messieurs les journalistes répondront à cela; mais, s'ils m'en croient, ils profiteront du bon avis que je leur donne par la bouche de Régnier, notre commun ami [5]. Je n'ai pas vu jusqu'ici

---

[1] Épigramme xxxv, tome II, p. 471.

[2] *V. E.* Texte de l'autographe et de Cizeron-Rival. Les éditeurs modernes omettent *aussi.*

[3] Théologien du xviie siècle.

[4] Épigramme xxxvii, tome II, p. 474, et ci-dev., p. 329, note 1.

[5] *Notre devancier,* dit-il dans l'épigramme xxxv, citée à note 1... Le *bon* avis de Régnier est que « corsaires attaquant corsaires, ne font pas leurs « affaires. »

que ceux qui ont pris à tâche de me décrier y aient réussi. Ainsi je leur puis dire avec Horace :

> Nec quisquam noceat cupido mihi pacis; at ille
> Qui me commorit, melius non tangere, clamo. [1]

Ce qu'il y a de certain, c'est que tout le tort est de leur côté. La vérité est que je me déclare dans mes ouvrages ami de M. Arnauld, mais en même temps je me déclare aussi ami *des écrivains de l'école d'Ignace*, et partant je suis tout au plus un *Molino-Janséniste*. C'est ce que je vous prie de bien faire entendre à vos illustres amis les jésuites de Lyon, que je ne confondrai jamais avec ceux de Trévoux, quoiqu'on me veuille faire entendre que tous les jésuites sont [2] un corps homogène, et que qui remue une des parties de ce corps, remue toutes les autres [3]; mais c'est de quoi je ne suis point encore parfaitement convaincu. Quoi qu'il en soit, il ne s'agit point en notre querelle d'aucun point de théologie; et je ne sais pas comment messieurs de Trévoux pourront me faire janséniste, pour avoir soutenu qu'on ne doit point étaler aux yeux ce que leur doit toujours cacher la bienséance. Ce *que* je vous prie [4] surtout, c'est de bien faire ressouvenir M. Perrichon de la sincère estime que j'ai pour lui. Je suis.....

---

[1] Horace, liv. II, sat. v, vers 44 et 45. — Boileau les a écrits de suite, comme deux lignes de prose.

[2] *V. E.* Texte de l'autographe; Cizeron-Rival lit *font*...

[3] C'est sans doute un des motifs pour lesquels, en 1761, le parlement de Paris rendit la société responsable de la banqueroute du père La Valette. (*Voltaire*, *Hist. du parlem.*, ch. LVIII).

[4] Quant à cette faute, *voy.* p. 265, note 1.

LETTRE CXXI.

Paris, 7 décembre 1703.

J'AI tardé jusqu'à l'heure qu'il est, monsieur, à vous récrire, parce que j'attendais pour le faire que MM. de Trevoux eussent répondu à mes épigrammes dans leur nouveau volume, afin de voir et de vous mander si j'avais la guerre ou non avec ces bons pères; mais étant demeurés dans le silence à mon égard[1], voilà toutes nos querelles finies, et vous pouvez assurer messieurs les jésuites de Lyon que je ne dirai plus rien contre aucun de leur compagnie, dans laquelle, quoique extrêmement ami de la mémoire de M. Arnauld, j'ai encore d'illustres amis, et entre autres, le père de La Chaise, le P. Bourdaloue et le P. Gaillard. Car pour ce qui regarde le démêlé sur la grâce, c'est sur quoi je n'ai

---

[1] Ils rompirent ce silence dans le volume suivant, c'est-à-dire le volume du mois de décembre, en y insérant à la fin une réponse à l'épigr. xxxv, réponse dont nous avons donné les deux derniers vers, tome II, p. 473.

Boileau ne connaissait point cette réponse lorsqu'il écrivit la lettre du 25 janvier 1704, où il parle de son accommodement avec les jésuites (p. 396), parce que le volume de décembre ne parut qu'à la fin de janvier, ainsi qu'on peut l'induire d'une lettre de Brossette du premier février (*Lett. famil.*, II. 31). Les jésuites de Paris la désavouèrent, selon toute apparence, en l'attribuant comme Brossette à l'imprimeur, de sorte que l'accommodement ne fut point rompu, ou peut être fut renoué dans l'intervalle qui s'écoula entre la lettre du 25 janvier et celle du 27 mars où Boileau parle de nouveau de son accommodement (p. 399); intervalle pendant lequel il répliqua par l'épigramme xxxvi (tome II, p. 473) à la réponse des journalistes. C'est alors que ceux-ci gardèrent tout-à-fait le silence, et c'est par erreur qu'à la même page 473, note 3, nous avons induit ce silence de la lettre du 7 décembre 1703, qui est antérieure et à la réponse et à la réplique.

point pris parti, étant tantôt d'un sentiment et tantôt d'un autre. De sorte que m'étant quelquefois couché janséniste tirant au calviniste, je suis tout étonné que je me réveille moliniste approchant du pélagien [1]. Ainsi, sans les condamner ni les uns ni les autres, je m'écrie avec saint Augustin [2] : *O altitudo sapientiæ!* mais, après avoir quelquefois en moi-même traduit ces paroles par *Oh que Dieu est sage!* j'ajoute aussi en même temps : *Oh que les hommes sont fous!* Je m'imagine que vous entendez bien pourquoi cette dernière exclamation, et que vous n'y comprenez pas un petit nombre de volumes.

Mais pour répondre maintenant à la question que vous me faites sur la prononciation du mot de *Trevoux*, et s'il faut un accent sur la pénultième, je vous dirai que c'est vous qui avez entièrement raison [3], et que ma faute vient de ce que je n'avais jamais entendu prononcer le nom de cette ville, avant les journaux de MM. de Trevoux. Trouvez bon que je ne vous écrive rien davantage cet ordinaire, parce que le retour de M. de Valincour de l'armée navale m'a surchargé d'occupations [4]. Aimez-moi toujours, croyez que je vous rends la pareille, et soyez bien persuadé que je suis très passionnément, etc.....

---

[1] *Voy.* à ce sujet, tome I, Essai, n° 152, et ci-apr., lettre cxxxi, p. 399.

[2] *F. N. R. Br...* Autographe et non pas *avec saint Paul*, comme a mis Brossette, I, 162.

[3] Brossette (lett. du 30 novembre 1703, II, 24) observait que dans le Lyonnais on prononce *Trevoux*... (M. Daunou condamne, mais sans donner de raisons, cette suppression de l'accent, qu'il adopte toutefois, comme nous le faisons, pour cette lettre et les suivantes... *Voy.* au reste, épigramme xxxv, tome II, p. 472, note 1).

[4] Comme historiographe (tome I, Essai, n° 139).

(*P. S.*) ¹ On dit qu'on a découvert à Lyon l'auteur du fameux meurtre de Savary : voulez-vous bien me mander ce que vous savez là-dessus. ²

LETTRE CXXII.

Paris, 25 janvier 1704.

Ce n'est pas, monsieur, à un homme qui a tort, à se plaindre d'un homme qui a raison. Cependant vous trouverez bon que je ne m'assujétisse pas aujourd'hui à cette règle, et que tout coupable que je suis de négligence à votre égard, je ne laisse pas de me plaindre de votre peu de diligence depuis quelque temps à m'écrire. Quoi! monsieur, laisser passer tout le mois de janvier sans me souhaiter, du moins par un billet, la bonne année! Cela se peut-il souffrir? Vous me direz que j'ai bien laissé passer le mois de novembre et celui de décembre sans répondre³ à deux lettres que j'ai reçues de vous⁴; mais doit-on se régler sur un paresseux de ma force, et pouvez-vous vous dire homme⁵ exact, si vous ne l'êtes que deux fois plus que moi? Sérieusement, je suis fort en peine de n'avoir point eu depuis très long-temps de vos nouvelles. Auriez-vous été indis-

---

¹ *V. E.* Cizeron-Rival omet ce post-scriptum.

² Dans sa réponse (du 16 décembre) non publiée, Brossette dit que l'individu arrêté à Lyon a fait, le 7 septembre, un vol au comte d'Arco qui passait par cette ville, mais qu'il nie d'avoir eu part au meurtre de Savary.

³ *V. E.* Autographe, au lieu de *décembre* pour *répondre*... (locution incorrecte qui est encore de la façon de Cizeron-Rival).

⁴ Il oublie donc les deux lettres précédentes.

⁵ *V. E.* Autographe, et non pas *dire* un *homme*...

posé? C'est ce que j'appréhenderais le plus. Faites-moi donc la grâce de me rassurer sur ce point, et de me dire pourquoi dans votre dernière lettre vous ne parlez point de mon accommodement avec MM. de Trevoux. Cet accommodement est maintenant complet, et le père Gaillard est venu, de la part de MM. les jésuites de Paris, témoigner à mon frère le chanoine qu'on avait fort lavé la tête à ces aristarques indiscrets, qui assurément ne diraient plus rien contre lui [1] ni contre moi [2].
« Je ne m'étais enquis du prisonnier fait à Lyon que
« parce qu'on m'avait dit qu'il avait confessé l'assassinat
« horrible de Savary, commis à Paris, et dont on n'a
« encore eu aucune lumière [3]. Du reste, je ne m'intéresse
« pas trop au vol fait à M. d'Arco, à qui je veux bien
« qu'on rende son argent, mais à qui je ne crois pas
« qu'on puisse rendre sa réputation qu'il a très justement
« perdue au siège de Brisach. [4] » Je suis, avec beaucoup
de sincérité et de reconnaissance...

[1] *V. E.* Idem. Cizeron-Rival lit *rien contre moi* (il omet *contre lui ni*)..
[2] Mais *voy.* p. 393, note 1.
[3] Ceci ne s'accorde pas tout-à-fait avec le récit de Saint-Simon. Après avoir rapporté dans un de ses chapitres de l'année 1699 (tome II, p. 308), que Savary, bourgeois aisé qui recevait des amis de *haute volée* et chez qui l'on s'exprimait librement, fut trouvé un jour assassiné avec ses deux domestiques sans que rien lui eût été dérobé, il ajoute (p. 309) : « On n'a jamais su la
« cause de cet assassinat, mais on en trouva assez pour n'oser approfondir, et
« l'affaire en demeura là. On ne douta guère qu'un très vilain petit homme
« ne l'eût fait faire, mais d'un sang si supérieur et respecté, que toute for-
« malité tomba dans la frayeur de le trouver au bout... » (Ne semblerait-il pas désigner par là le duc du Maine?)
[4] *V. E.* Cizeron-Rival a aussi omis tout le passage guillemeté, probablement à cause du trait dirigé contre d'Arco, trait sur lequel nos historiens ne nous fournissent pas de lumières. La relation que Reboulet (*Histoire de Louis XIV*, VIII, 280) fait du siège tendrait même à justifier, au moins en

LETTRE CXXIII.

Auteuil, 27 mars [1] 1704.

Vous êtes, monsieur, l'ami du monde le plus commode pour un paresseux comme moi, puisque, dans le temps même que je ne sais comment vous demander pardon de ma négligence, vous me faites vous-même des excuses, et vous déclarez le négligent de nous deux : je n'ai pourtant pas oublié que c'est moi qui ai manqué à [2] répondre à plusieurs de vos lettres [3], et, entre autres, à celle où vous m'assurez que vous avez vu à Lyon mon

partie, ce gouverneur de Brisach, puisque, selon lui, d'Arco, assiégé par une puissante armée commandée par le duc de Bourgogne et le maréchal de Marsin, ne se rendit (6 septembre 1703) que lorsqu'une batterie, placée par Vauban, eut ouvert une brèche si grande qu'un bataillon pouvait y monter de front. Toutefois l'imputation de Boileau mérite quelque attention, parce qu'il pouvait recevoir des nouvelles par un de ses petits neveux qui était officier dans notre armée et qui fut tué deux mois après, au siège de Landau (*Pi.-just.*, 92).

Si l'on rapproche d'ailleurs l'époque du vol, indiquée à la note 2, p. 395 (en supposant que l'indication soit exacte), de celle de la capitulation, on est porté à croire que d'Arco, à la suite de quelque accord avec les Français, avait abandonné son poste avant la prise de Brisach, puisqu'il est impossible que, capitulant le 6, il pût être le 7 à Lyon. On pourrait d'ailleurs citer à l'appui de cette conjecture, ce que dit Saint-Simon (IV, 56) au sujet de la même prise : « La garnison qui était de 4,000 hommes, était encore de 3,500 qui sortirent par la brèche avec les honneurs de la guerre et furent conduits à Rhinfels. La *défense fut médiocre...* »

[1] *V. E.* Texte de Brossette (Commentaire, II, 196) et de l'autographe, et non pas 15 *juin* 1704, comme a mis Cizeron Rival, II, 36 (les éditeurs modernes n'ont pas reproduit cette faute).

[2] *Voy.* pour cette locution, p. 267, note 3.

[3] Nous n'en avons qu'une (1er février, II, 30), celle où précisément

dialogue des romans imprimé. Je ne sais pas même comment j'ai pu tarder si long-temps à vous détromper de cette erreur, ce dialogue n'ayant jamais été écrit, et ce que vous avez lu ne pouvant sûrement être un ouvrage de moi. La vérité est que l'ayant autrefois composé dans ma tête, je le récitai à plusieurs personnes qui en furent frappées, et qui en retinrent quantité de bons mots. C'est de quoi on a vraisemblablement fabriqué l'ouvrage dont vous me parlez; et je soupçonne fort M. le marquis de Sévigné [1] d'en être le principal auteur; car c'est lui qui en a retenu le plus de choses. Mais tout cela, encore un coup, n'est point mon dialogue ; et vous en conviendrez vous-même, si vous venez à Paris, quand je vous en réciterai des endroits. J'ai jugé à propos de ne le point donner au public pour des raisons très légitimes, et que je suis persuadé que vous approuverez ; mais cela n'empêche pas que je ne le retrouve encore fort bien dans ma mémoire, quand je voudrai un peu y rêver, et que je vous en dise [2] assez pour enrichir votre commentaire sur mes ouvrages. [3]

Brossette annonce qu'il a vu *les Héros de roman*, imprimés dans les œuvres de Saint-Evremond (nous en parlons au tome III, notes du Discours sur cet opuscule).

[1] Fils de la célèbre madame de Sévigné.

[2] Il faudrait *que je* NE *vous en dise...* Mais *voy.* p. 310, note 2.

[3] *F. N. R. Br...* Ce passage à commencer aux mots LE *marquis de Sévigné*, a été rapporté par Brossette (même p. 196), mais avec plusieurs suppressions ou altérations. Par exemple, il omet les mots *si vous venez à Paris*, peut-être pour donner à penser qu'il a pu y aller avant la mort de Boileau, comme on a vu (tome III, art. des Erreurs, n° 22) qu'il avait la hardiesse de le dire... Enfin, il n'a pas même *été exact* dans ce qu'il rapporte ensuite de la réponse qu'il fit à Boileau, où il prétend, entre autres, l'avoir exhorté à publier ce dialogue, en observant qu'il *ferait sentir le ridicule* des romans,

Je suis bien aise que mon frère vous ait écrit le détail de notre accommodement avec MM. de Trevoux. Je n'ai pas eu de peine à donner les mains à cet accord :

<blockquote>Aujourd'hui vieux lion, je suis doux et traitable; [1]</blockquote>

Et d'ailleurs, quoique passionné admirateur de l'illustre M. Arnauld, je ne laisse pas d'estimer infiniment le corps des jésuites, regardant la querelle qu'ils ont eue avec lui sur Jansénius comme une vraie dispute de mots, où l'on ne se querelle que parce qu'on ne s'entend point, et où l'on n'est hérétique de part ni d'autre[2]. Adieu, mon cher monsieur, faites bien mes complimens à M. Perrichon et à tous nos autres illustres amis de l'hôtel-de-ville de Lyon, et croyez qu'on ne peut être avec plus de sincérité et de respect que je le suis.....

---

expressions qui ne se trouvent point dans son manuscrit et qu'il aura empruntées à J.-B. Rousseau.

C'est probablement peu après cette lettre que J.-B. Rousseau chercha en Hollande l'édition qu'on y avait faite du dialogue ci-dessus, et qui probablement aussi est l'édition citée par Brossette, car les œuvres de Saint-Evremont, où le dialogue est inséré, avaient été publiées dans ce pays (*Des maiseaux*, *Vie de Boileau*). Quoi qu'il en soit, J. B. Rousseau en fit faire une copie dont il corrigea les fautes, et en l'envoyant à Boileau, lui dit dans une lettre publiée (sans date) par Louis Racine (II, 262)... « Je souhaite que vous persistiez dans le dessein de corriger celles qui appartiennent aux personnes qui ont fait imprimer l'ouvrage même. Tel qu'il est, je ne connais personne qui n'eût été frappé des plaisanteries ingénieuses qui y sont répandues. Il n'y a que vous au monde qui soyez capable de faire sentir, dans un aussi petit nombre de pages, tout le ridicule d'une infinité prodigieuse de gros volumes; et on ne croira jamais que vous ayez pu mieux faire, à moins que vous ne fassiez voir la pièce telle que vous l'avez composée. Vous ne devez point refuser cette satisfaction au public. Je suis, etc. »

[1] Épître v, vers 18, tome II, p. 56.

[2] Brossette ose néanmoins affirmer (in-4°, I, 176) que Boileau croyait le Jansénisme une véritable hérésie.

LETTRE CXXIV.

Auteuil, 15 juin 1704.

Je suis bien honteux, monsieur, d'avoir été si long-temps sans répondre à vos obligeantes lettres [1]. Cependant je ne laisse pas d'être fâché d'avoir d'aussi bonnes excuses que celles que j'ai à vous en faire : car, outre que j'ai été extrêmement incommodé d'un mal de poitrine, qui non-seulement ne me permettait pas d'écrire, mais qui ne me laissait pas même l'usage de la respiration, la suppression subite qui s'est faite des greffiers de la grand'chambre, et qui va mettre une de mes nièces [2] à l'hôpital, avec son mari et ses trois enfans, m'a jeté dans une consternation qui n'excuse que trop justement mon silence. Je ne vous entretiendrai point du détail de cette affaire. Tout ce que je puis vous dire, c'est que les prospérités de la France coûtent cher au greffe, et que, si cela continue, j'ai bien peur que les trois quarts du royaume ne s'en aillent à l'hôpital couronnés de lauriers. Il faut pourtant tout espérer de Dieu et de la prudence du roi.

Vous m'avez fait plaisir de me mander les miracles du jésuite Romeville [3]. Je ne sais pas s'il a ressuscité des

---

[1] Du 10 avril et du 22 mai (*Lett. fam.*, II, 30 à 43).

[2] Geneviève Manchon (et non point une fille de Jérôme Boileau, comme le dit M. de S.-S., IV, 512). *Voy*. tome III, art. des Err. de Bross:, n° 3.

[3] Il a fait, raconte Brossette (p. 39), des guérisons surprenantes à La Roche, près Genève, et à Vienne, par l'attouchement d'une bague de saint François Xavier... « Tout le monde dit *j'ai ouï dire ;* mais je ne trouve personne qui disc *j'ai vu...* »

morts et fait marcher des paralytiques; mais le plus grand miracle, à mon avis, qu'il pourrait faire, ce serait de convenir que M. Arnauld était le plus grand personnage et le plus véritable chrétien qui ait paru depuis longtemps dans l'église [1], et de désavouer les exécrables maximes de tous les nouveaux casuistes. Alors je lui crierais : *Hosanna in excelsis! beatus qui venit in nomine Domini!*

J'ai bien de la joie que vous vous érigiez en auteur par un aussi bon et aussi utile ouvrage que celui dont vous m'avez envoyé le titre [2]. J'ai naturellement peu d'inclination pour la science du droit civil, et il m'a paru étant jeune et voulant l'étudier, que la raison qu'on y cultivait n'était point la raison humaine et celle qu'on appelle le bon sens [3], mais une raison particulière, fondée sur une multitude de lois qui se contredisent les unes les autres, et où l'on se remplit la mémoire sans se perfectionner l'esprit. Je me souviens même que dans ce temps-là, je fis sur ce sujet des vers latins, qui commençaient par

> O mille nexibus non desinentium
> Fœcunda rixarum parens!
> Quid intricatis juribus jura impedis?

J'ai oublié le reste. Il m'est pourtant encore demeuré

---

[1] Il serait difficile d'être plus plaisant... Voltaire a eu à peu-près la même idée, lorsque dans sa *Relation de la mort* etc., *du jésuite Berthier*, il dit qu'en purgatoire on lui a imposé pour pénitence l'obligation de faire chaque jour le chocolat d'un janséniste, de lire une des Lettres Provinciales, etc.

[2] *Les titres du droit civil et canonique rapportés sous les noms français, etc...* C'est un répertoire presque inconnu.

[3] *V. E.* Autographe. Cizeron-Rival lit *qu'on appelle bon sens* (il omet *le*, qui est pourtant assez utile).

dans la mémoire, que j'y comparais les lois du Digeste aux dents de dragon, que sema [1] Cadmus et dont il naissait des gens armés qui se tuaient les uns les autres. La lecture du livre [2] de M. Domat [3] m'a fait changer d'avis, et m'a fait voir dans cette science une raison que je n'y avais point vue jusque-là. C'était un homme admirable. Je ne suis donc point surpris qu'il vous ait si bien distingué, tout jeune que vous étiez [4]. Vous me faites grand honneur de me comparer à lui, et de mettre en parallèle un misérable faiseur de satires avec le restaurateur de la raison dans la jurisprudence. On m'a dit qu'on le cite déjà tout haut dans les plaidoiries, comme Balde et Cujas [5]; et on a raison : car, à mon sens, il vaut mieux qu'eux. Je vous en dirais davantage, mais permettez, dans le chagrin où je suis, que je me [6] hâte de vous assurer que je suis, etc.

LETTRE CXXV.

Paris, 13 décembre 1704.

JE suis si coupable, monsieur, à votre égard, que je sens bien que si je voulais faire mon apologie, il me

---

[1] *V. E. Idem*, et non pas *dents du dragon*, car il semblerait par là que ce soit le dragon qui ait été semé...

[2] *Les lois civiles dans leur ordre naturel*, etc.

[3] *V. E.* Autographe et Cizeron-Rival, et non pas *du sieur*, comme on lit dans beaucoup d'éditions (Domat naquit en 1625, mourut en 1695).

[4] Brossette étudiait le droit, en 1691, avec les fils de Domat. *Ciz.-Riv.*

[5] Balde a perdu tout son crédit; celui de Cujas n'a point diminué.

[6] *V. E.* Autogr., au lieu de *permettez que dans le chagrin où je suis, je...*

faudrait plus d'une fois relire mon Aristote et mon Quintilien, et y chercher des figures propres à bien mettre en jour un procès et une maladie que j'ai eus, et qui m'ont empêché de répondre aux lettres obligeantes et judicieuses que vous m'avez fait l'honneur de m'écrire [1]; mais, comme je suis sûr de mon pardon, je crois que je ferai mieux de ne me point amuser à ces vains artifices, et de vous dire, comme si de rien n'était, après avoir [2] avoué ma faute, que je suis confus des bontés que vous me marquez dans votre dernière lettre. J'admire la délicatesse de votre conscience, et le soin que vous prenez de m'y fournir des armes contre vous-même, au sujet de la critique que vous m'avez faite sur la piqûre de la guêpe [3]. Je n'avais garde de me servir de ces armes, puisque franchement je ne savais rien, avant votre lettre, du fait que vous m'y apprenez. Je suis ravi que ce soit à M. Puget que je doive ma disculpation [4], et je vous prie de le bien marquer dans votre commen-

---

[1] L'une du 21 juin et l'autre d'un des premiers jours de septembre 1704 (Lett. fam., II, 47 à 54). Dans celle-ci Brossette (p. 50) annonçait qu'il avait failli être écrasé par un ouvrage de charpente dont la chute avait coûté la vie à un chantre avec qui il causait... Comme Boileau ne parle point de cet évènement dans la lettre ci-dessus, il faut croire, avec M. de Saint-Surin, qu'il avait témoigné de quelque autre manière à Brossette la part qu'il prenait au danger couru par celui-ci.

[2] *V. E.* Autographe, et non pas *après vous avoir...*

[3] *Voy.* lettre CXVI, p. 375, note 2.

[4] « M. de Puget, dit Brossette (p. 53), a remarqué, par le moyen du microscope, que l'aiguillon des guêpes est garni à sa pointe de plusieurs petits « crans ou entaillures, dont le redan s'oppose à la sortie de l'aiguillon, quand « il est une fois entré dans la plaie qu'il fait par sa piqûre. C'est ce que j'ai « vu après M de Puget, dans plusieurs aiguillons de guêpes ; et afin que vous « puissiez vous en convaincre vous même par vos yeux, je vous envoie un de « ces aiguillons,... »

taire sur le Lutrin[1]; mais surtout je vous conjure de bien témoigner à cet excellent homme l'estime que je fais de lui et de ses découvertes dans la physique. Je vois bien qu'il a en vous un merveilleux disciple; mais dites-moi comment vous faites pour passer si aisément de l'étude de la nature à l'étude de la jurisprudence, et pour être en même temps si digne sectateur de M. Puget et de M. Domat.

Il n'y a rien de plus savant et de plus utile que votre livre sur *les Titres du droit civil et du droit canonique*[2]; et bien que j'aie naturellement, comme je vous l'ai déjà dit, une répugnance à l'étude du droit, je n'ai pas laissé de lire plusieurs endroits de votre ouvrage avec beaucoup de satisfaction. Vous m'avez fait un grand plaisir de me l'envoyer, et je voudrais bien vous pouvoir faire un présent de ma façon, qui pût, en quelque sorte, égaler le prix de votre livre; mais cela n'étant pas possible, je crois que vous voudrez bien vous contenter de deux épigrammes nouvelles, que j'ai composées dans quelques momens de loisir. Ne les regardez pas avec des

---

[1] *F. N. R. Br...* Texte de Cizeron-Rival et de l'autographe. Loin d'avoir égard à cette recommandation, le vaniteux Brossette aima mieux altérer la lettre que d'attribuer à un autre ce service. Voici comment il rapporte le passage ci-dessus dans son commentaire (in-4°, I, 364) : « Je suis ravi de vous « *devoir* ma justification, et je vous prie de le bien marquer, etc. »... Cette infidélité ne saurait s'excuser sur ce que Brossette aurait pu croire que c'était son propre nom que Boileau avait voulu écrire, et qu'il lui avait, par erreur, substitué celui de Puget. Outre que c'est à celui-ci que la découverte du *fait* (les crans de l'aiguillon de la guêpe) était réellement due, Boileau avait écrit avec réflexion tout ce passage, car il y a plusieurs corrections de sa main faites pour éviter des répétitions (il a, par exemple, substitué *témoigner* à *marquer*, mot qui était déjà dans sa phrase).

[2] Éloges outrés... *Voy.* p. 401, note 2.

yeux trop rigoureux, et songez qu'elles sont d'un homme de soixante et [1] sept ans. Les voici :

ÉPIGRAMME.

Sur un homme qui passait sa vie à contempler ses horloges.

Sans cesse autour de six pendules, etc. [2]

AUTRE.

A M. Le Verrier, sur les vers de sa façon qu'il a fait mettre au bas de mon portrait, gravé par Drevet.

Oui, Le Verrier, c'est là mon fidèle portrait, etc. [3]

Voilà, monsieur, deux diamans du temple [4] que je vous envoie pour un livre plein de solidité et de richesses. Vous en ferez tel usage que vous jugerez à propos, et même, si vous voulez, un très indigne usage. Cependant je vous prie de croire que c'est du fond du cœur que je suis à outrance, etc.

---

[1] *V. E.* Texte de l'autographe et de Cizeron-Rival. Les éditeurs modernes omettent cet *et*.

[2] Epigramme xxxviii, tome II, p. 475.

[3] Poésies diverses, n° xii, tome II, p. 439.

[*] Brossette se hâta (28 décembre 1704, Lett. fam., II, 62) d'écrire à Le Verrier pour demander un exemplaire du portrait, et pria (*ib.*, 61) Boileau de remettre sa lettre. Celui-ci lui répondit le 9 janvier 1705 (billet inédit) qu'il avait fait sa commission et lui adressa une copie des vers mis au bas du portrait. « C'est moi, dit-il, qui suis supposé y parler, mais qui n'ai « pourtant jamais pensé ce qu'on m'y fait dire » : *Sans peine à la raison asservissant la rime*, etc. (Poés. div., n° xi, tome II, p. 438 et 439)... ». Il termine par faire à Brossette des souhaits de bonne année.

[4] Il paraît que les marchands de bijoux imités ou contrefaits se tenaient alors au *Temple*, espèce de petite ville englobée dans Paris et servant d'asile aux débiteurs insolvables. Son enceinte a été détruite depuis la révolution (*M. Dulaure*, Hist. de Paris, II, 276 et suiv.).

LETTRE CXXVI.

Paris, 12 janvier 1705.

Je vous envoie, monsieur, le portrait dont il est question. M. Le Verrier, qui vous en fait présent, voulait l'accompagner d'une lettre de compliment de sa main; mais dans le temps qu'il l'écrivait, on l'a envoyé quérir[1] de la part de M. Desmarets[2], et je me suis chargé de l'excuser envers vous. Il m'a assuré pourtant qu'il vous écrirait au premier jour par la poste. Ainsi sa lettre arrivera peut-être avant celle-ci, que je vous envoie par la voie que vous m'avez marquée. Il y a des gens qui trouvent que le portrait me ressemble beaucoup; mais il y en a bien aussi qui n'y trouvent point de ressemblance. Pour moi, je ne saurais qu'en dire; car je ne me connais pas trop bien, et je ne consulte pas trop souvent mon miroir. Il y a encore un autre portrait de moi, gravé par un ouvrier dont je ne sais pas le nom, et qui me ressemble moins qu'au grand Mogol. Il me fait extrêmement *rechigneux*, et comme il n'y a pas de vers au bas, j'ai fait ceux-ci pour y mettre :

Du célèbre Boileau tu vois ici l'image...[3]

Je ne sais si le graveur sera content de ces vers; mais je sais qu'il ne saurait en être plus mécontent que je le

---

[1] *V. E.* Autographe. Cizeron-Rival y a substitué *chercher*.

[2] Contrôleur général des finances, neveu de Colbert. *C.-R.* — Boileau a écrit *Desmarais*.

[3] Épigramme xxxiv, tome II, p. 470.

suis de sa gravure¹. Je vous donne le bonjour, et suis très parfaitement, etc..... Témoignez bien à M. Perrichon à quel point je suis glorieux de son souvenir.

LETTRE CXXVII.

Paris ², 6 mars 1705.

Je ne m'étendrai point ici, monsieur, en longues excuses du long temps que j'ai été à répondre à vos obligeantes lettres ³, puisqu'il n'est que trop vrai qu'un très fâcheux rhume que j'ai eu, accompagné même de quelque fièvre, m'a entièrement mis hors d'état, depuis trois semaines, de faire ce que j'aime le mieux à faire; je veux dire de vous écrire. Me voilà entièrement rétabli, et je vais m'acquitter d'une partie de mon devoir.

Je suis fort aise que votre illustre physicien, à l'aide de son microscope, ait trouvé de quoi justifier le vers du Lutrin que vous attaquiez, et qu'il ait rendu à la guêpe son honneur ⁴ : car, bien qu'elle soit un peu décriée parmi les hommes, on doit rendre justice à ses ennemis, et reconnaître le mérite de ceux mêmes ⁵ qui nous persécutent. Je vous prie donc de faire bien des re-

---

¹ Elle avait été faite sur un portrait peint par Bouis. *C.-R.*

² *V. E.* Autographe et Cizeron-Rival. Tous les autres éditeurs ont omis *Paris*... et Brossette (in-4°, I, 478) indique mal-à-propos l'an 1707; mais c'est peut-être une faute d'impression.

³ On n'en a qu'une (12 février... Lett. fam., II, 67).

⁴ *Voy.* p. 403 et 404.

⁵ *V. E.* Texte de Cizeron-Rival (p. 74)... Des éditeurs modernes écrivent *même* (sans *s*).

merciemens[1] de ma part à M. Puget, et de lui bien marquer l'estime que je fais des excellentes qualités de son esprit, qui n'ont pas besoin, comme celles de la guêpe, du microscope pour être vues.

Vous faites, à mon avis, trop de cas des deux épigrammes que je vous ai envoyées, et surtout de celle à M. Le Verrier[2], qui n'est qu'un petit compliment très simple que je me suis cru obligé de lui faire, pour empêcher qu'on ne me crût auteur des quatre vers qui sont au bas de mon portrait[3], et qui sont beaucoup meilleurs que mes deux épigrammes[4], n'y ayant rien surtout de plus juste que ces deux vers :

> J'ai su dans mes écrits, docte, enjoué, sublime,
> Rassembler en moi Perse, Horace et Juvénal;

supposé que cela fut vrai, *docte* répondant admirablement à Perse, *enjoué* à Horace et *sublime* à Juvénal. Il les avait faits d'abord indirects et de la manière dont vous me faites voir que vous avez prétendu les rajuster[5]; mais cela les rendait froids et c'est par le conseil de gens

---

[1] Même observation qu'à la note 1, p. 316.

[2] *V. E.* Texte de l'autographe. Cizeron Rival et tous les éditeurs, à l'exception de M. de Saint-Surin et d'Auger (1825), omettent le mot *surtout* qui pourtant est assez essentiel.

[3] Poésies diverses, n° XI, tome II, p. 438.

[4] *V. E.* Autographe. Cizeron-Rival a omis *deux*.

[5] Brossette présumant (p. 69) que Boileau éprouvait quelque peine de ce que Le Verrier le faisait parler directement de lui-même dans ce quatrain, proposait de les tourner comme il suit :

> Sans peine à la raison asservissant la rime,
> Et, même en imitant, toujours original,
> Boileau, dans ses écrits, docte, enjoué, sublime,
> A su rassembler Perse, Horace et Juvénal.

« De cette façon, disait-il, on sauve encore la répétition *dans mes écrits* et

très habiles, qu'il les mit en style direct; la prosopopée ayant une grâce qui les anime, et une fanfaronnade même, pour ainsi dire, qui a son agrément.

Vous ne me dites rien des quatre vers que j'ai faits pour l'autre infâme gravure dont je vous ai parlé. Est-ce que vous les trouvez mauvais [1]? Ils ont pourtant réjoui tous ceux à qui je les ai dits. Mais pour vous satisfaire sur l'histoire que vous me demandez de l'épigramme de Lubin [2], je vous dirai que Lubin est un de mes parens, qui est mort il y a plus de vingt ans [3], et qui avait la folie que j'y attaque. Il était secrétaire du roi, et s'appelait M. Targas. J'avais dit, lui vivant, le mot dont j'ai composé le sel de mon épigramme, qui n'a été faite qu'environ depuis deux mois, chez moi, à Auteuil où couchait l'abbé de [4] Châteauneuf. Je [5] m'étais ressouvenu le soir, en conversant avec lui, du mot dont il est ques-

---

« *en moi,* qui est dans les vers de l'autre inscription. » Au reste, Brossette, dans son commentaire (I, 478), a changé la rédaction de ces deux phrases.

[1] *V. E.* Autographe... et non pas *vous les trouveriez mauvais.*

[2] L'homme aux pendules... Voy. p. 405.

[3] On voit que, par cette expression, Boileau se donne une certaine latitude. Un de ses éditeurs a négligé une semblable précaution et a mis tout simplement (1821, IV, 529) que Lubin était mort *il y avait vingt ans...* Dans le fait il y en avait près de trente-neuf (tome III, Explic. général, n° 401; Pièces citées *ib.*). Ajoutons que le 3ᵉ vers de l'épigramme confirme ce qu'on a observé ailleurs (*ib.*, n° 438), qu'en poésie il ne faut pas prendre les nombres à la lettre. Boileau y dit en effet (tome II, p. 475) que c'est depuis *trente et-quatre ans* que Lubin est autour de *six pendules, de deux montres et de trois cadrans.* Mais Targas étant mort à 56 ans (même n° 401), il faudrait donc supposer, contre toute vraisemblance, que c'était dès l'âge de vingt-deux ans que ce fils de procureur s'était livré à ce *soin ridicule,* et avait eu à sa disposition *six pendules, deux montres,* etc.

[4] Parrain de Voltaire (Pi. just. 207) et ami de Ninon.

[5] *F. N. R. Br.* Cette phrase a été changée par Brossette, in-4°, I, 448.

tion¹ : il l'avait trouvé fort plaisant, et sur cela nous étions convenus l'un et l'autre qu'avant tout, pour faire une bonne épigramme, il fallait dire en conversation le mot qu'on y voulait mettre à la fin, et voir s'il frapperait². Celui-ci donc l'ayant frappé, je le lui rapportai le lendemain au matin construit en épigramme, telle que je vous l'ai envoyée. Voilà l'histoire.

Le monument antique³ que vous m'avez fait tenir est fort beau et fort vrai. Mon dessein était de le porter moi-même à l'Académie des Inscriptions; mais j'ai su qu'il y avait déjà long-temps qu'il y était, et que les académiciens mêmes s'étaient déjà fort exercés sur cette excellente relique de l'antiquité. Je ne sais pas pourquoi vous me faites une querelle d'Allemand sur la prééminence qu'a eue autrefois Lyon au-dessus de Paris. Est-ce que Paris a jamais nié que, du temps de César, non-seulement Lyon, mais Marseille, Sens, Melun ne fussent beaucoup plus considérables que Paris? Et qu'est-ce que de cela⁴ Lyon saurait conclure contre Paris, sinon

---

¹ Après avoir écrit *dont est*, comme à p. 345, 357 et 362, Boileau s'est repris et a effacé *est* pour mettre *il est*, comme à p. 406... On pourrait en induire que *dont il est question* commençait à prévaloir.

² On parle de cette règle au tome II, p. 475, note 3.

³ Ou plutôt l'inscription gravée sur un autel ancien érigé, disait Brossette (Lett. fam., II, 70), pour conserver la mémoire d'un sacrifice fait l'an 160 de Jésus-Christ. « Vous voyez, ajoutait-il, que dans ce temps-là notre Lyon était « déjà une ville considérable, décorée du titre de colonie et de municipe, et « associée aux honneurs et aux privilèges du peuple romain, tandis que votre « Lutèce n'osait peut-être pas encore aspirer au nom de ville. »

L'expression VOTRE LUTÈCE, rapprochée de la réponse que Boileau fait ci-dessus à cette plaisanterie de Brossette, est une nouvelle preuve que Boileau était né à Paris (tome I, Essai, n° 7 et 8).

⁴ *V. E.* Autographe et Cizeron-Rival. Les mots *de cela* (ils sont cepen-

ce vers du Cid : *Vous êtes aujourd'hui ce qu'autrefois je fus*[1]*?* Je vous conjure bien de marquer à M. de Mezzabarba[2], dans les lettres que vous lui écrirez, le cas que je fais de sa personne et de son mérite. Je ne sais si vous avez vu la traduction qu'il a faite de mon ode sur Namur[3]. Je ne vous dirai pas qu'il y est plus moi-même que moi-même; mais je vous dirai hardiment que, bien que j'aie surtout songé à y prendre l'esprit de Pindare, M. de Mezzabarba y est beaucoup plus Pindare que moi. Si vous n'avez point[4] encore reçu de lettre de M. Le Verrier, cela ne vient que de ma faute, et du peu de soin que j'ai eu de le faire ressouvenir, comme je devais, de vous écrire; mais je vais dîner aujourd'hui chez lui, et je réparerai ma négligence. Vous pouvez vous assurer d'avoir, au premier jour, un compliment de sa façon. Adieu, mon illustre monsieur, croyez que c'est très sincèrement que je suis, etc.

Souffrez que je fasse ici en particulier, et hors d'œuvre, mon compliment à M. Perrichon.

dant nécessaires pour le sens de la phrase) ont été omis dans quelques éditions telles que 1825, Daun.; 1828, Thi...

[1] Acte I, scène VI, vers 60.
[2] Homme de lettres et antiquaire de Milan.
[3] *F. N. R.* Ceci nous a dévoilé un petit mensonge échappé au vaniteux Brossette. Il en résulte en effet clairement que la traduction faite par Mezzabarba était connue à Boileau avant que Brossette lui en eût parlé, et rien dans la correspondance ne donne à penser le contraire (*Lett. famil.*, I, 155; II, 72, 77 et 82). Cependant Brossette dit hardiment dans son commentaire (in-4°, II, 370) : « J'envoyai ces traductions à M. Despréaux qui m'écrivit le 6 mars 1705... (il rapporte aussitôt le passage ci-dessus mais en omettant la phrase, « Je ne sais si vous avez vu la traduction, etc. »).
[4] *V. E.* Autographe... au lieu de *pas*.

LETTRE CXXVIII.

A Paris, ce 15 mai 1705.[1]

Je suis si coupable envers vous, monsieur, que si je voulais me disculper de toutes mes négligences, il faudrait que j'y employasse toutes mes lettres, et je ne vous pourrais parler[2] d'autre chose. Il me semble donc que le mieux est de vous renvoyer à mes excuses précédentes, puisque je n'en ai point de nouvelles à vous alléguer, et de vous prier de suppléer, par la violence de votre amitié, à la faiblesse de mes raisons. Cela étant, je vous dirai que j'ai été ravi d'apprendre, par votre dernière lettre, l'honorable distribution que vous avez faite des estampes de Drevet. La vérité est que vous deviez les avoir reçues de ma main; mais je crois vous avoir déjà écrit que je ne les donnais à personne à cause des vers fastueux que M. Le Verrier a fait graver au bas, et dont je paraîtrais tacitement approuver l'ouverte flatterie, si j'en faisais des présens en mon nom. Cependant il n'est pas possible de n'être point bien aise qu'elles soient entre les mains de M. Puget et de M. Perrichon, et qu'elles leur donnent occasion de se ressouvenir de l'homme du monde qui les estime et les honore le plus. Pour ce qui est de M. le prévôt des marchands

---

[1] *V. E.* Autographe... Cizeron-Rival (II, 93), a omis cette date. M. Daunou l'a suppléée d'après Brossette (in-4°, II, 258), à l'exception du lieu que celui-ci n'avait point indiqué.

[2] *V. E.* Autographe et Cizeron-Rival. Quelques éditeurs mettent je *ne pourrais vous parler*.

de Lyon, je ne saurais croire qu'il souhaite de voir un portrait aussi peu digne de sa vue que le mien. La vérité est pourtant que je souhaite fort qu'il le souhaite, puisqu'il n'y a point d'homme dont j'aie entendu dire tant de bien que de cet illustre magistrat, et qu'on ne peut pas être [1] honnête homme sans desirer d'être estimé d'un aussi excellent homme que lui. M. Le Verrier m'a assuré qu'il vous enverrait encore deux de mes portraits par la voie que vous m'avez mandée, et vous les pourrez donner à qui vous jugerez à propos. M. Puget me fait bien de l'honneur de me mettre en regard, pour me servir de vos termes, avec M. Pascal. Rien ne me saurait être plus agréable que de me voir mis en parallèle avec un si merveilleux génie; mais tout ce que nous avons de semblable, comme l'a fort bien marqué [2] M. Puget dans ses jolis vers [3], c'est l'inclination à la satire, si l'on doit donner le nom de satires à des lettres aussi instructives et aussi chrétiennes que celles de M. Pascal.

Je viens maintenant à l'extrême honneur que la ville de Lyon me fait en me demandant mon sentiment sur l'inscription nouvelle qu'elle veut qui soit mise dans son hôtel-de-ville, au sujet du passage de nosseigneurs les princes en 1701; et je n'aurai pas grand'peine à me déterminer là-dessus, puisque je suis entièrement déclaré

---

[1] *V. E.* Autographe... Cizeron-Rival lit *qu'on ne peut être* (il omet *pas*).
[2] *V. E. Idem*, et non pas *remarqué*.
[3] Pur compliment. Le *poète* Puget y fait dire à Pascal et à Boileau :

>Malgré nos visages divers
>Nous convenons en une chose :
>Si l'un est satirique en vers,
>L'autre fut satirique en prose.

pour la langue latine, qui est extrêmement propre, à mon avis, pour les inscriptions, à cause de ses ablatifs absolus, au lieu que la langue française, en de pareilles occasions, traîne et languit par ses gérondifs incommodes, et par ses verbes auxiliaires où elle est indispensablement assujétie, et qui sont toujours les mêmes. Ajoutez qu'ayant besoin pour plaire d'être soutenue, elle n'admet point cette simplicité majestueuse du latin, et, pour peu qu'on l'orne, donne[1] dans un certain phébus qui la rend sotte et fade. En effet, monsieur, voyez, par exemple, quelle comparaison il y aurait entre ces mots qui viennent au bout de la plume : *Regia familia urbem invisente*, ou ceux-ci : *La royale famille étant venue voir la ville*[2]. Avec tout cela néanmoins peut-être que je me trompe, et je me rendrai volontiers sur cela à l'avis de ceux qui me demandent mon avis[3]. Cependant je vous prie de bien témoigner mes respects à M[rs]. de la ville de Lyon, et de leur bien marquer que je ne perdrai jamais l'occasion de célébrer une ville qui a été, pour ainsi dire, par ses pensions, la mère nourrice de mes muses naissantes, et chez qui autrefois, comme je l'ai déjà dit dans un endroit de mes ouvrages, on obligeait les méchans auteurs d'effacer eux-mêmes[4] leurs écrits avec la langue. Du reste, croyez qu'on ne peut être plus que je le suis, etc.

[1] *F. N. R. Br.* Il lit (II, 259) *pour peu qu'on l'orne, on donne dans...*

[2] *V. E.* Autographe et Cizeron-Rival, et non pas *venue* visiter *la,* comme dans quelques éditions modernes.

[3] Voyez sur cette question d'Alembert (II, 140 et suiv.), Éloge de Charpentier.

[4] Discours sur la satire, vers la fin, tome III (ceci confirme la variante, omise par tous les éditeurs, que nous y avons notée).

Vous recevrez dans peu une recommandation de moi pour un valet-de-chambre que vous connaissez, et dont franchement j'ai été indispensablement obligé de me défaire.

LETTRE CXXIX.

Paris, 20 novembre 1705.

Je suis si coupable envers vous, monsieur, que le mieux que je puisse faire à mon avis, c'est d'avouer sincèrement ma faute, et de vous en demander un pardon que, grâce à votre aveugle bonté pour moi, je suis en quelque façon sûr d'obtenir. Je ne vous ferai donc point d'excuses de mon silence depuis six mois[1]. J'en pourrais pourtant alléguer de très mauvaises, dont la principale est un misérable ouvrage en vers[2] que je n'ai pu m'empêcher de composer de nouveau, et qui m'a emporté toutes les heures de mon plus agréable loisir, c'est-à-dire, tout le temps que je pouvais m'entretenir par écrit avec vous. M'en voilà quitte enfin, et il est achevé.

Ainsi, monsieur, trouvez bon que je revienne à vous, comme si de rien n'était, et que je vous dise avec la même confiance que si j'avais exactement répondu à toutes vos lettres, qu'il n'y a point de jeune homme dans mon esprit au-dessus de M. Dugas, que je le trouve

---

[1] Brossette venait (Lett. du 14 novembre, II, 99) de lui reprocher ce silence.
[2] V. E. Autographe... En vers est omis par Cizeron-Rival (il s'agit de la satire XII, tome I).

également poli, spirituel, savant [1]; et que si quelque chose peut me donner bonne opinion de moi-même, c'est l'estime, quoique assez mal fondée, qu'il témoigne, aussi bien que vous, faire de mes ouvrages. Il m'est venu voir deux fois à Auteuil; et bien que nos conversations aient été fort longues, elles m'ont paru fort courtes. Je lui ai donné un assez méchant dîner avec M. Bronod [2], et cela ne s'est point passé, comme vous pouvez bien vous l'imaginer, sans boire plus d'une fois à votre santé. Il m'a marqué une estime particulière pour vous; et j'ai encore mis cette estime au rang de ses grandes perfections. Mais que voulez-vous dire avec vos termes de *parfaite reconnaissance*, et d'*attachement respectueux*, qu'il se pique, dites-vous, d'avoir pour moi? Au nom de Dieu, monsieur, qu'il change tous ces sentimens en sentimens de bonté et d'amitié. M. Dugas est un homme à qui on doit du respect, et non pas qui en doive aux autres; et d'ailleurs, vous vous souvenez bien de l'épigramme de Martial : *Sed si te colo, Sexte, non amabo* [3]. Que serait-ce donc si M. Dugas en allait user de la sorte, et comment pourrais-je m'en consoler? Voilà, monsieur, tout ce que j'ai à vous dire cette fois pour vous marquer ma rentrée dans mon devoir. Je ne manquerai pas au premier jour de vous écrire une lettre dans les formes, où je vous dirai le sujet et les plus essentielles particula-

---

[1] Président au présidial de Lyon, et depuis (1724) prévôt des marchands (*Cizeron-Rival*). Brossette, qui l'avait recommandé à Boileau (lettre du 26 mai, p. 94), lui annonce ensuite (lettre déjà citée, du 14 novembre), que depuis le retour de Dugas à Lyon, ils s'entretiennent beaucoup de lui.

[2] Il en a été question dans la lettre cix, p. 355, note 4.

[3] Martial, cité p. 79, note 2.

rités de mon nouvel ouvrage, que je vous prierai pourtant de tenir secrètes. Cependant je vous supplie de demeurer bien persuadé que, tout nonchalant et tout déterminé paresseux [1] que je suis, je ne laisse pas d'être, plus que personne du monde, etc.

LETTRE CXXX.

Paris, 12 mars 1706.

Vous accusez à grand tort M. Dugas du peu de soin que j'ai eu depuis si long-temps à répondre à vos obligeantes lettres [2]. Il est homme au contraire qui n'a rien oublié pour augmenter en moi l'estime particulière que j'ai toujours eue pour vous, et pour m'engager à vous écrire souvent. Ainsi je puis vous assurer que tout le mal ne vient que de ma négligence, qui est en moi comme une fièvre intermittente, qui dure quelquefois des années entières, et que le quinquina de l'amitié et du devoir ne sauraient guérir. Que voulez-vous, monsieur? Je ne puis pas me rebâtir moi-même, et tout ce que je puis faire, c'est de convenir de mon crime.

Je vous dirai pourtant qu'il ne me serait pas difficile de trouver de méchantes raisons pour le pallier, puis-

---

[1] *V. E.* Cizeron-Rival a omis ces mots si remarquables *et tout déterminé paresseux...*

[2] Du 27 novembre 1705 et 8 mars 1706 (p. 103 et 106). « Je lui dis « (à Dugas), écrivait Brossette (p. 107), que l'amitié que vous avez conçue « pour lui vous a fait oublier que vous vous êtes engagé depuis long temps, « d'avoir de la bonté pour moi. »

qu'il n'est pas imaginable combien depuis très long-temps je me suis trouvé occupé de la méchante affaire que je me suis faite par ma satire contre l'*équivoque*, qui est l'ouvrage que je vous avais promis de vous communiquer. A peine a-t-elle été composée, que l'ayant récitée dans quelques compagnies, elle a fait un bruit auquel je ne m'attendais point; la plupart de ceux qui l'ont entendue ayant publié et publiant encore, je ne sais pas sur quoi fondé, que c'est mon chef-d'œuvre. Mais ce qui a encore bien augmenté le bruit, c'est que dans le cours de l'ouvrage j'attaque cinq ou six des méchantes maximes que le pape Innocent XI a condamnées; car, bien que ces maximes soient horribles, et que, non plus que ce pape, je n'en désigne point les auteurs, M^{rs}. les jésuites de Paris, à qui on en a dit quelques endroits qu'on a retenus, ont pris cela pour eux, et ont fait concevoir que d'attaquer l'équivoque, c'était les attaquer dans la plus sensible partie de leur doctrine. J'ai eu beau crier que je n'en voulais à personne qu'à l'équivoque même, c'est-à-dire, au démon, qui seul, comme je l'avance dans [1] ma pièce, a pu dire *qu'on n'est point obligé d'aimer Dieu; qu'on peut prêter sans usure son argent à tout denier; que tuer un homme pour une pomme, n'est point un mal*, etc., ces messieurs ont déclaré qu'ils étaient dans les intérêts du démon, et, sur cela, m'ont menacé de me perdre, moi, ma famille et tous mes amis. Leurs cris n'ont pourtant pas empêché que monseigneur le cardinal de Noailles, mon archevêque, et monseigneur

---

[1] *V. E.* Autographe, au lieu de *je* l'avoue *dans...*, faute grossière de Cizeron-Rival.

le chancelier ¹, à qui j'ai lu ma pièce, ne ² m'aient jeté tous deux à la tête leur approbation et le privilège pour la faire imprimer si je voulais; mais vous savez bien que naturellement je ne me presse pas d'imprimer, et qu'ainsi je pourrai bien la garder dans mon cabinet jusqu'à ce qu'on fasse une nouvelle édition de mon livre ³. On en sait pourtant plusieurs lambeaux; mais ce sont des lambeaux, et j'ai résolu de ne la plus dire qu'à des gens qui sûrement ⁴ ne la retiendront pas. La vérité est qu'à la fin de ma satire j'attaque directement messieurs les journalistes de Trevoux, qui, depuis notre accommodement ⁵, m'ont encore insulté dans ⁶ trois ou quatre endroits de leur journal; mais ce que je leur dis ne regarde ni les propositions ⁷, ni la religion; et d'ailleurs je prétends, au lieu de leur nom, ne mettre dans l'impression que des étoiles, quoiqu'ils n'aient pas eu la même circonspection à mon égard. Je vous dis tout ceci, monsieur, sous le sceau du secret, que je vous prie de me garder. Mais pour revenir à ce que je vous disais, vous voyez bien, monsieur, que j'ai eu assez d'affaires à Paris pour me faire oublier celles que j'ai à Lyon.

Parlons maintenant des choses que vous voulez savoir de moi. Ma réponse au père Bourdaloue ⁸ est très

---

¹ Phélippeaux de Pontchartrain le père... Voy. p. 82, notes 1 et 2.

² *V. E.* Autographe. Cizeron-Rival omet *ne* (voy. à ce sujet, p. 310, note 2).

³ On ne put l'y insérer, on l'a observé au tome I, Not. bibl., § 1, n° 108.

⁴ *V. E.* Autographe... Autre mot omis par Cizeron-Rival.

⁵ Nous en avons parlé, p. 393, note 1.

⁶ *V. E. Idem*, et Brossette (in-4°, II, 177), et non pas *en*...

⁷ Les cinq fameuses propositions (voy. tome I, sat. XII, v. 328).

⁸ Il avait dit à Boileau, que *tous les poètes sont fous*, et Brossette (Lett.

véritable [1]; mais voici mes termes : *Je vous l'avoue, mon père; mais pourtant si vous voulez venir avec moi aux Petites-Maisons, je m'offre de vous y fournir dix prédicateurs contre un poète; et vous ne verrez à toutes les loges que des mains qui sortent des fenêtres, et qui divisent leurs discours en trois points* [2].

J'ai su autrefois le nom de l'auteur du rondeau dont vous me parlez [3], et j'ai vu l'auteur lui-même. C'était un homme qui, je crois, est mort, et qui n'était pas homme de lettres. Le rondeau pourtant est joli. Il accusait des gens du métier de se l'être attribué mal-à-propos, et de lui avoir fait un vol. Peut-être au premier jour je me ressouviendrai de son nom, et je vous l'écrirai. Entendons-nous toutefois; dans le rondeau dont je vous parle, il n'y avait point : *Où s'enivre Boileau* [4]. Ainsi j'ai peur que nous ne prenions le change.

Pour ce qui est de *la vie de Molière* [5], franchement ce n'est pas un ouvrage qui mérite qu'on en parle. Il est fait par un homme qui ne savait rien de la vie de

---

fam., II, 107) demandait à Boileau des éclaircissemens sur la réponse qu'on prétendait qu'il avait faite à ce mot.

[1] *V. E.* Autographe, et non pas *est* très juste et *très véritable*... Cette addition ridicule (*très juste*) est de Cizeron-Rival.

[2] Critique indirecte de la division, souvent inutile, des sermons.

[3] Lettre du 27 novembre 1705, II, 104.

[4] Brossette, dans sa réponse (p. 119), rapporte les deux leçons suivantes du début de ce rondeau, qu'on trouve dans les anciennes rhétoriques et qui est attribué à divers auteurs.

> A la fontaine où s'enivre Boileau...
> Ou bien :   A la fontaine où l'on puise cette eau
> Qui fait rimer et Racine et Boileau.

[5] Par Grimarest... Elle est imprimée dans le premier volume de l'édition de 1730, citée tome I, Notice bibl., § 2, n° 63.

Molière, et il se trompe dans tout, ne sachant pas même les faits que tout le monde sait. Pour les odes de M. de la Motte [1], quelqu'un, ce me semble, me les a montrées; mais je ne m'en ressouviens pas assez pour vous en [2] dire mon avis. Il me semble, monsieur, que cette fois-ci vous [3] ne vous plaindrez pas de moi, puisque je vous écris une assez longue lettre, et qu'il ne me reste guère que ce qu'il faut pour vous assurer que, tout négligent et tout paresseux que je suis, je ne laisse pas d'être un de vos plus affectionnés amis, et que je suis parfaitement.....

Mes recommandations à M. Dugas et à tous nos illustres amis et protecteurs.

LETTRE CXXXI.

Paris, 5 juillet [4] 1706.

Une des raisons, monsieur, qui m'empêche souvent de répondre à vos obligeantes lettres, c'est la nécessité où je me trouve, grâce à ma négligence ordinaire, de les commencer toujours par des excuses de ma négligence. Cette considération me fait tomber la plume des mains; et, dans la confusion où je suis, je prends le parti de ne vous point écrire, plutôt que de vous écrire

---

[1] Sur l'émulation et sur le siècle d'or (*Brossette*... Lett. fam., II, 109).
[2] *V. E.* Autographe... Cizeron-Rival omet *vous*.
[3] *V. E. Idem.* Le même omet également *ci*.
[4] *V. E.* Autographe et Brossette (Comment., I, 144), et non pas 15 *juillet* comme a mis Cizeron-Rival.

toujours la même chose. Je vous dirai pourtant qu'à l'égard de vos deux dernières lettres [1], à cette raison ordinaire que je pourrais vous alléguer, il s'en est encore joint une autre beaucoup plus valable et plus fâcheuse, je veux dire un rhume effroyable qui me tourmente depuis un mois, et pour lequel on me défend surtout les efforts d'esprit. Quelque défense pourtant qu'on m'ait faite, je ne saurais m'empêcher de m'acquitter aujourd'hui de mon devoir, et de vous dire, mais sans nul effort d'esprit, que l'illustre ami qui m'a apporté de votre part [2] l'excellent livre de M. Puget, est un très galant homme. J'ai eu le bonheur de l'entretenir une une heure durant, et il m'a paru très digne de l'estime et de l'amitié que vous avez pour lui. Pour M. Puget, que vous saurais-je dire, sinon que jamais personne ne m'a fait [3] mieux voir combien, dans les objets même les plus finis, les merveilles de Dieu sont infinies, et combien ses plus petits ouvrages sont grands? Je vous prie de lui bien témoigner de ma part à quel point je l'honore et le révère. J'ai lu son livre plus d'une fois. J'admire combien vous êtes d'hommes merveilleux dans Lyon. Je doute qu'il y en ait dans Paris de meilleur goût et de plus fin discernement. Faites-moi la faveur de leur bien marquer à tous mes respects, et la gloire que je me fais d'avoir quelque part à leur estime.

On dit que vous allez bientôt avoir dans votre ville le fameux M^r. le maréchal [4] de Villeroi. Il y a beaucoup

---

[1] L'une du 31 mars et l'autre sans date (Lett. famil., II, 117 à 125).
[2] Osio, avocat, ami de Brossette (*ib.*, p. 123).
[3] *V. E.* Autographe, au lieu de *personne* n'*a fait...*
[4] *V. E.* Autographe. Cizeron-Rival a omis *M.^r le*.

de gens ici qui lui donnent à dos sur sa dernière action, et véritablement elle est malheureuse; mais je m'offre pourtant de faire voir, quand on voudra, que la bataille de Ramillies est toute semblable [1] à la bataille de Pharsale, et qu'ainsi, quand M. de Villeroi ne serait pas un César, il peut pourtant fort bien demeurer un Pompée.

Parlons maintenant de votre mariage [2]. A mon avis, vous ne pouviez rien faire de plus judicieux. Quoique j'aie composé, *animi gratia*, une satire contre les méchantes femmes, je suis pourtant du sentiment d'Alcippe, et je tiens comme lui :

> .. Que pour être heureux sous ce joug salutaire,
> Tout dépend, en un mot, du bon choix qu'on sait faire [3] :

Il ne faut point prendre les poètes à la lettre. Aujourd'hui c'est chez eux la fête du célibat : demain c'est la fête du mariage. Aujourd'hui l'homme est le plus sot de tous les animaux : demain c'est le seul animal capable de justice, et en cela semblable à Dieu. Ainsi, monsieur, je vous conjure de bien marquer à madame votre épouse la part que je prends à l'heureux choix que vous avez fait.

Pardonnez à mon rhume si je ne vous écris pas une plus longue lettre, et croyez qu'on ne peut être avec plus de passion que je le suis.....

---

[1] *V. E. Idem...* et non pas *est* en tout *semblable...* (Boileau écrit *Ramilly*). — Cette bataille désastreuse fut donnée et perdue le 23 mai 1706. *Ciz.-Riv.*

[2] Par la seconde lettre, déjà citée, Brossette (p. 124) annonçait son mariage vec une personne d'esprit, de vertu, etc.

[3] Satire x, vers 77 et 78, tome I.

LETTRE CXXXII.

30 septembre 1706.

Je suis à Auteuil, monsieur, où je n'ai pas votre première lettre. Ainsi vous trouverez bon que je me contente de répondre à votre seconde[1], que j'y viens[2] de recevoir. Vous me faites grand honneur de me consulter sur une question de physique, étant comme je suis assez ignorant physicien. Je veux croire que votre moine bénédictin[3] est au contraire fort habile dans cette science; mais, si cela est, je vois bien qu'on peut être en même temps naturaliste très pénétrant et très maudit dialecticien; car j'ai lu un livre de lui sur la rhétorique, où, à mon avis, tout ce qu'il peut y avoir au monde de mauvais sens est rassemblé. Vous pouvez donc bien penser que sur l'effet de la nature que vous me proposez, je penche bien plus à être de votre[4] sentiment que du sien.

Mais laissons là le bénédictin, et parlons de M. Puget. Quelque attaché qu'il soit à la recherche des choses naturelles, je suis ravi qu'il ne dédaigne pas entièrement le badinage de la poésie, et qu'il daigne bien quelque-

---

[1] Du 25 septembre (p. 135). Dans la première (10 août, p. 130), Brossette demandait pourquoi Boileau avait employé au masculin *parallaxe* et *insulte* (tome II, p. 58, 397 et surtout 388, note sur le Lutrin, v. 236) et au féminin (tome I, sat. XI, v. 113), *évangile*... il avouait toutefois que ce dernier mot s'emploie dans les deux genres.

[2] *V. E.* Autographe, et non pas *que je viens*...

[3] Le père Lamy... *Brossette*, Lett. fam., II, 137.

[4] *V. E.* Autographe, au lieu de *je penche à être bien plutôt de votre*...

fois descendre jusqu'à jouer avec les muses. Ses vers m'ont paru fort polis et fort bien tournés [1]. Oserais-je pourtant vous dire qu'il n'est pas entré parfaitement dans la pensée d'Horace, qui, dans la strophe dont est [2] question, ne parle point de la fermeté du sage des philosophes, mais d'un grand personnage, ami du bon droit et de la justice, à qui la chute du ciel même ne ferait pas faire un pas contre l'honneur [3] et contre la vertu ? Aussi est-ce Hercule et Pollux que le poète cite en cet endroit, et non pas Socrate et Zénon. Il n'est donc pas vrai que ce vertueux soit si difficile à trouver que se le veut persuader M. Puget, puisque, sans compter les martyrs du christianisme, il y a un nombre infini d'exemples, dans le paganisme même, de gens qui ont mieux aimé mourir que de faire une lâcheté. Enfin, je suis persuadé que M. Puget lui-même, si on le voulait forcer, par exemple, à rendre un faux témoignage, se trouverait le *justus et tenax vir* d'Horace. Pardonnez-moi, monsieur, si je vous parle avec cette sincérité de l'ouvrage d'un homme que j'honore et que j'estime infiniment, et faites-lui bien des amitiés de ma part.

Venons maintenant à votre homme à la baguette [4]. En vérité, mon cher monsieur, je ne saurais vous cacher que je ne puis concevoir comment un aussi galant

---

[1] Autre compliment... ces vers (*ib.*, 135) sont une imitation prolixe de la fameuse ode d'Horace (II, 3), *Justum et tenacem...*

[2] *V. E.* Autographe et non pas *dont il est...* (mais voy. p. 410, note 1).

[3] *V. E. Idem*, au lieu de *faire un* faux *pas contre l'honneur...* le mot *faux*, qui est ici si ridicule, est de la façon de Cizeron-Rival.

[4] Jacques Aimar (voy. les biographies). Brossette (*ib.*, 141) paraît croire à « sa faculté divinatoire pour les sources, l'argent caché, les choses volées, les « meurtres... »

homme que vous a pu donner dans un panneau si grossier, que d'écouter un misérable dont la fourbe a été ici entièrement découverte [1], et qui ne trouverait pas même présentement à Paris des enfans et des nourrices qui daignassent l'entendre [2]. C'était au siècle de Dagobert et de Charles-Martel qu'on croyait de pareils imposteurs; mais sous le règne de Louis-le-Grand, peut-on prêter l'oreille à de pareilles chimères, et n'est-ce point que depuis quelque temps, avec nos victoires et nos conquêtes, notre bon sens s'est aussi en allé [3]? Tout cela m'attriste, et, pour ne pas vous affliger aussi, trouvez bon que je me hâte de vous dire que je suis très parfaitement, monsieur.....

P. S. Je ferai réponse [4], dès que je serai à Paris, à votre première lettre. Mes recommandations, s'il vous plaît, à tous vos illustres magistrats. Il n'est parlé ici que de méchantes nouvelles [5], et on avoue maintenant que bien d'autres généraux que M. le maréchal de Villeroi pouvaient être battus.

Je suis charmé de M. Osio, qui m'a fait l'honneur de me revenir voir.

---

[1] *V. E.* Autographe, et non pas *a été si entièrement...* autre expression ridicule de la façon de Cizeron-Rival.

[2] On fut redevable de cette découverte au prince de Condé. Il fit enterrer (1693) dans plusieurs endroits de son jardin, de l'or et de l'argent qu'Aimar ne devina pas... mais auparavant, persuadés de sa faculté *divinatoire*, plusieurs savans et entre autres le célèbre père Mallebranche, l'attribuaient à la coopération du démon. *Larrey*, VI, 74.

[3] On dirait aujourd'hui *s'en est aussi allé* (mais voy. p. 71, note 2).

[4] Il ne l'a point faite; du moins on ne l'a pas.

[5] Presque toutes les villes de Flandre furent reprises successivement après la défaite de Ramillies... On perdit la bataille de Turin et on leva le siège de cette ville, le 9 septembre..., etc., etc.

LETTRE CXXXIII.

Paris, 2 décembre 1706.

Je ne vous ferai point, monsieur, d'excuses de ma négligence, parce que je n'en ai point de bonnes à vous faire, et me [1] contenterai de vous dire que j'ai vu, avec beaucoup de reconnaissance dans votre dernière lettre [2] la charité que vous avez pour mon misérable valet. Il m'a servi plus de quinze années, et c'est un assez bon homme. Je croyais qu'il dût me fermer les yeux ; mais une malheureuse femme qu'il a épousée, sans m'en rien dire, a corrompu en lui toutes ses bonnes qualités, et m'a obligé, par des raisons indispensables et que vous approuveriez vous-même si vous les saviez, de m'en défaire. Vous me ferez [3] plaisir de le servir en ce que vous pourrez ; mais, au nom de Dieu, que ce soit sans vous incommoder, et ne le donnez pas pour impeccable.

Le mot qu'il vous a rapporté de moi est vrai [4]; mais il ne vous en a pas dit un encore moins mauvais que je dis à sa majesté, en la quittant à la sortie de cette dispute; car tout le monde qui était là paraissant étonné de ce que j'avais osé disputer contre le roi : *Cela est*

---

[1] *V. E.* Autographe et Cizeron-Rival, au lieu de *et je me...*

[2] Du 25 novembre (p. 151)... la première est du 28 octobre (p. 146).

[3] *V. E.* Autographe, et non pas *feriez*, comme dans quelques éditions.

[4] « Votre majesté aurait pris vingt villes plutôt que de me persuader cela... » Brossette (p. 152) demandait *l'histoire* de ce mot (ci-ap., p. 429)... Ainsi le laquais de Boileau a été une des autorités du commentateur, comme nous le remarquons tome III, art. des erreurs de Brossette, n° 4.

assez beau, lui dis-je, *que de toute l'Europe je sois le seul qui résiste à votre majesté.* Il y a aussi quelque chose de véritable dans ce qu'on vous a raconté de notre conversation sur le mot de *gros;* mais on l'a gâtée en voulant l'embellir. Tout ce qu'il y a de vrai, c'est que le roi parlant fort contre la folie de ceux qui suppléaient partout le mot de *gros* à celui de *grand : Je ne sais pas,* lui dis-je, *comment ces messieurs l'entendent, mais il me semble pourtant qu'il y a bien de la différence entre Louis le gros et Louis le grand.* Cela fit assez agréablement ma cour, aussi bien que les deux autres mots, qui furent dits dans un temps qui leur convenait, je veux dire, dans le temps de nos triomphes, et qui ne seraient pas si bons aujourd'hui, où à mon sens on n'a que trop appris à nous résister. Vous voilà, monsieur, assez bien éclairci, je crois, sur vos deux questions, et je vous satisferais aussi sur celles qu'il me semble[1] que vous m'avez faites dans vos deux autres lettres précédentes[2], si je les avais ici : mais franchement, je les ai laissées à Auteuil. Ainsi il faut attendre que je les aie rapportées pour vous donner pleine satisfaction. J'y ferai pour cela bientôt un tour; car l'hiver ni les pluies n'empêchent pas qu'on n'y puisse aller comme en plein été. Cependant je vous prie de croire qu'on ne peut être avec plus de sincérité et de reconnaissance que je le suis, etc.[3]

Dans le temps que j'allais fermer cette lettre, je me

---

[1] *V. E.* Autographe... Cizeron Rival omet *qu'il me semble...*

[2] Nous n'en avons qu'une (du 28 octobre, citée p. 427, note 2).

[3] *V. E.* On trouve ici dans l'autographe ce post scriptum... « mes recom-
« mandations à tous nos-illustres amis de Lyon... » Nous croyons inutile de

suis ressouvenu que vous seriez peut-être bien aise de savoir le sujet de la dispute que j'eus avec sa majesté. Je vous dirai donc que c'était à propos du mot de *rebrousser* [1] *chemin*, que le roi prétendait mauvais, et que je maintenais bon, par l'autorité de tous nos meilleurs auteurs qui s'en étaient servis, et entre autres Vaugelas et d'Ablancourt. Tous les courtisans qui étaient là m'abandonnèrent, et M. Racine tout le premier. Cependant je demeure encore dans mon sentiment, et je le soutiendrai encore hardiment contre vous, qui avez la mine de n'être pas de mon avis, et de m'abandonner comme tous les autres.

LETTRE CXXXIV.

Paris, 20 janvier 1707.

Il y a, monsieur, aujourd'hui près de deux mois que je fis sur mon propre escalier une chute que je puis appeler heureuse, puisque je suis en vie. Cela n'a pas empêché néanmoins que je n'aie été sur le grabat plus de six semaines, à cause d'une très douloureuse entorse jointe à plusieurs autres maux [2] qu'elle m'avait causée [3].

---

le reproduire à l'avenir, car il est dans presque toutes les lettres suivantes, à-peu-près dans les mêmes termes.

[1] *V. E.* Autographe... Cizeron-Rival omet *de*.

[2] *V. E.* Texte de l'autographe et de Cizeron-Rival. Dans quelques éditions on a supprimé les mots *qu'elle m'avait causée*... dans d'autres (sans avertir du changement) on a mis *causés*, comme il faudrait aujourd'hui.

[3] *V. E.* Ici finit la lettre dans Cizeron-Rival. Nous avons suppléé tout ce qui suit, d'après l'autographe.

Je ne commence encore qu'à en revenir, et c'est même malgré l'ordre des chirurgiens que je vous écris ce mot de lettre, pour vous remercier de la bonté que vous avez pour moi et pour mon infortuné et très sottement marié valet-de-chambre. Je vous en écrirai davantage quand je serai un peu fortifié. Cependant je vous prie de croire que je suis plus passionnément que jamais, votre, etc.

LETTRE CXXXV.

Paris, 12 mars 1707.

Il n'y a point, monsieur, d'amitié plus commode que la vôtre. Dans le temps que je ne saurais trouver aucune bonne excuse d'avoir été si long-temps à répondre à vos obligeantes lettres [1], c'est vous qui me demandez pardon d'avoir manqué quelques ordinaires à m'écrire, et qui me mettez en droit de vous faire des reproches. Je ne vous en ferai pourtant point, et je me contenterai de vous dire, avec la même confiance que si je n'avais point tort, qu'on ne peut être plus touché que je[2] le suis de la constance que vous témoignez à aimer un homme si peu digne de toutes vos bontés que moi; et que, s'il y a quelque chose qui me puisse faire corriger de mes négligences, c'est votre facilité à me les pardonner. Cela étant, je vous dirai, sans m'étendre en de plus

---

[1] Deux, l'une du 25 janvier (p. 164), l'autre sans date, mais probablement de la fin de février (p. 166).
[2] Pour que *je ne le suis...* *Voy.* page 310, note 2.

longs complimens, que si l'ouvrage dont vous me parlez[1], qui a été fait à l'occasion de mon démêlé avec MM. de Trevoux est celui qu'on m'a montré, et où l'on met en jeu mon frère avec moi, c'est bien le plus sot, le plus impertinent et le plus ridicule ouvrage qui ait jamais été fait, et qu'il ne saurait sortir que de la main de quelque misérable cuistre de collège qui ne nous connaît ni l'un ni l'autre. Le misérable m'y attribue une satire où il me fait rimer *épargner* avec *dernier*[2]. Il nous donne à l'un et à l'autre pour confident un M. Marconville[3], qui ne nous a pas seulement vu, je crois, passer dans les rues. En un mot, le diable y est.

Pour ce qui est de l'épigramme contre monsieur et madame Dacier[4], je ne sais ce que c'est, et ils sont tous deux mes amis. Peut-être est-ce une épigramme où l'on veut faire entendre que madame Dacier est celle qui porte le grand chapeau dans les ouvrages qu'ils font ensemble, et qui y a la principale part. Supposé que cela soit, je vous dirai que je l'ai vue, et qu'elle m'a paru très abominable. On l'attribue pourtant à M.[5] l'abbé Tallemant[6]. Pour ce qui est de l'épigramme faite à l'oc-

---

[1] Probablement le *Boileau aux prises*, etc. *Voy.* p. 133, note 2.

[2] La réponse citée dans la même note finit ainsi:

> Plus sages désormais songez à m'épargner,
> Ou sinon, rira bien qui rira le dernier.

[3] *V. E.* Texte de l'autographe, et tel est aussi le nom qu'on cite dans le *Boileau aux prises*, etc... Cizeron-Rival, suivi par tous les éditeurs, a mis DE *la Ronville*.

[4] On en attribuait une à Boileau, disait Brossette (Lett. fam., II, 167).

[5] Il est question de cet abbé tome II, p. 94 et 254.

[6] *V. E.* Cizeron-Rival place ici, et comme si Boileau l'avait écrite (il n'y en a pas un mot dans l'autographe), l'épigramme qu'on va lire:

casion¹ du petit de Beauchâteau, j'étais à peine sorti du collège, quand elle fut composée par un frère aîné que j'avais ², et qui a été de l'Académie française. Elle passa pour fort jolie, parce que c'était une raillerie assez ingénieuse de la mauvaise manière de réciter de Beauchâteau le père, qui était un exécrable comédien, et qui passait pour tel. Il fut pourtant assez sot pour la faire imprimer dans le prétendu recueil des ouvrages de son fils, qui n'était qu'un amas de misérables madrigaux qu'on attribuait à ce fils, et que de fades auteurs qui fréquentaient le père avaient composés. Tout ce que je puis vous dire de la destinée de ce célèbre enfant, c'est qu'il fut un fameux fripon, et que ne pouvant subsister en France, il passa en Angleterre, où il abjura la religion catholique, et où il est mort, il y a plus de vingt ans, ministre de la religion prétendue réformée ³. Trouvez bon, monsieur, qu'un convalescent, comme je suis encore, ne vous en dise pas davantage pour aujourd'hui, et que je me contente de vous assurer que je suis, etc.

(*P. S.*)⁴ Mes recommandations à nos chers et communs amis.

> Quand Dacier et sa femme engendrent de leurs corps,
> Et que de ce beau couple il naît enfans, alors
>   Madame Dacier est la mère;
>   Mais quand ils engendrent d'esprit,
>   Et font des enfans par écrit,
>   Madame Dacier est le père.

¹ *V. E.* Autographe. Cizeron-Rival omet le mot *faite*, qui est pourtant essentiel.

² Brossette (p. 168) la rapporte.

³ D'autres disent qu'il passa en Perse... Peut-être Boileau le confond-il avec son frère Hyppolite (*Voy.* Goigoux).

⁴ *V. E.* Post-scriptum omis par Cizeron-Rival.

LETTRE CXXXVI.

Paris, 14 mai 1707.

Je ne vous fais point d'excuses, monsieur, d'avoir été si long-temps sans vous écrire, parce que je suis las de commencer toujours mes lettres par le même compliment, et que d'ailleurs je suis si accoutumé à faillir, qu'il me semble qu'on ne me doit plus demander raison de mes fautes. Il y a pourtant quatre ou cinq jours que je me ressouvins de mon devoir, et que m'en allant à Auteuil pour m'y établir, je portai avec moi votre dissertation sur le tombeau des deux *Amandus* ou Amans, à dessein d'y faire une exacte réponse; mais le froid m'en chassa dès le lendemain, et le pis est que j'y laissai cette dissertation. Cependant je ne saurais me résoudre à tarder davantage à vous dire au moins en général ce que j'en pense, qui est que j'ai trouvé vos réflexions fort justes [1]. Le monument néanmoins ne me semble pas de fort grand goût [2], et a une pesanteur, à mon avis, tirant au gothique. Quoi qu'il en soit, messieurs de Lyon sont fort louables du soin qu'ils ont de conserver jusqu'aux médiocres ouvrages de la respectable antiquité. Pour votre inscription [3], elle est, à mon

---

[1] Voir la lettre de Brossette du 26 avril 1707 (Lett. fam., II, p. 175 à 180)... il y a joint une estampe du monument.

[2] C'est aussi le sentiment de Cizeron Rival (p. 181).

[3] Monumentum hoc vetustate corruptum, olim in medio viæ publicæ positum, in hunc locum transferri et sumptu publico reparari curaverunt nobiles viri, etc... *Brossette, ib.*, p. 179.

avis, très bonne et très latine; et je n'y ai trouvé à redire que le mot de [1] *reparari*, qui ne veut point dire, à mon sens, dans la bonne latinité, être *réparé*, mais être *racheté* : VINA SYRA REPARATA MERCE [2]. *Instaurari*, selon moi, sera beaucoup meilleur; car *restaurari* ne vaut rien non plus. Ainsi, je mettrais *in alium locum transferri et instaurari curaverunt*, etc. Je vous écris tout cela de mémoire, et peut-être, quand je serai de retour à Auteuil, et que j'aurai votre papier devant moi, vous manderai-je quelque chose de plus particulier.

Pour ma satire sur l'*Équivoque*, tout ce que je puis vous en dire maintenant, c'est qu'on va faire une nouvelle édition de mes ouvrages, où, selon toutes les apparences, je l'insérerai [3], et que, bien que j'y attaque à face ouverte tous les mauvais casuistes, je ne crains point que les jésuites s'en offensent, puisqu'ils y seront même loués, à M^{rs}. de Trevoux près, que je n'y nommerai pourtant [4] point, quoiqu'ils m'aient attaqué par mes propres noms et surnoms. Mais quoi?

Aujourd'hui vieux lion, je suis doux et traitable [5].

Adieu, mon illustre monsieur, aimez-moi toujours, et croyez que je suis très affectueusement, etc.

---

[1] *V. E.* Autographe... Cizeron-Rival lit *le mot reparari* (il omet *de...*).
[2] Horace, liv. I, ode XXXI (à Apollon), vers 12.
[3] Cela ne fut point permis, on l'a dit, p. 419, note 3.
[4] *V. E.* Autographe. Cizeron-Rival omet *pourtant*.
[5] Épître v, vers 18, tome II, p. 56.

LETTRE CXXXVII.

Auteuil, 2 août 1707.

Je ne saurais, monsieur, assez vous marquer la honte que j'ai d'avoir été si long-temps à répondre à vos agréables lettres [1]; mais, grâce à votre bonté, je suis si sûr de mon pardon, que je ne sais pas même si pour l'obtenir je suis obligé de le demander. La vérité est pourtant que j'ai été malade, et que je ne suis pas encore bien guéri de plusieurs infirmités que j'ai eues depuis six mois, et qui ne m'ont que trop bien prouvé que j'ai soixante et [2] dix ans.

Mais venons à votre dernière lettre, ou plutôt à votre dernière dissertation. J'avoue que *restituere* est le vrai mot des médailles, pour dire qu'on a rétabli un ouvrage qui tombait en ruine; mais je ne sais si on peut se servir de ce mot pour un ouvrage qu'on transporte ailleurs; et c'est ce qui a fait que je vous ai proposé le mot d'*instaurare*, qui est un mot très reçu dans la bonne latinité; car pour le mot de *restaurare*, il me paraît du bas empire. A mon avis, néanmoins, *restituere* ne gâtera rien, et vous pouvez choisir.

Je suis ravi que M^{rs}. de Lyon [3] aient si bonne opi-

---

[1] Nous n'en avons qu'une (20 juin... Lett. fam., II, 184 à 189).

[2] *V. E.* Autographe et Cizeron-Rival. On supprimerait aujourd'hui cet *et*, et c'est aussi ce qu'on a fait dans les éditions *modernes*. Mais au moins eût-on dû avertir que tel n'était pas l'usage de Boileau.

[3] *V. E.* Autographe. Cizeron-Rival lit : *messieurs de l'hôtel de-ville de Lyon*.

nion de moi, et que mes ouvrages puissent paraître sans crainte *lugdunensem ad aram* [1]. Le public et mes libraires surtout me pressent fort d'en donner une nouvelle édition in-4°, et je vous réponds, si je me résous à leur complaire, qu'elle sera du caractère que vous souhaitez [2]; mais franchement, aujourd'hui je fuis autant le bruit que je l'ai cherché autrefois, et je sens bien que les additions que j'y mettrai ne sauraient manquer d'en exciter beaucoup. J'ai pourtant mis ma satire contre l'Équivoque, adressée à l'Équivoque même, en état de paraître aux yeux mêmes [3] des plus relâchés jésuites, sans qu'ils s'en puissent le moins du monde offenser. Et, pour vous en donner ici par avance une preuve, je vous dirai qu'après y avoir attaqué assez fortement [4] les plus affreuses propositions des mauvais casuistes, et celles surtout qui sont condamnées par le pape Innocent XI, voici comme je me reprends :

> Enfin ce fut alors que, sans se corriger..... [5]

Je vous écris ce petit échantillon, afin de vous faire

---

[1] Allusion à ce qu'il dit vers la fin du Discours sur la satire, tome III.

[2] Brossette demandait que les vers fussent en caractères romains. Des commentateurs croient mal-à propos que dans toutes, ou presque toutes les éditions antérieures, ils étaient en italiques; ce n'est que dans celles de 1674 et 1675, et dans l'in-4° de 1701 (tome I, Notice bibl., § 1, n° 33 à 37 et 89).

[3] *V. E.* Autographe et Cizeron-Rival (II, 192). Les éditeurs modernes écrivent *même* (sans *s*).

[4] *V. E.* Autographe... Cizeron-Rival y a substitué *finement*, sans s'apercevoir qu'avec cette expression Boileau se serait donné à lui-même des éloges.

[5] Il donne ici les vers 307 à 318 de la satire XII, et parmi ces vers la première composition des 309 et 310°. Nous indiquons dans la note de ces vers (tome I) un changement proposé par Brossette, changement que Boileau n'adopta point.

concevoir ce que c'est à-peu-près que la pièce. Je vous prie de ne le ¹ confier à personne, et de croire que je suis à outrance, etc.

LETTRE CXXXVIII.

Paris, 24 novembre 1707.

Je ne vous cacherai point, monsieur, que j'ai été attaqué depuis plus de quatre mois d'un tournoiement de tête qui ne m'a pas permis de m'appliquer à rien, ni même à répondre à des lettres aussi obligeantes et aussi spirituelles que les vôtres ². J'avais prié M. Falconet qui me vint voir, il y a assez long-temps, de votre part, à Auteuil, de vous mander mon incommodité, et il s'en était chargé; mais je vois bien qu'il n'a pas jugé la chose assez importante pour vous l'écrire, et j'en suis bien aise, puisqu'il est médecin et que c'est signe ³ qu'il n'a pas trop ⁴ mauvaise opinion de ma maladie. Il m'a paru

---

¹ *V. E.* Cizeron-Rival a omis ce *le* que M. Daunou (1809) a suppléé avec raison (il est en effet dans l'autographe). Mais dans sa dernière édition (1825) on a imprimé par erreur *la*, et cette faute a été reproduite ailleurs (1828, Thi...).

² *V. E.* Autographe... Cet éloge est si outré que l'admirateur même de Brossette (Cizeron-Rival) en a eu honte; aussi a-t-il supprimé les mots *et si spirituelles*... Les lettres auxquelles Boileau fait allusion sont des 10 août, 12 septembre et 19 novembre (p. 194 à 204); et l'on verra plus loin (p. 442) qu'il critique une de ces lettres *spirituelles*.

³ *V. E.* Texte de l'autographe et de Cizeron-Rival (p. 205). Les mots *que c'est signe* sont omis (ce qui rend la phrase inintelligible) dans toutes les éditions modernes.

⁴ *V. E.* Autographe... Cizeron-Rival a omis *trop*...

homme de savoir et de beaucoup d'esprit. Grâces à Dieu, me voilà en quelque sorte guéri, et je ne me ressens plus de mon mal, si ce n'est en marchant qu'il me prend quelquefois de petits tournoiemens que j'attribue même[1] plutôt à mes soixante et dix[2] années[3] que j'ai entendues sonner[4] le jour de la Toussaint, qu'à aucune maladie. Je ne me sens pas pourtant encore si bien remis, que j'ose m'engager à vous écrire une longue lettre.

Permettez, monsieur, que je me contente de répondre très succinctement à ce que vous me demandez. Je vous dirai donc que pour le livre du père Jean Barnès[6], je n'en ai point besoin, puisque je sais assez de mal de l'*Équivoque*, sans qu'on m'en apprenne rien de nouveau, et que j'ai même peur d'en avoir déjà trop dit.

Pour ce qui est du prétendu bon mot qu'on m'attribue sur M. Racine[7], il est entièrement faux, et est[8] sûrement de la fabrique de quelque provincial, qui ne sait pas même ce que nous avons fait M. Racine et moi. Et où diable M. Racine a-t-il jamais rien composé qui re-

---

[1] *V. E.* Autographe... Cizeron-Rival a également omis le mot *même*.
[2] *V. E.* Texte de l'autographe et de Cizeron-Rival... On a omis cet *et* dans les éditions modernes (même observation qu'à la note 2, p. 435).
[3] Ou plutôt *soixante-et-onze*... Voy. tome I, Essai, n° 146.
[4] *V. E.* Autographe et Cizeron-Rival. Les éditeurs modernes mettent (sans avis) *entendu*, comme il faudrait aujourd'hui.
[5] *V. E.* Autographe... Ce mot, qui est *pourtant* assez essentiel, a été omis par Cizeron-Rival.
[6] Bénédictin, auteur d'un traité *contre les équivoques*, imprimé en 1625... Brossette (Lett. fam., II, 202) l'offrait à Boileau.
[7] « Bertaud n'aurait pas cru avoir obligation à M. Racine pour l'avoir loué « sur le théâtre... » C'était, avait-on dit à Brossette (p. 203), une comparaison que Boileau faisait de ce musicien avec Atys, parce qu'il était eunuque.
[8] *V. E.* Autographe... Cizeron-Rival a omis cet *est*...

garde Atys, ni surtout Bertaud, dont je suis sûr qu'il n'avait jamais ouï parler?

Pour ce qui est du sonnet [1], la vérité est que je le fis presque à la sortie du collège, pour une de mes nièces, environ de même âge [2] que moi, et qui mourut entre les mains d'un charlatan de la Faculté de médecine, âgée de dix-huit ans. Je ne le donnai alors à personne [3], et je ne sais pas par quelle fatalité il vous est tombé entre les mains, après plus de cinquante ans qu'il y a que je le composai. Les vers en sont assez bien tournés, et je ne le désavouerais pas même encore aujourd'hui, n'était une certaine tendresse tirant à l'amour qui y est marquée, qui ne convient point à un oncle pour sa nièce, et qui y convient d'autant moins que jamais amitié ne fut plus pure, ni plus innocente que la nôtre. Mais quoi! je croyais alors que la poésie ne pouvait parler que d'amour. C'est pour réparer cette faute, et pour montrer qu'on peut parler en vers même de l'amitié enfantine, que j'ai composé, il y a environ quinze ou seize ans, le seul sonnet qui est [4] dans mes ouvrages, et qui commence par *Nourri dès le berceau*, etc. Vous voilà, je crois, monsieur, bien éclairci. Il n'y a de fautes dans la copie du sonnet, sinon qu'au lieu de *Parmi les doux excès*, il faut : *Parmi les doux transports;* au lieu de *Ha! qu'un si rude coup.....*, il faut : *Ah! qu'un si rude coup.....* Pour ce qui est des traductions latines que vous

---

[1] Tome II, p. 434, n° vi (on l'avait donné en manuscrit à Brossette).

[2] *V. E.* Autographe, et non pas *environ* du *même âge*...

[3] Il se trompe selon toute apparence puisque ce sonnet fut publié en 1663, 1665 et 1666 dans les Recueils indiqués, tome I, Not. bibl., § 1, n° 1, 3 et 6.

[4] Poésies diverses, n° vii, tome II, p. 435. . (il faudrait *qui soit...*)

voulez que je vous envoie, il y en a un si grand nombre, qu'il faudrait que la poste eût un cheval exprès pour les porter toutes; et je ne saurais vous les faire tenir que vous ne m'enseigniez un moyen. Adieu, mon cher monsieur, croyez que je suis plus que jamais.....

LETTRE CXXXIX.

Paris, 6 décembre 1707.

LE croiriez-vous, monsieur?, si j'ai tardé si long-temps à vous remercier de votre magnifique présent, cela ne vient ni de ma négligence, ni de mes tournoiemens de tête dont je suis presque entièrement guéri. Tout le mal ne procède que de mon cocher, qui ayant en mon absence reçu [1] la lettre [2] que vous me faisiez l'honneur de m'écrire, l'a gardée très poétiquement douze jours entiers dans la poche de son justaucorps [3], et ne me l'a donnée qu'hier au soir; de sorte que j'ai reçu votre présent sans savoir presque d'où il me venait. J'en ai pourtant goûté avec [4] un grand plaisir, et je crois pouvoir vous dire sans me tromper, qu'il ne s'est jamais mangé de meilleurs fromages à la table ni des Broussain ni des Bellenave [5], et pour preuve de ce que je

---

[1] *V. E.* Texte de l'autographe et de Cizeron-Rival... On lit *ayant reçu en mon absence*, dans les éditions modernes.

[2] On n'a pas cette lettre.

[3] Boileau écrit *just'au corps*.

[4] *V. E.* Autographe. Cizeron Rival omet *avec*, ce qui rend la phrase ridicule et inintelligible.

[5] Charles François de Rochechouart, marquis de Bellenave. *Cizeron-Rival.*

dis, c'est que je n'ai pas pu¹ me défendre d'en donner trois à M. Le Verrier, qui en est amoureux, et qui les met au-dessus des Parmesans. Jugez donc si vos souhaits sont accomplis. Je ne le crois guère inférieur aux *Coteaux*² pour la délicatesse du goût. Je ne lui ai point encore montré votre lettre, qui assurément le réjouira fort.

Je commence à être un peu en peine, connaissant votre exactitude, de ce que je n'ai point encore reçu de réponse à la lettre que je me suis donné l'honneur de vous écrire le mois passé³. Auriez-vous aussi à Lyon quelque cocher ou quelque laquais poète qui l'eût gardée dans sa poche?

Je vous y marquais, je crois, ou plutôt je ne vous y marquais point la joie que j'ai que vous ne désapprouviez point les traductions latines qu'on fait de mes ouvrages. Il y en a plus de six nouvellement imprimées, qui ont toutes leur mérite. En voici la liste: *La Satire du Festin, le premier chant du Lutrin, l'Épître de l'amour de Dieu, l'Épître à M. de Lamoignon, la Satire de l'homme, le cinquième chant du Lutrin* et un grand nombre d'autres⁴ qui ne sont point imprimées, et qu'on m'a données écrites à la main. Ainsi, monsieur, me voilà poète latin confirmé dans toute l'université.

Mais à propos de latin, permettez-moi, monsieur, de vous dire que je ne saurais approuver ce que vous me

---

— Les auteurs cités dans la note du vers 109 de la satire III (tome I) nomment Broussain, mais non point Bellenave parmi les *Coteaux*.

[1] *V. E.* Autographe., Cizeron-Rival omet *pas*.
[2] Voyez la même note.
[3] La lettre CXXXVIII, p. 437.
[4] *V. E.* Autographe. Cizeron-Rival lit *et* une infinité *d'autres*, ce qui ne présente pas le même sens.

mandez, ce me semble, dans une de vos lettres précédentes[1], que vous ne sauriez souffrir qu'Horace dans ses satires et dans ses épîtres soit si négligé. Jamais homme ne fut moins négligé qu'Horace, et vous avez pris pour négligence vraisemblablement de certains traits où, pour attraper la naïveté de la nature, il paraît de dessein formé se rabaisser ; mais qui sont d'une élégance qui vaut mieux quelquefois que toute la pompe de Juvénal. Je vous en dirais davantage ; mais je sens que ma tête commence à s'engager. Permettez donc que je m'arrête, et que je me contente de vous dire que je suis.....

LETTRE CXL.

Paris, 27 avril (1708).[2]

Je voudrais bien, monsieur, n'avoir que de mauvaises raisons à vous dire du long temps que j'ai été sans vous donner de mes nouvelles[3]. Je n'aurais qu'à les habiller

---

[1] Du 12 septembre... Bien loin, y dit Brossette (p. 196), d'avoir négligé votre versification comme Horace a fait la sienne, vous avez donné à vos vers toute la douceur, toute la régularité... que vous avez pu.

[2] Le manuscrit ne porte point d'année... celle-ci a été suppléée par Cizeron-Rival.

* [3] Boileau est moins coupable qu'il ne le paraît par la correspondance imprimée, où l'on trouve une lacune de 4 mois et demi entre cette lettre et la précédente (p. 440). Le 22 janvier 1708, ou trois mois auparavant, il avait écrit une lettre que Cizeron-Rival n'a pas publiée. Il y excuse son silence sur des tournoiemens de tête causés par une malheureuse affaire arrivée à un de ses neveux, affaire qu'il a été obligé de solliciter et qui a pensé lui faire perdre l'esprit... s'il n'a point envoyé les traductions latines demandées par

de termes obligeans, et je suis assuré que votre bonté pour moi vous les ferait trouver bonnes ; mais la vérité est que j'ai été depuis trois mois attaqué d'une infinité de maux, qui ont enfin abouti à une espèce d'hydropisie[1], dont je ne me suis tiré que par le secours du *médecin hollandais*.[2] Enfin, me voilà, si je l'en crois, hors d'affaire, et le premier usage que j'ai cru devoir faire de ma santé, c'est de vous avertir, comme je fais, que je suis vivant, et que le ciel vous conserve encore en moi, dans Paris, l'homme du monde qui vous aime et vous honore le plus. Je suis avec toute sorte de reconnaissance.....

LETTRE CXLI.

Paris, 16 juin 1708.

Je ne vous ferai point d'excuse, monsieur, de ce que j'ai été si long-temps sans faire réponse à vos deux dernières lettres[3], puisque c'est par ordre du médecin que je me suis empêché d'écrire, et que c'est lui qui m'a défendu de faire aucun effort d'esprit, même agréable,

---

Brossette, c'est qu'il les a données ; il ne lui reste que celles du 1er chant du Lutrin et du Festin (sat. III)... Le post-scriptum suivant est le passage le plus remarquable de cette lettre :

« J'ai mis la dernière main à ma satire de l'*Équivoque*, et malgré mes « tournoiemens de tête, je doute qu'il y ait un ouvrage de moi où la tête « m'ait moins tourné... »... (Comme les auteurs se font illusion !).

[1] Il y fait allusion dans la lettre suivante, p. 444.
[2] L'aïeul d'Helvétius. *Ciz.-Riv.* — Il est nommé, p. 445.
[3] On n'en a publié qu'une (8 mai... Lett. fam., II, 221).

jusqu'à ce que ma santé fût entièrement confirmée. Mais enfin me voilà presque tout-à-fait en état de réparer mes négligences, et il n'y a plus de traces en moi de l'*aquosus albo corpore languor*[1]. Quelquefois même, à l'heure qu'il est, je me persuade que je suis encore ce même ennemi des méchans vers qui a enrichi le libraire Thierry[2], et il me semble que soixante et[3] dix ans n'ont pas encore tellement appesanti ma plume, que je ne fisse avec succès une satire contre l'hydropisie, aussi bien que contre l'Équivoque. Je doute néanmoins que celle que j'ai composée contre ce dernier monstre voie le jour avant ma mort, parce que je fuis autant aujourd'hui de faire parler de moi, que j'en ai été avide autrefois. La vérité est pourtant que je l'ai mise par écrit, qu'elle ne sera point perdue, et que si vous venez à Paris, comme vous me le promettez, je vous la lirai autant de fois que vous le souhaiterez.

Mais, à propos de ce voyage, savez-vous bien que vous êtes obligé de le faire en conscience, puisque c'est un des meilleurs moyens de me rendre ma santé, qui ne saurait être mieux affermie que par le plaisir de voir un homme que j'estime et que j'honore autant que vous? Je vous prie donc de faire trouver bon à madame votre chère épouse que vous vous sépariez pour cela deux ou trois mois d'elle, sauf à racquitter[4], au retour de votre voyage, le temps perdu.

---

[1] Horace, liv. II, ode II, vers 15, 16 (allusion à l'état d'un hydropique).
[2] Boileau écrit *Thiery*.
[3] Les éditeurs modernes omettent ici *et* (*Voy.* p. 435, note 2).
[4] P. C. O. Il y avait d'abord ici ces mots *avec elle*, qui ont été ensuite croisés dans l'autographe.

Je ne vous parle point ici de M. Vaginai ¹, ni de tous vos autres célèbres magistrats, parce qu'il faudrait un volume pour vous dire tout le bien que je pense d'eux, et que je n'oserais encore vous écrire qu'un billet, que je cacherai même à Helvétius. Vous ne sauriez manquer de réussir auprès de M. Coustard, qui n'a fait graver mon portrait ² que pour le donner à des gens comme vous. Adieu, mon cher monsieur, aimez-moi toujours, et croyez que je suis très sincèrement.....

LETTRE CXLII.

Paris, 7 août 1708.

Vous avez raison, monsieur, je vous l'avoue, d'être surpris du peu de soin que j'ai de répondre à vos obligeantes lettres ³; mais je crois que votre étonnement cessera, quand je vous dirai que je suis, depuis trois mois, malade d'un tournoiement de tête, qui ne me permet pas les plus légères fonctions d'esprit, et que c'est par ordonnance de ⁴ médecin, c'est-à-dire du mé-

---

¹ Procureur général à la cour des monnaies de Lyon, âgé alors de 88 ans. Il avait chargé Brossette (Lett. fam., II, 222) d'indiquer à Boileau un remède contre l'hydropisie.

² Conseiller au parlement (il avait d'abord fait peindre Boileau par Rigaud). Brossette annonçait (p. 224) qu'il lui demandait quelques épreuves de la gravure.

³ Nous n'en avons qu'une, datée du 26 juin 1708 (p. 230), mais probablement elle avait été suivie d'une autre où Brossette manifestait la surprise dont parle Boileau et dont la lettre du 26 juin n'offre point de trace.

⁴ *V. E.* Texte de l'autographe et de Cizeron-Rival (II, 235); et non pas *du*, comme dans quelques éditions modernes.

decin hollandais, que je ne vous écris point. Aujourd'hui pourtant il n'y a médecin qui tienne; et je vous dirai, sauf le respect qu'on doit à Hippocrate, que j'ai lu l'ouvrage que vous m'avez envoyé, et que j'y ai trouvé beaucoup de latinité et d'agrément. La satire qui y est traduite [1] est la sixième en rang dans [2] mes écrits; mais la vérité est que c'est mon premier ouvrage puisque je l'avais originairement insérée dans l'Adieu de Damon à Paris, et que c'est par le conseil de mes amis que j'en ai depuis fait une pièce à part contre les embarras des rues, qui m'ont paru une chose assez chagrinante pour mériter une satire entière.

Je voudrais bien vous pouvoir envoyer toutes les traductions qui ont été faites ici [3] de mes autres ouvrages, et dont la plupart sont imprimées; mais je serais bien en peine à l'heure qu'il est de les trouver, parce que j'en ai fait présent, à mesure qu'on me les a données, à ceux qui me les demandaient. Je vois bien que dans peu il n'y aura pas une de mes pièces qui ne soit traduite; car le feu y est dans l'université. J'aurai soin de les amasser pour vous; mais il faut pour cela que ma tête se fixe, et que j'aie permission d'Helvétius. En effet, je doute même qu'il me pardonne de vous avoir aujourd'hui, sans son congé, écrit ce long billet. Toutefois j'y ajouterai [4] encore que j'ai pâli à la lecture de ce

---

[1] Par le père Dutreuil, oratorien, né à Lyon en 1684, mort en 1754. *Ciz.-R.*

[2] *V. E.* Texte des mêmes, et non pas *de* (ce qui est peu correct et peu intelligible), comme dans ces éditions.

[3] *V. E.* Autographe. Cizeron-Rival a omis le mot *ici*, qui est pourtant essentiel.

[4] *V. E. Idem*, au lieu de *de vous avoir* écrit aujourd'hui sans son congé

que vous m'avez mandé du péril où s'est trouvée notre chère ville de Lyon [1]. Vous savez bien l'intérêt que j'ai à sa conservation. Je vous dirai pourtant que dans la frayeur que j'ai eue, j'ai beaucoup moins songé à moi qu'à vous et à tous nos illustres amis. Grâces à Dieu et à la bravoure de vos habitans, nous voilà en sûreté, et on ne verra point entrer dans la seconde ville du royaume l'infidèle Savoyard. Ce n'est point moi qui l'appelle ainsi, mais Horace qui l'a baptisé de ce nom, il y a tantôt deux mille ans, dans l'ode *At o Deorum : Rebusque novis infidelis Allobrox* [2]. Mais voilà assez braver le médecin. Permettez, monsieur, que je finisse et que je vous dise que je suis avec plus de reconnaissance que jamais...

LETTRE CXLIII.

Paris, 9 octobre 1708.

Je suis surchargé, monsieur, d'incommodités et de maladies, et les médecins ne me défendent rien tant que l'application. O la sotte chose que la vieillesse! Aujourd'hui cependant il n'y a défense qui tienne, et dus-

---

ce long billet. *J'y ajouterai encore...* (même remarque quant à l'omission de *toutefois*).

[1] On avait craint qu'elle ne fût attaquée par le duc de Savoie. Brossette (*ib.*, p. 232) parle des préparatifs de défense.

[2] Citation inexacte ; c'est dans l'ode *Altera jam teritur*, xvi, livre V, où on lit au vers 16, *novisque rebus infidelis Allobrox*.

Dans un projet de médaille sur la victoire de Staffarde (1690), l'académie des inscriptions avait mis ces derniers mots à la légende, mais le 9 janvier

sé-je violer toutes les règles de la Faculté, il faut que je réponde à votre dernière lettre.[1]

Vous me demandez dans cette lettre comment je crois qu'on doit traduire *Meteora orationis*. A cela je vous répondrai que, pour vous bien satisfaire sur votre question, il faudrait avoir lu le livre de M. Samuel (*Werenfels*)[2], afin de bien concevoir ce qu'il entend par-là lui-même, ce mot étant fort vague, et ne voulant dire autre chose qu'un galimatias à perte de vue. Pour moi, quand j'ai traduit dans Longin ces mots, οὐχ ὑψαλὰ ἀλλὰ μετέωρα qu'il dit, ce me semble, de l'historien Callisthène, je me suis servi d'une circonlocution, et j'ai traduit que Callisthène *ne s'élève pas proprement, mais se guinde si haut qu'on le perd de vue*[3]; la langue française, à mon avis, n'ayant point de mot qui réponde juste au μετέωρα des Grecs, qui est à la vérité une espèce d'enflure, mais une espèce d'enflure particulière que le mot enflure n'exprime pas assez, et qui regarde plus la pensée que les mots. La Pharsale de Brébeuf, à mon avis, est le livre où vous pouvez le plus trouver d'exemples de ces μετέωρα[4]. Je me souviens d'avoir

---

1700, le roi, allié depuis peu avec le duc de Savoie, ordonna de supprimer le mot *infidelis*, et l'Académie supprima alors *Allobrox*, observant que ce mot resté seul, n'aurait eu aucun sens (*Registres de id.*), ce que le roi, dans son ignorance de la langue latine, n'avait pas aperçu.

[1] Du 22 septembre, page 238. Elle est suivie (p. 240) d'une autre à qui Cizeron-Rival donne la même date, sans doute par erreur (elle est du 3 octobre, dans la copie de Brossette).

[2] *De Meteoris orationis*... Brossette (p. 238) en parle... Le nom de Werenfels (il manque dans le manuscrit) a été suppléé par Cizeron-Rival.

[3] *Voy.* Traité du sublime, chap. II, au tome III. Ajoutons que l'*inclément* Saint-Marc (IV, 465) approuve cette traduction.

[4] Nous en avons cité un, tome II, p. 180, note 4.

lu dans un poète italien¹, à propos de deux guerriers qui joutaient l'un contre l'autre, que *les éclats de leurs lances volèrent si haut, qu'ils allèrent jusqu'à la région du feu, où ils s'allumèrent* et d'où ils retombèrent en cendre ² sur terre. Voilà un parfait modèle du style μετέωρα. Du reste, il peut y avoir de l'enflure qui ne soit point μετέωρα, comme par exemple ce que Démétrius Phaleræus rapporte d'un historien qui, en parlant du ruisseau de Télèbe, rivière environ ³ grande comme celle des Gobelins, se servait de ces termes : *Ce fleuve descend à grands flots des monts Lauriciens, et de là va se précipiter dans la mer proche, etc*... Ne diriez-vous pas, ajoute Démétrius, qu'il parle du Nil ou du Danube? c'est là de la véritable enflure; mais il n'y a point là de μετέωρον. Je vous rapporterais cent exemples pareils; mais, comme je vous viens de dire, il faut avoir lu l'ouvrage de M. Samuel (*Werenfels*)⁴, pour vous parler juste sur ce point; et vous n'en aurez pas davantage pour cette fois, parce que je sens qu'une chaleur effroyable de poitrine que j'ai, et qui est causée par les glaces de la vieillesse, commence à redoubler. Permettez donc que je me borne à ce court billet, et soyez bien persuadé que toutes vos lettres me font grand plaisir, quoique j'y réponde si peu exactement. *O* ⁵ *mihi prœte-*

---

¹ Tassoni, *Secchia Rapita*, ch. vii, stance viii; Arioste, *Orlando furioso*, ch. xxx, stance 49.

² *V. E.* Autographe. Cizeron-Rival lit *s'allumèrent* et *tombèrent*, ce qui offre un sens incomplet ou au moins incorrect... (Suivant l'Arioste, ils retombèrent *enflammés* sur la terre).

³ *V. E. Idem.* Cizeron-Rival a omis *environ.*

⁴ Cizeron-Rival a encore suppléé ici ce nom.

⁵ Virgile, Enéide, liv. viii, vers 560 (paroles du vieux Evandre).

ritos referat si Jupiter annos! quelles longues lettres n'auriez-vous pas à essuyer! Je vous donne le bonjour, et suis parfaitement.....

LETTRE CXLIV.

Paris, 7 janvier 1709.

Vous êtes, monsieur, l'ami du monde le plus commode, et avec lequel on peut le plus impunément faillir. Dans le temps que je m'épuise à chercher vainement dans mon esprit des raisons pour excuser mes négligences à votre égard, c'est vous-même qui vous déclarez le négligent, et peu s'en faut que vous ne me demandiez pardon de tous mes crimes. Je vois bien ce que c'est; vous me regardez comme un malade qu'il ne faut point chagriner, et vous ne vous trompez pas, monsieur; je suis malade et vraiment malade. La vieillesse m'accable de tous côtés. L'ouïe me manque, ma vue s'éteint, je n'ai plus de jambes, et je ne saurais plus monter ni descendre qu'appuyé sur les bras d'autrui. Enfin je ne suis plus rien de ce que j'étais, et, pour comble de misère, il me reste un malheureux souvenir de ce que j'ai été. Aujourd'hui pourtant il faut que je fasse encore le jeune, et que je réponde à deux objections que vous me faites dans quelques-unes des lettres que vous m'avez écrites l'année précédente. Je les ai relues ce matin, et il ne sera pas dit que je n'y aie rien répliqué.

La première est sur la musique, dont j'ai eu tort, dites-vous, de ne pas employer les termes dans la description que Longin fait de la périphrase. Mais est-il possible que vous me fassiez cette objection[1] après ce que vous avez lu dans mes remarques, où je dis en propres termes que ce que dit Longin peut signifier *les parties faites sur le sujet*[2], mais que je ne le décidais[3] pas néanmoins, parce qu'il n'est pas sûr que les anciens connussent dans la musique ce que nous appelons les parties; que je penchais cependant vers l'affirmative, mais que je laissais aux habiles en musique à décider plus précisément si le *son principal* veut dire le *sujet?* Ajoutez que par la manière dont j'ai traduit, tout le monde m'entend, au lieu que, si j'avais mis les termes de l'art, il n'y aurait que les musiciens proprement qui m'eussent bien entendu.

L'autre objection[4] est sur ce vers de ma poétique[5] : *De Styx et d'Achéron peindre les noirs torrens...* Vous croyez que *du Styx, de l'Achéron peindre les noirs torrens* serait mieux. Permettez-moi de vous dire que vous avez en cela l'oreille un peu prosaïque, et qu'un homme vraiment poète ne me fera jamais cette difficulté, parce que *de Styx et d'Achéron* est beaucoup plus soutenu que *du Styx et de l'Achéron*. Sur les bords fa-

---

[1] Lettre faussement datée du 22 septembre (*v.* p. 448, note 1). Au sujet des mots « dans la musique *le son principal* devient, etc. », dont Boileau se sert au commencement du chapitre XXIV du Sublime (tome III), Brossette observe (p. 242), d'après un musicien habile, qu'on ne dit pas en musique, le *son principal* mais *le sujet*, ou *la principale partie...*

[2] *Voyez* en effet la remarque 50, tome III, vers la fin.

[3] *V. E.* Autographe, au lieu de *mais que je ne décide pas...* Ce *le* omis par Cizeron-Rival était cependant utile.

[4] Lettre du 8 mai, citée p. 443, note 2.

[5] Art poét., ch. III, vers 285, tome II, p. 256.

meux de Seine et de Loire serait bien plus noble dans un vers que *sur les bords fameux de la Seine et de la Loire.* Mais ces agrémens sont des mystères qu'Apollon n'enseigne qu'à ceux qui sont véritablement initiés dans son art.[1]

Je viens maintenant à votre dernière lettre[2]. Vous m'y proposez une question qui a, dites-vous, agité beaucoup de gens habiles dans votre ville[3], et qui pourtant, à mon avis, ne souffre point de contestation : car, qu'est-ce que l'ouïe au prix de la vue? Vivre et voir le jour sont deux synonymes[4]. Les yeux au défaut des oreilles entendent; mais les oreilles ne voient point. J'ai vu un sourd né à qui[5], par la vue, on faisait entendre jusqu'aux mystères de la Trinité. Mais, monsieur, il me semble que pour un vieillard malade, je m'engage dans de grands raisonnemens.

Le meilleur est, je crois, de me borner ici à vous remercier de vos fromages. J'en porterai deux ce matin à M. Le Verrier[6] chez qui je vais dîner, et je vous réponds que votre santé y sera célébrée. Mille remerciemens à

---

[1] Saint-Marc (note du même vers) dit nettement que *c'est une pure défaite.* On a cependant vu (même p. 236) que Voltaire emploie la même tournure (*de Loire*), dont, avant Boileau, s'étaient déjà servis, Malherbe et Ménage cités par Brossette, note du même vers (in-4°, I, 363). On peut, au reste, consulter ce que nous rapportons de l'opinion de Brossette sur ce point, au tome III, article de ses erreurs, n° 22.

[2] Du 31 décembre 1708 (Lett. fam., II, 251).

[3] Savoir s'il valait mieux être sourd qu'aveugle... Les avis, dit Brossette (p. 252), furent partagés.

[4] *V. E.* Autographe, au lieu de... *voir le jour* font *deux synonymes.*

[5] *V. E. Idem...* Et non pas *j'ai vu un* homme *sourd* de naissance *à qui...*

[6] *V. E. Idem...* Au lieu de *vous remercier de vos présens. Je les partagerai ce matin avec M. Le Verrier...*

madame votre chère et illustre épouse. de la bonté qu'elle a de se souvenir de moi. J'ai, sur le peu que vous m'en avez dit, une idée d'elle qui passe de beaucoup les Pénélopes et les Lucrèces. Il ne me reste plus qu'à vous demander pardon de la précipitation avec laquelle je vous écris, et qui est cause d'un nombre infini de ratures que je ne sais si vous pourrez débrouiller. Mais quoi! je serais perdu s'il fallait récrire mes lettres, et il arriverait fort bien que je ne vous écrirais plus. Le moindre travail me tue, et même, dans le moment que je vous parle, il me vient de prendre un tournoiement de tête qui ne me laisse que le temps de vous dire que je vous aime et vous respecte plus que jamais, et que je suis parfaitement, etc.

*LETTRE CXLV.

Paris, 5 [1] mai 1709.

JE voudrais bien, monsieur, n'avoir que de mauvaises excuses à vous faire du long temps que j'ai été sans répondre à vos obligeantes lettres [2], puisque, de l'humeur dont je vous vois, vous ne laisseriez pas de les trouver bonnes; mais la vérité est que mes tournoiemens de tête continuent toujours; que je ne puis plus monter ni descendre que soutenu par un valet [3], que ma mémoire

---

[1] *V. E.* Date de l'autographe... Cizeron-Rival et d'après lui les éditeurs, mettent le 15.

[2] Trois, dont deux du 15 janvier (p. 259) et 28 mars (p. 262). La troisième, dont la date a été omise par Cizeron-Rival, est du 30 avril.

[3] Cette expression, nous l'avons remarqué ailleurs (épit. xi, tome II,

finit ¹, que mon esprit m'abandonne, et qu'enfin j'ai quatre-vingts ans à soixante et ² onze ³. Cependant je vous supplie de croire que j'ai toujours pour vous la même estime, et que je reçois toujours vos lettres avec grand plaisir.

Je ne saurais assez vous admirer, vous et vos confrères académiciens, de la liberté d'esprit que vous conservez au milieu des malheurs publics, et je suis ravi que vous vous appliquiez plutôt à parler *des funérailles des anciens*, qu'à faire les funérailles de la félicité publique, morte en France depuis plus de quatre ans. Cela s'appelle être philosophe, et marcher sur les pas d'Archimède, qu'on trouva faisant une démonstration géométrique dans le temps qu'on prenait d'assaut la ville de Syracuse où il était enfermé. Nous nous sentons à Paris de la famine aussi bien que vous, et il n'y a point de jour de marché où la cherté du pain n'y excite quelque sédition ⁴; mais on peut dire qu'il n'y a pas moins de philosophie que chez vous, puisqu'il n'y a point de semaine où l'on ne joue trois fois l'opéra, avec une fort

---

p. 136, note 2), à-peu-près abandonnée aujourd'hui, était alors généralement usitée. On la retrouve en effet dans plusieurs autres lettres soit de Boileau, telles que celles des 6 octobre 1709 et 3 janvier, 14 juin et 11 décembre 1710, p. 461, 462, 464 et 465 (texte ou notes); soit de Racine, telle que celle du 8 août 1674, p. 174.

¹ Les répétitions que nous citons dans les notes de la cxlix^e lettre, prouvent que sa mémoire était au moins très affaiblie.

² *V. E.* Texte de l'autographe et de Cizeron-Rival (p. 272). On a encore ici, et sans avis (*v.* ci-dev., p. 435, note 2), supprimé cet *et* dans les éditions modernes, mais nous doutons que même aujourd'hui on puisse, à cause de la cacophonie, dire *soixante-onze*.

³ Ou plutôt soixante-douze. *V.* tome I, Essai, n° 146.

⁴ *Voy.* les lettres de madame de Maintenon *Cizeron-Rival.*

grande abondance de monde, et que jamais il n'y eut tant de plaisir, de promenades et de divertissemens.

Mais laissons là la joie et la misère publique, et venons aux deux[1] questions que vous me faites dans votre dernière[2] lettre. « Je vous dirai que je ne sais pas pour« quoi vous êtes en peine de ce vers : *là je trouve une* « *croix, etc.*[3], puisque c'est une chose que dans tout « Paris *et pueri sciunt*, que les couvreurs, quand ils « sont sur le toit d'une maison, laissent pendre du haut « de cette maison une croix de latte pour avertir les « passans de prendre garde à eux et de passer vite; « qu'il y en a quelquefois des cinq ou six dans une « même rue; et que cela n'empêche pas qu'il n'y ait « souvent des gens blessés : c'est pourquoi j'ai dit : « *une croix de funeste présage*. On rirait à Paris d'un « homme[4] qui me ferait votre objection »[5]. Pour ce qui est du livre *de Meteoris orationis*, je vous dirai que je l'ai reçu et presque lu tout entier. Il est assez bien écrit.

---

[1] *V. E.* Autographe... Cizeron-Rival a omis *deux*..

[2] Du 15 janvier 1709, publiée par Cizeron-Rival (II, 259 à 261), mais après en avoir retranché (*ib.*, 260) le passage où sont les objections de Brossette.

[3] Satire VI, vers 40 (tome I). Brossette croyait, est-il dit dans la copie manuscrite de sa lettre, que cela désignait un convoi funèbre...

[4] Malgré cette persuasion, Boileau, presque toujours docile à la critique, a mis dans l'édition de 1713, une note explicative, conçue dans le sens de la précédente (*Voy.* même vers 40, et la lettre du 15 novembre 1709, n° CXLIX, note 3)... C'est une nouvelle preuve qu'il est auteur des notes de cette édition (tome I, Notice bibl., § 1, n° 107 et 108).

[5] *V. E.* Cizeron-Rival et par-là même tous les éditeurs, ont substitué quelques points à tout le passage guillemeté ci-dessus. Nous l'avons suppléé d'après Brossette, note sur satire VI, vers 40 (in-4°, I, 64) et en y ajoutant, d'après l'autographe, les quatre premiers et les onze derniers mots (Brossette n'avait garde de publier cette critique).

Ce que j'y ai trouvé à redire, c'est qu'il représente *Meteora orationis* comme un terme reçu chez les rhéteurs pour dire *les excès du discours*; et cependant ce n'est qu'une figure, à mon avis, hasardée par Longin pour exprimer le *style guindé*. Aussi ne l'ai-je pas rendu par un mot exprès; mais je me suis contenté de dire du rhéteur que Longin accuse : *Il ne s'élève pas proprement, mais il se guinde si haut qu'on le perd de vue*[1]. Adieu, mon illustre monsieur; pardonnez mes ratures et la précipitation avec laquelle je vous écris; et prenez-vous-en à l'obligation où je me trouve de ne me point fatiguer l'esprit, et de ne pas irriter mes tournoiemens de tête. Du reste, soyez bien persuadé que je suis avec plus de passion que jamais.....

Puisque j'ai encore cette page de reste, trouvez bon que je[2] vous conjure instamment de faire de nouveau mes recommandations à tous vos illustres magistrats, et de leur bien marquer le respect que j'ai pour eux.[3]

---

[1] *Voy.* p. 448, note 3, et son renvoi.

[2] *V. E.* Autographe. Cizeron-Rival omet ces deux lignes et fait commencer le post-scriptum à *je vous...*

[3] *V. E. Idem.* Ce post scriptum ne se termine point ici... Boileau y parle d'abord des craintes qu'il a d'après ce que lui a dit Bronod, de n'être pas payé cette année de sa pension ou rente sur Lyon, et demande à Brossette de faire des démarches à ce sujet... Il termine par dire qu'une épigramme latine d'un jésuite que Brossette lui avait envoyée (Lett. fam., II, 268), vaut moins que la traduction que Brossette lui en avait également envoyée.

LETTRE CXLVI.

Paris, 21 mai 1709.

Avant, monsieur, que j'eusse reçu votre dernière lettre[1], M. Bronod m'avait fait dire qu'il ferait tous ses efforts pour me payer ma demi-année avant la fin de juin[2], mais que si je voulais attendre cinq ou six jours après la Saint-Jean, il réparerait son retardement en me payant l'année entière. Ainsi, monsieur, supposé qu'il me tienne parole, je n'ai qu'à me louer de lui[3]. Vous m'avez fait un plaisir infini de me mander avec quelle ardeur M. Perrichon prend mes intérêts[4]. Je vois bien qu'il ne compte pas pour un médiocre avantage un peu de mérite qu'il croit voir en moi, et qu'il ne regarde pas comme indigne d'être aimé des honnêtes gens, l'ennemi déclaré des méchans auteurs. Je vous prie de le bien charger de remerciemens[5] de ma part,

---

[1] Cette lettre, qui était probablement une réponse à la précédente de Boileau, n'a point été publiée et la copie n'en est point non plus dans le Recueil de Brossette... Il y parlait sans doute de *l'ardeur* de Perrichon, dont Boileau va faire mention et dont il n'est point question dans la correspondance de Brossette, de ce temps, soit imprimée, soit manuscrite.

[2] *Voy.* note 3, p. 456.

[3] *V. E.* Cizeron Rival a supprimé tout ce qui précède; nous l'avons suppléé d'après l'autographe.

[4] Sans doute au sujet de la même pension ou rente.

V. E. La suppression que nous avons citée (note 1) a obligé Cizeron-Rival, pour rendre intelligible la phrase par laquelle il fait commencer la lettre, d'ajouter aux mots *mes intérêts* ceux-ci : *vis à-vis de MM. du consulat;* ce qui n'est pas français.

[5] Boileau, on l'a dit (p. 316, note 1), écrit *remercimens*.

et de le bien assurer que si Dieu rallume encore en moi quelques étincelles de santé, je les emploierai à faire voir dans mes dernières poésies la reconnaissance que j'ai de toutes ses bontés, aussi bien que de celles de tous vos autres illustres magistrats en qui je reconnais l'esprit de ces fameux ancêtres devant qui pâlissait *Lugdunensem rhetor dicturus ad aram* [1]. Mais à quoi je destine principalement ma poésie expirante, c'est à témoigner à toute la postérité les obligations particulières que je vous ai. J'espère que l'envie de m'acquitter en cela de mon devoir me tiendra lieu d'un nouvel Apollon; mais en attendant, trouvez bon que je me repose, et que je ne vous en dise pas même davantage pour cette fois. Du reste [2], croyez qu'on ne peut être plus sincèrement et plus fortement que je le suis, etc.

Pardon pour mes ratures. [3]

LETTRE CXLVII.

Paris, 2 août [4] 1709.

Deux jours après que j'eus reçu votre lettre, monsieur, datée du 24 juin [5], je tombai malade d'une fluxion

---

[1] Juvénal, sat. 1, v. 44 (*voy*. tome III, Discours sur la satire, vers la fin).
[2] *V. E.* Autographe, et non pas *au surplus*.
[3] *V. E. Idem.* Post scriptum omis par Cizeron-Rival.
[4] *V. E. Idem*, et non pas le 21 août. Cette dernière date ne s'accorde pas d'ailleurs comme l'autre, avec ce que dit Boileau dans la lettre du 6 octobre, qu'il a écrit *il y a environ deux mois*, car il n'y aurait que *six semaines*.
[5] *V. E. Idem*, au lieu de *lettre du 24 juin, monsieur...*

Brossette annonce dans cette lettre (p. 278), que si Boileau veut prendre un peu patience, non-seulement il recevra le semestre de sa rente qu'il crai-

sur la poitrine et d'une fièvre continue assez violente, qui m'a tenu au lit tout le mois de juillet, et dont je ne suis relevé que depuis trois jours. Voilà ce qui m'a empêché de répondre à vos obligeantes lettres, et non point le peu de cas que j'aie fait de vos vers, qui m'ont paru très beaux, et où je n'ai trouvé à redire que l'excès des louanges que vous m'y donnez. Dès que je serai un peu rétabli, je ne manquerai pas de vous faire une ample réponse et un très exact remerciement [1]; mais en attendant, je vous prie de vous contenter de ce mot de lettre, que je vous écris malgré l'expresse défense de mon médecin, et de croire que je sens comme je dois toutes vos excessives bontés [2]... Je suis avec une extrême reconnaissance.....

gnait de ne pas toucher, mais l'année entière. C'est une distinction qu'on a faite en sa faveur, et à laquelle Brossette s'applaudit d'avoir pu contribuer. On observe ailleurs (tome I, Essai, n° 18) que dans la suite, il s'était, dans sa vanité attribué une plus grande influence. Échauffé sans doute par cette idée, il compose une quarantaine de vers déplorables (expression de M. Daunou) où il encense Boileau, mais où surtout il cherche à obtenir que le poète lui en témoigne sa reconnaissance dans les siens. Boileau, lui dit il,

> Boileau, tu me promets un honneur éternel;
> Le moindre de tes vers peut me rendre immortel.
> Fais qu'un long avenir de mon nom s'entretienne;
> Qu'il connaisse ma gloire en admirant la tienne...

Mais Boileau se réduisit (*v.* ci-dessus et la lettre CXLVIII) à ce dont il ne pouvait pas se dispenser, c'est-à-dire à des éloges vagues des vers de Brossette, et il ne lui parla pas même de reconnaissance pour son appui, ce qui prouve assez qu'il l'avait, comme nous (même n° 18), apprécié à sa juste valeur.

[1] Même observation qu'à note 1, p. 316.

[2] *V. E.* Autographe... Cizeron-Rival a omis cette phrase (depuis *et de croire*). Peut-être, par ces expressions outrées de reconnaissance, Boileau voulait-il faire excuser son silence sur la demande précédente de Brossette.

*LETTRE CXLVIII.

Paris, 6 octobre 1709.

Il faut, monsieur, que vous n'ayez pas reçu une lettre que je me suis donné l'honneur de vous écrire, il y a environ deux mois, où je vous mandais que je sortais d'une très longue et très fâcheuse maladie, qui m'avait tenu au lit plus de trois semaines, et dont il m'était resté des incommodités qui me mettaient hors d'état de répondre à vos précédentes lettres. Depuis ce temps-là, j'en ai encore reçu deux de votre part[1] qui ne marquent pas même que vous ayez[2] su que je fusse

---

[1] On n'en a publié qu'une, datée du 18 août (Lett. fam., III, 3), et c'est aussi la seule de ce temps dont la copie soit dans le manuscrit.

Brossette en effet n'y donne point à entendre qu'il ait *su* que Boileau avait été malade. Il l'entretient, 1. de la mort du président de Lamoignon (7 août).. 2. d'un ouvrage italien dont l'auteur (le marquis Orsi) fait tout à-la-fois la critique et l'éloge des jugemens de Boileau sur le Tasse (tome I, satire IX, vers 176; tome II, p. 229, Art poétique, ch. III, vers 212)... 3. d'une édition de Richelet supprimée parce qu'on y a inséré des exemples tirés des ouvrages d'Arnauld, de Pascal et de Quesnel... 4. enfin d'une copie qu'on lui a fait voir de la réponse de Boileau à Arnauld, et il demande à cette occasion pourquoi Boileau ne l'a pas publiée (elle l'était depuis 1707, nous l'avons dit p. 57, note 1).

Mais il n'y aurait aucun reproche à faire à Brossette du silence qu'il garde dans cette lettre sur la maladie de Boileau, si la lettre à laquelle il répond eût été écrite le 21 août, comme on a vu (p. 458, note 4) que le marquent tous les éditeurs, puisque la sienne aurait été, dans ce cas, écrite trois jours auparavant.

[2] *V. E.* Texte de l'autographe et de Cizeron-Rival (III, 10), et non pas *que vous avez su*, comme dans des éditions modernes.

Au reste, dans sa réponse (16 octobre, *ib.*, p. 14), Brossette avoue qu'il a reçu la lettre, et ajoute que s'il n'a pas témoigné sa sensibilité sur les in-

indisposé. Ainsi je vois bien qu'il y a du mal-entendu dans notre commerce. « Mon valet [1] m'assure pourtant « très fortement qu'il a porté ma lettre à la poste » [2]. Ce qui me fâche le plus de [3] cette méprise, c'est que dans ma lettre je vous parlais, comme je dois, des vers que vous avez faits en mon honneur, et sur lesquels vous devez être content [4], puisque je les ai trouvés fort obligeans et très spirituels [5]. La lettre dont je vous parle était fort courte, et vous trouverez bon que celle-ci le soit aussi, parce que je ne suis pas si bien guéri qu'il ne me reste encore des pesanteurs et des tournoiemens de tête qui ne me permettent pas de faire des efforts d'esprit. O la triste chose que soixante et [6] douze ans! A la première renaissance de santé qui me viendra, je ne manquerai pas pourtant de répondre à toutes vos curieuses questions [7], et peut-être sera-ce dès le premier ordinaire; mais pour cette fois trouvez bon que j'obéisse aux ordonnances de mon médecin et que je me contente de vous assurer, par ce petit mot de lettre, que je suis autant que jamais.....

dispositions de Boileau, c'était pour ne pas donner à ses lettres un air de tristesse...

[1] Quant à cette expression, *voy.* p. 453, note 3.

[2] *V. E.* Texte de l'autographe. Cizeron-Rival substitue des points à ce passage guillemeté.

[3] *V. E.* Texte du même et de Cizeron-Rival, au lieu de *dans*, que portent plusieurs éditions modernes.

[4] Des *vers* sur lesquels *vous devez être content*... Incorrection vraiment remarquable.

[5] Quant à cet éloge, même observation qu'à p. 459, note 2.

[6] *V. E.* Autographe. On supprime *et* dans les mêmes éditions.

[7] *V. E. Idem.* Cizeron-Rival a supprimé tout ce qui suit jusqu'à *lettre que,* inclusivement.

† LETTRE CXLIX (FRAGMENT). [1]

Paris, 15 novembre [2] 1709.

Il n'y eut jamais, monsieur, d'ami plus commode que vous, etc. [3]........ Long-temps avant la composition de cette pièce [4], j'étais fameux pour [5] les fréquentes disputes que j'avais soutenues en plusieurs endroits pour la défense du vrai amour de Dieu, contre beaucoup de mauvais théologiens [6]. De sorte que me trouvant de-

---

[1] Ce fragment, négligé par tous les éditeurs, se trouve, à l'exception de la première ligne, dans la première note de Brossette sur l'épître xii (in-4°, I, 277) : c'est une réponse à une lettre du 16 octobre, où Brossette rappelait à Boileau (Lett. fam., III, 13) qu'il lui avait demandé divers éclaircissemens, entre autres sur les motifs de la composition de cette épître (lettre du 30 juillet, *ib.*, II, 283).

[2] Le jour est omis par Brossette; nous l'avons suppléé d'après l'autographe.

[3] Après ce début, puisé dans l'autographe, Boileau excuse son silence sur ses infirmités, répétant ce qu'il a dit dans sa lettre du 5 mai (p. 453), des tournoiemens de tête qu'il éprouve, de la nécessité où il est de s'appuyer sur ses valets, etc... Oubliant ensuite ce qu'il avait également écrit dans la même lettre (page 455) au sujet de la *croix de funeste présage*, il en reproduit à-peu près les observations (il ajoute toutefois ce qu'il a ensuite dit dans sa note de la satire vi, vers 40, qu'on a substitué une latte à la croix). C'est sans doute ce qui aura déterminé Cizeron-Rival à ne pas publier cette lettre; mais il aurait dû au moins en conserver la fin, c'est-à dire le fragment ci-dessus.

[4] L'épître xii sur l'amour de Dieu... (tome II, p. 146).

[5] *V. E.* Texte de l'autographe; Brossette met *par*.

[6] Ce passage est précieux. Boileau ayant soutenu ses disputes sur l'amour de Dieu long-temps avant la composition de l'épître xii, ou avant 1695, la désignation que des contemporains ont faite du père Cheminais comme l'un de ses principaux antagonistes, ne peut plus être déclarée fausse par cela seul que ce jésuite était mort en 1689 (*voy.* tome II, page 155, notes des vers 193 et 196 de cette épître).

loisir un carême, je ne crus pas pouvoir mieux employer ce loisir qu'à exprimer par écrit les bonnes pensées que j'avais là-dessus. [1]

LETTRE CL.

Paris, 14 juin 1710.

QUELQUE coupable, monsieur, que je vous puisse paraître d'avoir été si long-temps sans répondre à vos fréquentes et obligeantes lettres [2], je n'aurais que trop de raisons à vous dire pour me disculper, si je voulais vous

---

[1] Ici la correspondance imprimée de Boileau offre une lacune de plusieurs mois que nous allons tâcher de remplir à l'aide des autographes et des lettres familières imprimées.

7 décembre 1709 (*Lett. famil.*, III, 15). Brossette remercie Boileau et lui demande ce qu'il pense d'une dissertation publiée récemment sur les *Caractères de Corneille et de Racine*.

* 3 janvier 1710. Boileau s'excuse sur ses infirmités telles que tournoiemens de tête, faiblesse de jambes... Il ne peut plus marcher sans être au hasard de tomber et de se casser la tête; il lui faut l'appui de ses valets (*voy.* p. 453, note 3).

14 janvier 1710. Nouveaux remercîmens (*ib.*, 20) de Brossette... Envoi de deux pièces de vers latins du père Vanière (une églogue sur l'araignée, et une épitaphe de Puget).

* 12 février 1710. Boileau annonce que depuis sa dernière lettre il a eu la fièvre pendant trois semaines... Remercîmens d'un envoi de fromages; ne pouvant en manger, il les a donnés à Le Verrier.

15 février 1710. Réponse de Brossette... Perrichon écrit à Bronod en faveur de Boileau (sans doute pour la rente ou pension du poète)... Vœux pour qu'il vive long-temps : *vive*, s'écrie Brossette dans son enthousiasme, *vive tuos annos, vive Bolae, meos!*

[2] D'après la note précédente, il ne faut compter ici comme restées sans réponse que les lettres de Brossette des 15 février, 8 mars, 1er avril et 25 mai 1710 (*ib.*, p. 24 à 38).

réciter le nombre infini d'infirmités et de maladies qui me sont venu [1] accabler depuis quelque temps.

> Quorum si nomina quæras,
> Promptius expediam quot amaverit Hippia mœchos, etc. [2]

Mais je me suis aperçu, dans une de vos lettres, que vous n'aimez point à entendre parler de maladies [3], et moi je sens bien, par l'abattement et par l'affliction où cela me jette, que je ne saurais parler d'autre chose; et, pour vous montrer que cela est très véritable, je vous dirai que je ne marche plus que soutenu par deux valets [4]; qu'en me promenant, même dans ma chambre, je suis quelquefois au hasard de tomber par des étourdissemens qui me prennent; que je ne saurais m'appliquer le moins du monde à quelque chose d'important, qu'il ne me prenne un mal de cœur tirant à défaillance. Cependant je n'ai pas laissé de lire tout au long l'églogue que vous m'avez envoyée de votre excellent père Bimet [5]; et [6] je l'ai trouvée très virgilienne [7]. Ainsi quand je serais

---

[1] Aujourd'hui on écrirait, du moins c'est l'usage le plus général, qui me sont *venues*.

[2] Juvénal, sat. x, vers 219.

[3] On a cité cette lettre, note 2, p. 460.

[4] Quant à cette expression, *voy.* p. 453, note 3.

[5] Jésuite inconnu, dit M. Daunou. Dans cette églogue (en vers latins) il faisait l'éloge de Puget, mort le 6 décembre. Averti par Brossette qu'elle serait envoyée à Boileau, il fit d'autres vers où il exprimait sa crainte d'être soumis au jugement de ce redoutable critique (ils sont joints à la lettre du 25 mai, citée note 2, page 463).

[6] *V. E.* Texte de l'autographe et de Cizeron-Rival (p. 39). On a omis cet *et* dans quelques éditions, telles que 1821, S.-S; 1821 et 1824, Am.; 1825, Daun. et Aug.; 1828, Thi...

[7] Tout ce que Boileau accordait précédemment aux poètes latins modernes, c'était d'être comparables aux Vida, aux Sannazar, etc. (voy. p. 348).

le personnage affreux qu'il s'est figuré de moi, vous pouvez l'assurer qu'il n'a rien à craindre de moi qui ai toujours honoré les gens de mérite comme lui, et qui ai été et suis encore aujourd'hui ami de tant d'hommes illustres de sa société [1]. En voilà assez, monsieur [2], et je

---

[1] La crainte n'aurait-elle point eu quelque part à cette énonciation de son amitié pour des *jésuites*, sur laquelle Boileau revient si souvent, comme on a pu le remarquer, p. 58, 137, 392, 393, 394, etc.; et tome II, p. 134, épît. x, vers 118 et 119?

* [2] Brossette répondit à Boileau le 25 août (p. 40) et reçut de lui une lettre datée du 11 décembre. Boileau y excuse son silence entre autres sur ce qu'il s'est aperçu que Brossette n'aime pas à entendre parler de maladies et que lui ne saurait parler d'autre chose. Il demande la permission d'en parler encore, mais ce sera pour la dernière fois (ce fut en effet la dernière). Il répète alors ce qu'il a déjà dit plusieurs fois, qu'il ne peut marcher seul, etc. Ses valets le trouvent souvent, dit-il, dans son fauteuil ayant perdu toute connaissance. « Du reste je ne sens point que mon esprit soit encore diminué, « et il l'est si peu que je travaille actuellement à une nouvelle édition de mes « ouvrages qui seront considérablement augmentés. »

Ce passage est précieux. Il en résulte en effet que Boileau, dont la situation physique s'aggrava bientôt, ne put, comme nous le remarquons ailleurs (tome I, note bibl., § 1, n°s 107 et 108), revoir qu'une très petite partie de cette édition.

Voilà la dernière lettre de Boileau à Brossette. Il fut bientôt atteint de la maladie à laquelle il succomba. Son frère (l'abbé) en donna avis à Brossette le 18 février 1711. Celui-ci répondit le 1er mars (Lett. fam., III, 46) et sur l'avis de la mort du poète (11 mars) écrivit de nouveau à l'abbé. Cizeron-Rival a publié (p. 49) la réponse de ce dernier sur une copie qui est dans les manuscrits de Brossette, mais sans en indiquer la date qui, d'après la même copie, est du 27 mars.

« Je ne suis nullement en état, monsieur, de faire une réponse aussi ample que je devrais à l'obligeante lettre qui vient de m'être rendue de votre part, du 24 de ce mois. L'affliction que j'ai dans le cœur de la perte que j'ai faite de mon frère, dont j'étais l'aîné de presque deux ans, ne me laisse pas la tête assez libre pour satisfaire, comme je voudrais, à ce devoir. Permettez-moi donc, monsieur, de vous dire seulement que sa mort a été très chrétienne, et qu'il a donné la plus grande partie de ses biens aux pauvres. Il est passé en l'autre vie à dix heures du soir, le 11 de ce mois, âgé de soixante-quatorze

sens déjà que le mal de cœur me veut reprendre. Permettez donc que je me hâte de vous dire que je suis, plus violemment que jamais, etc.

ans et quatre mois, étant né le premier de novembre 1636. Il avait été baptisé à la Sainte-Chapelle royale du Palais, où il est enterré avec ses parens, dans le tombeau de notre famille; plusieurs desquels ont été chanoines et trésoriers de la Sainte-Chapelle. Je vous en écrirai davantage, quand Dieu voudra que je sois plus en état de vous entretenir que je ne suis présentement. Je ferai tout ce qui dépendra de moi, pour vous donner satisfaction sur les papiers que vous me faites l'honneur de me marquer que vous desirez ; je ne crois pas que rien m'échappe, la volonté de mon frère ayant été de me faire l'exécuteur de son testament. Je mettrai à part tout ce qui pourra vous convenir, comme lettres et autres ouvrages que j'aurai soin de vous envoyer. Trouvez bon, monsieur, qu'en son nom et au mien, je vous embrasse de tout mon cœur, étant avec toute la reconnaissance que je dois, et l'attachement possible, etc. »

N. B. Il est assez singulier que Brossette n'ait conservé qu'une copie de cette lettre, tandis qu'il a recueilli avec soin les originaux de plusieurs lettres de personnages étrangers à la famille de notre poète, tels que Maucroix, Bouhours, Lamoignon...

FIN DE LA CORRESPONDANCE.

APPENDICE AU TOME IV.

PIÈCES JUSTIFICATIVES.[1]

1. Extrait baptistaire de Gilles fils de M. Jehan Boileau... et de Catherine Rapoël, du 28 juin 1584 (*voy. tout l'acte, tome* I, *Essai, n°* 7 *d*).

2. Pardevant les notaires, etc.; ce 24 mars 1608... fut présent M. Gilles Boileau secrétaire ordinaire de la chambre du roi, rue Beautreillis, paroisse Saint-Paul, qui déclare avoir reçu... 6 livres 5 sous faisant partie... d'une rente constituée en 1558 à feu M. Jacques Rapouel... (*Titres au Cabinet des généalogies*, B. R., *Cart.* Bo.).

3. Le 14 juillet 1611 a été fiancé noble homme (ces deux mots ont été tracés entre lignes, mais ils sont d'une écriture du temps) Gilles Boileau et Charlotte Brochart, demeurant tous deux rue Court-au Vilain [2] de cette paroisse... 1$^{er.}$ ban ledit jour; 2e le 17; 3e le jour de sainte Magdeleine... espousés le 26 dudit mois... (*Saint-Nicolas des Champs*).

4. Le 24 août 1612 (baptême), Hiérosme, fils de noble homme Gilles Boileau l'un des cent gentils-hommes de la maison du roi et de damoiselle Charlotte de Brochard, rue Court-au-Vilain. Parrain M. Hiérosme Lyonne, sieur de Lonay, conseiller au parlement. Marraine damoyselle Marie Dutertre, femme de noble homme M. Jacques Rapoil, avocat... (*Saint-Nicolas des Champs*).

5. Le 24 juillet 1613 (baptême), Nicolas fils de M. Gilles Boileau, commis au greffe [3] de la cour de parlement et de Charlotte de Brochart, rue

---

[1] Forcé de nous restreindre, nous avons choisi parmi les milliers d'actes dont nous avons pris des extraits ceux qui pourraient être de quelque utilité pour l'éclaircissement de quelque point relatif à l'histoire ou aux ouvrages de Boileau.

Plusieurs des pièces suivantes ne sont des copies littérales des actes originaux que quant à leurs points les plus importants, tels que les dates, noms, qualités, demeures, etc., etc. : nous en avons élagué les formules, les répétitions et les autres détails inutiles à notre objet.

[2] Par corruption de *Cour au vilain*... C'était une continuation de la rue Montmorency depuis la rue Transnonain jusqu'à celle du Temple. En 1768 on lui donna, sur la demande des habitans, le même nom de Montmorency. *Note manuscrite de M. Dulaure ; La Tynna, Dictionn. des rues de Paris.*

[3] Cette dénomination était employée anciennement pour celle de *greffier*.

Court-au-Vilain. Parrain noble Nicolas de Santerre... Marraine Charlotte de Chausse-Blanche... (*Saint-Nicol. des Champs*).

6. Le 14 novembre 1615 (baptême), Anne fille de Me Gilles Boileau, commis au greffe de la cour et de Charlotte de Brochart, rue Court-au-Vilain. Parrain, Jean Pommeret, procureur au parlement; marraine, Anne de Santerre, veuve de François de Brochart... (*Saint-Nicol. des Champs*).

7. Le 29 avril 1618 fut baptisée Élisabeth fille de maistre Gilles Boileau, comys au greffe civil du parlement et de Charlotte de Brochart, rue des Jardins. Parrain, noble homme Charles Mondain, sieur de Granville. Marraine, damoiselle Élisabeth de Longueil, vefve de feu noble homme Claude Lionne, vivant sieur de Ceuilly (*Saint-Paul*).

8. Le 17 juin 1619 fut baptisée Marguerite fille de maistre Gilles Boileau, commis au greffe de la cour de parlement et de Charlotte Brochart, rue des Jardins. Parrain, noble homme maistre Martin Rapouel, aduocat en parlement. Marraine, damoiselle Marguerite Lionne fille de feu M. Lionne (*Saint-Paul*).

9. Le dimanche 15 novembre 1620 fut baptisée Catherine (née le 13) fille de Me Gilles Boileau, commis au greffe de la cour de parlement et de Charlotte de Brochart. Parrain, noble homme M. Jacques Lyonne, conseiller secrétaire du roy. Marraine, damoiselle Catherine Almeras femme de noble homme Martin Lyonne, conseiller du roy, trésorier des ligues suisses (*Saint-Méry*).

10. Le vendredi 8 avril 1622 fut baptisée Marie (née le 5) fille de M. Gilles Boileau, commis au greffe de la cour et de Charlotte de Brochart. Parrain, noble homme M. Loys de Machault, conseiller à la cour des aydes. Marraine, damoiselle Marie Lyonne, femme de noble homme M. Loys Guibert, conseiller maître à la chambre des comptes à Paris (*Saint-Méry*).

11. Le vendredi 16 juin 1623 a été baptisée Charlotte (née le 14) fille de Me Gilles Boileau, commis au greffe civil de la court de parlement et de Charlotte de Brochart. Parrain, Me Jean Felis, commis au greffe civil de la court. Marraine, Marie Favières [1], femme de noble Simon le Bossu, conseiller auditeur à la chambre des comptes (*Saint-Méry*).

12. Le lundi 7 avril 1625 fut baptisé Pierre (né le 5) fils de M. Gilles Boileau, commis au greffe de la cour de parlement et de Charlotte Brochart. Parrain, M. Me Pierre Gayant [2], conseiller au parlement et président des en-

---

[1] Marie et Catherine (n° 12) Favières étaient parentes des Lyonne.

[2] Il était fils de Thomas Gayant, conseiller et président au parlement et d'une Catherine Rapoil, sœur de Jacques Ier (*Tab. gén.*, n° 25), aïeul de Gilles Boileau Ier, dont Pierre Gayant était ainsi, par alliance, l'oncle à la mode de Bretagne (*Tabl généal., au Cabin. des généal.*, B. R., *Cart. Ra.*).

quêtes d'icelui ; marraine, damoiselle Catherine Favières, fille de M. Favières, maître des requêtes (*Saint-Méry*).

13. Le 6 février 1629 a été baptisée Charlotte fille de M⁰ Gilles Boileau, commis au greffe de la cour de parlement et de Charlotte Brochart, rue Quincampoix. Parrain, noble Réné Leroux, secrétaire du roi. Marraine, damoyselle Marie Lionne, femme de Mʳ Charles Parochel, conseiller au parlement (*Saint-Nicolas des Champs*).

14. Le samedi 15 septembre 1629, Charlotte de Brochart âgée de 45 ans, femme de Mᵉ Gilles Boileau, commis au greffe civil du parlement, prise en sa maison rue Quincampoix..., inhumée dans l'église (*Saint-Nicolas des Champs*).

15. Le 7 avril 1630 a été publié le 1ᵉʳ ban entre M. Gilles Boileau, commis au greffe civil de la cour, veuf de Charlotte Brochart d'une part, et Anne de Nielé, fille de M. Nicolas de Nielé, procureur au Chatelet de Paris et de Nicole Merlon sa femme d'autre part, tous deux de cette paroisse... 2ᵉ ban le 14..., fiancés ledit jour ; espousés le lundi 15... (*Saint-Nicol. des Champs*).

16. Le 10 mars 1631 a été baptisé Gilles fils de M. Gilles Boileau, commis au greffe de la cour et de Anne de Nyeslé. Parrain, Mᵉ Nicolas de Nyeslé, procureur au Chatelet; marraine, Nicole de Nyeslé, femme de Mᵉ Thomas Clément, procureur audit Chatelet, tous demeurant rue Quincampoix (*Saint-Nicol. des Champs*).

17. Le 27 avril 1632 a été baptisée Geneviève fille de M. Gilles Boileau, commis, etc., et de Anne de Niezlé, rue Quincampoix. Parrain, Nicolas Bolosier, receveur général des bois; marraine, Nicole Merlon (*Saint-Nicol. des Champs*).

18. Le jeudi 25 août 1633 a esté baptisée Elisabeth fille de Mᵉ Gilles Boileau, commis au greffe de la cour en la charge du conseil et de Anne de Niellé..., rue Quincampoix. Parrain, Mᵉ Jean Dongois, commis au greffe de ladite cour. Marraine, Élisabeth Nion, femme de Mᵉ Nicolas de Niellé, procureur au Chatelet (*Saint-Nicol. des Champs*).

19. Le 18 mars 1635 a été baptisé Jacques fils de Mᵉ Gilles Boileau... et de Anne de Niellé (*voy. tout l'acte tome* I, *Essai, n° 7 e*).

20. Certificat que... Nicolas Boileau (*Despréaux*) fils du défunt sieur Boileau est né le 1ᵉʳ novembre 1636 (*voy. id., ibid., n° 7 f*).

21. Le 14 mai 1638 fut baptisée Anne Boileau fille de Mᵉ Gilles Boileau, commis au greffe du parlement et de Anne de Niellé... Parrain, maistre Nicolas de Niellé, procureur au Chatelet. Marraine, Anne Boileau, femme de maistre Jean Dongois, procureur de ladite court de parlement (*Sainte-Chapelle*).

22. L'an 1657 et le vendredi 2 février, à trois heures après midi, est décédé en sa maison, cour du Palais, M. Gilles (prénom mis anciennement par apostille) Boileau, commis au greffe de la cour de parlement à la charge du

conseil, et le lundi suivant son corps a été porté à la basse Sainte-Chapelle sa paroisse, où il a été inhumé proche la chapelle de saint Jacques et saint Christophe, au milieu de la nef (*Sainte-Chapelle*).

23. Du 8 février 1644 furent mariés maistre Hiérosme Boyleau avocat au parlement paroisse Sainte-Chapelle, damoyselle Loyse Bayen de cette paroisse... Présens, M. Gilles Boileau, principal commis au greffe civil père dudit Boyleau, M. Honoré Bayen père de l'épouse (*Saint-Étienne du Mont*).

24. Le vendredi 30 décembre 1644 a été baptisée Louise fille de Me Hiérosme Boisleau, avocat en la cour de parlement et de damoiselle Louise Bayen. Le parrain, Me Gilles Boileau, commis au greffe de la cour à la charge du conseil. Marraine, Françoise Dufresne, femme d'Honoré Bayen, procureur (*Sainte-Chapelle*).

25. Le 31 mai 1656 a été baptisé Gilles fils de maistre Hierosme Boileau avocat... Le parrain, maistre Gilles Boisleau, commis au greffe de la cour à la charge du conseil... (*Sainte-Chapelle*).

26. Le 24 d'octobre 1663 a été baptisé Hiérome Guerbois... Le parrain est noble homme Me Jean Dongois, greffier du parlement en la chambre de l'édict, et la marraine demoiselle Anne Boileau fille de noble homme Me Hiérome Boileau, aussi greffier du parlement en la grand'chambre (*Chérence*).

27. Le 18 avril 1672 a été baptisé Thomas fils de maistre Pierre Bayen, avocat... Marraine, damoiselle Louise Bayen, femme de Me Hierome Boileau, greffier en la grand'chambre (*Sainte-Chapelle*).

28. Le mardi 25 de juillet 1679 a été enterré... Jérome Boileau, greffier à la grand'chambre, décédé en sa maison le lundi 24... Son corps est enterré dans le tombeau de ses pères dans la nef de la basse Sainte-Chapelle... (signé) Guiran, curé (*Sainte-Chapelle*).

29. Le 14 avril 1696 est décédé, et le lundi 16 a été inhumé, dans l'église de Clichy-la-Garenne... M. Gilles Boileau, greffier de la grand'chambre du parlement de Paris, âgé de 40 ans environ, en présence de M. Charles Bayen, avocat, de M. Joseph Ducornet, avocat, et de M. Jacques Rapouel, chevalier des ordres militaires du Saint-Esprit de Montpellier, tous cousins, qui ont signé... (*Clichy*).

30. Ce vendredi 31 décembre 1700 fut inhumée dame Louise Bayen, veuve de M. Jérosme Boileau greffier de la grand'chambre du parlement, décédée le jour précédent en sa maison, rue Gît-le-Cœur. Présens, messire Jacques Boileau, prêtre docteur, etc., chanoine de la Sainte-Chapelle, etc., son beaufrère, et messire Nicolas Boileau, écuyer sieur Despréaux [1] aussi beaufrère, et Me Charles Bayen, avocat, son neveu (*Saint-André-des-Arts*).

---

[1] C'est la première fois qu'il prend ces qualités; mais l'acte est postérieur de 18 mois à l'arrêt sur la noblesse (n° 211).

PIÈCES JUSTIFICATIVES. 471

31. Le 1er octobre 1704..., certificat par deux bourgeois que « Hiérome Boileau, greffier de la grand'chambre n'a laissé que trois enfans, Me Gilles Boileau qui a été pourvu de sa charge de greffier de la grand'chambre ; demoiselle Charlotte Boileau et demoiselle Louise Boileau ; que Gilles Boileau est mort le 1er et Louise ensuite, tous deux sans avoir été mariés (*Minutes de Dionis*).

32. Du 15 septembre 1631 a été inhumé Nicolas Boileau, clerc au palais, âgé de vingt ans ou environ, pris rue Quincampoix ; présens M. le curé et vingt prêtres... (*Saint-Nicolas des Champs*).

33. Les 10 et 24 décembre 1682, promesse de vente et vente devant notaires passée par « messire Pierre Boileau, sieur de Puymorin, etc., à M. Jean Voile, de sa charge de controlleur général de l'argenterie, menus plaisirs et affaires du roi... », au prix de 180,000 livres... (*Minutes d'Arouet*).

34 *a*. Dispositions du testament de Puymorin (*Minutes d'Arouet*). « Le 11 décembre 1683 fut présent messire Pierre Boileau, sieur de Puymorin, controlleur général de l'argenterie, etc... »

b. Legs de sommes diverses à ses trois domestiques... Dons divers à plusieurs amis, à Jacques Boileau (le chanoine) son frère, au chanoine Gilles Dongois, à M. de La Chapelle son ancien ami (à celui-ci quatre flambeaux d'argent).

c. Legs à la veuve Boyvinet sa sœur, de 300 livres de pension viagère pour subvenir à ses alimens, qui ne pourra être employée à autre chose et sera insaisissable.

d. Réduction à 600 livres de rente viagère d'un don de 12,000 livres fait à une demoiselle Bourdet.

e. Legs de 1,000 livres à M. Manchon son neveu, de 2,000 livres, à Geneviève Manchon sa nièce (*Tab. gén.*, n°s 450 et 453) ; de sa vaisselle d'argent, à Despréaux, son frère ; de sa bassinoire d'argent, à madame Gilbert de Voisins, sa petite nièce (*ib.*, n° 485).

f. Il fait légataires de tout le reste, Jacques, Despréaux, Anne femme Dongois, et Geneviève veuve Manchon, ses quatre frères et sœurs, et Gilles et Charlotte Boileau (*ib.*, n°s 426 et 429) ses neveu et nièce, enfans de Jérome ; ceux-ci ensemble pour un cinquième, et ses quatre frères et sœurs chacun pour un cinquième.

g. Despréaux est nommé exécuteur testamentaire.[1]

35. Le 13 décembre 1683 a été inhumé en l'église de la basse Sainte-Chapelle à Paris, messire Pierre Boileau, sieur de Puymorin, ci-devant conseiller du roi intendant et controlleur général de l'argenterie, menus plaisirs et affaires de

---

[1] Cette disposition et le prélegs prouvent assez l'amitié de Puymorin pour le poète (*voy.* p. 187, lett. du 17 août 1687, note 3).

la chambre de sa majesté, décédé en sa maison cour du Palais, samedi (le 11). Ont assisté à l'enterrement M. Boileau, sieur Despréaux, frère du défunt... (*Sainte-Chapelle*).

36. Le mardi 22ᵉ jour dudit mois d'octobre 1669 fut inhumé défunt (ce qui suit est d'une écriture postérieure) messire Gilles Boileau, conseiller du roy, controlleur général de l'argenterie, intendant des menus plaisirs et affaires de la chambre du roy, décédé rue Saint Severin (l'acte n'a rien de plus... *Saint-Severin*).

37. Le dernier de septembre 1652 a été baptisé Jacques fils de Michel Damesmes... Le parrain est Jacques Boileau fils de noble homme M. Gilles Boileau, greffier de la grand'chambre du parlement de Paris. La marraine Françoise Lemarchand fille de feu M. Lemarchand, seigneur d'Austislé (*Chérence*).

38. Je soussigné Nicolas Boileau Despréaux, confesse avoir reçu de M.... (en blanc) la somme de 1,438 livres pour les six premiers mois de l'année 1705 à cause de 2,876 livres de rente à moi constitués sur les aides et gabelles le 19 janvier 1700, dont je quitte ledit sieur payeur. Fait à Paris le 25 février 1705. N. Boileau (*Tit. au Cab. des généal.*, B. R., *Cart. Bo.*).

39. L'an 1711 et le 15 mars, Nicolas Boileau, écuyer sieur Despréaux, l'un des 40 de l'Académie française, décédé cloître Notre-Dame, le 13 du présent mois..., a été transporté dans l'église de la basse Sainte-Chapelle, en présence de messire Jacques Boileau, docteur de Sorbonne, chanoine de la Sainte-Chapelle, et de messire Pierre Gilbert de Voisins, président en la 2ᵉ chambre des enquêtes, petit neveu du défunt à cause de dame Françoise Geneviève Dongois son épouse... (*Saint Jean le Rond*).

40. Le dimanche 15 mars 1711 a été transporté dans l'église de la Sainte-Chapelle, par les messieurs de la paroisse de Saint-Jean le Rond, le corps mort de défunt messire Nicolas Boileau, écuyer sieur Despréaux, un des 40 de messieurs de l'Académie française, décédé le 13ᵉ et enterré le lendemain matin 16ᵉ dudit mois dans ladite église de la Sainte Chapelle. Ont assisté messire Jacques Boileau, prêtre... frère... Pierre Gilbert de Voisins, président de la seconde des enquêtes, Pierre Gilbert de Voisins, conseiller au parlement, neveux du défunt... (*Sainte-Chapelle*).

41. Du 30 juin 1628 a été inhumée Élisabeth Boileau, âgée de dix ans, fille de Mᵉ Gilles Boileau, commis au greffe de la cour de parlement de Paris et de Charlotte Brochart, prise rue Quincampoix, avec l'assistance du curé et de 18 prêtres (*Saint-Nicolas des Champs*).

42. Jeudi 18 octobre 1635, Catherine Boyleau dite de Saint-Antoine, fille de M. Boyleau, greffier de la grand'chambre des contes (*sic*), prit l'habit de religion..., fit profession le 9 mai 1637..., obiit 14 décembre 1689 (*Hôtel-Dieu de Pontoise*).

PIÈCES JUSTIFICATIVES. 473

43. 1er dimanche de l'avent 28 novembre 1638, madame de Dampont donna l'habit à damoiselle Marie Boyleau (dite de Saint-Étienne), fille de M. Boyleau, greffier en p. (parlement)... Profession le 6 décembre 1639..., obiit 23 octobre 1670 (*Hôtel-Dieu de Pontoise*).

44. Du 24 octobre 1634 a été inhumée Élisabeth fille de maistre Gilles Boyleau, greffier à la grand'chambre, et de damoiselle Nicole (erreur : c'est Anne) de Niellé, prise rue du Vertbois... (*Saint-Nicolas des Champs*).

45. Le 2 janvier 1633, 1er ban entre Me Jean Dongois, procureur au parlement d'une part, et Anne Boisleau fille de Me Gilles Boisleau, commis au greffe de ladite cour de parlement, rue Quincampoix, d'autre part..., épousés le lundi 24, en présence de Charles Mondin, Me Gilles Boileau, greffier de la première chambre des enquêtes père de l'épouse, Anne de Niélé sa belle mère : Me Nicolas de Nyelé, procureur au Chatelet, Me Nicolas de Nyelé le jeune, aussi procureur audit Chatelet, Me Louis de Nyelé, ci devant huissier au grand conseil... (*Saint-Nicol. des Champs*).

46. Ce 14e jour de décembre 1660, après les publications... et les fiançailles célébrées en la maison de M. de Nyellé, procureur au Chatelet, nous avons pris le mutuel consentement de Nicolas Dongois, avocat, fils de Jean, greffier en la chambre de l'édit, et d'Anne Boileau... et de Françoise Le Marchand, fille de feu Roger et de Nicole de Niellé dame d'Autisle, de cette paroisse, et les avons conjoints en mariage *per verba de presenti* (*Saint Leu*).

47. Le 25 décembre 1661 a été baptisé Jean Nicolas, fils de Me Nicolas Dongois, avocat en la cour de parlement, et de damoiselle Françoise Le Marchand. Le parrain Me Jean Dongois, greffier en la chambre de l'édit... (*Sainte-Chapelle*).

48. Le 6 d'avril 1663 a été baptisé Louis Huppé... Le parrain est noble homme Me Nicolas Dongois, advocat et seigneur d'Autisle (mêmes qualités dans des actes de baptêmes des 14 avril et 5 juin 1664, et 4 août 1670) et la marraine damoiselle Nicole de Nyelé, veuve de feu noble homme Me Roger Lemarchand, advocat et seigneur dudit Autisle (*Chérence*).

49. Le 14 mars 1666 a été baptisée Françoise Geneviève, fille de M^u Nicolas Dongois, avocat, et de dame Françoise Lemarchand. Le parrain M^e. Jean Dongois, greffier en la chambre de l'édit. Marraine, damoiselle Geneviève Decretot, veuve de défunt Nicolas de Niellé, procureur au Chatelet (*Sainte-Chapelle*).

50. Le 7 novembre 1667 a été baptisée Françoise Guerbois... Son parrain messire Nicolas Dongois, seigneur d'Autisle et greffier... (*Chérence*).

51. Le 7e décembre (1667) a été baptisé Nicolas Joindre... Son parrain, messire Nicolas Dongois, advocat au parlement, seigneur d'Autisle. La marraine, damoiselle Nicolle de Nieslé, vefve de feu messire Roger Marchand, seigneur d'Autisle et avocat... (*Chérence*).

52. *Inscription de l'église d'Hautisle* (elle est sur un des murs intérieurs... Les signes ⁂ tiennent la place de mots effacés en 1794).

Nicolas Dongois ⁂ et Françoise Lemarchand son épouse, fondateurs de cette paroisse en exécution de sentences de ⁂ Pontoise et de ⁂ des 30 mars et 24 juillet 1670, omologuées par arrêt du parlement du 28 août 1670, ont fait faire cette église, la sacristie, le retable d'autel, le chœur, les cloches, les ornemens nécessaires, le presbytère et le jardin de M. le curé.

53. Du 9 octobre 1676. Baptême de Barbe Huppé... Marraine, Françoise Geneviève Dongois, fille de M^r. (*ou messire*) Nicolas Dongois, conseiller du roi et secrétaire et greffier du parlement de Paris, seigneur d'Hautisle et de Chantenelle..... (*Hautisle*).

54. Du 14 septembre 1683, contrat de mariage de « messire Pierre Gilbert, seigneur de Voisins, etc., conseiller au parlement, fils aîné de Pierre, conseiller à la grand'chambre et de dame Élisabeth Petit... avec demoiselle Françoise Geneviève Dongois, fille de M. Nicolas Dongois, conseiller et secrétaire du roi et greffier de la grand'chambre... au parlement, et de dame Françoise Lemarchand..., » en présence du premier président de Novion, des présidens de Harlay, etc.; (plus une page des parens de l'époux, entr'autres l'abbé Petit conseiller clerc, oncle maternel)... Du côté de l'épouse, ses père et mère, Jean Dongois et Anne Boileau sa femme, ayeuls, le chanoine Dongois, Henri de Bessé et sa femme, le chanoine Boileau, Puymorin, Despréaux, la veuve Manchon, oncles et tantes; Gilles, greffier de grand'chambre, et Charlotte Boileau, cousins; et de l'abbé Louis Roger Dansse (les noms suivans sont en apostille); de M^r. (c'est Nicolas Charles) de Nyellé, avocat, issu de germain; de Simon Mariage, secrétaire du roi... (*Minutes d'Arouet*).

55. Aujourd'hui 20 septembre 1683... ont été mariés messire Pierre Gilbert, seigneur de Voisins, etc.; demeurant cour du palais et demoiselle Françoise Geneviève Dongois, fille de Nicolas Dongois, conseiller secrétaire du roi... greffier de la grand'chambre... demeurant chez ledit sieur Dongois son père... en la présence de messire Gabriel Petit, conseiller au parlement, oncle maternel de l'époux... dudit sieur Dongois père... de messire Louis Roger Dansse (*il signe ainsi*), chanoine... (*Sainte-Chapelle*).

56. Du 16 août 1684, a été baptisé Pierre Gilbert (né le 13), fils de messire Pierre Gilbert, seigneur de Voisins... et de dame Françoise Geneviève Dongois... Parrain, M. Jean Dongois, ci-devant greffier en l'édit, ayeul maternel du baptisé... (*Sainte-Chapelle*).

57. Aujourd'hui 25 août 1685, a été baptisé Nicolas-Gabriel Gilbert, fils de messire Pierre Gilbert, seigneur de Voisins... et de dame Françoise Geneviève Dongois, né hier en la maison desdits sieur et dame, cour du palais. Parrain, messire Gabriel Petit, chanoine et conseiller au parlement. Mar-

raine, dame Françoise Lemarchand, femme de M. Dongois, conseiller et secrétaire du roi et principal greffier de la grand'chambre.. cour du Palais (*Sainte-Chapelle*).

58. Le 20 juin 1637 fut baptisée Anne fille de M⁵ Jean Dongois, procureur et commis au greffe de la cour, et d'Anne Boileau... Parrain, M. Martin Rapoel, avocat; marraine, Anne de Nielé, femme de M⁵ Gilles Boileau, commis au greffe... (*Saint-Severin*).

59. Le 3 septembre 1640 fut baptisée Marie Dongois, fille de honorable homme Jean Dongois, procureur au parlement, et de honorable femme Anne Boileau. Parrain, maistre Hiérosme Boileau advocat en la cour... (*Sainte-Chapelle*).

60. L'an 1660 et le 18 septembre est décédée en sa maison, cour du Palais sur les six heures du soir, damoiselle Marie Dongois, fille de M. Dongois, greffier... et le lendemain son corps fut porté dans la basse Sainte-Chapelle et inhumé proche la chapelle Saint-Jacques-Saint-Christophe, auprès de celui de feu Mʳ. Gilles Boileau (*voy*. p. 469 et 470, n° 22), son grand-père (*Sainte Chapelle*).

61. Le lundi 26 d'avril 1660, le mariage a été fait... entre maistre Nicolas Gaultelier, avocat... et damoiselle Charlotte Dongois, fille de M⁵ Jean Dongois, greffier en la chambre de l'édit, et de damoiselle Anne Boileau... en présence de... M⁵ Nicolas Dongois, avocat, et Gilles Dongois, prieur, ses frères... de maistre Jacques Boileau, prieur de la société de Sorbonne, son oncle... (*Sainte-Chapelle*).

62. Le 22 janvier 1667 fut baptisé Jacques-Louis-Charles, fils de M⁵ Jacques de la Hogue... Marraine, damoiselle Charlotte Dongois (elle a signé) vefve de noble homme M⁵ Nicolas Gaultelier, avocat en parlement... (*Saint-Severin*).

63. Le samedi 10 août 1669 a été baptisé Henri, fils de Henri de Bessé et de damoiselle Charlotte Dongois sa femme. Le parrain, M⁵ Jean Dongois, greffier... (*Sainte-Chapelle*).

64. L'an 1697 et le 18 février ont été épousés..., ayant été fiancés le 17 dans la chapelle de M. Dongois..., messire Henri de Bessé, écuyer sieur de La Chapelle, conseiller au parlement de Metz, fils de feu messire Henri... et de dame Charlotte Dongois... et damoiselle Élisabeth Chardon, fille de M⁵ Daniel Chardon, ancien avocat..... L'époux a été accompagné de... messire Nicolas Dongois, conseiller secrétaire du roi..., greffier de la grand'chambre... (*Ivry*).

65. Le 12 mars 1700 a été baptisé Nicolas-Pierre, fils de messire Henri de Bessé, écuyer sieur de La-Chapelle-Milon, conseiller au parlement de Metz, et de dame Élisabeth Chardon... Parrain, Messire Pierre Gilbert de Voisins, président de la seconde chambre des enquêtes, au nom de Mʳ. Nico-

las Dongois [1], conseiller secrétaire du roi et de la cour de parlement, etc... (*N.-D. de Versailles*).

66. Le 21 novembre 1672 a été baptisé, par moi curé soussigné, Anne, fille de Henri de Bessé et de demoiselle Charlotte Dongois... Marraine, demoiselle Anne Boileau, femme de M. Jean-Dongois, greffier, signé Guironnet (*Sainte-Chapelle*).

67. Ce samedi 20 avril 1697... ont été mariés M. Étienne Ferrand, écuyer seigneur de Saint-Dizant... et demoiselle Anne de Bessé, fille de défunt Henri... et de dame Charlotte Dongois... Ont assisté....M. Nicolas Dongois... greffier de la grand'chambre; messire Henri de Bessé, écuyer seigneur de La Chapelle-Milon, conseiller au parlement de Metz...; messire Gilles Dongois, chanoine... (*Sainte-Chapelle*).

68. Le 15 octobre 1726 a été fait le convoi et transport en carosse en l'église de la basse Sainte-Chapelle, de dame Anne de Besset, épouse de messire Étienne Ferrant, chevalier seigneur de Saint-Dizant... Y ont assisté messire Raoul-Antoine de Saint-Simon, comte de Courtomer, capitaine aux gardes, gendre; messire Henri de Besset, chevalier seigneur de La Chapelle, frère; messire Pierre-Nicolas de Besset, conseiller au Châtelet, neveu de la défunte... (signés) Courtomer, de La Chapelle, Besset de La Chapelle... (*Saint-Sulpice*).

69. Le lundi 29 juillet 1604, épousèrent Florimond Langlois, tailleur, et Denise de Monceaux, fille de Pierre, aussi tailleur, et veuve de Germain Le Leu... (*Saint-André-des-Arts*).

70. Le 19e jour d'octobre 1608, fut baptisé Charles, fils de Florimond Langlois, tailleur d'habits, et de Denise de Monceaux. Parrain, Charles de Paris, le jeune, M$_e$ pâtissier... (*Saint-André-des-Arts*).

71. Le vendredi 22 juillet 1639, furent fiancés, au logis de M^r. Tardieu, chanoine, Charles Langlois, fils de Florimond Langlois, marchand bourgeois et de Denise Monceau, ses père et mère; et Marguerite Boileau, fille de maître Gilles Boileau, principal commis au greffe civil de la cour du parlement, et de honorable femme Charlotte Brochart... (*Sainte-Chapelle*).

72. Le dimanche 24 juillet 1639, furent mariés maistre Charles Langlois, principal commis au greffe de la chambre de l'édit..., et honnête fille Marguerite Boileau, fille de maistre Gilles Boileau, principal commis, etc. (*Sainte-Chapelle*).

73. Le 30 novembre 1641, fut baptisée Anne-Marguerite, fille de Charles

---

[1] Dans un autre baptême (16 janvier 1703) d'une fille des mêmes... dont son épouse est marraine, il est qualifié de *messire*... Il est vrai que c'est après avoir donné aussi cette qualité à un conseiller au Châtelet, qui est parrain.

PIÈCES JUSTIFICATIVES. 477

Langlois, commis au greffe civil et criminel de la cour, et principal commis de la chambre de l'édit, et de Marguerite Boileau... Marraine Anne Boileau, femme de Jean Dongois, commis au greffe civil de la cour de parlement. (*Saint-Germain le Vieil*).

73 A. 2 août 1642, a été apporté le corps de Marguerite Boileau, femme de maistre Charles Langlois, commis au greffe de la cour du parlement, et principal commis à la chambre de l'édit, décédée rue de la Barillerie..., inhumée dans l'église... (*Saint André-des-Arts*).

74. Le 16 décembre soir 1657, ont été fiancés M. Jean Boizard, conseiller à la cour des monnoies, paroisse Sainte-Croix, et damoiselle Anne-Marguerite Langlois, fille de M. Langlois, avocat et commis au greffe de la chambre de l'édit, et de Marguerite Boileau; en présence du père, de M. Langlois, avocat, frère de l'épouse... en vertu d'une ordonnance de l'official du 12, rendue sous condition qu'il n'y aura pas de solemnité, et le lendemain 17 ont été conjoints par mariage avant l'office de matines, conformément à ladite ordonnance... (*Saint-Germain le Vieil*).

75. Le mardi 13 juin 1647, mariage a été célébré entre Joachim Boisuinet, procureur au parlement, fils de Claude, aussi procureur, et de Marie Joyeux...; et Charlotte Boileau, fille de Me Gilles Boileau, commis au greffe de la cour, à la charge du conseil, et de Charlotte de Brochart... (*Sainte-Chapelle*).

76. Le samedi 23$_e$ jour de janvier 1672, fut inhumé Me Joachim Boyvinet, greffier (rien autre... *Saint-Severin*).

77. Procuration passée le 20 décembre 1683, à Rouen, par « damoiselle Charlotte Boileau, veuve de M. Joachim Boyvinet, y demeurant rue et paroisse Saint-Nicolas, » pour toucher la pension à elle léguée par M. Pierre Boileau de Puymorin, son frère (*Annex. aux minut. d'Arouet, du 11 décemb. 1683*).

78. Le 1er avril 1711, procuration passée à Pontoise par « dame Charlotte Boileau, veuve de M. Joachim de Boivinet, greffier du parlement de Paris, demeurant à présent au prieuré royal et hospitalier de Saint-Nicolas de Pontoise, » relativement au legs que lui a fait son frère Despréaux (*Dépos. aux minut. de Dionis, le même jour*).

79. Du 22 novembre 1667, fut baptisé Mathieu, fils de Jacques Poussel, avocat... Marraine damoiselle Charlotte Boileau, femme de M. Joachim Boyvinet, greffier à la seconde chambre des requêtes du palais... (*Saint-Germain l'Auxerrois*).

80. Le 7 janvier 1651 furent mariés Dominique Manchon, commissaire examinateur au Chatelet... et damoiselle Geneviève Boileau, fille de Me Gilles Boileau, greffier de la cour, commis à la charge du conseil, et de défunte damoiselle Anne de Nyeslé.., présens... M. de Nyeslé l'aîné (*le père...*

Tab. gén., n° 83) procureur au Chatelet, M. de Nyeslé le jeune (*le fils*, id., n° 170), aussi procureur..., signés... de Nyelé; de Nyelé j^e... (*Saint-Jacques de l'Hôpital*).

81. Le 5 juillet 1653 fut baptisée Anne, fille de M. Dominique Manchon, commissaire examinateur au Chatelet, et de damoiselle Geneviève Boisleau. Parrain, Me Gilles Boileau, commis au greffe de la cour à la charge du conseil... (*Saint-Severin*).

82. Le vendredi 22 janvier (1655) fut baptisée Geneviève, fille de Me Dominique Manchon, enquêteur et commissaire... et de dame Geneviève Boisleau... Le parrain, Me Jacques de Sanlecque, bourgeois de Paris; la marraine dam. Anne Boisleau, femme de Me Jean Dongois, greffier... (*Saint-Severin*).

83. Le 22 mai 1661 fut baptisé Jérôme, fils de Me Dominique Manchon, commissaire examinateur au Chatelet, et de damoiselle Geneviève Boileau... Parrain, Me Jérosme Boileau, commis au greffe de la grand'chambre... Marraine, Marie Manchon, veuve de Jacques de Sanlecque (*Saint-Severin*).

84. Le 15 août 1671 fut inhumé Me Dominique Manchon, conseiller du roi, commissaire enquesteur et examinateur au Chatelet de Paris, décédé rue Saint-André-des-Arts (*Saint-Severin*).

85. Le 2 octobre 1684, contrat de mariage entre « M^e. Mathieu de Sirmond, avocat, fils de M_e Bertrand de Sirmond, chatelain de Mazingues en Auvergne... et demoiselle Geneviève Manchon, fille de demoiselle Geneviève Boileau et de feu Dominique Manchon, commissaire enquêteur et examinateur au Chatelet... Présens, du côté de la future, sa mère, MM. Hierosme Manchon, bachelier en théologie, son frère, Jacques Boileau, doyen de Sens et Nicolas Boileau, sieur Despréaux, ses oncles maternels; Anne Boileau, sa tante... (*Minut. d'Arouet*).

86. L'an 1684 et le 5 octobre, après un ban du futur mariage de M^e. Mathieu de Sirmond, avocat, etc., et de demoiselle Geneviève Manchon, etc., messire Claude Ameline, grand archidiacre et chanoine... « a conjoint en mariage lesdits Sirmond et Geneviève Manchon... en présence de Nicolas Boileau, sieur Despréaux, de messire Hiérome Manchon, bachelier en théologie, de messire Émery Dreux, sous-chantre et chanoine... (signés) G. Boileau...; de Sirmond; G. Manchon; N. Boileau...; Manchon...; Marie-Anne Marchand... (*Saint-Jean le Rond*).

87. L'an 1686..., un enfant mâle... de maistre Mathieu de Sirmond, avocat au parlement, et de demoiselle Geneviève Manchon, né le 6 octobre..., a été ondoyé le lundi 7 par moi curé... en conséquence de la permission... de l'archevêque... (*Saint-Jean le Rond*).

88. L'an 1687, un enfant mâle de maître Mathieu de Sirmond, etc., et de demoiselle Geneviève Manchon, né le 6 et ondoyé le 7 octobre 1686, a reçu

les cérémonies du baptême le 26 juin 1687 et a été nommé Hiérosme Mathieu. Parrain, Hiérosme Manchon, son oncle, bachelier en théologie. Marraine, Françoise Le Marchant, femme de M. Dongois, secrétaire du roi et greffier de la grand'chambre (*Saint-Jean le Rond*).

89. Le 15 avril 1687, baptême de Jérôme, fils d'Antoine Riquer (*jardinier de Boileau*)... Parrain, M^e. Hiérosme Manchon, bachelier en théologie, fils de M Manchon et de damoiselle Geneviève Boislo... Marraine, damoiselle Marie Petit-Jean, fille de M. Petit-Jean-Marchand, pourvoyeur de M. le duc d'Orléans, et de dame Marie de Latreille (*Auteuil*).

90. Du 16 mars 1711, procuration passée à Ipres par M. Jérôme Manchon, commissaire des guerres, à dame Geneviève Boileau, veuve de M. Dominique Manchon, sa mère, pour conserver ses droits surtout au sujet du legs fait par M. Boileau Despréaux « à demoiselle Charlotte Boileau Despréaux, sa nièce, de l'usufruit de 10,000 livres » dont le constituant (Jérôme) aura la propriété... Déposée le 30 (*Minut. de Dionis*).

91. Le 16 avril 1691, transaction... Au commencement est un compte des déductions que doit faire M. Boileau (Gilles) à M^r. et madame de Sirmond, sur les cent vingt mille francs, prix de l'office de greffier de la grand'chambre dont M. de Sirmond est à présent pourvu, en vertu de vente passée par acte du 19 janvier 1691 devant Carnot... (*Minut. d'Arouet*).

92. L'an 1703 et le 23 novembre, ont été célébrées des messes... pour Jérôme Mathieu de Sirmond..., lieutenant d'infanterie dans le régiment de Sillery... fils de mons. de Sirmond, ancien avocat... et depuis greffier... et de dame Geneviève Boileau Manchon... tué au siège de Landau le 5 ou 6 du présent mois... (*Saint-Jean le Rond*).

93. Le 26 avril 1603 fut baptisée Nicolle, née à 3 h. du matin, fille de Me Nicolas de Nyelé, procureur au Chatelet de Paris, et de Nicole Merlon. Parrain, M^e. François de Nyelé, procureur en parlement. Marrines, Geneviève Milon, femme de Me Hugues Merlon, procureur au Chatelet, et Marie Lefèvre, fille de M_e Nicolas Lefèvre, huissier audiencier audit Chatelet (*Saint-Méry*).

94. Le 18 janvier 1606 fut baptisé un enfant né le 17, nommé Nicolas, fils de Me Nicolas de Nyelé, procureur, et de Nicole Merlon. Parrain, M^e. Hugues Merlon, procureur... Marrine, Marie de Nyelé, femme de Nicolas Lefèvre, huissier au Chatelet (*Saint-Méry*).

95. Le 23e novembre 1609 fut baptisée une fille sur les six heures du soir, née à 8 heures du matin... et nommée Anne, fille de Me Nicolas de Niellé, procureur au Chatelet de Paris, et de Nicole Merlon sa femme. Le parin, Me Loys de Niellé, huissier au grand conseil; la marine, damoiselle Anne Moulin, femme de noble homme Nicolas de Vilotroy, trésorier des guerres (*Saint-Méry*).

96. Le 30 juillet 1637 a été baptisée Nicole, fille de M° Thomas Clément... et de Nicole de Niellé... (*voy. tout l'acte tome* I, *Essai*, n° 7, *c*).

97. Le 13 juillet 1606 a été baptisé Roger, fils de noble homme André Lemarchant, sieur d'Autisle, et de damoiselle Marie Perigon (*Chérence*).

98. Le 31 juillet 1639 furent mariés noble homme Roger Lemarchant, avocat... et damoiselle Nicole de Nieslé, veuve de M° Thomas Clément, procureur... Ont assisté M⁰ˢ Nicolas de Nieslé, père de l'épouse, procureur au Chatelet, Nicolas de Nieslé, son frère, aussi procureur, M° Gilles Boileau, principal commis au greffe de la cour de parlement... de la part dudit sieur Lemarchant... nobles hommes Charles Cresto, controlleur général des finances de la généralité de Paris, et Antoine Gedoin, écuyer sieur de Carnetin [1] ses beaux-frères (*Sainte-Chapelle*).

99. Le dernier jour de septembre 1641 fut baptisée Marie-Magdeleine, fille de... Charles Delimoges, escuyer... Le parrain, M. Roger Lemarchand, advocat au parlement de Paris... (*La Roche-Guion*).

100. Le 17 septembre 1652 a été baptisée Françoise Guerbois... La marraine est damoiselle Françoise Lemarchant, fille de M. [2] Lemarchand, seigneur d'Austisle... (*Chérence*).

101. Le 25 janvier 1698 a été inhumée mademoiselle Nicole de Nielé, veuve de M. Roger Lemarchand, seigneur d'Autisle, morte le 24 dans la maison de M. Dongois son gendre... Présens messire Pierre Gilbert de Voisins... président de la 2ᵉ des enquêtes; M. Nicolas-Charles de Nielé, avocat en parlement; M. Despréaux, aussi avocat... (*signés*) Gilbert de Voisins; N. Boileau; N. C. de Nyélé (*Sainte-Chapelle*).

102. Le dernier jour de mai 1638, Anne de Nyélé, âgée de 27 ans [3], femme de maistre Gilles Boyleau, commis au greffe de la cour à la charge du conseil, apportée de l'église de la basse Sainte-Chapelle au palais, reçue par M. le curé et tous ses prêtres habitués, etc., a été inhumée le lendemain 1ᵉʳ juin dans l'église... (*Saint Nicolas des Champs*).

103. Le 3ᵉ octobre (1667) a été conjoint par foy et sacrement de mariage messire Nicolas de Sailly, fils de messire Jean de Sailly, et de damoiselle Denise de Montfaucon, et Marie-Charlotte de Nieslé, fille de défunt Nicolas de Nieslé, sieur de Bordeaux, et d'Élisabeth Nion (*Chérence*).

104. Le 25 d'octobre (1667) les sacres cérémonies de baptême ont été

---

[1] Leur mariage avec Françoise et Marie Lemarchant, sont à Saint-Nicolas des champs, 28 avril et 12 mai 1631.

[2] Il résulte de cet acte comparé avec le n° 37 (p. 472), que Roger Lemarchand sera mort du 18 au 29 septembre 1652.

[3] Erreur de copiste ou de calcul : c'est 28 ans

appliquées à Jean Lenoir... Son parrain, messire Jean de Nielé, advocat... La marraine damoiselle Élisabeth de Nielé... (*Chérence*).

105. Le 20 mai 1669 ont été fiancés, et le 21 épousés M. Paul Mattot, docteur régent de la faculté de médecine de Paris... et demoiselle Élisabeth de Niellé, fille de feu M. Nicolas de Nyellé, seigneur de Bordeaux, procureur au Chatelet, et de feue Élisabeth Nyon... Présens (les beaux frères) Jean Chassebras, Pierre Goussard, sieur Desroches, Nicolas de Sailly, chevalier seigneur de la Tilleuf, Nicolas-Charles de Nyelé, seigneur de Bordeaux, frère de l'épouse... (signés) E. de Nyélé... Chassebras; N. de Sailly; N. C. de Nyélé... (*Saint-Eustache*).

106. Jacques Lefevre et Marie Thevenart, furent mariés le 18 septembre 1688... Ont été témoins André Lefèvre son oncle, Mr Nicolas Charles de Niellé (il a signé de Nyélé), chevalier des ordres royaux de Notre-Dame-du-Montcarmel et de Saint-Lazare (*Saint-Benoît*).

107. Le 3 juillet 1690 ont eté mariés messire Louis Barré, conseiller auditeur à la chambre des comptes... et damoiselle Angélique de Nyélé, fille de feu Jean de Nyélé, avocat, et de dame Angélique Crestot... Présens... Nicolas-Charles de Nyelé (signature comme à n° 106), chevalier des ordres royaux de N.-D.-du-Montcarmel, et de Saint-Lazare, chambellan de S. A. R. Monsieur, duc d'Orléans, son cousin (*Saint-Eustache*).

108. L'an 1716 et le samedi 11 juillet est décédée damoiselle Anne Thionneau, veuve du sieur Lidoire Chapellet, marchand à Tours... Présens... maître Nicolas-Charles de Nyelé (signature comme à n° 106), avocat en la cour... (*Saint-Landry*).

109. Du 4 décembre 1596 a été baptisée Elisabeth, fille de *noble* homme maistre Nicolas Fleury, principal clerc commis au greffe du Chatelet... (*Saint-Nicolas des Champs*).

110. Du 20 mars 1598 a été baptisé François, fils de *noble* homme maistre Antoine Lefèbvre, greffier du bureau des finances (*Saint-Nicol. des Champs*).

111. Le 10 mai 1601 a été baptisé Charles, fils de Pierre Fournier... Parrain, *noble* homme M. Jehan de Blondelet, procureur en Chatelet. (*Saint-Gervais*).

112. Le 10 avril 1606 fut baptisée Catherine, fille de *noble* homme M. Guillaume Paulmier, procureur en la cour de parlement et principal commis au greffe criminel d'icelle (*Saint-Jean en Grève*).

113. Le 10 novembre 1611 fut baptisée Marie, fille de *noble* homme Alexandre Drouar, greffier civil et criminel du Chatelet... Marraine, Marie Barbedor, femme de *noble* homme M. Nicolas Drouar, greffier civil et criminel du Chatelet... (*Saint-Méry*).

114. Le 6 janvier 1612 a été baptisé René, fils de *noble* homme René Barré, procureur en parlement... (*Saint-Gervais*).

115. Du 19 avril 1645, fut baptisée Marguerite, fille de Pierre Maron et de Marie-Félix Langlois... Parrain, *noble* homme Charles Langlois; greffier en la cour de parlement... (*Saint-Eustache*).

116. Du 1ᵉʳ mai 1638. Baptême d'Anne Bertaut... Parrain, M. Gilles Boileau, commis au greffe du Palais à Paris. Marraine, dame Nicole de Niellé... (*Clignancourt*).

117. Du 9 novembre 1649. Baptême de Gilles Bourdin... Parrain, M. Gilles Boileau, commis au greffe du parlement en la grand'chambre... (*Clignancourt*).

118. Le 23 juillet 1674. Mariage de François Huppé le jeune (cultivateur du pays)... Témoins « Nicolas Boleau (*sic*) seigneur (*pour* sieur) Despréaux »... (*Signés*)... N. Boileau... (*Haute-Isle*).

119. Le mardi 1ᵉʳ juin 1677, après la publication, etc., furent fiancés et épousés M. Mᵉ Jean-Baptiste [1] Racine, conseiller du roy, trésorier de France en la généralité de Moulins, de la paroisse Saint-Landry, et dame Catherine de Romanet, de cette paroisse (Saint-Severin), en présence... de Nicolas Vitard sieur de Passy, et de Mᵉ Nicolas Boisleau sieur Despréaux... (*Saint-Severin*).

120. L'an de grâce 1690 et le 6 août, François de Monginot... (paroisse Saint-Eustache) et demoiselle Anne Thérèse Petit-Jean-Marchand, fille de feu sieur Antoine Petit Jean-Marchand, pourvoyeur de la maison de Monsieur... et de dame Marie (Martigny...) de Latreille (paroisse Saint Thomas du Louvre) ont été épousés... Présens... M. Boileau sieur Despréaux... Demoiselles Marie, Marie-Anne et Catherine Petit-Jean-Marchand ses sœurs (de l'épouse)... (*Auteuil*).

120 *a*. 19 août 1690. Extrait du registre de la paroisse d'Auteuil... « L'an de grâce 1690 et le 6 août, etc. ». Suit une copie du mariage précédent, avec un procès-verbal de l'apport qui en est fait par le curé d'Auteuil, en présence des parties, parens, etc... signés... Anne Thérèse Petit-Jean-Marchand... François Petit-Jean Marchand (même signature qu'au n° 208); Marie Petit-Jean-Marchand; Marie-Anne Petit-Jean-Marchand (même écriture qu'au n° 86); Catherine Petit Jean-Marchand; Boileau Despréaux [2]... (*Saint-Thomas du Louvre*).

121. Le 15 août 1573 a été baptisé Guillaume, fils de noble homme Jehan Boileau, trésorier payeur de la compagnie de M. le duc d'Usès per de France, et de damoiselle Catherine Rapouel... Parrins, messire Guillaume de Bailly,

---

Ce prénom est ainsi écrit, tout au long, et l'on verra qu'il en est de même à l'acte d'inhumation, n° 195. Cependant dans les autres actes (n°ˢ 188 à 194) il y a simplement *Jean* Racine, comme on a mis depuis dans ses œuvres.

² *Voy.* au sujet de cette signature, p. 133, note 1.

conseiller du roi en son conseil privé et 2ᵉ président de sa chambre des comptes, et M. Jehan Payot, conseiller et trésorier de l'extraordinaire des guerres. Marrine, damoiselle Catherine de Bragelongne, veuve de feu M. Jacques Rapouel (*Saint-Gervais*).

122. Le 9 mars 1613 fut baptisée Elizabeth, fille de noble homme Guillaume Boileau, trésorier et payeur de la gendarmerie de France, et damoiselle Charlotte de Chausseblanche; parrain noble homme M. Jacques Rappoueil... (*Saint-Nicolas des Champs*).

123. Le 27 juin 1616 a été inhumé noble homme Guillaume Boileau (ou Boelleau), âgé de 43 ans ou environ, trésorier et payeur de la gendarmerie de France (*Saint-Nicolas des Champs*).

124. Le 23 août 1644 fut baptisé Gilles, fils de M. maistre Balthazard-Charles Boileau, conseiller du roi, receveur général et payeur des rentes des huit millions de livres assignés sur les tailles, et de damoiselle Marguerite Chesnard, Vieille rue du Temple. Parrain, maistre Gilles Boileau, greffier de la grand'chambre. Marraine, damoiselle Charlotte de Chausseblanche (*Saint-Paul*).

125. Le 21 janvier 1657 fut baptisée Geneviève, fille de noble homme Balthazard-Charles Boileau, receveur et payeur général des rentes, etc., et de damoiselle Marguerite Chesnart : parrain, messire Thomas de Bragelogne, président au parlement... (*Saint-Paul*).

126. Le 23 avril 1659 fut baptisée Marie-Anne, fille de noble homme Balthazard-Charles Boileau, receveur, etc., et de Marguerite Chesnart... (*Saint-Paul*).

127. Du 23 septembre 1649 (baptême), Nicolas, fils de Philippe Censier.., Marraine, damoiselle Marguerite Chesnart, femme de noble homme Charles Boileau, receveur et payeur général des rentes de l'hôtel-de-ville (*Saint Jacques de la Boucherie*).

128. Le 21 septembre 1694, Balthazard-Charles Boileau, écuyer, conseiller du roi, ancien payeur des rentes de l'hôtel-de-ville de Paris, décédé Vieille rue du Temple, à 6 heures du soir, a été apporté le 22 et de là à Sainte-Croix de la Bretonnerie... (*signés*) Boileau (c'est Gilles III... *V.* le nᵒ suivant), Mondin (*Saint-Paul*).

129. Le 22 août 1719 M. Gilles Boileau, écuyer, conseiller du roi, ancien payeur des rentes du clergé, âgé de 75 ans ou environ, mort hier, rue et près l'échelle du Temple, a été apporté en cette église... de là transporté à Sainte-Croix de la Bretonnerie... Présens Philippe-Gilles Gourdon et Jean-Charles Gourdon du Breuil ses neveux... (*Saint-Nicolas des Champs*).

130. Le dimanche 21 octobre 1696 a été inhumé dans la cave de la Sainte-Chapelle le corps de messire Louis-Roger Dansse, sous-diacre et chanoine de la Sainte-Chapelle, par nous... ont assisté M. Gilbert, président de la 2ᵉ cham

bre des enquêtes, M. Dongois, greffier de la grand'chambre, et plusieurs autres amis du défunt qui ont [1] signé (*Sainte-Chapelle*).

131. Aujourd'hui 31 mai 1687 a été baptisé Louis-Charles, fils de M. Hiérosme de Laguerre, organiste... Parrain, messire Louis-Barrin, prêtre chanoine de la Sainte-Chapelle et prieur du Lay; marraine, damoiselle Marie-Charlotte Boileau, demeurans tous deux cour du Palais (*Sainte-Chapelle*).

132. Le 26 mars 1690 fut baptisé Robert, fils de M. Charles Richard, greffier... Parrain, messire Louis Barrin, prêtre chanoine... Marraine, damoiselle Marie Charlotte Boileau... (*Sainte-Chapelle*).

133. Le 9 mai 1632 a été publié le premier ban d'entre noble homme Nicolas de Riberolles, sieur du Valon, fils de feu noble Jourdain de Riberolles, sieur du Valon... et damoiselle Marie du Tertre, fille de feu noble homme René du Tertre, secrétaire de la chambre du roy, et de damoiselle Suzanne Rapoil... épousés le 15... Présens... Damoiselle Catherine Rapoil, veuve de Robert Le Prévôt, sieur d'Andilly, cousine (au 5ᵉ degré) de l'épouse (*Saint-Nicolas des Champs*)

134. Le 30 septembre 1636 fut baptisé Jacques-Nicolas, fils de Nicolas de Riberolles, écuyer, sieur du Vallon, et de damoiselle Marie du Tertre (*Saint-Nicolas du Chardonnet*).

135. Le 24 octobre 1661 furent fiancés Gilles Desmares, marchand... et Marie-Catherine Riberolles, fille de Nicolas, sieur du Vallon, et de Marie Dutertre... épousés le 25... l'épouse assistée de Nicolas, son frère, commis de M. Coquilles, secrétaire du roi, etc., et de Jacques Rapoil, bourgeois de Paris, son cousin (*Saint-Méry*).

136. Du 13 (août 1662... Baptême). Nicolas Charles, fils de Gilles Desmares, marchand linger, et de Marie-Catherine Ribrolles... près l'horloge du palais. Parrain, Nicolas Ribrolles, écuyer sieur du Valon... rue Jean-pain-Molet. Marraine, Charlotte Duplin, femme de Pierre Desmares, marchand linger... sur le pont au Change (*Saint-Jacques de la Boucherie*).

137. (16 septembre 1672) Marie Dutertre, femme de Nicolas Riberolles, décédée hier rue de la Verrerie, a été inhumée dans l'église. Présens son dit mari et Jacques Nicolas Riberolles sergent à verge au Chatelet de Paris (*Saint Méry*).

138. L'an 1672 et le 26 novembre, j'ai marié Mᵉ Jacques-Nicolas Riberol, huissier au Chatelet, et Anne Testart; lui fils de Nicolas Riberol, bourgeois de Paris, et de défunte Marie Dutertre; elle fille de Jean Testart, Mᵉ tailleur... ont assisté... Nicolas Riberol père, Mᶜ François Pascal Tridon, huis-

---

[1] Il n'y a pas d'autres signatures que celles de Gilbert, de Dongois, de Gobert, chanoine qui a fait l'inhumation, et du marguillier Waroquier.

sier, ami du contractant... Jean Delalande, M⁰ corroyeur, beau-frère de la contractante (*Saint-Jacques de la Boucherie*).

139. Le 17 novembre 1673 fut baptisée Marie-Jeanne, fille de Jacques Nicolas Riberol, huissier à verge au Chatelet et de Anne Testart... Le parrain, Jean-Baptiste Rapouel, écuyer avocat... La marraine, Marie Colbert, femme de Jean de Lalande, corroyeur (*Saint-Méry*).

140. Le 17 mars 1675 fut baptisé Nicolas, fils de Jacques Nicolas Riberol, huissier à verge au Chatelet, et de Anne Testart sa femme. Le parrain, Nicolas Riberol sieur du Valon. La marraine, Noelle Prestat, femme de Jean Testart, maître tailleur d'habits, laquelle a déclaré ne savoir signer... (*Saint-Méry*).

141. Le 5 février 1608 fut baptisé Balthazard, fils de noble homme Claude Lyonne de Ceuilly, controlleur provincial des guerres et d'Ysabelle de Longueil, rue Beautreillis... (*Saint-Paul*).

142. Le 22 juillet 1638 fut baptisé Magdeleine, fille de messire Jacques Lyonne, seigneur de Ceuilly... grand audiencier de France et de Marie de Grieux... Parrain, noble homme Balthazard Lyonne, conseiller du roi et président en sa cour des monnaies... (*Saint-Paul*).

143. Le 21 octobre 1649, M. de Lyonne, grand audiencier de France, seigneur de Ceuilly, etc., pris rue Beautreillis, fut inhumé dans l'église... (*Saint-Paul*).

144. Le jeudi 30 mai 1577 fut baptisée Marguerite, fille de M. Olivier Rappoueil, avocat en parlement, et de Marguerite Habert... Marraine, damoiselle Katherine Rapoueil, femme de noble homme Jehan Boyleau, trésorier et payeur... (*Saint-André-des-Arts*).

145. Le dimanche 14 septembre 1578 fut baptisée Catherine, fille de M. Olivier Rappouel, avocat, et de damoyselle Marguerite Habert (*Saint-André-des-Arts*).

146. Le 5 janvier 1581 fut baptisée Claude, fille de M. Jacques Rapouel, avocat en parlement, et de damoiselle Marguerite Guespin... Marrines damoiselles Claude de Bragelongne.. et Catherine Rapouel femme de Mʳ. Jehan Boileau, receveur et payeur des compagnies de cinquante hommes d'armes... (*Saint-Paul*).

147. Le 21 juillet 1597 furent fiancés et le 22 épousèrent noble homme Robert Le Prévost, seigneur d'Andilly et damoiselle Catherine Rapouel... (*Saint André-des-Arts*).

148. Le 6 avril 1608 fut baptisée Marie, fille de Robert Prevost sieur Dandilly et de damoiselle Catherine Rapouel... (*Saint-André-des-Arts*).

149. Le 13 juin 1622 furent fiancés et le 14 épousèrent noble Jehan Colin, paroisse Saint Gervais, et damoiselle Marie Le Prévost de cette paroisse (*Saint-Méry*).

150. Le 19 avril 1633 fut baptisée Élisabeth, fille de M. Jehan Colin, avocat au privé conseil, et de damoiselle Marie Le Prévost, vieille rue du Temple... (*Saint-Paul*).

150 A. Le 28 (mai 1610) fut baptisé Pierre, fils de Noël Targas, procureur en parlement, et de Clémence Babinet... (*Saint-Benoît*).

151. Le 17 novembre 1647, premier ban entre M. Pierre Targas [1], notaire et secrétaire du roi, fils de maître Noël Targas, procureur au parlement et de défuncte Clémence Babinet (rue des Carmes, paroisse Saint-Benoît) et damoiselle Élisabeth Colin, âgée de 15 ans [2], fille de feu Me Jean Colin, avocat au conseil du roi, et de Marie le Prévost... épousèrent le 25.,. Présens... damoiselle Catherine Rapoil, veuve en dernières nôces de noble Jean Heudon, avocat... ayeule du côté maternel de la damoiselle Colin... (*Saint-Nicol. des Champs*).

152. Pierre Targas, écuyer conseiller du roi, maison couronne de France et de ses finances, décédé cul-de-sac de la rue des Blancs-Manteaux, le 8 décembre 1666, a été inhumé en cette église le jeudi 9 décembre 1666 (*Saint-Méry*).

153. Le mardi 3 juin 1614 fut baptisée Marie, fille de Pierre Grossier, procureur au parlement, et de Marie Bouchard... (*Saint-André-des-Arts*).

154. Le lundi 4 octobre 1632 fut baptisé Pierre, fils de noble Pierre (*erreur* : c'est Jacques... v. note du n° 156) Rapouel, avocat, et de Marie Grossier. Parrain, Pierre Grossier, procureur au parlement... Marraine, Marie Dutertre, veuve de noble Jacques Rapouel, aussi avocat en la cour (*Saint-André-des-Arts*).

155. Le jeudi 5 janvier 1634 fut baptisé Philibert, fils de noble Jacques Rapoueil, avocat, et de Marie Grossier... (*Saint-André-des-Arts*).

156. Le lundi 7 avril 1636 a été baptisé François, fils de Jacques Rapoueil, avocat, et de Marie Grossier. Parrain, François Grossier, bachelier en théologie; marraine, Marie Bouchard, femme de Pierre Grossier [5], procureur... (*Saint-André-des-Arts*).

157. Le dimanche 7 janvier 1607 fut baptisé Pierre, fils de Jérome Bragelongne, conseiller à la chambre des comptes, et de Marie Cheron. Parrain, noble homme M. Pierre de Bragelongne, conseiller du roi et trésorier de France à Châlons (*Saint-Paul*).

---

[1] L'amateur d'horloges (Boileau en parle dans la lettre cxxvii, p. 409).

[2] D'après le n. 150, c'est 14 ans et 7 mois (5 mois de plus que sa mère, n. 149).

[5] Les actes nos 155 et 156, et tous ceux qui concernent la naissance des enfans des mêmes, montrent l'erreur commise au no 154, quant au prénom de *Pierre* donné à Jacques Rapoil III..., et l'on y voit aussi qu'il avait épousé la fille d'un procureur.

158. Le 2 novembre 1608 fut baptisée Magdeleine, fille de Pierre de Bragelongne, conseiller du roi et trésorier de France en Champagne, et de Marthe Charon, rue Couture-Sainte-Catherine... (*Saint-Paul*).

159. Le 26 novembre 1610 fut baptisée Catherine, fille de Pierre de Bragelongne, trésorier de la cavalerie, et de Marthe Charon, rue Couture-Sainte-Catherine... (*Saint-Paul*).

160. Le 4 juin 1613 fut baptisé Pierre, fils de Pierre de Bragelongne, trésorier général de la cavalerie légère et de Marthe Charon, rue Couture-Sainte-Catherine... (*Saint-Paul*).

161. Le 6 janvier 1616 fut baptisé Jérôme, fils de Pierre de Bragelongne, trésorier... et de Marthe Charon (*Saint-Paul*).

162. Le 7 avril 1635 fut baptisé Gaspard, fils de Gaspard de Baugy, écuyer, et de damoiselle Jacquette de Lalande. Parrain, Jean de Bragelongne, conseiller au grand conseil... (*Saint-Paul*).

163. Le 28 avril 1640 fut baptisé Pierre, fils de Pierre de Bragelongne, trésorier général des guerres, et de Claude de Lacourt... Marraine, Marthe Cheron, femme de M. de Bragelongne, trésorier de l'ordinaire des guerres (*Saint-Paul*).

164. Le 8 décembre 1656 a été fait le convoi de M. Pierre de Bragelongne, conseiller du roi en son conseil, et ci-devant trésorier de l'extraordinaire des guerres, décédé rue Saint-François, marais du Temple, et porté en l'église Saint-Paul, lieu de sa sépulture (*Saint-Gervais*).

165. Le 11 décembre 1656 (*erreur; c'est le 8... V. n° 164*) fut apporté de Saint-Gervais et déposé dans une chapelle feu (*ici plusieurs mots en blanc*) dit le beau [1] Bragelongne... (*Saint-Paul*).

166. De 12 février 1600 furent fiancés et le 14 épousèrent noble homme Jehan de Baugy, de la paroisse de Saint-Martin de Leudeville, et damoiselle Barbe de Bragelongne de cette paroisse (*Saint-André-des-Arts*).

167. Le 23 octobre 1651 après les publications, etc., Gaspard de Beaugis (*il signe de Beaugy*), seigneur de Ledeville (paroisse Saint-Gervais), épousa damoiselle Marguerite de Pont... (*Saint-Simphorien*).

168. Le 22 septembre 1656 a été inhumée dans l'église, dame Barbe de Bragelongne, veuve de Jean de Baugy, écuyer, seigneur de Ledeville... (*Saint-Gervais*).

169. Le 6 janvier 1615, 1er ban, etc., entre Jean de Bogues, seigneur de Villevanier, et damoiselle Loyse Rapoueil, rue Saint-Martin... épousés le 22... (*Saint-Nicolas des Champs*). — *V*. n° 171 et sa note.

---

[1] La généalogie de Bragelongne (p. 165) nous apprend qu'on appelait ainsi l'ancien trésorier de Chalons dont il est question aux nos 158 à 161, 163 et 164.

170. Le 7 décembre 1615 fut baptisé Charles, fils de noble homme Jehan de Bogues, écuyer, seigneur de Villecresne en Brye, et de damoiselle Loyse Rapouel (*Saint-Paul*). — *V*. n°. 171 et sa note.

171. Le mardi 12 janvier 1655 ont été mariés Charles de Bogues, chevalier seigneur de Villecresne, maître d'hôtel de la maison du roi, maréchal-de-camp, maréchal-des logis général de la cavalerie légère, natif de Paris, fils de feu Jean de Bogues, seigneur de Villecresne [1], gentilhomme ordinaire chez le roi, et de dame Louise Rapoil (paroisse Saint-Paul)... et demoiselle Marie Langault, de Châlons en Champagne, veuve de René Lagneau, receveur général des gabelles de Champagne, de cette paroisse. Témoins du côté de l'époux, sa mère, Charles Lormier sieur de Latour, Pierre Targas, secrétaire du roi, Jacques de Rapoil, gentilhomme servant du roi, ses cousins (*Saint-Jean en Grève*).

172. Le lundi 12 septembre 1667 le mariage a été célébré entre... messire Achilles de Harlay... et damoiselle Magdelaine... fille de messire Guillaume de Lamoignon, premier président... par l'illustrissime et reverendissime messire Claude Auvry, evesque de Coustances et trésorier de la Sainte Chapelle, relevant immédiatement du saint-siège et en cette qualité, ordinaire et supérieur de cette paroisse, avec la dispense de deux bans donnée par mondit seigneur le trésorier... (signés) Claude, E. de Coustances, trésorier... (*Sainte-Chapelle*).

173. L'an 1672 et le 3 novembre mourut Mᵉ Marin Morel, curé de la basse Sainte-Chapelle, durant trente deux ans, le lendemain il fut inhumé et le même jour je soussigné pris possession de ladite cure. (signé) Guironnet (*Sainte-Chapelle*).

174. *Curés de la Sainte-Chapelle* de 1640 à 1718 d'après les registres de baptêmes, etc... 1640, Morel; 1672, Guironnet (n° 173); 1677, Simoneau; 1678, Guiraud; 1681, Saint-Martin; 1682, Thouyne (ou Thousne); 1688 à 1718, Binet... On trouve en tout cinq actes faits par Syreulde pour le curé absent, ou par ordre du trésorier (il y en a aussi plusieurs faits d'après le même ordre en divers temps, par d'autres prêtres) et sans qu'il y prenne aucune qualité, les 2 décembre 1681, 17 février, 15 et 18 mars 1682, 5 novembre 1683.

175. Du 6 juillet 1675... Mᵉ François Syreulde demande d'être excusé d'assister à matines, vu son âge, sa santé, ses occupations..... Refusé (*Registr. des délibér. de la Sainte-Chapelle*, vol. 8982, f. 113; *Grand. archiv.*).

---

[1] On voit par les nos 169 à 171 que les Bogues étaient d'abord seigneurs de Villevanier et qu'ils le devinrent ensuite de Villecresne, paroisse qui est près de Corbeil (*Dictionn. des communes*, p. 356).

PIÈCES JUSTIFICATIVES. 489

176. Du 2 avril 1687. MM. le trésorier, etc., sur la plainte faite par M. Dutronchay que la grande partie des chapelains de messieurs, n'acquittent pas tous les messes dont ils demandent et reçoivent tous les samedis la rétribution... La compagnie, après avoir entendu François Syreulde, pointeur et distributeur, lequel lui a dit qu'il était vrai qu'il payait auxdits chapelains la rétribution entière des messes, bien qu'ils ne les aient pas toutes dites, parce que quand il voulait leur en retenir quelquefois quelques-unes pour faire acquitter lesdites messes par d'autres ecclésiastiques suivant les ordres que la compagnie lui a souvent donnés, lesdits chapelains se fachent contre lui à luy dire des injures si sensibles qu'il souhaiterait que la compagnie le voulut décharger de ce soing. Ladite compagnie a prié M. le trésorier de les envoyer quérir et les réprimander, et a aresté que ledit pointeur et lui a ordonné d'apporter tous les samedis le mémoire des messes que chacun d'eux aura dit par septmaine (*Ib.*, *Vol.* 8983, *f.* 73).

177. Le jeudi 8 juillet 1694 après le convoi... a été inhumé... M. François Syreulde, prêtre chapelain de la Chapelle... Saint-Michel, clerc et marguillier de la Sainte-Chapelle, décédé le jour précédent dans la maison des chapelains... (*Sainte-Chapelle*).

178. *Assemblée du 29 juillet* 1628. On approuve une dépense de « 32 livres 14 sous payée au lieutenant du bailliage du palais à raison d'une information que les chanoines ont fait faire du scandale arrivé le jour de l'octave du Saint-Sacrement (pendant la procession) par les marguilliers et paroissiens de Saint-Bartellemi. » (*Regist. des délib. de la Sainte-Chapelle*, vol. 8978, *Grand. Archiv.*)

179. *Assemblée du 16 avril* 1672. On rapporte que quelques jours auparavant, la procession de Saint-Bartellemi ayant été surprise par la pluie sur la place, s'était réfugiée dans le palais, et qu'à raison de ce, l'on n'avait fait aucune réclamation. Cette tolérance paraît avoir enhardi le curé qui, le 16 avril, sans aucun motif, est revenu passer dans le palais et même devant l'église de la Sainte-Chapelle pendant l'office, et alors l'on arrête de réclamer (*Ib.*, vol. 8982, *f.* 32).

180. *Assemblée du 31 mars* 1688. On arrête de dire matines la veille de la petite Fête-Dieu, afin de pouvoir faire la procession le jour de la fête à 8 heures du matin et ne pas rencontrer celle de Saint-Barthellemi et éviter les disputes qu'on pourrait avoir en ces sortes d'occasions et qui causaient toujours du scandale (*Ib.*, vol. 8983, *f.* 155).

181. Le jeudi 13 juin 1641 fut baptisé Antoine, fils de Didier Delamour, maître perruquier, et d'Anne Gerouard... (*Sainte-Chapelle*).

182. Du lundi 10 septembre 1657 furent épousés François de Courcelles et Anne Delamour... Présens... Didier Delamour et Anne Gerouard ses père et mère... (*signés*) Anne Delamour; Delamour... (*Saint-Barthelemi*).

183. Du dimanche 20 octobre 1658 furent épousés Didier Delamour, marchand perruquier, et Anne Dubuisson [1]... Présens Antoine Delamour son fils et François de Courcelles son gendre... (*signés*) Delamour ; Anne Dubuisson ; Antoine Delamour... (*Saint-Barthelemi*).

184. Le 2 mai 1697, a été inhumé... Didier Delamour, bourgeois de Paris décédé le jour précédent... (*Sainte-Chapelle*).

185. Le 31 mars 1698 a été inhumée Anne Dubuisson, veuve de Didier Delamour, bourgeois de Paris... (*Sainte-Chapelle*).

186. Le 11 mai 1711, contrat de mariage entre Jean Benoist et Elisabeth Marie Sernin (*Répert. de Dionis*).

187. Le 26 avril 1683 est décédé M. François Ameline, avocat en la cour... a été transporté dans l'église de l'Ave-Maria... Présens, messire Claude Ameline, chanoine et grand archidiacre de l'église de Paris, son frère, et Mc Alexandre Angibout, avocat en la cour, son beau-frère (*Saint-Landry*).

188. Le vendredi 14 de mai 1680 fut baptisée Marie Catherine, fille de M. Me Jean Racine, trésorier de France à la généralité de Moulins, et de dame Catherine de Romanet... (*Saint-André-des-Arts*).

189. Le mercredi 29 de juillet 1682... fut ondoyée... la petite fille de M. Racine, trésorier de France, née le même jour... (*signé*) Mathieu (curé... *Saint-André-des-Arts*).

190. Le 8 de mai 1683, les cérémonies du baptême furent administrées à Anne, fille de M. Jean Racine, conseiller du roi, trésorier de France en la généralité de Moulins, et de dame Catherine de Romanet... ondoyée le 29 juillet 1682... (*Saint-André-des-Arts*).

191. Le mercredi 2 d'août 1684 fut baptisée Elisabeth, née le dernier de juillet, fille de M. Jean Racine, trésorier, etc... (*Saint-André-des-Arts*).

192. Le 29 de novembre (1686) fut baptisée Jeanne Nicole-Françoise, née ce jourd'hui, fille de Jean Racine, conseiller du roi, trésorier de France à la généralité de Moulins, et de dame Catherine de Romanet... (*signés*) Racine... (*Saint-Severin*).

193. Le 18 de mars (1688) fut baptisée Magdeleine, née le 14, fille de M. Jean Racine, etc. Le parrain, Jean-Baptiste, fils dudit sieur Racine. La marraine, Marie-Catherine, aussi fille dudit sieur Racine. (*signés*) Racine : Racine ; Lizot. La marraine ne sait [2] signer (*Saint-Severin*).

---

[1] Ainsi, à l'époque du procès du Lutrin (1667) il y avait *neuf* ans et non pas seulement TROIS (*Lutr.*, ch. 1, v. 221, tome II, p. 309) qu'ils étaient mariés. Quelle heureuse occasion de remarques pour Brossette s'il eût connu la date de ce mariage!

[2] Il est fort singulier que la fille aînée de Racine ne sût pas signer à huit ans moins deux mois (ci-dessus, no 188).

194. Du 2 novembre 1692 a été baptisé Louis, né ledit jour, fils de messire Jean Racine, gentilhomme ordinaire de la chambre du roi, et de dame Catherine de Romanet, rue des Marais. Parrain, messire Louis-Ellies Dupin... docteur de Sorbonne. Marraine, Marie-Charlotte Vitart, femme de messire Glaude (sic) de Romanet, trésorier de France en la généralité d'Orléans (*Saint Sulpice*).

195. Du 21 avril 1699 a été fait le convoi et transport à Port-Royal des Champs, de messire Jean-Baptiste Racine, conseiller secrétaire du roi et gentilhomme ordinaire de sa chambre, âgé de 59 ans, décédé le même jour entre 3 et 4 heures du matin, en sa maison, rue des Marets. Présens maitre Claude-Pierre-Colin de Maurambert, seigneur de Riberpré, avocat, gendre du défunt, et maître Germain Vuillart, bourgeois de Paris, ami du défunt (*Saint-Sulpice*).

196. Le mercredi 2 décembre 1711, ont été transportés de Port-Royal des Champs et ensuite enterrés dans ceste église en vertu d'une permission de monseigneur le cardinal archevêque de Paris, les corps de...... messire Jean Racine, secrétaire du roi, gentilhomme ordinaire de sa chambre, un des quarante de l'Académie française, mort le 22 (erreur : c'est le 21) avril 1699... (*Saint-Etienne du Mont*).

197. Le 14 août 1644 a été ondoyée une fille de Jean Caille et de Marie Ménager, sa femme... (*Crônes*).

198. Le 26 avril 1643... premier ban entre Me Gervais Manchon, notaire, et Françoise Amaury... épousés le 5 mai en présence de Me Dominique Manchon et Me François de Sanlecque, huissier, frère et beau-frère de l'époux, et Me Jacques de Sanlecque, bourgeois, aussi beau-frère... (*Saint-Nicolas des Champs*).

199. Du samedi 16 avril 1650. Louis, fils de Jacques Sanlecque, imprimeur libraire, et de Marie Manchon, né le mercredi (13), baptisé par nous... (*Saint-Étienne du Mont*).

200. Du 30 mars 1654, Jean, fils (*des mêmes*), a été baptisé... et tenu par... damoiselle Genevieve Boisleau, femme de M. Dominique Manchon, commissaire au Chastelet... (*Saint-Étienne du Mont*).

201. Le 24 décembre 1659 fut inhumé... Sanlecque, libraire, graveur et fondeur de caractères de l'imprimerie (*Saint-Étienne du Mont*).

202. Du 28 août 1661. Nicolas de Niellé, procureur au Chatelet de Paris, âgé de 46 ans [1], a été apporté en convoi de Saint-Leu, et inhumé dans l'église (*Saint-Nicolas des Champs*).

203. Le 21 octobre 1661, François, fils de feu Me Nicolas de Nielé, pro-

---

[1] Erreur : c'est 55 à 56 ans... *Voy.* n° 94, p. 479.

cureur au Chatelet, et de Geneviève Crestôt a été baptisé. Parrain et marraine, Nicolas Charles et Marie Charlotte de Nielé, tous deux enfans de M. de Nielé... (*Vilvaudé*).

204. L'an 1688 et le 29 janvier j'ai marié Jean-Baptiste Santeul, marchand... Ont assisté messieurs Claude, Hugues, Charles et Augustin Santeul frères... et Jean-Baptiste Santeul, religieux, oncle dudit contractant... (signés) J.-B. de Santeul... de Santeul de Saint-Victor... H. C. de Santeul... (*Saint-Jacques de la Boucherie*).

204 *a*. Du 10 septembre 1669, Jeanne Catherine a été baptisée, fille de Romain Toutbel, marchand, et d'Antoinette Droict... Le parrain, M. Jean-Baptiste Poclain Mollière, valet de chambre du roi, demeurant rue Saint-Honoré, paroisse Saint-Germain ; la marraine, Catherine Durozet, femme d'Edme de Brix, officier du roi, mêmes rue et paroisse... signé J. B. P. Molière... (*Saint-Roch*).

205. Le 20 mars 1671, j'ai baptisé Jean-Baptiste Claude, fils de messire Claude Jennequin, officier du roi, et de Magdeleine Lescale. Son parrain, messire Jean-Baptiste Poquelin Molière, écuyer valet de chambre du roi. Sa marraine, Geneviève Jennequin, n'ayant aucun domicile arrêté... Signé J.-B. Poquelin Molière... (*Auteuil*).

206. Le 5 d'avril 1685, a reçu les cérémonies du baptême Armand, fils de M$_e$ François Arouet, conseiller du roi, notaire à Paris, et damoiselle Marie Marguerite Daumart sa femme, né le 22 mars dernier, et ondoyé à la maison à cause du péril de mort où il s'est trouvé. Le parrain... Armand Jean Duplessis, duc de Richelieu, pair de France... La marraine... Charlotte de Laubespine... épouse de... Claude, duc de Saint-Simon, pair de France... (*Saint-Germain le Vieil*).

207. Le lundi 22e jour de novembre 1694, fut baptisé dans l'église Saint-André-des-Arts, par M. Bouché, prêtre vicaire de ladite église, soussigné, François Marie, né le jour précédent, fils de Me François Arouet, conseiller du roi, ancien notaire au Chatelet de Paris, et de damoiselle Marie Marguerite Daumart sa femme. Le parrain, messire François de Castagnier, abbé commendataire de Varenne ; et la marraine, dame Marie Parent, épouse de M. de Simphorien Daumart escuyer controlleur de la gendarmerie du roi. (signés) M. Parent, François de Castagner de Châteauneuf, Arouet, L. Bouché (*Saint-André-des-Arts*).

207 *a*. Du 7 juin 1683, Me François Arouet, âgé de 32 ans, notaire au Chatelet... et damoiselle Marie-Marguerite Daumart, âgée de 22 ans ou environ... fiancés et mariés tout ensemble, par permission... (*Saint Germain-l'Auxerrois*).

208. Mardi 10 janvier (1690), convoi général de M. Marchand, pourvoyeur de son altesse Monsieur frère unique du roi, décédé rue Beaurepaire,

PIÈCES JUSTIFICATIVES. 493

inhumé dans la cave de l'église. Signé Petit-Jean-Marchand... (*reçu*) 42 livres... (*Saint-Sauveur*).

209. *Fragmens du testament de Boileau.*

a. N. B. M. de Saint-Surin l'a publié en entier (I, xciij et suiv.) sur une expédition... Nous donnons nos fragmens, selon la méthode indiquée p. 467, note 1, et après les avoir collationnés sur l'original (*minute de Dionis*) et en y joignant des renvois et quelques notes.

b. Fut présent Nicolas Boileau Despréaux, écuyer, demeurant cloître Notre-Dame... en une maison appartenante à M. l'abbé Lenoir, étant dans sa robe-de-chambre, couché sur son lit, dans l'alcove d'une chambre au premier étage... ayant vue sur une terrasse donnant sur l'eau... infirme de corps, sain d'esprit, mémoire et jugement...

c. Dispositions. 1° Son corps sera enterré sans pompe et sans aucun faste dans la basse Sainte-Chapelle du palais... avec son père et MM. ses autres parens décédés [1], et il sera chanté un service à messe haute, son dit corps présent, pour le repos de son âme...

2° La donation mutuelle faite entre lui, messire Jacques Boileau (Expl. généal., n° 288), chanoine, et M. de Puymorin (*ib.*, n° 279), ses frères... le 1er février 1683, sera exécutée, et suivant icelle ledit *messire Jacques Boileau*, survivant ledit sieur Despréaux, prendra sur ses biens 15,000 livres, compris les 5,000 que le sieur Despréaux a profité par le décès du sieur de Puymorin; en outre le sieur Despréaux... lègue au sieur Jacques Boileau 10,000 livres pour faire en tout 25,000 livres [2].

d. Legs. 1° A madame de Boivinet, sa sœur du 1er lit [3], 10,000 livres, dont elle n'aura que l'usufruit et dont le fonds, après son décès, appartiendra à *mademoiselle de Sirmond* sa petite nièce (*ib.*, n° 501)... 2° à madame Manchon, sa sœur du second lit (*ib.*, n° 283), et à son défaut à ses deux enfans, 10,000 livres en propriété... 3° à mademoiselle *Boileau Despréaux*, sa nièce (*ib.*, n° 426), fille de M. Boileau, vivant, greffier de la grand'chambre, 10,000 livres [4], dont elle n'aura aussi que l'usufruit et dont, après son décès,

---

[1] *Voy.* à ce sujet, tome I, Essai, chap. 1er, art. 8, n° 21.

[2] Il y avait d'abord 5 et 20, les mots *dix* et *vingt-cinq* ont été mis par apostille.

[3] Le nom de l'époux de cette sœur était Boyvinet et s'écrivait *Boyuinet* (*u* pour *v*), ou *Boisuinet* (p. 477, n°s 75 à 79). C'est de cette manière qu'il est écrit dans l'original du testament. M. de S-S. (I, xciv) a lu, d'après son expédition, *Boisinnot*, et M. Daunou (I, cij) *Boissinot*... Le premier ajoute qu'il n'a pu rien découvrir sur le compte de cette dame (*voy.* tome III, Explic. généal., n°s 280, 281 et 447).

[4] Par apostille... Il y avait d'abord cinq mille.

le fonds appartiendra à *M. Manchon* (*ib.*, n° 455), commissaire des guerres, neveu du testateur...

4° A *M. Dongois*, greffier en chef, son neveu (*ib.*, n° 431), ou à son défaut, à ses descendans, 5,000 livres en propriété [1]...

5° *A madame de La Chapelle* (*ib.*, n° 435), sa nièce, 5,000 livres, et à son défaut à ses enfans, en propriété.

e. Dispositions. 1° Si quelques-uns des légataires et substitués décèdent avant lui, leurs représentans succéderont à leurs legs par souche... 2° Tout ce qu'il a ci-dessus légué à sa famille, montant à *soixante-cinq mille livres*, compris ce qui regarde messire Jacques Boileau, son frère, sera fourni aux légataires en effets du nombre de ceux qu'il laissera lors de son décès...

f. Legs. 1° A *M. Boileau, son cousin* (*ib.*, n° 405), payeur des rentes du clergé, 500 *livres de pension viagère et alimentaire*, non saisissable attendu sa destination [2], le fonds de laquelle pension sera de 10,000 livres et appartiendra moitié à *M. de La Chapelle* (*ib.*, n° 488), son petit-neveu, et l'autre à madame *de Saint-Dizant*, sa petite-nièce (*ib.*, 491), et à leur défaut à leurs représentans par souche, et sera aussi fourni en effets du testateur... 2° à *Jean-Benoît*, son valet-de-chambre, 6,000 livres outre les gages qui se trouveront lui être dus, avec les habits, linges et hardes servant à la personne du testateur, en reconnaissance de ses bons et assidus services... 3° 4,000 livres à *Elisabeth-Marie Sernin*, sa servante domestique [3]; 4° à *La France*, son petit laquais, 1,500 livres, pour aider à lui faire apprendre métier et l'établir; 5° à *François*, son cocher, 500 livres [4]; et à *Antoine*, ci-devant son jardinier, et à présent de M. Le Verrier; 500 livres, le tout, une fois payé, outre les gages qui se trouveront dus auxdits domestiques... 6° à M. *Le Verrier*, son ami, quatre de ses plus beaux tableaux qu'il choisira lui-même et gardera pour l'amour du sieur Despréaux.

g. Dispositions. 1° Tout ce qui restera au sieur Despréaux de biens en meubles et immeubles, il le donne aux *pauvres honteux* des six petites paroisses de la cité, qui sont *Saint-Pierre-aux-Bœufs*, *Saint-Pierre-des-Arcis*,

---

[1] Tout le legs Dongois est par apostille.

[2] Selon M. de S.-S. (I, xcvj) c'est le cousin dont Boileau parle dans l'épître vi (v. 46 à 48, tome II, p. 74), c'est-à-dire Balthazard-Charles Boileau I (Expl. gén., n° 266). En admettant que Balthazard fût en effet désigné par ces vers, et nous croyons avoir prouvé le contraire (tome III, art. des Erreurs de Brossette, n° 7), à coup sûr ce n'est pas à lui qu'était léguée, en 1711, la pension viagère ci-dessus, puisqu'il était mort en 1694, tandis que son fils Gilles (*ibid.* 405) vécut jusqu'en 1719 (Pi. just., n°s 128 et 129, p. 483).

[3] Jean-Benoît et Elisabeth Sernin se marièrent au bout de deux mois (Pi. just. 186, p. 490).

[4] Autre apostille : il y avait d'abord *trois cents*.

Saint-Martial, La Madeleine, Sainte-Geneviève-des-Ardens et Sainte-Croix, lesquels pauvres honteux il fait ses légataires universels... Le montant dudit legs sera converti en fonds dont le revenu sera distribué annuellement par MM. les curés de ces paroisses à ces pauvres et il les prie, particulièrement M. le curé de Saint-Pierre-aux-Bœufs, son ami [1], de tenir la main à ce que cela s'exécute exactement... et qu'à chaque distribution auxdits pauvres on les exhorte de prier Dieu pour l'âme du bienfaiteur; 2° prie M. Dongois, greffier en chef, d'exécuter le présent testament, conjointement avec M. Jacques Boileau, chanoine, son frère... 3° veut que toutes les nouvelles pièces et ouvrages qu'il a faits *même celui contre l'Equivoque* [2] et qu'il voulait comprendre dans une nouvelle édition, soient mis ès mains du sieur Billiot, libraire, rue de la Harpe, pour en faire son profit; lesdits nouveaux ouvrages se trouveront dans un portefeuille à part [3]. 4° Révoque tous testamens, etc... Fait le 2 mars 1711 à 10 heures du matin... (signés) N. Boileau, Dupuis et Dionis.

210. *Inscription tumulaire des Boileau.*

a. N. B. La pierre sur laquelle est gravée cette inscription était placée dans la nef de la Sainte-Chapelle basse, un peu sur la gauche, et fut transportée au commencement de ce siècle, au musée des monumens français où nous l'avons copiée (elle est encore inédite).

b.   D.   O.   M.

Hic Qviescvnt Aegidivs Boileau senatvs Parisiensis actis li secretis [4], antiqva prosapia Stephani Boileau regnante S. Lvdovico vrbis praefecti de qva etiam fvere dvo cvstodes thesavri hvivs S. Capellae [5]. vir bonvs. impiger. omnibvs vtilis inivrivs nemini. Hoc mvnere per ann. xxıv integerrime fvnctvs. Rem modicam plvris liberos reliqvit. inter qvos dvo svpersvnt in litteris clari [6]. Obiit aet. s. an. LXXIII. R. S. M. DC. LVII.

---

[1] Claude-Ameline, d'abord chanoine et grand archidiacre de l'église de Paris, frère de François, avocat et allié de Despréaux (Expl. gén., n° 215; Pj. just., n° 86 et 187, p. 478 et 490).

[2] Les quatre mots en italiques ont été ajoutés par apostille, ce qui montre l'affection de Boileau pour cette satire.

N. B. Nous avons indiqué toutes ces apostilles, parce qu'elles montrent aussi que Boileau jouissait de toute sa présence d'esprit lorsqu'il a revu son testament, dont probablement il avait d'abord remis un projet ou indiqué les dispositions principales à Dionis.

[3] *Voy.* à ce sujet tome I, note bibl., § 1er, n°s 108 et 126.

[4] Gilles Boileau 1er... Expl. généal., n° 164.

[5] Nous parlons de ceci au tome I, Essai, n° 12 *b.*

[6] Le chanoine Jacques, et Despréaux... Expl. gén., n°s 288 et 289.

c. Hieronimvs Aegidivs eivs primogenitvs mvnvs idem pari cvm lavde gessit per ann. XXII et inter svos desideratvs desiit aetat. S. LXVII. R. S. M. DC. LXXIX [1]. Petrvs alter Aegid. fil. coelebs vixit. svavissimis moribvs. carvs amicis. gratvs omnibvs. svb Lvdovico magno argenti Regii cvbicvli rationalis. Hoc officio aeterna cogitans se abdicavit. et pavlo post diem clavsit. aet. s. LVIII. R. S. M. DC. LXXXIII [2].

d. Joannes Dongois Aegidii gener in eodem senatv ab actis tribvnalis edicti Nannetensis officii svi peritvs et tenax laboris indefessi. fidei incorrvptae ac priscae probitatis hoc tribvnali abolito verae religioni amans mvnvs amissvm constanter tvlit. Nec tamen ab opere cessavit. Mvltis illvm consvlentibvs propter rervm forensivm peritiam ac rectvm ivdicivm sic aliorvm commodis svis nvnqvam attentvs. pie mortvvs est aet. s. LXXXI. R. S. M. DC. LXXXV [3].

e. Ægidius Dongois hvivs ecclesiae Senior canonicvs. avi avvnculorum et parentis amantissimi. Felici memoriæ Lapidem hvnc. L. M. pos. sibi svis ove ann. R. S. M. DC. LXXXX.

211. *Fragmens de l'arrêt du 10 avril* 1699, *d'après la copie envoyée à Brossette.*

a. Les commissaires généraux députés par le roi pour l'exécution de sa déclaration du 4 septembre 1696, et arrêts du conseil rendus en conséquence contre les usurpateurs du titre de noblesse.

Veu la requête à nous présentée par *Gilles Boileau*, écuyer, conseiller du roi, trésorier payeur des rentes de l'hôtel-de-ville de Paris : tendante à ce que pour les causes et raisons y contenues, et en conséquence de la consignation par lui faite de la somme de 2,000 livres, suivant la déclaration de S. M., il nous plût le recevoir opposant à notre jugement contre lui rendu par défaut le 21 décembre 1697; faisant droit sur son opposition, le maintenir et garder ensemble sa postérité procréée en légitime mariage en la qualité de *noble*

---

[1] Jérôme Boileau; *ib.*, n₀ 268. On voit qu'il devint greffier à la mort de son père, en 1657.

[2] Il s'écoula pourtant une année entre la démission et la mort de Puymorin (Pi. just., nos 33 et 35, p. 471).

[3] Morand n'avait pas sans doute lu cette inscription lorsqu'à l'occasion du lieu où Despréaux est enseveli, il avance (*voy.* tome I, Essai, n° 21) qu'elle désigne les différentes personnes de la famille Boileau inhumées dans le tombeau qu'elle couvre... D'une part, Despréaux n'y est point et ne pouvait point y être nommé, puisqu'il ne mourut que vingt un ans après la gravure de l'inscription... De l'autre, il est certain que des personnes non dénommées dans l'inscription, telles que Marie Dongois (Expl. général., n° 437), avaient été inhumées dans ce tombeau (Pi. just., n₀ 60, p. 475); d'où la conséquence que le témoignage de Morand relativement au lieu où était le tombeau (même n° 21) n'est d'aucune importance.

PIÈCES JUSTIFICATIVES. 497

et *écuyer* et dans tous les privilèges, etc., de la noblesse... avec défense tant à Lacour-de-Beauval, chargé de la recherche des usurpateurs du titre de noblesse qu'à tous autres, de l'y troubler... Ordonner que ladite somme de 2,000 livres lui sera rendue avec dépens.

b. Requête de *Jacques Boileau*, prêtre docteur de Sorbonne, chanoine de la Sainte-Chapelle à Paris; et de *Nicolas Boileau*, écuyer, sieur Despréaux, frères; tendante à ce que il nous plût les recevoir parties intervenantes en l'instance pendante entre ledit de Lacour-de-Beauval, et le sieur Gilles Boileau, leur cousin germain... [1]

c. Vu la table généalogique par laquelle ils articulent pour faits de généalogie, qu'ils descendent en droite ligne de *Jean Boileau*, secrétaire du roi et anobli en 1371 qui eut pour fils autre Jean anobli pareillement par lesdites lettres de 1371; lequel Jean eut pour fils *Henri*, qui fut père de *François*, duquel François est issu *Jean* 3e du nom, qui eut pour fils *François*, duquel est sorti *Guillaume*, lequel eut pour fils *Jean*, duquel Jean sont sortis *Guillaume* et *Gilles*, lequel Guillaume eut pour fils Baltazard-Charles qui eut pour fils Gilles second du nom [2] opposant; et dudit Gilles I sont sortis Jacques et Nicolas Boileau Despréaux intervenans.

d. Les titres justificatifs de ladite filiation noble par eux rapportés, sont : Emploi des mémoires des secrétaires du roi qui justifient que *Jean Boileau*, notaire secrétaire du roi, fut un de ceux qui signèrent la délibération du 2 novembre 1359... Extrait tiré de la chambre des comptes de Paris... de l'enregistrement des lettres de noblesse accordées au mois de septembre 1371 à Me *Jean Boileau*, notaire, secrétaire du roi, et à Me Jean Boileau son fils et à sa postérité. Emploi du livre du sieur de Miraumont qui rapporte, p. 38, que Jean Boileau notaire et secrétaire du roi..., fut un des quatre nommés pour exercer sa charge près du parlement; la liste des avocats généraux du roi au parlement de Paris, faite par le sieur de Miraumont; par laquelle appert, p. 226, qu'*Henri Boileau* fut reçu, en 1408, avocat du roi au parlement... Emploi des registres du parlement de Paris qui font foi de la dignité d'avocat général du roi au parlement de laquelle Henri Boileau fut revêtu.

e. L'expédition en parchemin du contrat de mariage passé le 18 décembre 1472... entre noble homme Jean Boileau, escuyer, seigneur du Fresne, assisté de damoiselle Geneviève Robinet, veuve de feu noble homme François Boileau vivant escuyer, seigneur dudit lieu du Fresne, sa mère d'une part; et damoiselle Marguerite Boursier, d'autre part; ledit Jean Boileau encore assisté de noble et discrette personne Me *Guillaume Boileau*, prêtre et proto notaire du saint-siège, son oncle paternel, dans lequel contrat celui-ci donne

---

[1] Erreur : Il n'était leur cousin qu'au 5e degré.
[2] C'est Gilles III, n° 405 de notre Tableau généalogique, au tome III.

audit *Jean Boileau* son neveu, tous les biens immeubles à lui appartenans et qui lui sont échus par le décès de feu noble homme et sage M$_e$ *Henri Boileau*, son père, conseiller et avocat du roi en sa cour de parlement, suivant le partage fait entre lui, et feu *François Boileau* son frère aîné, père du dit *Jean*, passé devant notaires le 21 janvier 1439.

f. L'original en parchemin du contrat de mariage passé, le 6 janvier 1502 [1], entre noble homme Me François Boileau, avocat en parlement, assisté de damoiselle Marguerite Boursier, veuve de noble homme Jean Boileau, écuyer, seigneur Dufresne, ses père et mère, et de noble Jean Boileau, écuyer, son frère aîné, d'une part, et Marie Boulard, d'autre [2].

g. N. B. Après cela on cite et analyse : 1° les extraits originaux des contrats de mariage de Guillaume Boileau (1532), avocat, fils de François, avec Barbe Beauvalet (Tabl. généal., n°s 30 et 31), et de noble Jean *de* Boileau (28 octobre 1571), écuyer, fils de noble Guillaume *de* [3] Boileau, avec Catherine Rapoïl (*Id.*, 80 et 81);

2° Le baptême de Gilles (*id.*, 164), rapporté au tome I, Essai, n° 7 *c.*);

3° Des inventaires, tutelles et autres actes des XVIe et XVIIe siècles concernant le même Gilles, ou son frère Guillaume (Tab. et Expl. gén., n° 159), ou la famille de celui-ci; entre autres une requête présentée le 25 mai 1605, par Gilles, qui y est qualifié mineur, ayant alors pour curateur son frère Guillaume;

4° Les actes ou certificats de naissance du chanoine Jacques et de Despréaux, rapportés aux n°s 7 *e* et 7 *f* de l'Essai;

5° Leur émancipation (3 février 1657... nous en donnerons un fragment Pi. justif., n° 212 *b*)... la tonsure (21 décembre 1647) et l'immatriculation comme avocat, de Despréaux (4 décembre 1656); les lettres de maître ès-arts de Jacques (8 juillet 1653), où il est qualifié *noble* [4];

6° On cite le *dire* de Beauval, les conclusions du procureur général de la

---

[1] C'est le contrat falsifié selon d'Hozier et Clairambault. Leurs notes sont ci-après, n° 212 *b* et 218 *a* (*voy.* aussi tome I, Essai, n° 9 et 12).

[2] Les fragmens *c*, *d*, *e*, et *f*, du texte, que nous avons distingués par des lettrines pour en rendre la citation plus commode, se suivent sans interruption et même sans alinéa dans l'arrêt. On y voit que, comme nous le remarquons ailleurs (tome I, Essai, n° 12), rien ne constate la filiation d'Henri Boileau; mais comme il est mort avocat général, la noblesse de ses descendans remonterait au moins à 1408.

[3] *Voy.* la note de d'Hozier, Pi. just., n° 212 *c*.

[4] Mais il ne l'est point ni dans ses lettres de tonsure ni dans ses lettres de prêtrise (n° 214, p. 502 et 503), quoique celles-ci soient postérieures aux lettres de maître ès-arts.

commission et le rapport de Caumartin. On rend enfin l'arrêt, qui, après avoir reçu l'opposition de Gilles Boileau, s'exprime ainsi :

h. Le déchargeons de l'assignation à lui donnée à la requête dudit de Lacour-de-Beauval, le 17 mars 1697, et en conséquence le maintenons... comme aussi lesdits Jacques et *Nicolas Boileau*, leurs enfans et postérité, nés et à naître en légitime mariage, en la qualité de nobles et d'écuyers : ordonnons qu'ils jouiront des honneurs, priviléges et exemptions dont jouissent les véritables gentilshommes du royaume, avec défenses à toutes personnes de les y troubler...

i. Ordonnons que la somme de 2,000 livres que ledit *Gilles Boileau* a consignée ès mains dudit Pinet, lui sera rendue... Fait en l'assemblée desdits sieurs commissaires généraux, tenue à Paris le 10 avril 1699.

j. Noms des membres du bureau qui a rendu l'arrêt précédent (tiré de l'Almanach royal de 1699, p. 45).

Conseillers d'état : MM. de Pomereu; Lepelletier; d'Aguesseau; de Breteuil; de Harlay de Bonneuil; Phelypeaux de Pontchartrain; Dubuisson; de Caumartin; Chamillart; Darmenonville; de Fourcy; Phelypeaux. *Maîtres des requêtes* : MM. Le Blanc; de Fieubet; Bignon de Blanzy; Le Fevre de Caumartin; de Boissy... d'Argenson, procureur général; Hersent, greffier.

k. Table généalogique des BOILEAU, *visée dans l'arrêt* (p. 497, *c.*)

I. Jean I, notaire et secrétaire du roi, anobli en 1371.....

II. Jean II du nom, anobli lui et sa postérité, par mêmes lettres de noblesse que son père.

III. Henri, conseiller avocat général du roi au parlement de Paris, en 1408.

IV. Guillaume, prêtre protonotaire du saint-siège, fils de Henri et frère de François, est présent au contrat de mariage de son neveu.

IV. François I, du nom, écuyer sieur Dufresne.

V. Jean III, écuyer sieur Dufresne, épousa Marguerite Boursier [1], par contrat du 13 décembre 1472, en présence de Guillaume, protonotaire, son oncle paternel.

VI. François II du nom, avocat, écuyer, épousa Marie Boulard [2], par

---

[1] Nos 3 et 4 de notre Tableau et de notre Explication général., tome III. *Voy.* la note de Clairambault, ci-après, no 218 *a.*

[2] Nos 8 et 9 des mêmes Tabl. et Explic.

contrat du 6 janvier 1502 [1], assisté de Jean, son frère aîné, écuyer sieur Dufresne. [2]

VII. Guillaume I, avocat, épousa Barbe Beauvalet [3] le 22 décembre 1532, en présence de noble Marie Boulard sa mère, lors veuve de François I du nom.

VIII. Jean IV du nom, écuyer, commissaire des guerres, fils de Guillaume I, épousa Catherine Rapoël [4], par contrat du 6 novembre 1571. [5]

IX. Guillaume II du nom, trésorier payeur de la gendarmerie de France, avait épousé Charlotte de Chausseblanche [6], assisté de Gilles, son frère.

X. Balthazard - Charles, commis de l'extraordinaire des guerres, avait épousé Marguerite Chesnard. [9]

XI. Gilles Boileau, conseiller payeur des rentes de l'hôtel-de-ville [12], non marié. [13]

IX. Gilles, fils aîné [7] de Jean IV, né 1584, mort 1657, greffier de la grand'chambre du parlement, marié à Anne de Nielle. [8]

X. Nicolas [10], Jacques, prêsieur Despréaux, tre [11], docteur non marié. [13] de Sorbonne, chanoine de la Sainte-Chapelle.

212. *Extrait des notes de* CHARLES RENÉ D'HOZIER *sur la généalogie des Boileau* (Bibl. des manuscrits, Fonds d'Hozier, nᵒˢ 1954 et 1955).

a. Fragment de la sentence rendue au Châtelet le 3 février 1657 pour l'émancipation de Jacques et Nicolas Boileau... Il y est dit qu'elle fut rendue « du consentement de Mᵉ Jérôme Boileau, aussi commis au greffe de la cour

---

[1] *Voy.* les notes de d'Hozier et de Clairambault, ci-après, nᵒ 212 *b*, 218 *b*.
[2] Ou Jean III *bis*, nᵒ 10, des mêmes Tab. et Explic..
[3] Nᵒˢ 30 et 31, *ibid.*
[4] Nᵒˢ 80 et 81, *ibid.*
[5] Erreur : c'est du 28 octobre (Pi. just., 211 *g*, p. 498).
[6] Nᵒˢ 158 et 159 des mêmes Tab. et Explicat.
[7] Erreur grossière. Guillaume II avait onze ans de plus que lui, et avait été son curateur, d'après les pièces mêmes produites à l'appui de la généalogie (Pi. just., 121, 123 et 211 *g*, p. 482, 483 et 498).
[8] Nᵒˢ 164 et 165 des mêmes Tabl. et Explicat.
[9] Nᵒˢ 266 et 267 des mêmes Tabl. et Explicat.
10 et 11. Nos 288, 289, *ibid.*
12 Nᵒ 405, *ibid.*
13 Nous parlons de cette indication singulière au tome I, Essai, nᵒ 9 *d.*

à ladite charge du conseil, de M⁰ Pierre Boileau, valet de garderobe de Monsieur, duc d'Orléans, de M⁰ Gilles Boileau, avocat au parlement, de N. Boileau, femme de M⁰ Jean Dongois, commis au greffe de la cour à la chambre de l'édit, de M⁰ Pierre Langlois, aussi commis au greffe de la cour à la chambre de l'édit, à cause de feue damoiselle Marie Boileau, sa femme, et damoiselle Anne Boileau, femme de M. Dominique Manchon, commissaire examinateur au Châtelet, leurs frères et beaux-frères, et de M⁰ Nicolas de Niellé, leur oncle maternel, procureur au Châtelet » [1].

En marge, d'Hozier parle du crédit, etc., de Despréaux qui a déterminé Caumartin à « faire passer les titres comme bons et véritables... ses pères n'ont assurément jamais pensé à être nobles d'extraction. Il n'y a qu'à en juger par les actes véritables qui sont dans cet inventaire... »

b. Note de d'Hozier sur l'analyse du contrat de 1502 (Pi. justific., n° 211, *f*, p. 498).

« Ce contrat que j'ai vû comme tous les autres qui sont énoncés dans cet inventaire, est visiblement faux, et je l'ai comparé par les signatures des notaires qui l'ont ressu (*sic*) et qui sont mal contrefaites, mais on a bâti cette pièce de 1502 pour la joindre à celle de 1472 qui est véritable, et établir par là une liste généalogique dont le principe ait une noblesse originaire et fondée sur l'ancienne possession des titres de l'anoblissement de Jean (n° 1 de la table *k*, p. 499) Boileau. »

c. Notes de d'Hozier sur le contrat de mariage de 1571, cité au n° 211 *g*, p. 498.

« Lorsque le célèbre faussaire Haudiquer fut condamné, dans le catalogue des familles pour lesquelles on trouva qu'il avait fabriqué des titres, celle de Boileau s'y trouva comprise et c'est apparemment l'ouvrage de ce faussaire que le contrat de mariage de l'an 1571. Haudiquer fut jugé et condamné le 3 septembre 1701. S'il avait été jugé auparavant, sans doute que les commissaires du conseil n'auraient pas donné leur jugement si favorable pour la

---

[1] Cette sentence se ressent de la précipitation avec laquelle elle fut rendue (le lendemain même de la mort de Boileau père... n° 22, p. 469). Il est probable qu'on remit simplement les noms des assistans au greffier; et que celui-ci ayant laissé des blancs pour les prénoms, ils y furent insérés d'après des documens inexacts, car le greffier Langlois se nommait Charles et non pas Pierre; sa femme, Marguerite et non pas Marie; et madame Manchon, Geneviève et non pas Anne (n⁰ˢ 71 et 80, p. 476 et 477).

Les mêmes erreurs et beaucoup d'autres et de noms et de dates, se trouvent dans les généalogies de la famille Boileau, dressées par Charles Réné d'Hozier et Pierre de Clairambault (ci-après, n° 219), ce qui prouve que, comme nous le remarquons ailleurs (tome I, Essai, n° 12), ils ne connaissaient point les actes de l'état civil de la même famille.

noblesse de cette famille Boileau, qui, même avec ce contrat de 1571, n'a ni fondement ni principe... D'ailleurs, ce contrat est faux pour les qualification d'écuyer qu'on a données à Jean Boileau, et le faussaire qui a fabriqué ce contrat était apparemment un gascon, car il n'y a que ces gens-là qui donnent indistinctement l'article *de* à tous les noms de famille. »[1]

213. *Actes relatifs à la maison d'Auteuil...* Extraits ou notices.

a. Extrait de l'achat fait par Boileau... 10 août 1685... Le prix est fixé à 8,000 livres. Il s'agit « d'une maison située rue des Garennes (c'est aujour-
« d'hui la rue Boileau) à Auteuil, consistant en un corps de logis appliqué à
« deux étages, outre le rez-de chaussée, une cour, une écurie et remise de
« carosse et un jardin clos de murs, le tout tenant d'une part à une ruelle,
« d'autre part au sieur Chastillon d'un bout pardevant ladite rue des Garennes
« et d'autre bout par derrière... » (*Minut. de Chuppin*).

b. Extrait de la vente faite par Boileau... 2 janvier 1709. Elle est passée à Le Verrier pour 8,000 livres (dont 2,000 pour meubles et tableaux) payables en 1709 (le terme fut ensuite prorogé jusques en 1712), outre 300 livres de pension annuelle et viagère (*Actes analysés dans l'inventaire de Boileau... Minut. de Dionis*).

c. N. B. Cette maison fut vendue le 5 janvier 1714, par Le Verrier à Gendron, et le 29 juillet 1752, par la légataire de Gendron à M. Riche-

---

[1] L'examen des notes de d'Hozier nous a conduits à celui de quelques articles de l'*Armorial* de son neveu. Nous y avons trouvé (part. I, art. d'Hozier, p. 24 *a*) la leçon suivante des vers faits pour le portrait de son père, que nous nous sommes bornés à placer (tome II, p. 486) parmi les pièces *attribuées* à Boileau, parce que l'éditeur de l'almanach à qui nous les empruntions, n'indiquait point la source où il les avait puisés, tandis que la leçon de l'Armorial est accompagnée d'une note de Charles Réné d'Hozier, ainsi conçue : « Sixain fait au mois de décembre 1660, par le célèbre Nicolas Boileau Despréaux, lors âgé de 24 ans, pour mettre sous l'estampe de Pierre d'Hozier, juge d'armes et conseiller d'état, mort le 30 novembre de ladite année 1660. »

> C'est ce fameux d'Hozier d'un mérite sans prix,
> Dont le vaste savoir et les rares écrits,
> Des illustres maisons ont publié la gloire.
> Ses talens surprendront tous les âges suivans :
> Il rendit tous les morts vivans dans sa mémoire,
> Et ne mourra jamais dans celle des vivans.

Cette leçon, on le voit, diffère de celle de l'almanach, 1. en ce qu'elle a deux vers de plus (les deux premiers); 2. en ce que dans le troisième vers il y a *ont publié*, au lieu de *il publia*; dans le cinquième, *sa mémoire* (ce qui est plus correct), au lieu de *la mémoire*; et dans le sixième, *et* au lieu de *il*.

bourg (*Actes communiqués par M. le comte de Divof*)... Elle est passée dans la suite à M. Douglas-Loveday, anglais, et enfin à M. de Divof. Elle a été presque entièrement démolie (par M. Loveday, dit on), et M. de Divof a fait construire une maison magnifique sur une partie de l'emplacement du jardin. Il ne reste des bâtimens anciens de Boileau que la maisonnette du jardinier, composée d'une cuisine au rez-de-chaussée, et de deux chambres, l'une au premier, l'autre au second étage, auxquelles on parvient par un escalier presque impraticable. Cependant les concierges désignent hardiment aux curieux cette bicoque comme la véritable maison de Boileau, quoique assurément il n'eût pu, ni y avoir une bibliothèque considérable (Lett. du 2 sept. 1687, p. 208), ni y donner des repas à plusieurs personnes, surtout à des seigneurs de la cour (lettres de Racine à son fils, des 23 juin et 31 octobre 1698.. OEuvr., VII, 447 et 490... de Boileau, du 8 janvier et 10 septembre 1699 et 13 mars 1703, ci dev., p. 78, 81 et 105), ni y recevoir à coucher ses amis (lett. du 6 mars 1705, p. 409), etc.

214. *Extrait des lettres de tonsure et de prêtrise de Jacques Boileau* (Grandes Archives; deliber. de la Sainte-Chapelle, du 13 janv. 1694, vol. 8984).

a. Joannes Franciscus de Gondy... Parisiensis archiepiscopus, notum facimus quod Joannes Fraconsius Paulus de Gondy... coadjutor noster... Jacobo Boileau filio magistri Ægidii Boileau et Annæ de Nyelé conjugum... sacramentum confirmationis et tonsuram contulit clericalem. Datum Parisiis anno 1645, die nona julii.

b. Alexander de Hodenque... Vicarius generalis D. Joannis Fraconsii Pauli de Gondy... cardinalis de Retz... notum facimus quod D. Joannes de Malnault... Olonensis episcopus... magistrum Jacobum Boileau Parisinum Baccalaureum theologum priorem ac socium Sorbonicum... ad sacrum presbyratus ordinem... promovit. Datum Parisiis anno 1661, die 31 januarii.

215. 14 mars 1686. Damoiselle Charlotte Boileau Despréaux, fille majeure jouissante de ses droits, confesse avoir reçu de M°....., cent cinquante livres sur les derniers six mois de l'année 1686, à cause de 300 livres de rentes à elle constituées le 26 mars 1683 sur les aides et les gabelles... Fait à Paris ès étude... signé Charlotte Boileau... (*Titres du cabinet d'autographes de M. Villenave*).

216. *Assistance de Boileau aux séances de l'académie des Médailles.*

N. B. Elles se tenaient deux fois la semaine (les mardi et samedi) à l'exception des jours de fêtes et des vacances de Noel, de Pâques, de Pentecôte et de l'automne. 2. Sur quatre cent quatre-vingt-quatorze séances tenues depuis celle du 13 avril 1694, la première qui soit constatée par procès-verbal, jusqu'au 19 juillet 1701, jour où le réglement dont on a parlé p. 347, note 1, fut mis en vigueur, Boileau a été présent à *quatre cent quarante-sept*

Il n'a donc manqué (presque toujours pour cause d'*indisposition*) qu'à quarante-sept, dont voici la notice :

1694. 11 mai, 19 juin, 20 et 23 juillet, 7 août. — 1695... 8 et 29 janvier, 5 février, 23 avril, 11 juin. — 1696... 3 avril, 3, 21 et 24 juillet, 1 septembre. — 1697.. 8 janvier, 2 mars, 23 et 30 avril, 14 mai, 14 et 25 juin, 27 juillet, 16 novembre, 3 décembre. — 1698.. 25 janvier, 4 mars, 31 mai, 1, 8 et 22 juillet, 30 août, 2 septembre, 9 décembre. — 1699.. 3 février, 14, 21 et 31 mars, 28 avril, 11 et 18 août, 21 novembre, 19 et 22 décembre. — 1700.. 19 janvier, 6 et 9 février, 13 et 16 mars, 24 juillet (*Registr. de l'académie des inscript.*).

217. 9 décembre 1705... *Lettre du comte de Pontchartrain*[1] *à Boileau*... Lorsqu'il plut au roi de donner à l'Académie une nouvelle forme par le nouveau réglement, j'eus soin de lui représenter, suivant vos intentions, la différence qui se trouvait entre les autres messieurs et vous, puisque la pension vous avait été donnée indépendamment de votre travail dans cette compagnie, en vue de votre seul mérite et des beaux ouvrages dont vous aviez auparavant enrichi le public, et le roi se souvenant parfaitement de ce titre de distinction à votre égard, reçut avec éloge la bonne volonté que vous témoigniez en même temps d'oublier vos propres intérêts pour vous conformer à ce qui pouvait être de l'intérêt commun. D'après cela votre indisposition n'ayant pas diminué et vos travaux pour la gloire de sa majesté ayant augmenté tous les jours, j'ai enfin parlé au roi de ce que vous aviez pensé qu'en vous conservant dans cette compagnie l'entrée et tous vos autres droits, sa majesté pourrait ne vous y plus assigner votre pension qu'en qualité de vétéran et que par là une des dix places de pensionnaires venant à vaquer, il y pourrait être pourvu d'un sujet qui fût en état d'assister plus assidûment aux assemblées. Cette nouvelle marque de votre zèle a tellement plû au roi, qu'il m'a expressément ordonné de vous témoigner de sa part la satisfaction avec laquelle il vous accordait votre demande, à condition néanmoins que vous voudrez bien toujours continuer autant qu'il vous sera possible, de secourir et d'affectionner une compagnie dont vous serez à jamais un des plus grands ornemens... (*Mêmes registres*).

218. *Extrait des notes de Pierre de Clairambault sur la généalogie de Boileau* (Biblioth. des M^{ss}., cabinet des ordres, carton Bo.).

a. Sur Jean Boileau I, notaire (il est cité au n° 211, *c*, *d* et *k*, p. 497 et 499).

---

[1] Celui qui, comme on l'a conjecturé (p. 83, note 2), s'appelait d'abord *Maurepas*. Il prit le nom de Pontchartrain par lequel on désignait son père, lorsque celui ci fut nommé chancelier (Regist. de l'acad. des inscript., séance du 14 nov. 1699).

PIÈCES JUSTIFICATIVES.   505

« Toutes les personnes qui composent les degrés généalogiques depuis ce Jean Boileau jusqu'à Jean Boileau sieur du Fresne, mari de Marguerite Boursier inclusivement (celui qui est cité, n° 211, *e* et *k*, p. 497 et 499), ont véritablement existé, mais il n'y a nulle certitude dans la filiation qui les joint les unes aux autres. »

« Pour la famille de Boileau de Paris, elle n'a aucun principe de noblesse, elle n'y a même jamais prétendu, et le jugement de maintenue de noblesse rendu en sa faveur par les commissaires généraux du conseil, le 10 avril 1699, ne l'a été qu'en considération du mérite du sieur Despréaux, et sur l'exposé des faux titres qui avaient été fabriqués par Haudiquer, auquel il en avait payé pour sa part 20 louis d'or, comme il a été découvert depuis dans les papiers de ce faussaire, condamné aux galères perpétuelles, le 3 septembre 1701, parmi lesquels se trouva un mémoire des titres faux qu'il avait fait avec le prix qu'il en avait reçu, et par ses interrogatoires, et dans le veu de l'arrest rendu contre luy il est fait mention d'un jugement qui ordonnait que Boileau serait ouy. »

N. B. D'Hozier, on l'a vu (n° 212 *c*, p. 501), cite l'arrêt de condamnation de Haudiquer sous la même date que Clairambault, et cependant il n'existe aucun arrêt relatif à Haudiquer dans le registre de la Tournelle du mois de septembre 1701, quoique ce registre soit relié et écrit de suite et sans aucun blanc.

b. Sur le contrat de mariage de François Boileau II (il est cité n° 211, *f* et *k*, p. 498, 499 et 500).

« Ce contrat de mariage a été fabriqué pour joindre la famille des Boileau de Paris à celle des sieurs du Fresne, et lui donner par là une noblesse originaire, en supposant, quoique sans preuve, que celle-ci descendait de Jean Boileau, anobli en 1371. »

219. *Additions faites par Clairambault à la généalogie de l'arrêt de* 1699.

N. B. Cette généalogie (n° 211 k, p. 499) ne cite comme enfans de Gilles Boileau I, que Jacques et Despréaux, et ne parle que de son second mariage... nous indiquerons les erreurs commises par Clairambault dans ces additions.

a. « Gilles Boileau 2° fils de Jean Boileau, trésorier des guerres... épousa; 1° en 1610 (*erreur*, c'est en 1611... Pi. just. 3, p. 467) Charlotte Brochard... 2° Anne de Niellé... fille de N. de Niellé, procureur au parlement (*erreur*, c'est au Châtelet... Pi. just. 15, p. 469) ».

b. (*Enfans du* 1er *lit*) « 1. Jérome, né en 1611 (*erreur*, c'est en 1612... Pi. just. 4, p. 467), greffier... — 2. Nicolas, né en 1612 (*erreur*, c'est en 1613... Pi. just. 5, *ibid.*), mort en 1630 (*erreur*, c'est en 1631... Pi. just. 32, p. 471). — 3. Anne, née le 14 novembre 1615, mariée en 1631 (*erreur*, c'est en 1633... Pi. just. 45, p. 473). — 4. Pierre, s. de Puymorin, né en 1627 (*erreur*, c'est en 1625... Pi. just. 12, p. 468). — 5. Charlotte, femme

Boivinet... — 6. Isabelle, née en 1616 (*erreur*, c'est en 1618... Pi. just. 7, *ibid.*) — 7. Catherine, religieuse... — 8. Marguerite, religieuse à Pontoise (*erreur*, c'est Marie... Pi. just. 10 et 43, p. 468 et 473). — 9. Marie (*erreur*, c'est Marguerite), née en 1618 (*erreur*, c'est en 1619), mariée en 1635 (*erreur*, c'est en 1639) à Pierre Langlois, greffier (*erreur*, c'est Charles)... morte en 1644 (*erreur*, c'est en 1642... P. just. 8, 71, 72 et 73 A, p. 468, 476 et 477) ».

c. (*Enfans du second lit*). « 10. Jacques, chanoine..... maintenu dans sa noblesse sur faux titres (ces trois mots sont de la même main, mais d'une autre encre et ont été ajoutés entre lignes)... le 10 avril 1699. — 11. Gilles, avocat... de l'académie. — 12. Nicolas, sieur Despréaux... « maintenu dans « sa noblesse sur faux titres le 10 avril 1699, mort le... mars 1711...» (La phrase guillemetée a été ajoutée, probablement après 1711, et est de la même main que l'interligne ci-dessus.) — 13. Geneviève, née en 1633 (*erreur*, c'est en 1632... Pi. just., 17 et 80, p. 469 et 477), épousa Dominique Manchon... » (Clairambault a omis trois enfans, morts, il est vrai, en bas âge, savoir Charlotte II, Elizabeth III et Anne II, tome III, Explic. gén., n°s 278, 287 et 290).

220. Ce 15e jour de juin 1649, a esté baptisée... Marie-Charlotte, fille de Me Hiérosme Boileau, advocat au parlement, et de damoiselle Louise Bayen... Parrain, Me Pierre Bayen, advocat aussi en parlement : marraine, damoiselle Charlotte Boileau, femme de Me Joachim Boivinet, procureur en la cour de parlement... (*Sainte-Chapelle.*).

221. L'an 1613 et le 23 novembre, Me Gilles Boileau, commis au greffe de la cour... rue Courtauvilain... comme procureur de noble Claude Lyonne, sieur de Ceuilly, à cause de damoiselle Isabelle de Longueil sa femme, fille et héritière de M. Noël de Longueil, confesse avoir reçu... fesant partie d'une rente constituée sur le clergé le... 1563... fait ès étude... Boileau; Giard; Duchesne (*Cabin. des généal.* B. R., *Cart. Bo*... Il y a cinq autres quittances de même nature).

FIN DES PIÈCES JUSTIFICATIVES.

EXPLICATION DES SIGNES ABRÉVIATIFS

EMPLOYÉS SOUVENT DANS CE VOLUME.

Cor... Correction faite par Boileau dans les copies de plusieurs de ses lettres.
Expl. généal... Explication généalogique (au tome III).
P. Just... Pièce justificative (au tome IV).
Tabl. généal... Tableau généalogique (au tome III).
* Extraits ou fragmens de lettres inédites de Boileau.
✦ Additions à des lettres déjà publiées..
† Lettres non publiées dans les éditions de Boileau.

> *N. B.* Les signes en capitales italiques, ci-après expliqués, indiquent les fautes non relevées, les premières compositions omises et les variantes soit omises, soit fautives, citées pour la première fois dans notre édition (*Voir* au reste, l'avertissement de ce volume, page vij, notes 2, 3 et 6).

F. N. R... ou bien *F. N. R...* Faute non relevée.
P. C... Première composition.
P. C. O... ou bien *P. C. O...* Première composition omise.
V... Variante.
V. E. ou bien *V. E...* Variante erronée ou fautive.
V. O... ou bien *V. O...* Variante omise.

TABLE CHRONOLOGIQUE

DES LETTRES CONTENUES DANS LE TOME IV*e*.

		Numéros.	Pages.
Hiver de 1673.	Boileau à Brienne.	I.	3
25 mai 1673.	— à Bussy-Rabutin.	II.	5
Année 1674.	— à Colbert.	III.	7
4 juin 1675.	— à Vivonne.	IV.	9
Année 1676.	— au même.	V.	17
1678-1686.	— au baron de Walef.	VI.	21
1678-1686.	*Racine à Boileau.*	XXXVIII.	143
19 mai 1687.	Boileau à Racine.	XXXIX.	145
24	*Racine à Boileau.*	XL.	148
26	Boileau à Racine.	XLI.	153
21 juillet	— à —	XLII.	156
25	*Racine à Boileau.*	XLIII.	159
26	Boileau à Racine.	XLIV.	163
31	— à madame Manchon.	VII.	23
4 août	*Racine à Boileau.*	XLV.	167
7	*— à —*	XLVI.	172
9	Boileau à Racine.	XLVII.	177
13	— à —	XLVIII.	180
id.	*Racine à Boileau.*	XLIX.	184
17	*— à —*	L.	186
19	Boileau à Racine.	LI.	189
23	— à —	LII.	193

1 Les italiques désignent les lettres écrites par d'autres que par Boileau...... Le signe †, deux lettres de Boileau, qui jusqu'ici n'avaient point été insérées dans sa correspondance (indépendamment d'un billet de Racine, également inédit).... Le signe *, dix-huit lettres inédites dont nous donnons un extrait dans les notes..... Le signe +, les fragmens inédits un peu considérables que nous avons ajoutés au texte de dix lettres, d'après les autographes.

24 août	1687.	*Racine à Boileau.*	LIII.	195
28		Boileau à Racine.	LIV.	200
2 sept.		— à —	LV.	206
5 sept.		*Racine à Boileau.*	LVI.	209
	1688-1690.	Boileau à l'avocat général (depuis président) Lamoignon.	VIII.	27
8 juill.	1690.	— et Racine au maréchal de Luxembourg.	IX.	28
25 mars	1691.	Boileau à Racine.	LVII.	212
3 avril		*Racine à Boileau.*	LVIII.	214
8 avr.	1692.	— à —	LIX.	219
9		Boileau à Racine.	LX.	221
11		*Racine à Boileau.*	LXI.	222
11 ou 12		— à —	LXII.	223
21 mai		— à —	LXIII.	224
22		— à —	LXIV.	229
3 juin		— à —	LXV.	230
15		— à —	LXVI.	235
24		— à —	LXVII.	242
3 oct.		— à —	LXVIII.	247
6		— à —	LXIX.	250
7		Boileau à Racine.	LXX.	252
30 mai	1693.	*Racine à Boileau.*	LXXI.	254
id.		— à —	LXXII.	257
3 juin		Boileau à Racine.	LXXIII.	259
4		— à —	LXXIV.	264
9		— à —[1]	LXXV.	266
id.		*Racine à Boileau.*	LXXVI.	269
13		Boileau à Racine.	LXXVII.	271
18		— à —	LXXVIII.	274
9 juill.		*Racine à Boileau.*	LXXIX.	275
6 août		— à —	LXXX.	276
Vers	1693.	— à —	LXXXI.	281
5 mai	1694.	*Arnauld à Perrault.*	X.	29
... juin		Boileau à Arnauld.	XI.	57

[1] Ici, en note est un billet inédit de Racine.

TABLE CHRONOLOGIQUE.

28 sept. 1694.	*Racine à Boileau.*	LXXXII.	285
3 oct.	— à —	LXXXIII.	288
* Fin de 1694.	Boileau à Perrault.	Note	377
* 29 avr. 1695.	— à Maucroix.	XII.	63
4 mai	*Racine à Boileau.*	LXXXIV.	292
4 avril 1696.	— à —	LXXXV.	293
8 oct. 1697.	— à —	LXXXVI.	295
Fin d'oct.	Boileau à Racine.	LXXXVII.	299
Année 1697.	— à d'Ericeyra.	XIII.	73
20 janv. 1698.	*Racine à Boileau.*	LXXXVIII.	306
Année 1698.	Boileau à madame de Villette.	XIV.	76
8 janv. 1699.	— à Bessé-Lachapelle.	XV.	78
25 mars	— à Brossette.	LXXXIX.	309
22 avril	— à Maurepas [1].	XVI.	80
* 23	— à Bessé-Lachapelle.	Note.	81
9 mai	— à Brossette.	XC.	311
24 juill.	— à —	XCI.	313
15 août	— à —	XCII.	315
16 sept.	— à Pontchartrain. [2]	XVII.	81
9 nov.	— à Bessé-Lachapelle.	XVIII.	83
10	— à Brossette.	XCIII.	318
* 17 déc.	— à Bessé-Lachapelle.	Note.	84
3 janv. 1700.	— à —	XIX.	ib.
* id.	— à Brossette.	Note.	319
5 fév.	— à —	XCIV.	320
1er avr.	— à —	XCV.	322
2 juin	— à —	XCVI.	325
3 juill.	— à —	XCVII.	326
12	— à —	XCVIII.	329
29	— à —	XCIX.	331
+ 8 sept.	— à —	C.	333
* 4 nov.	— à —	Note.	336
6 déc.	— à —	CI.	ib.
Année 1700.	— à Charles Perrault.	XX.	86

[1] Celui qui depuis fut appelé Pontchartrain et à qui est adressée la lettre XVII.
[2] *Voy.* la note précédente.

18 janv. 1701.	— à Brossette.	CII.	337
✢ 20 mars	— à —	CIII.	339
* 30 mars	— à —	Note.	ib.
16 mai	— à —	CIV.	340
* 20 juin	— à —	Note.	342
10 juill.	— à —	CV.	343
* 8 août	— à —	Note.	344
* 11	— à —	id.	345
15 à 20	— à Bignon.	XXI	99
23	— à Pontchartrain [1].	XXII.	100
13 sept.	— à Brossette.	CVI.	345
6 oct.	— à —	CVII.	347
10 déc.	— à —	CVIII.	351
29	— à —	CIX.	353
* 21 fév. 1702.	— à —	Note.	355
9 avril	— à —	CX.	ib.
17	— à Revel-Broglio.	XXIII.	102
15 juill.	— à Brossette.	CXI.	360
* 5 déc.	— à —	Note.	363
7 janv. 1703.	— à —	CXII.	ib.
25	— à —	CXIII.	365
4 mars [2]	— à —	CXIV.	367
13	— à Bessé-Lachapelle.	XXIV.	104
8 avril	— à Brossette.	CXV.	370
28 mai	— à —	CXVI.	374
3 juill.	— à —	CXVII.	376
✢ 7	— à Lamoignon.	XXV.	106
2 août	— à Brossette.	CXVIII.	382
29 sept.	— à —	CXIX.	388
4 nov.	— à —	CXX.	390
Novemb. 1703.	— à Le Verrier.	XXVI.	110
id.	— à —	XXVII.	114
✢ 7 déc.	— à Brossette.	CXXI.	393

[1] Le même que Maurepas... *Voy.* p. 511, notes 1 et 2.

[2] Ici sont en note, des extraits ou fragmens de deux lettres de l'abbé Boileau des 12 février et 2 mars 1703.

TABLE CHRONOLOGIQUE.

25 janv. 1704.	— à Brossette.	CXXII.	395
27 mars [1]	— à —	CXXIII.	397
15 juin	— à —	CXXIV.	400
10 juill.	— à Bessé-Lachapelle.	XXVIII.	116
13 oct.	— au duc de Noailles.	XXIX.	117
13 déc.	— à Brossette.	CXXV.	402
*9 janv. 1705.	— à —	Note.	405
12	— à —	CXXVI.	406
8 fév.	— à Hamilton.	XXX.	120
6 mars	— à Brossette.	CXXVII.	407
15 mai	— à —	CXXVIII.	412
20 nov.	— à —	CXXIX.	415
12 mars 1706.	— à —	CXXX.	417
15 juill.	— à —	CXXXI.	421
30	— au duc de Noailles.	XXXI.	122
4 août	— à Mimeure.	XXXII.	124
30 sept.	— à Brossette.	CXXXII.	424
2 déc.	— à —	CXXXIII.	427
✦ 20 janv. 1707.	— à —	CXXXIV.	429
12 mars	— à —	CXXXV.	430
14 mai	— à —	CXXXVI.	433
2 août	— à —	CXXXVII.	435
Septemb.	— à Monchesnay.	XXXIII.	128
24 nov.	— à Brossette.	CXXXVIII.	437
6 déc.	— à —	CXXXIX.	440
26	— à Destouches.	XXXIV.	131
*22 janv. 1708.	— à Brossette.	Note.	442
27 avril	— à —	CXL.	ib.
16 juin	— à —	CXLI.	443
7 août	— à —	CXLII.	445
9 oct.	— à —	CXLIII.	447
7 janv. 1709.	— à —	CXLIV.	450
✦ 5 mai	— à —	CXLV.	453
✦ 21	— à —	CXLVI.	457

[1] Ici est en note (p. 399), un fragment d'une lettre de J.-B. Rousseau.

13 août 1709.	— à Thoulier (d'Olivet).	XXXV.	133
* 16	— à —	Note.	135
21	— à Brossette.	CXLVII.	458
* 6 oct.	— à —	CXLVIII.	460
† 15 nov.	— à —	CXLIX.	462
13 déc.	— à Thoulier (d'Olivet).	XXXVI.	136
* 3 janv. 1710.	— à Brossette.	Note.	463
* 12 fév.	— à —	id.	ib.
* 24 mars	— à Thoulier (d'Olivet).	id.	137
4 avril	— à —	XXXVII.	138
14 juin	— à Brossette.	CL.	463
* 11 déc.	— à —	Note.[1]	465

[1] Dans cette même note est une lettre de l'abbé Boileau, du 27 mars 1711.

FIN DE LA TABLE CHRONOLOGIQUE DE LA CORRESPONDANCE.

TABLE DU QUATRIÈME VOLUME.[1]

AVERTISSEMENT. page	v
PREMIER RECUEIL. *Lettres de Boileau à diverses personnes.*	1
I. 1673. Au comte ou abbé de Brienne (contre la poésie... Lutrin, etc.).	3
II. A Bussy-Rabutin (éloges... explication sur sa critique de l'épître IV).	5
III. 1674. A Colbert (privilège de l'Art poétique).	7
IV. 1675. A Vivonne (sur son entrée à Messine, et lettres sous le nom de Balzac et de Voiture).	9
V. 1676. Au même (démêlés avec Claude Perrault).	17
VI. 1678 à 1686. A Walef (complimens).	21
✦VII. 1687. A madame Manchon (effet qu'il éprouve des eaux; commissions ou complimens pour sa famille et pour mademoiselle Marchand).	23
VIII. 1688-1690. A Lamoignon (rendez-vous).	27
IX. 1690. Racine et Boileau au maréchal de Luxembourg (complimens).	28
X. 1694. *Arnauld* à Perrault (apologie de la satire X de Boileau).	29
XI. Boileau à Arnauld (remerciemens... liste des ouvrages de Perrault).	57
✦XII. 1695. A Maucroix (sur Lafontaine, Cassandre, etc... vers des épîtres I et X; épigrammes XXI et XXII; voyage de Boileau en Alsace).	63
XIII. 1697. A d'Ericeyra (remerciemens).	73
XIV. 1698. A madame de Villette (complimens... envoi des épîtres X à XII).	76
XV. 1699. A Bessé-Lachapelle (prière de se montrer moins son neveu que son ami).	78

[1] Nous indiquerons sommairement à la suite de chaque lettre les objets et les personnages principaux dont il y est question.

XVI. A Maurepas [1] (mort de Racine.., choix de son successeur). 80
* A Bessé-Lachapelle (projet de voyage à Versailles, avec les Noailles). 81
XVII. A Pontchartrain-Maurepas (sur la promotion de son père... mort du chancelier Boucherat). *ib.*
XVIII. A Bessé-Lachapelle (commissions). 83
*Au même (voyage à Versailles). 84
XIX. 1700. Au même (sur Baron). *ib.*
XX. A Charles Perrault (de la prééminence des anciens sur les modernes et réciproquement... il faut les comparer par siècles, et alors celui de Louis XIV a l'avantage). 86
XXI. 1701. A Bignon (choix d'un élève à l'Académie des inscriptions... Boileau n'y reçoit aucune rétribution). 99
XXII. A Pontchartrain (récit de sa réception à cette Académie). 100
XXIII. 1702. A Revel-Broglio (combat de Crémone... liaison avec la Champmêlé). 102
XXIV. 1703. A Bessé-Lachapelle (défaite de Vigo... commissions). 104
†XXV. A Lamoignon (sur son refus de la place d'académicien, etc.; élection de Soubise). 106
XXVI. A Le Verrier (poés. divers., n° xxxi). 110
XXVII. Au même (sur la critique; épigr. n° xxxvii). 114
XXVIII. 1704. A Bessé-Lachapelle (sur sa pension... tristes fruits de la guerre). 116
XXIX. A Noailles (complimens... épître d'Hamilton à Boileau). 117
XXX. 1705. A Hamilton (éloges d'une autre épître du même... Poés. divers., n° xxxii). 120
XXXI. 1706. A Noailles (satire de l'Équivoque... éloge de la conduite de Noailles au siège de Barcelonne). 122
XXXII. A Mimeure (récit de ce qui s'est passé à l'Académie pour l'élection de Saint-Aulaire). 124

---

[1] Appelé depuis, Pontchartrain... *Voy.* p. 81, note 4; p. 504, note 1.

XXXIII. 1707. A Monchesnay (réponse à des critiques de l'art dramatique). 128
XXXIV. A Destouches (sur une pièce de vers qu'il en a reçue, ses hiatus et ses rimes). 131
XXXV. 1709. A Thoulier-d'Olivet (désaveu d'une mauvaise satire qu'on lui attribue). 133
*Au même (demande d'une entrevue). 135
XXXVI. Au même (*idem*... on le presse de donner une nouvelle édition... sur sa lettre à Maucroix). 136
*1710. Au même (révision de l'édition des poésies d'Huet que Thoulier veut donner). 137
XXXVII. Au même (même sujet). 138

SECOND RECUEIL. *Correspondance de Racine et de Boileau.* 139
Avertissemens de l'éditeur et de Louis Racine. 141
XXXVIII. 1678-1686. *Racine* (sur la traduction du Banquet de Platon, par l'abbesse de Fontevrault). 143
XXXIX. 1687. Boileau (sur son extinction de voix; grâce Augustinienne et Molinienne; Furetière; La Bruyère). 145
XL. *Racine* (conseils sur l'infirmité de Boileau; travaux de Vauban à Luxembourg; voyage de Boileau en Alsace). 148
XLI. 1687. Boileau (même infirmité... Félix). 153
XLII. Boileau (*idem*... il prend les eaux à Bourbon... trésorier de la Sainte-Chapelle... vers sur la fontaine de Bourbon). 156
XLIII. *Racine* (nouveaux conseils sur le même objet). 159
XLIV. Boileau (même sujet... effet des eaux... critique faite par Tallemant... abbé de Choisy... Manchon). 163
XLV. *Racine* (même sujet... travaux de Maintenon; mort de Saint-Laurent; sur Tallemand, Choisy, Marchand, Hessein, etc.). 167
XLVI. *Racine* (même sujet; mort de Saint-Laurent; guerre des Turcs; embarras des comédiens pour placer leur théâtre). 172
XLVII. Boileau (même sujet; sa vie à Bourbon). 177
XLVIII. Boileau (mêmes sujets). 180

XLIX. *Racine* (même sujet; maladie d'Hessein). 184
L. *Racine* (*id.*; guérison d'Hessein; quinquina; nièce de Boileau). 186
LI. *Boileau* (*id.*; réconciliation avec Boursault). 189
LII. *Boileau* (*id.*; amitié pour Racine). 193
LIII. *Racine* (*id...* Marly... Louis XIV; Louvois; Roze; guerre des Turcs; Philisbourg; comédiens; voyage de Marchand à Bourbon). 195
LIV. *Boileau* (*id.*; Charpentier; quinquina; Marly; comédiens; Marchand; Hessein). 200
LV. *Boileau* (*id.*; Racine fils; Marchand; relation de Hongrie; il retourne à Paris où il veut prendre un logement séparé de celui de sa famille). 206
LVI. *Racine* (*id.*; Bouhours, Rapin, Nicole; oraison funèbre de Condé; Thomas Corneille; Louvois). 209
LVII. 1691. *Boileau* (siège de Mons; railleries sur celui de Gand; Cavoie; médailles). 212
LVIII. *Racine* (détails sur le siège de Mons; élection de Fontenelle; père La Chaise; Gardes-françaises). 214
LIX. 1692. *Racine* (fixation de leur pension; appui de madame de Maintenon; surdité de Boileau). 219
LX. *Boileau* (même sujet; remerciemens). 221
LXI. *Racine* (*id.*; corrections pour la lettre de remerciemens de Boileau). 222
LXII. *Racine* (*id.*; Pontchartrain). 223
LXIII. *Racine* (camp de Gévries; revue du roi; Luxembourg; Cavoie; logement de Racine). 224
LXIV. *Racine* (*id.*; Hessein; Guilleragues). 229
LXV. *Racine* (siège de Namur; défaite de la Hogue; Roze). 230
LXVI. *Racine* (même siège, détails; comte de Toulouse, blessure... Bonrepaux). 235
LXVII. *Racine* (*id.*; *id.*; Vauban, Cohorn; dépôt de bombes chez les jésuites). 242
LXVIII. *Racine* (voyage à Fontainebleau; maison des Boileau; prise et bataille de Pforzheim; duc de Wirtemberg). 247

TABLE DU QUATRIÈME VOLUME.

LXIX. *Racine* (satire x; madame de Maintenon; Saint-Cyr; Racine fils; ravage des Savoisiens en Dauphiné et des Français en Piémont). 250

LXX. *Boileau* (même satire; madame de Caylus). 252

LXXI. 1693. *Racine* (*id.*; démarches pour faire nommer l'abbé Boileau à un canonicat de la Sainte-Chapelle; strophe de l'ode sur Namur contre Fontenelle; Bignon; ordre de Saint-Louis). 254

LXXII. *Racine* (même canonicat; Chamlai). 257

LXXIII. *Boileau* (même sujet; satire x; ode sur Namur; bonheur du roi; Charpentier; repas avec la famille Racine). 259

LXXIV. *Boileau* (même sujet; même ode). 264

LXXV. *Boileau* (*idem; idem*). 266

LXXVI. *Racine* (*idem*; Gemblours; le roi envoie une partie de son armée en Allemagne; Chamlai). 269

Racine (rendez-vous avec Chamlai). 271

LXXVII. *Boileau* (même canonicat de son frère; pensions; médailles; prise d'Heidelberg). *ib.*

LXXVIII. *Boileau* (*idem*; nomination). 274

LXXIX. *Racine* (ode sur Namur). 275

LXXX. *Racine* (*id.*; victoire de Nerwinden; Albergotti; Solms; Puymorin, etc.). 276

LXXXI. *Racine* (remarques sur ce que dit Denys d'Halicarnasse, de l'arrangement des mots... mots nobles... sens de *commisceri*; Toussain). 281

LXXXII. 1694. *Racine* (demande de conseils pour un cantique; campagne d'Alsace; bombardement de Calais; dictionnaires de l'Académie et de Furetière). 285

LXXXIII. *Racine* (même cantique). 288

LXXXIV. 1695. *Racine* (pensions; Judith de Boyer). 292

LXXXV. 1696. *Racine* (discours d'un jésuite contre lui). 293

LXXXVI. 1697. *Racine* (Manchon; épître xii; prince de Conti en Pologne; fille de Racine). 295

LXXXVII. *Boileau* (récit d'une entrevue avec le P. La Chaise, relativement à l'épître xii). 299

LXXXVIII. 1698. *Racine* (même épître). 306

TROISIÈME RECUEIL. *Lettres de Boileau à Brossette.* 307
LXXXIX. 1699. Maladie de Racine; Bonnecorse; épi-
grame XXXIII. 309
XC. Mort de Racine; mot de Louis XIV; arrêt sur la
noblesse des Boileau. 311
XCI. Perrachon; projet de commentaire des œuvres de
Boileau, par Brossette. 313
XCII. Mêmes objets; devise pour Lyon. 315
XCIII. Fénélon; Télémaque; Héliodore. 318
*1700. Conférence des ordonnances, par Brossette. 319
XCIV. *Id.;* mort de la mère de Brossette. 320
XCV. Bonnecorse; Boursault; Dangeau. 322
XCVI. Académies française et de Lyon; critique et occu-
pations de la première; Balzac. 325
XCVII. Mêmes objets; loterie de Lyon; Perrachon. 326
XCVIII. Traduction de l'Iliade par Regnier Desmarais. 329
XCIX. Académie de Lyon; nouvelle édition des œuvres
de Boileau. 331
*C. Même édition; traduction de l'Iliade. 333
*Maladie grave qu'a eu Boileau. 336
CI. *Id.;* même édition; loterie. *ib.*
CII. 1701. Académies française et de Lyon; loterie. 337
*CIII. Même édition; loterie. 339
*Mêmes objets; loterie. *ib.*
CIV. Mêmes objets; tableau magnétique de Puget. 340
*Édition; académiciens de mérite; loterie; tableau magné-
tique. 342
CV. Mêmes objets; lettre à d'Ericeyra. 343
*Même édition; son succès étonnant. 344
*Même objet; loterie. 345
CVI. Mêmes objets; position de Boileau à l'Académie des
inscriptions. *ib.*
CVII. D'Ericeyra... peut-on bien écrire dans une langue
morte? (sentimens divers sur ce point)... sur le mot
dividere. 347
CVIII. Sur l'*Esprit des cours* et le *Chapelain décoiffé;* pro-
nonciation du latin; Académie des médailles. 351

TABLE DU QUATRIÈME VOLUME. 521

CIX. Sur un passage d'Homère; âge où parviennent les chiens; oncle de Boileau; même Académie. 353

*1702. Excuses de son silence. 355

CX. Épigrammes latines ; Brienne ; poésies diverses, n° xxvii; Bochart; Dacier. *ib.*

CXI. Poésies diverses, n° iv, vi et vii; nièce de Boileau; épigramme i. 360

*On ne peut bien écrire dans une langue morte. 363

CXII. 1703. Roman de Clélie; Mort de Cyrus, tragédie de Quinault. *ib.*

CXIII. Balzac; Mémoires de Trévoux. 365

CXIV.[1] Poésies diverses, n° xxx; lettres à Racine. 367

CXV. Même n°; Iliade; épître iv, v. 58 et 59. 370

CXVI. Piqûre de la guêpe (Lutrin, chant i, vers 85-88); mort de Félix. 374

CXVII. Mort de Perrault [2]; élection et refus de Lamoignon; élection de Rohan-Soubise; Art poétique, ch. iv, vers 91; Charpentier; poésies div., n° xxx. 376

CXVIII. Patru; vers 17 et 91, même chant; Lutrin, ch. vi, v. 67 à 70 et 100; Lamoignon et Rohan; Boivin. 382

CXIX. Charpentier; énigme (Poés. div., n° xxiv). 388

CXX. Journalistes de Trévoux ; épigrammes xxxv et xxxvii; jansénisme et molinisme. 390

✦CXXI. Mêmes objets; orthographe de Trévoux. 393

✦CXXII. 1704. Mêmes objets; meurtre de Savary; vol fait à d'Arco et sa conduite à Brisach. 395

CXXIII.[3] Mêmes objets; Héros de roman. 397

CXXIV. Greffiers de la grand'chambre; miracles du jésuite Romeville; Arnauld; Domat; vers latins contre le dédale des lois. 400

CXXV. Piqûre de la guêpe; Domat; épigramme xxxviii; poésies diverses, n° xii. 402

*1705. *id.*, n° xi. 405

---

[1] En note, lettres (12 fév. et 2 mars) de l'abbé Boileau sur le procès du Lutrin.
[2] En note, (p. 377) fragment d'une réponse à Perrault.
[3] En note, lettre de J.-B. Rousseau sur les *Héros de roman.*

CXXVI. Portrait de Boileau; épigramme xxxiv. 406
CXXVII. Guêpe; poés. div., n° xi; épigrammes xxxiv et xxxviii; règle pour en faire une bonne; monument antique; ancienneté de Lyon et de Paris; Mezzabarba. 407
CXXVIII. Portraits de Boileau; Puget; le latin préférable au français pour les inscriptions. 412
CXXIX. Satire xii; Dugas. 415
CXXX. 1706. Maladie; satire xii; bruit qu'elle fait; journalistes de Trévoux; Bourdaloue : rondeau sur La Fontaine; vie de Molière. 417
CXXXI. Maladie; Puget; Villeroi; mariage de Brossette et sentiment de Boileau sur le mariage. 421
CXXXII. Lamy; Puget; ode d'Horace (*Justum, et tenacem* etc.); homme à la baguette; mauvaises nouvelles de la guerre. 424
CXXXIII. Mots de Boileau à Louis XIV, sur les expressions *gros* et *rebrousser chemin*. 427
CXXXIV. 1707. Maladie. 429
CXXXV. Satire contre les jésuites attribuée à Boileau; épigrammes contre Dacier et Beauchateau. 430
CXXXVI. Tombeau antique; inscription; satire xii. 433
CXXXVII. Mêmes objets; maladie et infirmités. 435
CXXXVIII. Maladie; infirmités; satire xii; sonnet (Poés. divers., n°s vi et vii). 437
CXXXIX. Traductions latines des ouvrages de Boileau; Horace n'a point un style négligé. 440
*1708. Infirmités; affaire fâcheuse d'un de ses neveux; traductions latines; éloges de sa satire xii. 442
CXL. Maladie; Helvétius, médecin. ib.
CXLI. *Id.; id.;* satire xii; portrait de Boileau; invitation à Brossette de venir à Paris. 443
CXLII. Helvétius; traductions latines; satires i et vi; Duc de Savoie; *infidelis Allobrox*. 445
CXLIII. Sens des mots *meteora orationis*, et exemples; ouvrages de Werenfels. 447
CXLIV. 1709. Infirmités; Traité du sublime, ch. xxiv; Art poétique, ch.iii, vers 285; ouïe et vue. 450

TABLE DU QUATRIÈME VOLUME.   523

✦CXLV. Infirmités; malheurs de la France; meteora ora-
tionis; satire vi, vers 40.   453
✦CXLVI. Remerciemens pour Perrichon et autres membres
de l'hôtel-de-ville de Lyon; complimens sur des vers
de Brossette.   457
CXLVII. Maladie.   458
✦CXLVIII. Infirmités; vers de Brossette.   460
†CXLIX. Épître xii, composition; satire vi, vers 40.   452
*1710. Infirmités; il ne peut plus marcher seul.   463
*Maladie.   ib.
CL. Mêmes objets; églogue latine de Bimet.   ib.
*Mêmes objets; nouvelle édition de ses œuvres. [1]   465

APPENDICE AU TOME IV.   467
PIÈCES JUSTIFICATIVES (Nous croyons suffisant de les indiquer
par leurs numéros en les rangeant par classes),   467 à 506
I. *Actes de l'état civil*, c'est-à-dire, ondoiemens, baptêmes,
fiançailles, mariages, inhumations et services des familles des
Boileau, et de quelques-uns de leurs parens et alliés; ou
relatifs à des faits intéressant ces familles; savoir :
FAMILLE de Boileau père, n°ˢ 1 à 22, 32, 41 à 44, 116 et 117;
id., Jérôme, 4, 23 à 31, 131 et 132, 220; Pierre (*Puymorin*),
12, 33 à 35; Gilles II (*l'académicien*), 16 et 36; Jacques
(*l'abbé*), 19 et 37; Despréaux, 20, 30, 34, 35, 38 à 40, 54,
78, 85, 86, 90, 118 à 120.
ALLIÉS. Dongois, Gilbert de Voisins et Bessé-Lachapelle, 45 à
68; Langlois et Boizard, 69 à 74; Boyvinet, 75 à 79; Manchon et Sirmond, 80 à 92, 198 à 200; de Nyélé, 15, 93 à
108, 202 et 203.
PARENS. Guillaume, Balthazard et Gilles (III) Boileau, 121 à
129; Riberolles, 131 à 140; Lyonne, 141 à 143; Rapoil, Le
Prévôt, Colin et Targas, 144 à 156; Bragelongne, Baugy et
Bogues, 157 à 171.
II. *Mêmes actes, relatifs à d'autres familles ou à d'autres personnages*, savoir (dans l'ordre alphabétique) : Ameline, 187;

[1] En note, lettre de l'abbé Boileau (1711) sur la mort de Despréaux.

Auvry, 172; Barrin, 131 et 132; Dansse, 130; Delamour, 181 à 185; greffiers et procureurs nobles, 109 à 115; Molière, 204 et 205; Racine, 119 et 188 à 196; Riquier, 89; Sanlecque, 198 à 201; Santeul, 204; Syreulde, 177; Voltaire, 206 à 207 A.

III. *Actes divers* (dans le même ordre). Arrêt sur la noblesse de Boileau, 211. — Certificat des enfans de Jérôme, 31. — Contrats de mariage de Voisins, 54; de Sirmond, 85; de Benoit, 186. — Curés divers de la Sainte-Chapelle, 173, 174. — Délibérations du chapitre; messes, 176; processions, 178 à 180; Syreulde, 175. — Procurations; veuve Boyvinet, 77 et 78; Manchon, 90. — Professions religieuses; Catherine et Marie Boileau, 43 et 44. — Quittances; Boileau père, 2 et 221; Despréaux, 38; Charlotte Boileau-Despréaux, 215. — Sentence d'émancipation de Despréaux, 212. — Tonsure et prêtrise; Jacques Boileau, 214. — Testamens; Puymorin, 34; Despréaux, 209. — Transaction de Gilles Boileau et Sirmond, 91. — Ventes, Puymorin, 33; Despréaux, 213.

IV. *Inscriptions*; des Dongois, à Hautisle, 52; des Boileau, à la Sainte-Chapelle, 210.

V. *Notes*; de Charles-René d'Hozier, 211; de Pierre de Clairambault, 218 et 219.

VI. *Assistance* de Boileau à l'Académie des inscriptions, 216 (*Voy.* pour l'Académie française, p. 341, note 4).

VII. *Lettre* de Pontchartrain, 217.

Vers de Boileau *pour le portrait de P. d'Hozier,* page 502
Explication *des signes abréviatifs.* 507

FIN DU TOME QUATRIÈME ET DERNIER.

www.ingramcontent.com/pod-product-compliance
Lightning Source LLC
Chambersburg PA
CBHW071418230426
43669CB00010B/1590